贺子珍
He Zizhen

陈冠任 著

人民日报出版社

图书在版编目(CIP)数据

贺子珍 / 陈冠任著. -- 北京：人民日报出版社，2011.5

ISBN 978-7-5115-0411-1

Ⅰ. ①贺… Ⅱ. ①陈… Ⅲ. ①贺子珍(1909～1984)—传记 Ⅳ. ①K827=7

中国版本图书馆 CIP 数据核字(2011)第 076276 号

书　　名：贺子珍
作　　者：陈冠任

出 版 人：董　伟
责任编辑：曹　腾
封面设计：木鱼书籍设计

出版发行：人民日报出版社
社　　址：北京金台西路2号
邮政编码：100733
发行热线：(010)65369527　65369512　65369509　65369510
邮购热线：(010)65369530
编辑热线：(010)65369523
网　　址：www.peopledailypress.com
经　　销：新华书店
印　　刷：环球印刷(北京)有限公司

开　　本：787毫米×1092毫米　1/16
字　　数：520千字
印　　张：31
印　　次：2011年6月　第1版　　2011年6月　第1次印刷

书　　号：ISBN 978-7-5115-0411-1
定　　价：49.80元

内容提要

贺子珍是毛泽东革命生涯中一位重要的女性。她和毛泽东一起经历了中国革命最艰难、曲折的那一段阶段,是红军时期我军少数女将之一。

贺子珍是一朵绚丽的"井冈之花"。她在大革命的疾风骤雨中成长,在井冈山血与火的枪林弹雨中成熟,历经了红色军队从初始到壮大的全过程。她的身上凝聚了红军女战士的种种美德,她的命运同中国共产党人艰苦奋斗和顽强不屈的历程分不开,她的无私精神和品质是井冈山红色战士的光辉写照。

贺子珍与毛泽东的情感故事,有欢笑,有泪水,也有曲折。她的人生充满了悲剧色彩。但是,她的品质,她的故事,体现了中国共产党人金子般的品格和母性的光辉,震撼人心。

本书在充分挖掘史实,采访许多当事人的基础上,力求真实、客观地记录贺子珍刚柔兼备的英雄人生,摒弃了许多不实的传说,展现了她与毛泽东整整十年共同生活及其传奇的人生经历,读之荡气回肠,令人潸泪下。

谨以此书献给建党90周年和贺子珍诞辰103周年。

目 录

第一章 出生于乱世

  1.两个算命先生说出不吉之言 /002
  2.小茶馆前上演幕幕人间惨剧 /006
  3."女孩子游水,真不怕羞!"/009
  4."桂圆"——"自珍"——"子珍"/011
  5."我们家的牛牯也会中状元公哩"/012
  6.贺氏姐妹胆子太大 /014
  7."不管有多难,我都会去寻找!"/017
  8.和哥哥一起惩治兵痞 /022
  9.袁文才"吊羊",贺氏兄妹羡慕不已 /025
  10."我也要做一个共产主义者!"/028
  11."这洋学堂真是邪气!"/032

第二章 永新县第一任妇女部长

  1.贺子珍16岁入团,在兄妹中最早参加革命组织 /040
  2.贺敏学跟着袁文才在井冈山"吊羊"/042
  3."国民革命一定会成功的"/046
  4."永新三贺"遐迩闻名 /049
  5."此时不反,更待何时!"/054
  6.贺氏三姐妹带头剪发,成为县城一大新闻 /055
  7."我们大家来放脚,真正好快乐!"/057
  8.恶婆连声求饶:"千万不要斗争我……"/060
  9.工农武装抢先行动,把右派头领关进监狱 /062

I

10.暴乱分子把"海天春"洗劫一空 /067

11.永新暴动:贺氏兄妹齐上阵 /070

12.女将把门,王魁成了断头鬼 /074

13.贺先圆牺牲时年仅14岁 /077

14.贺怡和父母在净居寺逃过一劫难 /078

15.在袁文才的庇护下,"我算是为你们报了一仇"/080

第三章　在战斗中与毛泽东相爱

1.当"探子":"要耍流氓,一枪崩一个!"/085

2."鸿门宴"变成了"同心宴"/090

3."这个毛委员真了不起"/095

4.毛、袁合作:"我们今后可以有很多的事干了"/097

5."哎呀,我可不敢打扰你们的盛宴"/099

6.打茶陵:贺子珍报纸送来的战机 /106

7.袁、王做媒:"男才女貌,蛮好的嘛!"/108

8.工农武装割据局面形成 /111

9.为毛泽东调查做向导:"看见了女土匪吗?"/114

10.借调到前委做秘书 /117

11.贺子珍遇险:两名战士烧死 /120

12.贺怡遇险:山泉救命 /124

13."天下大事尽收眼底":歼敌四个团 /129

14.毛、贺结合:毛泽东挎上贺子珍绣的挎包 /136

15.蜜月未过完:永新打垮两只"羊"/138

16."我这个郎婿也只好入乡随俗"/143

17."你什么时候把开慧姐接来,我什么时候离开你"/145

18.八月失败:"我会在永新等着你的好消息"/149

19."刘真同我开个玩笑,扣住了我的平安家书"/153

20."随四军一起下山去赣南"/159

21.险象环生:贺子珍连小棕马都没顾上牵 /167

22."不要跑,要抵抗敌人!"/170

23.姐妹重逢:贺怡奉命照顾毛泽覃 /174

24."我哪有时间伺候你老婆生孩子?"/176

25."把孩子寄养出去,今天我们只能这样做"/179

第四章　默默陪伴失意的毛泽东

1. "送走孩子以后,我心里像猫抓一样不好受"/182
2. 贺子珍一直守在毛泽东身边 /186
3. 在青山竹寮历险记 /190
4. "现在有点条件,你去学习一下吧"/194
5. 井冈山上的连环遇害案 /198
6. "我们两个人,一个是铁,一个是钢"/204
7. "我能睡它三天三夜呢!"/209
8. 父亲当秘书、任后方办事处主任、被解职 /211
9. "打了胜仗,还不许我们看上一眼!"/216
10. "假如村里有了疯狗"/222
11. "敌人要是认出你是我的老婆,还不拿你的头去邀功请赏呀!"/226
12. 三兄弟和三妯娌团聚 /231
13. 上山养病,下山解围 /234
14. 毛泽东做了鸡汤犒劳产后的贺子珍 /239
15. "你们是受了我的牵累"/243
16. "实践、历史会作出公正的回答"/247
17. "我怎么舍得把你和孩子留下呢?"/251
18. 贺子珍是 30 名随部队出发的女同志之一 /255
19. 此别可能成永诀 /256

第五章　漫漫长征路

1. "不掉队,不带花,不当俘虏,不得 8 块钱"/260
2. "大家觉得我这个菩萨又有用了,把我抬出来"/265
3. 毛泽东在遵义会议后摔了一跤 /268
4. 在激战中生产:"小凤凰"再次送了人家 /271
5. "你这个人,是与休息有仇的人"/275
6. 摆脱重围,贺子珍也笑语不断 /278
7. 抢救伤员:全身 17 处中弹 /282

8."你们给我一枪,把我打死吧"/285

9.小妹被敌人杀害,小弟被红军枪决 /287

10.毛泽东说:"我的'聚宝盆'是'借'了你的光啊"/290

11.到达吴起镇:"这是个伟大的胜利!"/293

12."对革命者来说,坐牢也是一种休息"/297

第六章　心的困境

1.当了银行发行科长,忙得晚上都不回家 /302

2.迎接抗战高潮的前夜 /306

3."像母鸡下蛋,生了个大鸡蛋"/311

4."我现在太矛盾了,以后怎么工作呢？"/316

5.越想努力做好一切,越感到体力不支 /319

6.争吵 /323

7."老革命"对毛泽东跳交谊舞很讨厌 /325

8."你听我讲,你最好不要走"/328

9.贺子珍给毛泽东写了一封信,飞往苏联 /331

第七章　身在异国

1.身上的弹片已经和肉长在一起 /334

2.把岸英兄弟当作自己的儿子 /336

3."我生了一个男孩儿,长得很像你"/340

4.小儿夭折,贺子珍吃不下饭 /341

5."我们以后就是同志了"/344

6."我当时太任性,太不懂事了"/346

7.心里只有毛泽东 /348

第八章　伟大的母爱

1.娇娇来到了身边:"妈妈叫贺子珍"/351

2.和三个孩子相聚,其乐融融 /355

3.大轰炸 /357

4."至少让孩子们吃个半饱"/360

5.贺子珍在异国开荒,种的萝卜像大拇指大小 /361

6.女儿因为和男孩子玩而第一次挨打 /363

7.从太平间夺回女儿 /366

第九章　遭受报复性迫害

1."凭什么把我关进疯人院？"/371

2.逆境中的艰难自救:唯一能出手的人没有回音 /374

3.王稼祥夫妇出面交涉,贺子珍出了疯人院 /378

4.走出梦魇般的日子 /383

第十章　建国前后

1."贺子珍受了那么多的苦,却没有怎么变样"/388

2.为教育女儿和岸青煞费苦心 /390

3.与曾志彻夜倾谈:"革命使我们女人付出太多了"/394

4.寻找兄妹 /401

5.娇娇得知父亲就是毛泽东 /408

6.姐妹久别重逢,贺子珍给毛泽东去信 /410

7."我要为你把一切事情办好"/416

8."这是历史造成的事实"/419

9.火车从天津南下去了上海 /421

10.贺氏兄妹久别重逢 /424

11."陈毅还是老样子,不过好像比以前更活泼了"/426

12.贺怡为寻找小毛意外车祸遇难 /429

13.毛泽东说:"叫子珍成个家吧"/432

14.收音机一夜没关,贺子珍从此病了 /434

15."我好悔!"/437

第十一章　久别重逢在庐山

1."你爸爸同意,我也同意"/442

2.曾志说：“我去看望了你的一个老相识”/445

3."不行了,脑子坏了,答非所问"/448

4.李敏成家,了却毛泽东一桩心事 /454

5.李敏南昌探母 /456

6.贺子珍称江青为"江青同志"/459

7.寻找在战争中遗失的孩子 /460

第十二章　含笑告别人世

1.毛泽东逝世的消息一下子击倒了她 /469

2.没有对江青倒台做什么评论 /473

3.当选全国政协委员,一下子成为新闻人物 /474

4.坐着轮椅到毛主席纪念堂 /476

5.饱经风霜的老人终于去了 /480

6.不同寻常的遗体告别仪式 /482

贺子珍
He Zizhen

第一章 出生于乱世

1. 两个算命先生说出不吉之言

在江西和湖南的边界,有一个叫永新的地方。

永新是江西的一个大县,位于罗霄山脉中段的井冈山北麓。这里地形复杂,群山峻岭,大山逶迤,山峰高耸入云,但是山下土地肥沃,物产丰富,绿水淙淙,郁葱苍翠,景色十分秀丽。永新自古有"吴头楚尾"之称,既连接江西的宁冈、遂川、安福、吉安和莲花,又与湖南的茶陵接壤,并与酃县、安仁、攸县、桂东、萍乡等地邻近,因为山势险要又地处湘赣桂交通要道,为兵家争夺之地。它历代都有文臣勇将涌现,人才辈出,可谓是地杰人灵的

美丽的黄竹岭

一个地方。

1909年9月,贺子珍就出生在永新县的烟阁乡黄竹岭村。

黄竹岭,是一个在地图上找不到的很偏僻的小村庄,坐落在永新县万年山麓。万年山为罗霄山脉中段一个极小分支。黄竹岭距县城禾川镇60余里,这里群山环绕,峰峦叠嶂,峭壁矗立。山上沟沟岭岭生长着很多的树木,一条长长的峡谷从两旁的山中穿过,山腰上垒砌着层层叠叠的梯田,溪水淙淙长流。在狭窄的沟壑中,惟一一条崎岖小路蜿蜒蜷伏引向山外,在峡谷两旁山麓和山腰上是一些用黄泥巴筑的墙、杉皮盖的顶的土屋,村民们都住在这些土屋里,靠种着山下的土地为生。

据族谱记载,黄竹岭历史悠久,居住着邝、贺二姓,世世代代友好相处,种田为业。但是邝、贺两姓却读书成风,祖先中曾有许多人因读书中过秀才和举人。

贺子珍的父亲叫贺焕文,生于1870年。贺家在黄竹岭,是个望族,有很多的田山和房屋。到贺焕文这一辈时,家族虽衰败下去,但是,贺家仍是远近有名的殷实大户,田地上百亩。贺焕文生于农家,却是个读书人出身,曾捐过举人,当过安福县的县令。他最早娶妻欧阳氏,但是欧阳氏因病早逝,后又娶妻温氏。温氏叫温杜秀,是广东梅县人,家境贫苦,父亲是个四处游医的郎中。温氏人长得漂亮,是四方有名的美女,嫁给贺焕文时才18岁。

贺子珍出生时,贺焕文与温杜秀已生一子。此次女儿降生,是为老三。这位老三出生时正是农历八月十五,这时秋月朗朗,桂花飘香,贺焕文夫妇对女儿于中秋圆月之夜降生十分欣喜。为了表达对女儿的最美好的祝愿,给她起名为"桂圆"。所谓"桂圆"就是大富大贵、人生圆圆满满之意。

贺子珍出生两年后,贺氏夫妇又生育了一个女儿,即老四贺怡(贺焕文为她起名为贺银圆),以后,贺家又生下一女一男,女的叫贺先圆,男的叫贺敏仁,年纪都是两岁一隔。贺家儿女满堂,家境尚可,生活无忧,为黄竹岭人羡人慕的人家。

光阴似箭,转眼之间贺子珍已经4岁了。此时,贺家已随贺焕文从黄竹岭搬到了永新县城禾川镇。这些年江西军阀连年混战,兵荒马乱,民不聊生。贺焕文因不愿同流合污,辞官回乡,在永新县衙门做了个刑门师爷。然而,广东军阀陈修觉盘踞永新,成为太上皇,永新仍是暗无天日,人民处

于水深火热之中。为此,贺焕文郁郁不得志,每日上班也多是唉声叹气,为养家糊口而混日子而已。

一天,天色已经很晚了,可是,温杜秀和孩子却还不见在县衙门的贺焕文归来。贺子珍虽然很小,但特别懂事,几次跑到门口去张望,但是,她伸长脖长也看不见父亲熟悉的身影。

贺焕文在县衙门里做刑门师爷,差事就是专为打官司的人写状子。县衙门的差事是日出而作,日落而息。可是,现在天都黑了,人却久久不见回家,能有什么公事没办完呢?时至半夜,他还没回来,也无消息。做为妻子的温杜秀越等越着急,最后,终于沉不住气,出门托邻居:"请你前去县衙门打听一下孩子他爹怎么还没回家。"

邻居应声而去。

不一会儿,邻居惊慌失措地跑回来,气喘吁吁地说:"不好了!不好了!贺大爷被关进大牢里了!"

温杜秀一听丈夫被关进了大牢,立即吓了一大跳,马上问道:"怎么回事?发生了什么事?"

可是,邻居支支吾吾也说不出来。

祸从天降,温杜秀不知事出何因,吓得浑身发颤。此时,她身边围着几个都还年幼无知的孩子,怕孩子们受怕,她强忍住悲伤,安排大家上床睡觉。可是到了子夜过后,温氏还是忍不住抽泣起来,结果,越想越担心越害怕,终于伤心地哭了起来。孩子们看到亲娘如此伤心,不知是怎么回事,也诚惶诚恐地跟着哭了起来。于是,半夜三更贺家突然传出一片哭声,凄凉得很。

第二天,温杜秀才打听到,丈夫贺焕文是被一场官司牵连进去了。

原来,永新时年正逢大旱,为了争夺水源,有两个农户打起官司来。其中一家是财主,一家是无权无势的村民。财主利用财势把诉争对手关进了牢里。贺焕文是一位读书人,心地善良,看到牢里的村民受屈,很是同情,为他鸣不平,于是替他立了保,把他放了出来。谁知这个村民出狱后,吓得连夜逃跑了。县太爷本来就对贺焕文平日爱为穷人打抱不平而不满,想辞掉他,一时找不到借口,现在他所保之人一逃,立刻借此事发难:"把贺焕文关起来,打下大狱!"两旁衙役一拥而上,把贺焕文脚镣一铐,扔入了专

关押重囚的大牢之中。

丈夫被关押,温杜秀四处奔波求人,但是处处碰壁。

无可奈何之中,她跑到大街上的瞎子算命先生处,让他算算丈夫此次吉凶如何。谁知这算命先生闭着眼睛算了半天,也没算出贺焕文到底能不能出来,却反而说:"你的大女儿命太硬,克父。"

温杜秀一听,吓坏了,大女儿桂圆长得清清秀秀的,怎么会克父呢?……她怏怏地从算命先生那里回了家。

谁知,一开门,她却看见贺子珍正像个大人一样哄着几个弟弟妹妹,温杜秀见女儿这么听话懂事,心想:女儿这么懂事,她命再硬我也认了!

但是,丈夫还关押在大狱里,吉凶难料,温杜秀又开始了艰难的营救丈夫的奔波。

在这乱世当中,人送进大牢,就得花钱送礼打点。在贺焕文被关押的几个月中,温杜秀四处托人,为了营救丈夫,把家产差不多变卖光了。短短半年之间,贺家由较为殷实之家变得一贫如洗,债台高筑。几经奔波打点,费尽财帛,终于,温杜秀把丈夫贺焕文弄出了大狱。

贺焕文逃了囹圄之灾,全家长长地松了一口气。一天,温杜秀突然想起了算命先生的话,告之丈夫,贺焕文一口回道:"这瞎子纯粹是胡说!"温杜秀想起丈夫终也脱了大牢之灾,也心想:这些瞎子也真是信口骗人!

贺焕文回家后,没有因为眼前的贫穷丧失生活的信心,为了维持一家人的生计,他又设法凑了些钱,在永新街上南门买了个铺面,开了一家茶馆,取名"海天春",兼营饭菜,另外,还开了几间客房,夫妇从此做起了茶馆兼旅馆老板。

茶馆开起来后,开始生意特别红火。

有一天,茶馆里来了一位算命先生,他喝完茶后笑着对贺焕文说:"我送你一卦,不要钱。"

贺焕文有些奇怪,问道:"什么卦?请说。"

"你家的大女儿将来是个娘娘!"

"什么娘娘?"贺焕文奇怪不解,"大清王朝早就垮了,民国都好几年了。哪有此等事!难道袁大头阴魂不散,这天又要翻过来?"

"天翻不翻,我不知道。但是,你大姑娘日后就是伴皇帝的娘娘,以后,

可以打对证。"

"岂有此事?"贺焕文仍不相信。

"白虎月蟾,官鬼印木,你女儿虽是娘娘命,不过是个哀怨的娘娘。"算命先生并不理会贺焕文,继续说道。

说完,这个算命先生就走了。

说来也怪,自从算命先生走后不久,茶馆的生意就开始冷清下来了。

2.小茶馆前上演幕幕人间惨剧

海天春茶馆濒临禾水的南门,是南方小城镇里最常见、最普通的店面,有三间门面宽,一溜上的都是门板,分前后院落,进出都走后面小弄堂。贺家前栋开茶馆,后院开旅馆,全家人生活、住宿也是在后院。

贺家海天春茶馆的生意之所以有些冷清,不是因为算命先生的话,而是永新县城涌进了军阀残兵败将。

原来辛亥革命失败后,复辟丑剧一演再演,军阀混战不断。窃国大盗袁世凯死后,1917年7月,张勋拥戴废帝溥仪复辟,12天后即被粉碎。皖系军阀段祺瑞以"再造民国"的英雄自居,重新当上国务总理。段祺瑞重掌国家大权后,拒绝恢复孙中山制定的《临时约法》,拒绝召开临时参议院,企图另组国会,以排斥旧国会中反对他的议员,实现个人军事独裁。辛亥革命以来,中国革命先行者孙中山一直把《临时约法》和国会看成是理想中的资产阶级共和国的最重要象征,所以尽全力维护。在这种形势下,1917年夏,孙中山倡导开始护法运动。孙中山的护法主张得到许多国会议员响应,众人纷纷南下,在广州召开非常国会。会上,决定成立护法军政府,选举孙中山为大元帅,西南军阀唐继尧和陆荣廷为元帅。护法运动开始。

广州军政府任命谭浩明为粤湘桂联军总司令,率部北上援湘。

9月底,粤军占领广西龙州。旧桂系在广西的统治土崩瓦解。旧桂系瓦解后,桂军残余部队有的仍拥有武装四处逃散,结果,一些残兵败将逃到了湖南和江西。

对于这些从广西逃来的军阀散兵,陈修觉一一收拢,拉入自己的大旗之下。这些散兵一来永新,就和县城官家的家丁相互勾结,横行霸道,对百姓打劫,平静的永新自此失去了安宁,贺焕文的茶馆也大受影响,生意一落千丈。

此时,贺焕文把几个孩子都已送进了私塾读书。

贺子珍和哥哥贺敏学及妹妹

永新县城的百年宝塔

贺怡就读的是永新县城最有名的秀水私塾。私塾老先生姓唐,是位老儒生。在这里,唐老先生教的是《三字经》、《百家姓》、《弟子规》等四书五经之类,贺家兄妹们天天读着那些被贺焕文视为珍宝的儒家经典。

随着岁月的流逝,贺子珍已渐渐地长大了,她时常在旅馆里看见门外走过乞讨要饭的穷人,目睹街上耀武扬威的家丁用鞭子抽打佃户,看到兵痞们横行霸道、强取强夺。每逢这时,她就双手拉着妹妹,双眼露出愤怒的目光。有一次,她看到门外有一个小孩被一凶神恶煞般的男人追着打,想去帮助那男孩。结果,却被母亲拦住了。温杜秀对她说:"你不能去。"

"一个大人为什么要打小孩子?"贺子珍气冲冲地问。

"因为他偷大人的东西了。"温杜秀回答。

"他为什么要偷人家的东西呢?"小贺子珍迟迟疑疑地问。

"他饿呀,家里穷,没饭吃,所以才……"温杜秀还没说完,就看到贺子珍眼里有晶莹的泪光在闪。

"妈妈,那小孩好可怜。"贺子珍说着,就指着门外被打得倒在地上的男孩,忍不住眼泪掉了下来。

永新虽然地处偏僻,但是,军阀、地主、强人却并不比别的地方少,相反,这里的土豪们像山里的毒蛇一样更加毒辣,"丘八"们更是有恃无恐。

小小的茶馆前,经常上演着一幕幕人世惨剧。

每年到了寒冬腊月的年关时,禾川镇的大街上就时常传来卖儿卖女的吆喝声:"哪个要孩子?哪个要孩子?"顺着这凄惨的叫卖声,可以看到一些可怜的父母,眼含着热泪,拽着头上插着草标的儿女,沿街叫卖。而被卖的孩子似乎懂得了等待他们的将是什么样的命运,惊恐地哀叫着:

"我不要去呀!我要回家过年!"

贺子珍听母亲说,这些穷人卖一个孩子的钱,还顶不上一担稻谷的价钱。每次遇到这种情形,她都不忍心看下去,难过得落下泪来。

一次,贺子珍睁着泪汪汪的眼睛问道:"为什么他们的爹娘要卖自己的孩子,他们不爱自己的儿女吗?"

"他们不是不爱,是因为穷啊,养不活他们呀!"母亲这样回答。

"他们为什么那么穷,养不活孩子呢?"贺子珍又问道。

这些问题,连做父母的都弄不清楚,又怎么回答得了女儿呢?贺焕文夫妇也只有沉默。

在这样的社会环境中,贺焕文夫妇默默地做着小本生意,辛劳经营着小茶馆,维持一家人的生活。

贺子珍就在这个天地里长大,并从这个茶馆里开始认识世界。

关于贺子珍童年的生活,王行娟曾在《井冈杜鹃红——贺自珍风雨人生》一书中这么写道:

> 当她刚懂事的时候,她看到的是一个悲惨的社会。每天,当她跨出自己的房门,看到的是一幕幕丑恶、凄凉的景象,这些景象像针一样刺着她幼小的心灵。

在若干年后走上革命道路时,贺子珍回想起这段童年时光,感叹地说:"在父母开茶馆时,我看到那些穷苦人家的孩子受人打和无家可归时,心里幻想着自己有一天能让他们过上好日子。可那时太小,又不知该如何去做,直到后来上了学,从书本上才知道了一些平时不知道的东西。"

3. "女孩子游水，真不怕羞！"

在风雨如晦的黑暗日子，贺子珍一天一天地长大，茶馆前的一幕幕使她深恶痛绝，同时，又使她养成了一个反抗旧社会的叛逆性格。

贺子珍10岁那年的夏天，天气出奇地热。在一个炎夏酷暑的晚上，天气闷热，晚饭后，贺子珍和贺怡两姐妹来到了禾水河畔乘凉。

这时，男孩们成群结队来到江边，在清澈的江水中凫水，嬉戏，好不自在，姐妹俩羡慕得要死。贺子珍问妹妹："为什么没有一个女孩游水？"

"我也想不通，反正大人不让。"贺怡这时叫贺银圆，她听了姐姐的问话后回答。

贺子珍对妹妹说："银圆，你看他们多开心，我们也去游水吧。"

贺怡一听，迟疑地说："姐，这不太好吧，他们全是男的呢！"

"男孩能游，女孩为什么就不能游？我们也去游！"贺子珍在家里一直以性子犟而出名，这一次她的倔性子又来了。

贺怡平日跟姐姐最好，也最听姐姐的话，马上同意道："好，一起去。"

于是，她们一阵小跑，回到家后拿了毛巾、衣服就往外走。她们急匆匆的样子，被母亲温杜秀看到，问道："你们这是去干什么？"

本来，姐妹两个是商量好了的，不让大人知道。此时，贺子珍听母亲这么问，心想，妈妈知道了又怎么样，于是，就回答道："我们去河里游水。"

温杜秀一听急了，"哎呀，我的小姑奶奶，女孩子家哪能到江里洗澡，会让人家笑掉大牙的，以后你们可就嫁不出去了。"

贺子珍眉毛一挑，执拗地说："娘，你就别操那么多心了，人家要笑，就让他们去笑，掉了大牙又不要我们赔。"

妹妹跟着直嚷："我们才不找婆家呢，什么时候都不找。"

两姐妹笑着跑出门，急得温杜秀在后面直跺脚："反了，简直反了，女孩子长这么大却管不了，真急死人了。不能去游水啊！"

她这么一叫，正在里屋的贺敏学听到外面这么热闹，从屋里出来，见

此情景，就乐了，对母亲说："我看，女孩子到江里游水又不是做坏事，娘这是着的哪门子急呀？现在皇帝都倒台了，你莫太封建了。"

温杜秀本来希望儿子能站到她这一边的，没想到儿子也向着那一对小冤家，不由得数落起儿子来："你这当哥哥的，自己不学好，也不管教自己的妹妹，还给她们打气，以后她们更不安分了。"

贺敏学半玩笑半认真地说："妈，前一段时间南昌闹游行，反帝反封建，我还巴不得她们更不安分些哩。"

温杜秀听了，气得转身到房间里干活去了。

贺子珍和银圆一来到江边，立即和衣跳了下去，姐妹俩在江里尽情地游水、嬉戏，玩得十分酣畅、开心。然而，她们这一举动，却是大出永新县城诸人的意料。这时候永新城里女孩子读点书都受人指指点点，贺家两女儿当众在河里游水，并且周围尽是赤身光着胳膊的男人，这一大胆举动，骇世惊俗！吓得许多男孩上岸逃跑，也引起了岸上许多人的围观，一时闲言碎语雀起，甚至有的人喊起来了：

"快看快看，女孩子游水，真不怕羞。"

"看什么看什么呀！伤风败俗！"那些刚在河里游水的老学究骂起来了，拿起毛巾衣服骂骂咧咧地走了。

有的叹着气说：

"唉，现在的女孩呀，简直翻了天，竟然像男孩子一样玩水。"

……

姐妹俩面对这些议论，充耳不闻，依然在水中游着。

第二天，贺家两女在水中游泳一事成为了永新县城里的头号新闻！

贺氏姐妹此举传到父亲耳中，气得贺焕文脸都青了，大骂她们有辱风俗。但是，姐妹俩却对自己"伤风败俗"之举没有一点悔改之意。父亲骂过之后，两人相视一笑，一个鬼脸："我们要做新青年！"

这时五四运动正在南昌进入高潮，反帝反封建之风开始吹拂小小的偏远之地永新，贺焕文也算是个开明人士，见两姐妹这可爱的样子，哭也不是，笑也不是。

4. "桂圆"——"自珍"——"子珍"

很快,五四新文化运动的浪潮席卷全国,也冲洗得永新县城风气一新。

城里有许多女孩子背起书包上了新学。这时候,基督教已渗入永新县,教会开办了一所福音堂小学,分设男部、女部,招收中国的孩子。永新县也出现官办的小学和中学,讲授数学、国文、历史和地理等新课程。新学校为了吸引学生入学,学费低廉。

然而,笃信国学的贺焕文,却不肯把孩子送进这些"洋学堂"。他宁愿自己多掏钱,让儿女们在旧学中读书经。并且,他天天不忘以"子曰:唯耕唯学"的祖训教育几个孩子,促其上进。

可是,贺敏学却不理解父母的心,对这些之乎者也毫无兴趣,经常淘气赖学,甚至去偷偷习武,这把贺焕文急得要死,但是,却常常是管得了这又没管住那。而他以为不必读多少书的两个女儿却学业上大有长进,认识的字比哥哥还多。

此时,贺子珍的心也被"五四"的文化新风吹醒了,加上她本来就是一个思想激进的女子,于是,便和妹妹一起向父母亲提出:"我们也到新式学校去学习。"

贺焕文是传统旧学之人,当年就是以儒学起家,一听女儿要去洋学堂去读书,脸一板:"那些洋学堂教的是什么乌七八糟的东西呀?不行。"

贺焕文死活不同意两个女儿去新式学校。但是,没过多久,唐老先生办的秀水私塾的学生一日比一日少,学生大多数去了新式学校,结果,秀水私塾陷入马上就要断学的境地了。这样一来,贺焕文看到进新学已经成为一种潮流,只得同意了子女们进新式学校的要求。

于是,贺子珍同妹妹贺怡一起,插班进了福音堂小学的教会女子学校。所谓福音,就是基督教徒称耶稣所说的话及其门徒所传播的教义,福音堂,原是基督教建立的教堂,意为造福人类的天堂。永新县城的福音堂

小学是芬兰基督教徒创办的,小学的教室就设在教堂里面。两个芬兰籍女教士主持女部的工作,她们的中文名字一个叫严敏,一个叫康莉芬。贺子珍和贺怡在女子乙班学习。

与此同时,贺敏学进了永新的禾川中学。在福音堂小学,学校除了给学生讲授文化知识外,还教女孩子家政课,如怎样打毛线、怎样做西式点心等。学生们还有一门重要的功课,这就是读圣经,做礼拜。

学校虽然保守得很,但是,贺子珍和妹妹上学后,学到了许多与旧学不同的新式知识,同时,她们的思想也不断地变化。贺子珍根据自己学过的知识认为自己的名字——"桂圆"太娇嫩,就给自己取了个学名叫"自珍",意思是善自珍重。

子珍这个名字,是她在中央苏区时改的。

同毛泽东结婚以后,贺子珍曾让毛泽东给她新取一个名字,毛泽东说:"不必了,自珍这个名字就很好。"但是,后来,在中央苏区时,贺子珍的好友曾碧漪无意中把"自珍"写成了"子珍",于是,子珍这个名字就这样一直沿用下来了。但是,贺子珍在签名时仍用"自珍",毛泽东与她的书信,也是称她为自珍。

贺怡也与姐姐一样,把自己的名字——"银圆"改为"懿"。以后,人们觉得"懿"笔画太多,不好写,就写作"怡",结果,贺怡也"变"名如此了。

5. "我们家的牛牯也会中状元公哩"

贺敏学来到禾川中学后,玩性不改,并且结朋交友甚多,同班同学袁文才与其最要好。

这位袁文才,又名袁选三,出生于1898年10月,比贺敏学大6岁。他是永新邻县宁冈县茅坪马源坑村人,家里是种田的,并且是客籍人。穷苦人出身的袁文才到禾川中学读书,却是大有一番来历的。

由于历史上的原因,宁冈土客两籍之间的矛盾十分尖锐,袁文才一家在茅坪常受土籍豪绅和财主的欺负。为了改变受欺负的状况,袁家全家人平日省吃俭用,在袁文才刚7岁时就把他送进茅坪私塾馆里去读书,期望着他能成为一个读书人,将来扬名显达,为客籍撑门吐气。但是,袁家毕竟是穷家,常常难以支付私塾馆里的学费,结果,袁文才学业时断时续。停学时,袁文才就给家里放牛,帮助父母操持家务。但是地主老财们还是欺负他。小时候,袁文才由父母作主寻了一个童养媳。袁文才19岁时,父母便给他办了完婚的酒席。然而,新婚不久,袁文才的妻子便被茅坪世袭劣绅谢冠南的儿子给霸占去了,豪绅们讥笑说:"你袁选三读书,是牛牯读经书,将来肚子里有草无文!"

袁文才受此人格污辱,满腔的仇和恨却无处申诉,他暗暗发誓:总有一天要报仇雪恨!1919年,他又与谢梅香结婚。婚后,他胸怀壮志,在家勤攻苦读,1921年终于考进了永新县禾川中学。

袁文才在禾川中学读书,生活俭朴,求知心切,十分用功,渴望学业早成,有朝一日能够出人头地。同时,他为人豪爽侠气。贺敏学和他很合得来,两人经常在一起。

袁文才本想在禾川中学好好读书,为自己出口气,可是,事与愿违,1922年春,父亲突然病故,家中负债累累,生活十分拮据,不得已,袁文才只得中途辍学,回乡务农养家。

袁文才中途退学后,又成了那些豪绅地主嘲弄的对象。土豪谢冠南挖苦他说:"袁选三若能读书出人头地,我们家的牛牯也会中状元哩!"

袁文才退学后,贺敏学惋惜不已。但是,年轻的他对于好友的遭遇也无能为力。

袁文才

随着岁月的飞逝,贺敏学的思想深受"五四"之风的影响,1921年中国共产党成立后,革命的潜流开始在四处涌动,不久,他也参加了永新学生联合会,成为了学联的骨干之一。

6.贺氏姐妹胆子太大

贺敏学在禾川中学读书不怎么样,干其他事却是十分地来劲。贺子珍和贺怡虽然人小,胆子也是大得很,贺氏三兄妹令贺焕文夫妇很担心,时刻提防着三兄妹做出什么"不安分"的事,然而,防不胜防。

1922年3月间,贺氏兄妹又干出了一件令人惊讶不已的事。

一天,13岁的贺子珍和11岁的妹妹贺怡从福音堂小学放学后回家,在经过街中心时,她们突然望见远处有人站在高台上进行演讲,许多人围在那里听。

两姐妹也背着书包向围观的人群走去。来到高台前,她们一看,原来演讲者正是福音堂小学的一位名叫顾祖荫的青年教师。顾祖荫在福音堂小学里教英语。此时,他正大声地说:"英国军警在九龙沙田,悍然向我罢工队伍开枪,当场打死打伤几百人!香港海员为反抗外国资本家的残酷压迫剥削而举行大罢工,何罪之有?要吃饭,要生存,竟然遭到血腥屠杀!这是中国人的耻辱!是帝国主义欺辱我们无能啊!"

此时,贺子珍和妹妹已经听说了沙田惨案。

原来,中国共产党成立后全力组织工人运动。此时全国工人运动高涨,罢工浪潮此起彼伏。在香港,中国海员工资低微,待遇极差。1921年9月,外籍海员增加工资15%,而中国海员增加工资的要求却遭到拒绝,海员们感到非常愤慨。1922年1月,香港海员第三次提出增加工资,结果,还是遭到拒绝,于是,海员们愤而举行罢工。然而,港英当局及资本家对香港海员罢工却采取高压、恐吓、欺骗、调停、利诱、分裂等手段进行破坏。3月4

日,港英当局派出大批武装军警,在离香港6公里的沙田地区向返回广州的罢工工人扫射,当场打死4人,打伤几百人,后因伤势过重又死去2人,造成震惊中外的沙田惨案。英帝国主义的暴行,激起了中国人民的强烈义愤,3月4日,震惊全国的沙田惨案的消息传出后,全国各地纷纷举行声援。贺子珍姐妹也从报纸上知晓了此事。

此刻,顾老师声音痛切,满腔义愤,他的演讲深深感染了听讲的人们。姐妹两个人听着,也捏紧了拳头。贺怡忍不住说:"这些英国人真心狠!"

"我们中国人凭什么就比人家工资低,难道外国人就比中国人多三头六臂?我就不信!"贺子珍说道。

这时,顾祖荫大声的说:"永新县学联决定组织学生上街游行示威,抗议帝国主义的暴行,声援香港海员。如果在场的有学生,你们愿意不愿意参加?"

贺子珍和妹妹听了顾老师的一席话,内心早就像燃着一盆火,贺子珍不顾身边的人惊讶的目光,从人群里站出来,大声地说:"顾老师,我愿意参加!"

"我也要参加!"妹妹贺怡也举起拳头说。

"我们都要参加!"

香港海员游行示威

贺氏姐妹这么一说,马上感染了其他人。他们听到贺子珍姐妹那洪亮而又坚定的声音,都被顾祖荫和她们的爱国精神感染,群情沸腾,纷纷要求参加声援香港海员的行动,抗议强盗的暴行。

第二天,当永新中小学的学生们涌上街头时,已是永新学联成员的贺敏学是游行的组织者之一。贺子珍带着福音堂小学的游行队伍也出现在街头。贺子珍和妹妹走在队伍前头,她们才9岁的妹妹贺先圆也跟着她们一起来了,三姐妹激愤地带头高呼口号:

"抗议帝国主义暴行!"

"声援香港海员大罢工!"

"打倒帝国主义!"

在学生的带动下,市民们纷纷为罢工工人、死难者家属捐款捐物。随后,一场抵制英货,捣毁英国教堂,反对帝国主义暴行的爱国主义运动高潮在永新掀起。

贺氏姐妹在这场运动中走在前列,前一年两姐妹由于在禾水河当众游水早已为小小县城的人认识,这一次两姐妹不仅又出头露面,而且比男学生还勇敢,这又引起城里的轰动。贺子珍和妹妹的做法让具有正义感却老实怕事的贺焕文夫妇害怕了,他们虽然从内心支持这场爱国运动,而且也为香港罢工工人捐了款,但是,作为父母,他们却不能不为女儿们担心。温杜秀忍不住对丈夫说:"孩子年纪还小,又是女孩家,就这么不安分,要是这么下去,以后还不定会闹出什么事来呢?"当天晚上,贺焕文把两姐妹叫了过来,苦口婆心地说:

"桂圆、银圆,你们游行我不反对,但是,你们不要走在前头啊!"

"我们不走前头,那谁来走前头呀?"贺子珍认真地问父亲。

"英国人杀我们同胞,我们走在前头难道有罪吗?"贺怡也反问父亲。

"罪没罪。永新是个小地方,你们一露面,谁都会说我贺焕文教女无方,让人指着背骂啊!"

"这些守旧的家伙,别理他们,一个个都是表面上道貌岸然之徒,其实背地里谁不是偷鸡摸狗?"

"这……这……"本来贺焕文想劝说女儿,反而被女儿说得没话了。

贺子珍天生性格倔强,只要是她认定的事,是任谁也改变不了的,妹

妹贺怡与姐姐也是同声同气,犟得很。贺焕文夫妇深知女儿的脾气,担心归担心,却拿她们没有办法,只好在背地里唉声叹气,内心里希望两个女儿长大一些后能够自动收敛起来。

幸好,此时他们不知道儿子贺敏学已参加了永新学联,而且是这次游行示威的组织人之一,不然,他们的担心更大呢!

7. "不管有多难,我都会去寻找!"

游行之后,贺氏兄妹不仅没有收敛,"不安分"的事反而一件接着一件而来。

在福音堂教会学校里,教贺子珍她们的是两个女教士,她们天天领着学生做祈祷,讲圣经,连星期天学生都得回教堂做礼拜。每天,两个女教士都要对学生们传教,一个说:"上帝爱一切人,人们也应彼此相爱。"

另一个接嘴说:"只有人人都信奉基督,世界才有安宁,人们才能获得幸福。"

尽管她们一唱一和,但是,贺子珍上学不久就发现,她们嘴里说得漂亮,而做的却并不是那么回事。同贺子珍同班读书的有30多人,其中,有豪门小姐、大家闺秀,也有部分家庭条件不太好的女孩。同学中以家庭经济条件好坏为界线,分成两派。豪门的贵小姐娇生惯养,衣着华丽,经常在其他同学面前摆阔气。而贺子珍虽然家里也不差,却是经济条件差一派的女同学的领袖。

每次两派学生发生摩擦时,外国教士总是袒护、包庇那些豪门小姐,受到训斥、处分的,总是和她在一起的这一派无钱无势的穷孩子。这些事情早已使她们忿忿不平。

在上次游行中,贺氏姐妹认识了青年教师顾祖荫后,从他那里知道了许多新发生的国家大事,比如哪里的军阀又打仗了、什么地方罢工了等

等,两人的视野极大地开阔了。

然而,她家的茶馆前面上演的悲惨一幕日日如此,丝毫不曾改变。

贺子珍对劳苦人们的同情尽收眼底后深记心中,为此,她对妹妹说:"我想找一条穷人不用卖儿卖女的道路。"

"这条路有没有呢?是什么样的,怎么走法呢?"贺怡反问道。

"我不知道,但我想去摸索。"

她说这话时,美丽的大大的眼睛里闪着聪慧而固执的光。她是要去为穷人寻找出路,并愿意为他们而付出自己的。

"可是,怎么找呵!我们女孩子,真是太难了。"贺怡说道。

"不管有多难,我都会去寻找的。"贺子珍固执地说道。

然而,要摸索这样一条道路谈何容易!正在贺氏姐妹开始寻找和思索时,江西这个内陆腹地正在悄悄地发生着变化。

1922年冬,一个名叫赵醒侬的人,受党组织派遣,从上海回到了南昌。

赵醒侬,江西省南丰县城人,父亲是个裁缝。赵父终日劳动,难以维持一家人的温饱。赵醒侬高小毕业后,被迫中断学业,前往湖南长沙和常德等地当学徒。后来,他又辗转到了上海。在上海,为了活命,他只好白天到衔头卖报,晚上去戏院跑龙套,夜里没有地方住,就偎缩在小菜场或屋檐下;有时遇上巡捕驱赶,只好在马路上步行达旦。不久,他结识了一些穷朋友,在他们的帮助下,他在一家小店里当了"伙计"。五四运动爆发后,上海人民的反帝爱国斗争声势浩大,赵醒侬从斗争中看到了民族解放的新希望,他加入了上海工商友谊会,并经常为该会刊物《上海伙友》写稿。

在上海工商友谊会成立之初,上海共产党早期组织为了争取和团结广大店员工人,曾给予《上海伙友》一定的帮助和支持,并在该刊上发表了一些宣传劳资对立和阶级斗争的文章。陈独秀还为该刊写了发刊词,《新青年》杂志社为它发行了第一册至第六册。可是不久,工商友谊会暗中与资本家勾结,领取津贴,贩卖改良主义思想。陈独秀停止了对他们的帮助和支持。随后,赵醒侬也与工商友谊会断绝了关系。

1921年秋,赵醒侬在江苏省立第二师范附设职业补习学校学习,加入了中国社会主义青年团。不久,便转为中国共产党党员。从此,他开始了艰辛的革命工作。

赵醒侬此次来到南昌主要是着手创建江西党和团的组织。

在南昌，赵醒侬通过进步青年方志敏，与江西改造社的主要负责人袁玉冰等取得了联系，经过短时间筹备，赵醒侬、方志敏和袁玉冰等15人发表《南昌文化书社宣言》，成立了南昌文化书社。文化书社专门贩卖马克思主义和其他革命书报，负责人是方志敏。赵醒侬住在书社，一边帮助方志敏经营，一边秘密开展建党建团活动。

1923年1月20日，赵醒侬、方志敏和5个信仰马克思主义的青年，在南昌组建了中国社会主义青年团江西地方团，穷困失业青年刘拜农为临时书记。随后，赵醒侬和袁玉冰、方志敏等一起讨论了江西以后的工作，并作出如下决定：

一、组织"民权运动同盟"，对普通人的宣传。

二、组织"马氏学说研究会"，为我校（为保密起见，赵醒侬等人称中国社会主义青年团为学校，把江西的团组织称分校。）吸收新的分子。

三、南昌还在手工状态中，自后应在九江、饶州、丰城三个工业区域内积极去设（分）校，吸收青年工人。

四、南昌工人方面（的）活动，督促胡占魁去做。

同时，他们还决定："把改造社的《新江西》季刊及《青年声》周刊作为宣传我们主义的刊物。"

经过努力，2月底至3月初，江西民权运动大同盟和马克思学说研究会相继成立。参加马克思学说研究会成立会的会员有50多人，来宾有40多人。

在马克思学说研究会成立第二天，江西督办蔡成勋即逮捕了袁玉冰和民权运动大同盟文胶段主任刘子池、南昌工会会长胡占魁，勒令《青年声》周刊停止发行，接着又下令取缔马克思学说研究会和民权运动大同盟，查封文化书社，并通缉赵醒侬、方志敏等人。赵醒侬被迫去上海，方志敏和刘拜农往南京。

军阀的残酷镇压，并没能阻挡江西革命运动的发展，相反却促进了江西青年的觉醒。这一切，贺子珍她们并不知道，但是受时代风气的影响，贺

子珍和同学们已经大受各种思潮尤其是马克思主义等革命思想的影响,开始有了觉醒之举动。

一天学校里发生了一件事,终于致使学生们同女教士之间的矛盾尖锐起来。

这是一节音乐课。康教士叫学生轮流照五线谱弹风琴。

康教士平时说得最多的是"仁慈上帝",讲课讲得最多的就是要学生们学会"仁慈"和"宽容",但是这位康教士自己却没什么仁慈和宽容可讲,她上课采取的是最野蛮的方法。比如,上弹琴课,她手握教鞭站在学生背后,学生弹得好,教鞭就和着乐曲打拍子;弹错了,教鞭就落到学生的手背上了。因此,她被学生称为"比男老师还野蛮的女老师"。

课堂上,贺子珍熟练、轻快地弹完了乐曲,康教士高兴地称赞:"仁慈上帝!好,很好!"

接着,轮到下一个女同学弹了,她前几日生病了,弹琴练习不多,此时看着康教士长长的教鞭,心里有些紧张,结果上来一弹,手不听使唤,开头的几个音符全弹错了。康教士一听,脸马上拉了下来,骂道:"笨蛋,十足的笨蛋!"说罢,手中的鞭子落雨般抽下来。

女同学刚想解释一下,康教士更发怒了:"我让你不服,我让你不服!"

她边说边打,那鞭子更急更重地抽向女学生。康教士人高马大,下手又重,手中鞭子挥舞,打得女学生痛得哇哇大叫。

这时,坐在位子上的贺子珍再也按捺不住胸中的怒火了,一个箭步奔到康教士面前,杏眼圆睁,气愤地说道:"教士,你不能这样,不许打人!"

康教士打得正起劲,全然想不到学生中竟有人胆敢来制止她,更想不到来制止她的竟是刚刚受她表扬的贺子珍,突然之间瞠目结舌,握教鞭的手停在空中:"为什么?"

"因为你是教士!"

"因为我是教士,就不能打人?"康教士半晌也想不清这个道理。

等康教士反应过来时,贺子珍已拉着女学生走出了教室。

下课了,同学们来到宿舍,对刚才康教士打学生一事议论纷纷,有的同学说:"当时我也想去制止,但是看到康教士那狠样子,没有那个胆量。"

贺怡气愤地说:"她们口口声声地说人人平等,但是做的却与说的完

全不一样。对学生任意打骂,真是越来越张狂了。""昨天上体育课,我立正慢了些,就挨了严教士一脚,今日脚踝骨还痛呢。"一位女生忿忿地说。

"前天我集会慢了点,康教士抓住我的头发,把我的脑壳往墙上撞,脑壳撞起了大包。"另一女生说着,低下头,让同学们看她头上的包。

"这样打骂,长期下去,我们不能忍受!我们是人,不是牲畜!我们向教会抗议去!"贺子珍高声对大家说。

"对!"同学们赞同说,"不能再让她们打下去了!断了手、断了脚,怎么办啊!"

"要是她们不听,我们就罢课!"

大家议论纷纷,并跟着贺子珍要走,这时身边一位女生用手碰碰贺子珍,说道:"我们还是忍忍吧!万一她们开除……"

"我不怕。"贺子珍对同学说,"就让她们开除我们吧!我们为了自由而反抗,有错吗?"

"对!开除就开除!"

此时,南昌、吉安等地学潮迭起,福音堂小学的教士们有报纸,怕学生受影响,报纸不给学生看,甚至连城里演戏,女教士都不让她们去看,说演戏是魔鬼,看了会中邪的。

不管福音堂对学生管得如何严,毕竟未能与外界隔绝。这时,正值中国社会动荡不安的年代,外面世界风云起伏,洪波汹涌,福音堂学校也受到外面风浪的波及,再也不能保持往日平静了。贺子珍的话引来大部分同学的响应。

由贺子珍领头,同学们一起来到了教堂主教协教士那里告状。

看到一大群学生叽叽喳喳涌进教堂,协教士对音乐课发生的事已经知道,现在见学生又找过来了,情知不妙,马上装出温和的样子对学生们说:"打学生这一点,上帝也是不赞同的!康教士是要求严啦,是为你们好。"

"我们中国人不是畜牲,想打就打的!"贺子珍大声说道。

"是的,是的,上帝就是基督,人人平等。中国人也不例外。"

最后,为了"维护学校声誉和影响",协教士答应了同学们提出的"尊重我们"的要求。

以后康教士再来上课时,再没有以前那样傲气了。其他教师打骂学生

的行为也因康教士这一挫败收敛了好多。

但是,贺子珍与同学们一起到教堂告状之事,又传到了母亲温杜秀的耳朵里,她隐隐约约地觉得贺子珍、贺怡做事越来越胆子大了,并且是不服输!她忍不住对丈夫贺焕文说:"桂圆这女仔,太犟了!将来会吃亏呀!"

"唉,这不是犟,是认死理。"丈夫叹气说,"不安分啦!"

8. 和哥哥一起惩治兵痞

且说在这乱世年间,贺家夫妻的担心也不是没有理由的。

这些年,他们开馆也不容易,辛苦劳累、没黑没白的自不必说,县衙门今日一捐,明日一税,多如牛毛;衙门里的差吏、军阀的丘八、土豪的家丁和地方上的地痞恶霸,三五成群,隔三岔五地来店里喝茶吃饭,不给钱,夫妻两人常常忍气吞声,受尽了凌辱。

一天,"海天春"又出了一事端。

温杜秀身材高挑,面容娟秀,可以说是永新城百里挑一的美人。她又长又弯的眉毛下,闪烁着一双会说话的大眼睛。两条漂亮的眉毛常常是微蹙着的,眉心上留下一道浅浅的细痕。在她沉思时,线条分明的嘴唇总是紧闭着,显露出一种矜持庄重的美。她性格文静内向,当她高兴的时侯,口不露齿,神情焕发,光彩动人。

甭看温杜秀年已三十六七岁,仍是风韵不减当年。但是,在这乱世年月,外貌长得好也是祸源。

这一天,温杜秀在茶馆照顾门面,贺子珍和哥哥贺敏学还有贺怡正在后院写作业。

突然,前院的茶馆里传来母亲的叱喝声:"滚开!你们想干什么?!"

原来,几个军阀兵痞来到"海天春"喝茶,茶没喝完,却闹起事来。几个

兵痞是慕"海天春"女老板的"艳名"而来的。此番一来,自然是要有所图的。于是,几人茶没喝几口,人却就"发作"起来了。一人哼起"情歌"小调,一人敲着桌子打着拍子。这个说当兵的一年两天假不多放,夫妻间不是"涝"个死就是"旱"个死!那个说八成你是想老婆了,远水解不了近渴,不如去找个小妞搂搂。

说来说去,他们终于扯上了"海天春"的女老板。一个说:"你瞧这茶馆老板娘虽然年近四十,风韵不比小妞差哩。"

"呸!谁说有40?今年才36!"

"你呸什么,有本事叫老板娘来陪咱哥俩喝杯酒。"

说话间,温杜秀正提着茶壶走过来,兵痞满脸淫相,涎着口水说:"老板娘,陪咱大爷们喝杯酒。"话音未落,另一个兵痞就嬉皮笑脸地动起了手。于是有了温杜秀大喝兵痞一幕。

三兄妹忙跑到前院,只见茶馆里几个兵痞丘八正对母亲动手动脚,母亲在挣扎。

贺子珍看到这种情形,不禁勃然大怒。她抢先一步奔过去,一把扯过兵痞的衣服,举起粉拳就狠命地打,兵痞身上挨了打,转身过来,没想到眼前这个小姑娘这么漂亮!顿时惊呆了。

"啧啧,又来了一个靓妞!"另一个兵痞见状,也忍不住喊起来,并要朝贺子珍动手。

这时,贺敏学马上转身,拿起茶炉上一根烧得通红的火钳子,跑了过来,朝着那个动手动脚的兵痞的屁股就是一下子。

"哇!——"烫得那个家伙像被杀的猪一样,发出尖声的嚎叫,然后捂着屁股朝外跑去。贺子珍和妹妹贺怡,又去拽那几个兵痞,连打带骂,在贺敏学挥舞的火钳威胁下,其他几个兵痞被贺子珍和贺怡从茶馆推了出去。

温杜秀见自己的三个孩子竟然打了兵痞,儿子还用铁火钳烙了兵痞,生怕这些仗势欺人的兵痞找来闹事,马上说:"你们三人快躲到后院去!"

然后,她准备客人一走,就把店铺的门板全上上。

"我们等你一起上门板!"贺子珍说。

正在这时,贺焕文闻讯从外面回来,听完了妻子的讲述,他忍不住说道:"得罪了这些土皇帝等于摸了老虎的屁股,以后绝对没有好日子过。"

温杜秀说:"世道艰难,强人太多。不怪儿女们,最多我们就不开这茶馆了吧!"

茶馆里的其他人也是摇着头,叹着气:"为什么当老百姓的就这样日子难过,受屈受辱呢?"

此时,贺子珍心中也是愤愤不平。已经长大的她在生活中悟出了好多世道的不平事,她也知道,得罪了这些兵痞子,意味着茶馆从此就没了。但是,她却想不通,为什么世道这么乱,为什么老百姓平白无故地常受欺辱。

事情正如温杜秀所料,一会儿,几个兵痞一下子召集了一大帮人,呼啦啦,来到了茶馆门前。他们一个个荷枪实弹,气势汹汹,扬言要捉拿"打人凶手"问罪。这架势是要把茶馆砸个天翻地覆不可。正在这时,贺子珍站出来,大声问道:"你们青天白日,调戏良家妇女,难道就无法无天了吗?"

"有法呀!你们用铁火钳烫大爷的屁股,就是犯法,知道吗?"

"你不在茶馆闹事,谁烫你?"贺怡也大声反问。

"谁闹事?大爷喝茶没犯法!这丫头嘴皮硬,兄弟们上!"

众丘八一个个像凶神恶煞,正准备"上",但靠近过来,却见贺子珍姐妹如此漂亮,并且她们此刻杏眼圆睁,一副不可侵犯的样子,这些好色的"兄弟们"谁都上不了阵,站着不动,一个个都被贺氏姐妹的美貌惊呆了!停了好久,其中,一个丘八缓过神来,说道:"小妞,看你这么漂漂亮亮的,快掏几个钱给大爷疗伤算了!"

此言一出,其他荷枪实弹的丘八也转而纷纷附和,围观的乡亲们马上出面调停。

最后,贺焕文知道不花些钱是难以打发这些凶神恶煞的,于是同意花钱消灾,出一笔钱,把这件事了结。

然而,烫了屁股的丘八还是不答应:"不行!用钱了结不妥!"

"那你想怎么办?"围观的乡亲问。

"捉凶手抵罪!"

"你们调戏良家妇女,失理在前啊!"乡亲们仍帮着贺家兄妹说话。

他们此言一出,兵痞的众兄弟此时已是"善心"大发,反而对烫了屁股的"兄弟"左劝右劝:"贺家妹子这么漂亮,算了吧!"

"得饶人处且饶人!人家还是孩子呢!"

"兄弟们"在美人面前不下狠手,尽是讲和。结果,烫了屁股的兵痞想发作也没人助场,只好暂时收钱走人。

一场从天而降的大祸消失了,贺焕文吊起的心放了下来,长长地舒了一口气。

岁月荏苒,贺子珍这时也已长成为一个亭亭玉立的少女。她秉承了母亲姣好的面容,中等身材,皮肤白皙红润,秀气的瓜子脸,又长又弯的眉毛两端微挑,像用淡墨画的,一双丹凤眼明亮照人,整个身姿及鼻梁、嘴唇,无不透出匀称的秀丽,而且气质甚佳,既无阔家小姐的矜持娇气,又无大家闺秀的羞涩腼腆。当她高兴时,开怀大笑,容光焕发,更是动人,呈现出一种古典而又不乏现代气息的风韵。

这一次丘八原准备闹事,反而被贺子珍的美貌镇住后,贺子珍的名气渐渐传出,一时被誉为"永新一枝花"。

9.袁文才"吊羊",让贺氏兄妹羡慕不已

岁月风雨如晦,军阀混战连年不断,丘八横行霸道,永新的地主豪绅更是巧取豪夺,穷苦人的日子一日比一日难过。贺家时常听到某某地主被"吊羊"的消息。

原来,为求得一线生路,湘赣边界各县山区的贫苦农民纷纷揭竿而起,组织各种绿林武装,走上了反抗官府和豪绅地主的道路。军阀队伍中,许多士兵也纷纷哗变,拖枪上山为匪。乱世一派。井冈山先后聚集有朱孔阳、唐光耀、杨佐山、马文林、罗冬生等为首的大小几十股绿林武装。他们都打着"杀富济贫"的旗号,四处"吊羊"谋生。

所谓"吊羊",是井冈山的土话,其实就是绑票。那些绿林武装先绑架人质,然后勒索那些平日作威作福的地主豪绅交出一大笔钱赎人。地主豪绅闻风丧胆,而贺氏兄妹听了却津津乐道,拍手称快。

1924年夏的一天,贺敏学悄悄地对贺子珍姐妹说:"袁选三上山了!"

"上什么山呀?"贺怡奇怪地问。

"是上山落草吧?"贺子珍问。

"是的啰!"贺敏学说道,"他们还打下了新城!"

新城是与永新接壤的邻县宁冈县的县城,贺子珍一听,忙问道:"袁大哥打下了新城?如何打下的?"

"你们别告诉父母,我告诉你们。"贺敏学神神秘秘地说道。

原来,在宁冈县境,离袁文才家乡不远的半岗山上,也活跃着一股名叫"马刀队"的绿林武装,头领是当地的贫苦农民胡亚春。马刀队常去"吊羊"的对象,正是袁文才与之有深仇大恨的地主豪绅。袁文才看到那些豪绅们一个个在马刀队手下落得人亡财空,打心眼里感到痛快。为实现报仇雪恨的夙愿,血气方刚的袁文才,于1923年毅然上山。

胡亚春等头领对袁文才的到来十分欢迎。尤其是胡亚春,他与袁文才一见如故,马上和他对天盟誓,结拜兄弟。袁文才参加了马刀队后,充当马刀队的师爷,专为胡亚春等头领出谋献策。

袁文才上山入伙,马刀队如虎添翼,"吊羊"活动更加频繁,有时甚至一夜打劫几家,宁冈境内的地主豪绅寝食难安,惶惶不可终日,于是纷纷向县衙告状,谁知县太爷却一句大话"没钱谁管得了"把众豪绅堵了回去。无奈之中,豪绅们只好马上放血凑钱,请县太爷请人来保"平安",结果,豪绅地主们与县府勾结,从外地请来一个营的军阀部队进驻宁冈,声称"进剿"井冈山,捉拿袁文才。

一天,一个连的军阀部队闯进了马源坑,却不见袁文才的踪影,连长恼羞成怒,将袁家抢劫一空,然后,杀鸡打狗,坐在袁家大吃大喝。吃饱喝足之后,他们又把袁文才的哥哥袁选通五花大绑押往县城。谁知,一个士兵喝得酩酊大醉,部队开拔时酒还没醒过来,部队要走,他慌忙中误将袁家背木头的撑棍当枪扛在肩上,仓促离去。

这时,袁文才的嫂子下山回家,发现屋内留下一支钢枪。她立即将这支钢枪拿上山,交给袁文才。这个酩酊大醉的士兵行至茅坪才归队,班长发现他背的不是枪而是一根木头撑棍,忙问道:"你的枪呢?"

"什么枪?"士兵还没醒过来。

"你的枪,打仗的枪!"这回醉鬼听明白了:"给——"把肩上的木棍递了过来。

"啪!啪!"班长几个耳光打过来,"你把枪丢了!"

但是士兵还是没醒过来,嘴里咕噜道:"枪、枪……你这个鬼!"一个踉跄反过来抢他的真枪!这一下班长吓坏了,立即报告连长。

连长闻讯,大吃一惊:袁文才没抓住反丢了一支枪!立即率部返回袁家寻枪。当他们急急到达马源坑时,恰遇袁文才的母亲刚从山上回到家里,他们找不到那支枪,便发泄兽性,举枪朝袁母射击,袁母当即惨死在地。

袁文才家被抄,哥被抓,母亲被枪杀,这弥天大祸使他悲痛万分。他横下一条心,把妻子谢梅香和儿女一道带上山加入了马刀队,并发誓:"我袁选三誓与豪绅、军阀拼个你死我活!"

后来,由袁文才的岳父谢益谦出面,经过多方周旋,花了一大笔银元,才将袁文才的哥哥袁选通从狱中保释出来。袁文才全家上山后,在井冈山安营扎寨,率领弟兄们昼宿夜行,声东击西,"吊羊"活动有增无减。

不久前,他率领马刀队乘虚攻进宁冈县城新城,捣毁了县衙门,吓得那些大小官吏弃家逃命,土豪劣绅只得乖乖按袁文才提出的要求交款赎命。当大批军阀部队闻讯赶来反扑时,袁文才早已率马刀队躲入深山密林,化整为零与敌人周旋,迫使敌人疲于奔命。从此以后,袁文才的马刀队便远近闻名,威震宁冈。豪绅地主们被袁文才的马刀队吓得心惊肉跳,日夜不宁。但是,袁文才上山之后,并没有忘记自己的好友贺敏学,两人时常联系。

当贺敏学谈起袁文才上了马刀队后的所作所为时,贺氏姐妹觉得很来劲,向往不已。

贺子珍高兴地说道:"自古以来,官逼民反,袁大哥'吊'那些豪绅的'羊',吊得好!"

"还要吊那些大羊!"妹妹贺怡也是激进的支持者!

"哥哥,什么时候把袁大哥引荐给我们认识呀?"贺氏姐妹对袁文才敬佩不已。

"你们两个是不是也想入黑道呀?"

"什么黑道红道?都一样!"贺子珍说道。

"我现在见他都难了,以后一定。"说罢,贺敏学神秘一笑,走了。

10."我也要做一个共产主义者!"

其实,贺子珍除了"黑道"之外,哪里还知道什么"红道"呢?在她眼中既然没有黑道红道之分,自然黑道红道都一样了。孰不知,"红道"正悄悄在江西开始铺开。

这时候,小小的永新县也开始出现《向导》、《中国青年》、《红灯》等"赤色"杂志和《共产主义 ABC》、《共产党宣言》等"赤色"书刊了。

这些"赤色"杂志和书刊是欧阳洛、刘真、王怀等人弄进永新的。

1923年3月,赵醒侬逃出南昌后,在上海出席了中国社会主义青年团第二次全国代表大会。会前,他曾到南京和方志敏一起商量,组织旅居上海、南京等地的20余名江西进步青年,仍以停刊的《新江西》杂志为名,创办《新江西》半月刊,宣传马克思主义,指导江西的革命斗争,并且两人还决定为了团结江西青年,宣传革命思想,实现救国救民的理想,发起组织和建立江西学会。

10月中旬,赵醒侬回到南昌,21日召开团员大会,传达青

欧阳洛

年团第二次全国代表大会精神。经团中央特许,江西正式成立了中国社会主义青年团南昌地方执行委员会,赵醒侬被选为委员,担任委员长。团地委在南昌设立三个支部,在九江设立一个支部,共有团员21人。活动计划是:组织江西学会,开展大规模文化运动和国民运动,重视加入学生会活动,以便领导学生运办扩大团的组织,恢复马克思学说研究会;调查南昌手工业工人工会,调查和联络铁路工人,开展反对英美法帝国主义的宣传活动。

在这21名团员中,有一位叫欧阳洛的永新人。

欧阳洛,1900年4月出生于永新县芦溪阳家村。父亲欧阳珩,是一个穷秀才,在北乡莲坊、古竹一带教书。欧阳家有薄田7亩,由母亲和兄长耕种。

方志敏

1910年,欧阳洛10岁时,跟着父亲读书。15岁时,由于家境贫穷,他被迫辍学在家协助母亲料理家务,参加劳动;但仍然坚持自学,并几次向母亲提出,要去南昌继续求学。1922年8月,他征得父母的同意,离开永新到南昌,考入第一师范。在学习期间,他经常阅读《向导》《新青年》《中国青年》等宣传马列主义的刊物,并开始参加由赵醒侬、方志敏、袁玉冰等组织的学生活动,政治觉悟迅速提高。1923年,他加入了社会主义青年团,并成为江西省团组织的骨干。

为了大力宣传马克思主义,赵醒侬、方志敏、袁玉冰、欧阳洛等人在险恶的环境中,开始了紧张繁忙的战斗。南昌团地委的各项工作取得了显著成绩,至1923年底,团员已发展到30多人,团地委的机关刊物《红灯》正式出版发行。此时,在中国共产党第三次全国代表大会上,已确定了建立革命统一战线方针。1924年1月初,赵醒侬赴广州出席了国民党第一次全

国代表大会。会议结束后,赵醒侬和邓鹤鸣一起回江西,根据中共中央的指示,筹建共产党的组织,同时受国民党中央党部的委派,筹组江西国民党省党部。

赵醒侬和邓鹤鸣回到南昌后,立即和南昌团地委的负责人共同研究,从团员中发展一批党员。经赵醒侬等的介绍,方志敏、欧阳洛、邹努、朱大贞等参加了中国共产党。1924年2月底,中共直属江西支部在南昌成立,赵醒侬任支部干事会书记兼组织干事,邓鹤鸣任宣传干事。

赵醒侬

中共直属江西支部建立后,赵醒侬根据党的统一战线政策,领导江西国民党的改组工作。3月,国民党江西临时省党部成立,当选的七个筹备委员中,有赵醒侬、邓鹤鸣、普国香(即曾天宇)、邹努和徐振农(后叛变)等五个共产党员,赵醒侬任常务委员兼组织部长。临时省党部成立后,立即开展工作,派出干部到全省各地,把愿意革命的国民党员重新组织起来,建立了以共产党员和青年团员为骨干的两个市党部和五个县党部、四个临时县党部。这样,以国共两党合作为基础的统一战线,便在江西初步形成。

然而,此时江西的军阀势力仍然很强大,他们取缔国民党的一切活动,诬蔑国民党党员是"赤化党"、"过激分子",捉到国民党员,轻则坐牢,重则枪毙。为了便于开展活动,赵醒侬和曾天宇等人商定,一面租用一幢民房,设立党的秘密机关,一面筹办明星书店和黎明中学。

1924年6月,明星书店正式开张营业,由曾天宇任经理。

同年秋,黎明中学筹备就绪。为了便于"立案",聘请江西省议会议长

龙清海为名誉校长,实际工作则由校务主任曾天宇主持。永新籍的欧阳洛、刘真等人或是学生,或做教员。在学生中,青年团员建立了团支部。

在赵醒侬、曾天宇、欧阳洛等的努力下,共产主义的学说、俄国革命成功以及各地工农运动高涨的消息,接连传进大山封闭的江西各地。

与此同时,欧阳洛等人把一些进步杂志、书籍,如《向导》、《中国青年》、《红灯》、《共产主义ABC》、《共产党宣言》等源源不断地从南昌送到吉安县,在吉安第七师范读书的刘真和阳明中学的王怀等人又把它们带到永新县城,马克思、共产主义的思想四处传播,吸引那些热血青年。

对于这些书籍,贺子珍常常在一盏小油灯下,读到深夜。她全神贯注地读着这些书,每逢此时,她忘记了周围的一切。这些书刊把她带到了一个新的世界,这个世界正是她要寻找的呀!在这些书刊里,贺子珍找到了一个让她不再彷徨的路子,马克思、共产主义像在她的心里点燃了一盏明灯。渐渐,贺子珍明白了,井冈山为什么年年闹土匪,为什么老百姓没有好日子过,这一切的根源就是地主老财、兵痞丘八仗势欺人,无恶不作!一切的根源就在于阶级的压迫!这些闪烁着真理火花的书籍,把贺子珍引入了一个新的境界,也使她的思想和觉悟提高到了一个新水平。

放暑假了,在省城南昌读书的学生纷纷回到了家乡。一次,在同学家玩时,贺子珍认识了已经秘密参加中国共产党的欧阳洛。

欧阳洛回永新,一个重要目的就是在青年学生中传播马克思主义。因此,大家相聚时,他给大家讲革命的形势,介绍孙中山的联俄、联共、扶助农工的政策,讲国共合作,谈军阀混战的结局。他口才绝好,滔滔不绝,言语间常常把人们带到一个自由平等、没有苦难的理想的地方,让人们向往不已。

这时的贺子珍,听了欧阳洛的讲话后,对革命充满了向往。一次,在听完欧阳洛的讲话后,她第一个站起来,双手鼓着掌,然后,兴奋地说:

"好啊!以后,穷人不会再受地主老财的欺负,就不要卖儿卖女了。我也要做一个共产主义者!"

"好啊!欢迎你经常来参加我们的聚会!"欧阳洛热情地邀请道。

以后,贺子珍又带上妹妹贺怡一起去欧阳洛那里。

在欧阳洛那儿,她们又认识了在吉安第七师范和阳明中学读书的永新

籍学生刘真和王怀等进步学生,并且开始和他们交往起来。

这时中国革命逐渐步入了一个波澜壮阔的大革命前夜,各种思潮涌起,永新这个偏远之地也被春天咚咚的泉流所激醒。

11."这洋学堂真是邪气!"

然而,大革命的形势,错综而又复杂。南方的革命政府和北方的北洋军阀政府的较量剧烈地进行着。在革命阵营内部,军阀、商团的倒戈与反叛时有发生,在国共合作中,左派与右派也矛盾重重,形势在矛盾和斗争中发展。在这一场激风暴雨的革命风潮中,对各种勃起的政治派别,对于全国的风起云涌的革命形势,有的赞成,有的反对,有的观望,一时良莠莫分,沸沸扬扬。

永新县城也是如此,就连小小的福音堂小学也没例外。

福音堂小学女部的学生原来就分为两派,这时又带上了浓厚的政治色彩。以贺子珍为首的左派,是对革命的拥护者,而那些豪门小姐大都是右派。两派之间经常爆发激烈的争论。比如:军阀该不该打倒?黄埔军校到底好不好?对国共合作赞成还是不赞成?等等。贺子珍把从书刊上看到的和从欧阳洛等进步学生那里听来的道理搬过来运用,和右派学生进行争论。她们的争论还没有结果时,中国革命的先行者孙中山逝世的消息却传到了永新。

原来,1924 年 9 月,北洋军阀发生第二次直奉战争,10 月直系军阀内部发生分化,直系大将冯玉祥倾向革命,囚禁曹锟,发动北京政变。

冯玉祥在北京政变成功后,举行政治军事会议,电请广东革命政府的孙中山北上。

11 月 10 日,孙中山发表《北上宣言》,抱病北上。孙中山北上的行动,引起了很大的反响,召集国民会议运动在全国很快展开。

此时，北洋军阀江西督办蔡成勋被驱逐出江西，军阀方本仁就任江西督办。由于革命形势的发展和军阀内部矛盾的加剧，方本仁曾和广东国民政府拉过关系。赵醒侬等马上利用这一有利时机，一方面积极开展共产党和共青团的秘密工作，一方面通过国民党的组织，进行公开和半公开的活动。他并根据中共中央关于召集国民会议的指示，以孙中山特派员的身份，领导全省人民广泛开展废除不平等条约和召集国民会议运动。12月31日，由南昌市多个团体组成的国民会议江西促成会正式成立，1925年2月6日，九江20多个团体发起成立国民会议九江促成会，接着，吉安、临川、弋阳、景德镇等许多县市纷纷成立促成会。谁知正在省促成会派出宣传员和讲演队深入城镇和农村，散发传单和宣言、揭露军阀的罪恶之时，孙中山先生逝世的噩耗传来。

孙中山一去世，方本仁就立即露出了凶相，马上下令稽查军警将赵醒侬拘入办公室严刑审讯。在敌人面前，赵醒侬大义凛然，不畏强暴。在赵醒侬的斗争下，方本仁只好在第二天将他释放，但仍派稽查密探严加监视。不久，北京执政府迫于广大群众的压力，不得不在北京举行追悼孙中山大会。赵醒侬抓住这个机会，以"江西国民追悼孙中山先生大会"筹备会的名义，通过省议会出面，请求省署拨款5000元大洋作筹备追悼会费用。然后，筹备会决定将这笔经费的大部分用于宣传方面，并派赵醒侬亲自前往上海购买宣传品。

在上海期间，赵醒侬向党中央详细汇报了江西的工作，印刷了孙中山的遗像、遗嘱、著作和《中国国民党第一次全国代表大会宣言》等大量宣传材料，还印了宣传马克思主义的小册子。4月下旬，赵醒侬回到南昌，主持悼念孙中山的活动。江西各界在百花洲沈文肃公馆内设立祭场，从4月28日至29日连续举行公祭活动，接着又于5月4日在大校场举行了追悼大会并对参加公祭和大会的几万群众散发了大量的宣传品，大张旗鼓地宣传联俄、联共、扶助农工的政策和打倒帝国主义、废除不平等条约、召开国民会议等主张。

在南昌进行公祭孙中山时，盘踞永新的陈修觉与方本仁同穿一条裤子，不准悼念孙中山先生。

为了表达对孙中山的深切哀悼，贺敏学和永新县的几个学校的进步学

生,决定在龙家祠举行孙中山追悼会,悼念这位伟大的革命家。禾川中学的学生领袖刘家贤深知贺子珍是一位"左派"女子,于是来到福音堂小学,找到贺子珍:"全县学生举行悼念孙中山先生大会,你也组织福音堂学校的一些女同学参加追悼会吧!"

贺子珍早就对孙中山这位民族英雄和伟大的先行者深为敬仰,她一口应承下来:"可以。"

在女生宿舍里,贺子珍和妹妹贺怡召集了20多个女同学商议参加追悼会的事。自那次抗议教师打学生的事件后,贺子珍在同学中的威信更高了。今天,大多数同学听贺子珍一说,都表示赞同。

有几个胆小的女同学却有些顾虑:"学校纪律很严,不准我们与外界接触,去了,学校罚我们怎么办?"

贺子珍听了,拍着胸脯说:"我们都是穷人的孩子,自打我们懂事起穷人就是受人欺负的,孙中山先生领导革命者解放我们,死都不怕,那我们还有什么可怕的?讲到哪里我们也有理!"

贺子珍说完又安慰那几位同学说:"学校真要罚,就说是我叫你们去的,要罚就罚我一人!"

孙中山

正当贺子珍她们在宿舍里商议时,班上一个与她们有过争执的富家女悄悄把贺子珍她们要去参加孙中山追悼会的事情添油加醋地报告了学堂。很快,协教士、康教士等一行急冲冲地来到了宿舍。

一进门,协教士就斥问:"你们是谁主持要去参加追悼会?"

协教士声色俱厉,康教士怒气冲冲,同学们面面相觑,互相打量对方,却不敢说一句话。

"是我劝她们参加追悼会的。"贺子珍镇静而果断地回答。

"这是违反校规的,你知道吗?"协教士看了漂亮而又坚定的贺子珍一眼,心中不觉咯噔了一下。

"悼念孙中山,我们哪有错?!"贺怡反问道。

"哪有错?政府明令禁止不准集会,上帝也反对悼念异教徒!"

"孙中山是我们的民族英雄!政府是害怕他!你也害怕了?"贺子珍一本正经地反问协教士。

"怕?我……"

"哈哈……"同学们笑起来了。

"你们……你们违反校规!"

协教士把贺子珍、贺怡一共18个同学带到了教堂,勒令她们跪下,并对她们说:

"你们知道吗,你们得罪了上帝,你们的灵魂是有罪的,祷告吧,求上帝饶恕你们。"

"不要跪!"贺子珍拦住同学们,正视着教士们,"我们没有罪!国父孙中山先生,为驱除鞑虏、恢复中华、建立民国、平均地权献出了毕生精力,他有功于国,有功于我们中国人,我们去悼念我们中国的一位英雄又有什么罪?"

"我们没有罪!"同学们听了贺子珍那合情合理的话,异口同声地说。

"你们谁去,谁就要受到严厉处罚!"康教士恶狠狠地说。

"我们不怕罚,追悼会一定要参加!走,大家去准备吧。"贺子珍把手一挥,口气异常坚定。

同学们也马上跟着贺子珍往外走。结果,偌大的教堂里,只剩下几位教士站在那里,空荡荡的。本来,协教士只是吓唬吓唬贺子珍,没想到贺子珍竟有这么大的威望,她的话比她们这些教士的话还有感召力,一时之间,教士们都感到无可奈何,呆呆地看着贺子珍领走了大部分学生。

走出教堂之后,同学们在贺子珍姐妹俩的建议下,身穿白衣白裙,并到银匠铺一人买了一块镌有国旗图案和"爱国英雄"四个字的木牌,准备参加追悼会。

举行追悼会那天早晨,天低云暗,细雨霏霏。一队身穿白衣裙,胸前佩戴着"爱国英雄"银牌的女学生,走出了福音堂学校大门。她们披着斜风细

雨,昂首挺胸朝城南门龙家祠追悼会堂走去……

参加追悼会的队伍在贺子珍的指挥下,响起了低沉而悲壮的歌声:

牺牲换人类幸福
革命乃吾侪生涯
且将滴滴血和泪
洒遍天下自由花!

多么悲壮的歌声啊!这歌声蕴含着同学们对孙中山先生深深的怀念。这歌声,如暴雨前的惊雷在县城的上空鸣响,它仿佛在向一位久醉的人呼叫,呼叫醉了的人们赶快觉醒!歌声一停,许多学校的学生代表上台讲话,贺敏学也在台上发了言,他大声说:"我们要继承孙中山的遗愿,把革命进行下去。……"贺子珍她们听着众人的发言,倍受鼓舞,也决心像孙中山一样,踏上一条探索和追求人类真理的坎坷不平的艰难道路。

当贺子珍和同学们参加完追悼会来到学校时,女教士已经铁青着脸在等她们了。

她们一进教室的门,康教士就命令她们:"跪下,向上帝认罪。"

严教士也厉声威胁道:

"哪个不请求主的宽恕,我们就开除谁!"

贺子珍听了女教士严厉的话,知道一场不可避免的冲突要展开了,心里马上做好了思想准备;而她的同学却不像她这么坦然,一个个听说要被开除,都有些慌张。班上的右派学生看到左派学生要有难了,得意地看着贺子珍她们的"下场",并发出嗤嗤的笑声。谁知这时贺子珍站在前面,倔强的身材如同一棵小白杨树,挺挺地站在女教士面前,她身后的贺怡也如姐姐一样昂首挺立。结果,左派同学见贺子珍姐妹这样,马上受到鼓舞,站在那里一个个都一动不动。

康教士因为平时贺子珍老当着学生的面与她唱反调,对贺子珍尤为不满,见此情景,用眼睛斜视着贺子珍,喝道:"快跪下!"

贺子珍静静地望了女教士和那些等着看她们笑话的右派同学一眼,冷冷地问道:"我们爱自己的国家有罪吗?"说着,她带头把写着"爱国英雄"

的木牌挂到胸前。其他17位同学们也把做好的木牌挂到胸前。然后,她们又转过身来,面对着全班同学,昂然地站立着,让所有同学都看到"爱国英雄"这四个光灿灿的大字。然后,贺子珍一字一顿地说道:"不,我们没有罪,用不着请求谁的宽恕。"

女教士本来是想着惩罚一下贺子珍她们,然而,贺子珍竟然什么都不怕,并且言之凿凿,她气得脸色发紫:"你……你……"

这时,贺子珍对同学们说:"你们回到你们的座位上去吧!"

此时学潮正起,福音堂的教士们都是些胆小怕事之徒,并不敢真正开除这些学生,怕出头引火,激起全县的学潮,只好忍住气,不敢发作,只是协教士大声地喊道:"下不为例!"此事就此作罢了。

学校的这场风波刚平,家庭的风波又起。

原来,贺子珍姐妹俩没被学校开除,她的哥哥贺敏学这段时间天天去闹学潮、搞斗争,这一次又在追悼孙中山先生时起了带头作用,被学校开除了!

贺敏学被禾川中学一开除,一向安分守己的贺焕文夫妇吓坏了。贺焕文一气之下把他们三兄妹反锁在楼上,不许出去。然而,一把锁怎么锁得住他们向往革命的心呢,贺敏学从屋顶的天窗爬了出去,接着,又把贺子珍和妹妹也放了出来。然后,他干脆跑到大山中,投奔好友袁文才去了。

贺子珍和贺怡被哥哥放出来,没像他那样跑为上策,而是留在家中。

贺焕文一听贺敏学跑了,更是气得拍大腿,但是茫茫大山,到哪去找他呀?儿子已逃走了,贺焕文再也不敢把两个女儿锁起来了,只好把两姐妹叫来,准备训一顿。谁知他话还没说出来,却悲从中来:"你们怎么这么不听话啊?我贺焕文前辈子造了什么孽呀?"

"爹,你没造什么孽,是这个可恶的社会逼得穷人没有出路了。"贺子珍温和地说。

"爹,我们追悼孙中山先生有什么罪呢?"贺怡也反问父亲。

是呀,悼念民国的缔造者有什么过错呢?结果,两姐妹一番话倒使做父亲的没话说了。

这时,温杜秀说道:"你们好好读书,不要被学校开除了,开除了,没书读了,就不对了。"

"学校天天叫我们背圣经,做祈祷,哪是读什么书?再说连起码的参加追悼会的权利都没有,他们就对?"

"不讨论政治,你们好好读书,将来找个有钱人出嫁,做个贵夫人,生活多平静,日子多舒适啊!"

这时,贺子珍已经铁了心,无论父母亲怎么劝都不听,她执拗而又坚定地对父母亲说:"我已经选择好自己要走的路了。"

贺焕文夫妇听了女儿这番话后,更是忧心忡忡了。贺焕文着急地问道:"你们为什么这么犟呀?这洋学堂真是邪气!"

为了怕贺子珍姐妹又在福音堂小学"闹事",贺焕文只好把她们转入了由原秀水私塾改的秀水女子学校,他希望"中国人自己的学校"能用那些流传千年的经书"管束"好自己的两个女儿。

贺子珍
He Zizhen

第二章 永新县第一任妇女部长

1. 贺子珍16岁入团,在兄妹中最早参加革命组织

千年"经书"管束不了贺焕文的两个女儿,革命滚滚向前的浪潮开始把她们推向斗争的最前列。

国共两党合作之后,大革命运动在全国各地蓬勃兴起。小小的永新县城再也不是一块宁静如昔的地方,大山外的任何一件大事小事都能激起浪花。轰轰烈烈的国共合作,早已经把永新——吉安——南昌——广州——上海——全国连接起来了。

1925年5月15日,上海日本厂商枪杀中国工人顾正红。在中国共产党的推动下,5月30日,上海工人和学生组织演讲队走向街头抗议帝国主义暴行。下午两三点钟,租界捕房出动大批巡捕在浙江路一带殴打和驱散演讲队员和听讲群众,100多人被捕,关入南京路老闸捕房。消息传出,所有演讲队涌向南京路。一下子,南京路上人山人海,汇集了成千上万的学生、工人、店员和市民群众,人群中旗子挥舞,传单纷飞,"打倒帝国主义!""释放被捕的中国人!""收回租界!"口号声如滚滚春雷,一浪高过一浪。在口号声中,示威群众像洪水一样冲向老闸捕房,强烈要求立即释放被捕的同胞。4点钟左右,英国巡捕竟悍然向赤手空拳的人群开枪。霎时间,枪声大作,血肉横飞,13人当场被打死,几十人被打伤。

这就是震惊中外的五卅惨案。

上海五卅惨案后,全国立即掀起了反帝斗争的高潮。江西也展开了以声援上海人民为中心的反帝运动。赵醒侬站在这个运动的前列。6月3日,南昌市各界代表召开紧急会议,成立了"反对帝国主义惨杀上海同胞江西后援会";6月5日,南昌3万多人举行集会,由赵醒侬担任大会主席,大会

发出通电,坚决声援上海人民的斗争,表示江西人民誓作他们的后盾,同时通告全省各县市组织大规模的反帝群众运动。会后,赵醒侬等带领群众冒雨游行。6月14日,上海学生代表三人途经南昌,向各界人民陈述帝国主义制造五卅惨案真相,南昌人民更加愤怒;18日,群众举行了第二次示威游行;6月30日,后援会又举行了公祭上海、青岛和汉口惨案中遇难烈士大会。

这时,适逢学校放暑假,赵醒侬和党、团组织研究决定,乘学生放假回家之际组织党、团员带领学生下乡宣传,把革命思想灌输到基层去,将学生运动和农民运动结合起来,一边开展反帝反封建军阀活动,一边拓展党团组织,于是,南昌中等学校的学生踊跃下乡,奔赴江西各地。

8月,欧阳洛和刘真、王怀等从吉安被派回永新,从事宣传活动。

欧阳洛是年初从江西第一师范毕业的。毕业不久,他即被赵醒侬派到吉安进行革命活动,在吉安,他先后发展了在吉安第七师范和阳明中学读书的永新籍学生王怀、刘真、刘作述、刘家贤等10余人为党员。五卅惨案发生后,他和刘真等人以第七师范为据点,组织吉安声援五卅反帝反封建军阀的斗争。

吉安的声援上海的行动传到了永新时,贺子珍高兴地对妹妹贺怡说:"那些东洋人杀我同胞,日子也难过了!"

贺怡举拳高呼着:"不怕继续流血牺牲!"

她这一喊,让小妹贺先圆听见。她赶紧拿了一把菜刀,跑过来,问道:"姐姐,你们要杀谁呢?"

贺子珍看着12岁的小妹,大笑着:"我们谁也不杀,就杀洋人!"

这时,温杜秀从前院回来,见小先圆拿着一把菜刀锋光闪闪,连忙取回菜刀:"你们三个要做什么?"

"姐姐要杀洋人!"贺先圆说道。

"不要胡来!"温杜秀瞪了女儿一眼。

欧阳洛带着反帝斗争的余热来到永新,先是在北乡田南、樟桥、古竹村创办农民夜校,吸收青壮年农民参加学习,向农民传播革命思想,进行反帝反封建的教育,接着,他又和王怀一起,在永新县城秀水小学创办平民夜校,吸收县城苦力工人、学徒、进步知识分子100余人,以识字教育为

名,灌输革命思想。

欧阳洛、刘真等来到永新,永新的面貌焕然一新。他们来到永新县后,和贺子珍的接触更多了。他们办平民夜校,贺子珍姐妹时常前来帮忙。

久而久之,欧阳洛发现贺子珍不仅为人热心,而且是个闹革命的好苗子,于是就找到她:

"你也参加平民夜校的组织工作,好么?"

欧阳洛一讲明意思,贺子珍马上点头应允。

就这样,贺子珍成了贺家兄妹中最早参加共产党活动的革命者。

这时,贺子珍还未满16岁。因为革命形势的迅速发展,贺子珍很快就接受了新的思想,随即,她在欧阳洛等人的介绍下加入了中国社会主义青年团。

贺子珍在秀水女子学校一边读书,一边积极到欧阳洛创办的平民夜校里上课。

渐渐地,她把学校作为革命的活动舞台,积极开展学生运动,宣传革命,为此,她还秘密地发展了一批热心的革命的同学,并发展他们加入了共青团组织。

2.贺敏学跟着袁文才在井冈山"吊羊"

在贺子珍积极为党工作的时候,哥哥贺敏学正跟着袁文才在井冈山上劫富济贫,四处"吊羊"。

风起云涌的革命运动很快也影响了在深山老林的马刀队。1925年9月,经过一番接洽,袁文才率领一支30多人枪的队伍下山,移住茅坪攀龙书院,就任了宁冈县保安团长。

此番下山,袁文才称自己是"被招了安"。他此次被"招安"是宁冈县长沈清源亲"招"的。

原来，宁冈县有个进步青年叫龙超清，是江西省参议会议长龙清海的儿子。他随父在南昌第二中学读书，与同时在南昌读书的刘辉霄、刘克犹、谢希安等六七个宁冈籍青年过从甚密，几人时常在一起倾心交谈。在赵醒侬等的启发和教育下，他们秘密阅读马列主义和宣传新文化运动的进步书籍，很快接受了新思想，并先后加入了中国社会主义青年团。

1924年刘辉霄先期从法政学校毕业，回到家乡，在宁冈新城开办了一所新型学校——"文明小学"，并自任校长。随后他又与龙超清等组织了"文明社"，公开与地主豪绅组织的"新民社"相抗衡。

此时，宁冈县县长沈清源为本县极不稳定的政局大伤脑筋。他怕文明社与新民社这左右两派组织公开争斗引起祸端，更对井冈山袁文才的马刀队望而生畏，多次派兵"进剿"均告失败。于是，他左想右想，希望用招抚的办法使马刀队下山归顺县府，以了心腹之患。可是，他既不敢亲自出马，又一时找不着合适的说客。

1925年4月，刘辉霄得知县长沈清源正为找不到上山的说客而发愁。于是，通过龙超清与北洋军阀部队刘汉涛营七连连长王德文的私人关系，与龙超清一起说

龙超清

通了王德文，两人一起找县长沈清源献策，自告奋勇愿去井冈山招安马刀队下山。县长沈清源正求之不得，心中甚是高兴，但是他又有一些担心，说："这个办法好是好，就怕不可靠。"

龙超清说："这些年来，井冈山连年匪患四起，也是衙门和豪绅压迫太甚的结果。官逼民反，势在必然。袁文才等人上山拉马队，也是被逼而为，县长下令招他们下山，没什么不可靠的。"

刘辉霄也说："你们年年剿匪,年年烧杀,剿了多少匪？"

他接着指出："前不久,你们在茅坪大陇一带剿匪,杀了48个人,其中只有一个当过绿林,其他都是无辜百姓,这样做能不引起宁冈人民的反对吗？把袁文才请下山,宁冈局势就稳了！"

沈清源觉得有理,立即委派龙、刘和王德文三人为县长的代表,径直上山,招抚马刀队。但是,此时,边界的土客籍界限是非常清楚的。龙超清和刘辉霄都是土籍人,马刀队的人却都是客籍人。这种土客籍的矛盾,在宁冈几乎是不可逾越的鸿沟。同时,井冈山附近几股绿林,由于豪绅地主和军阀部队的不断剿匪,有的逃跑,有的招安受骗被剿灭了。这更引起马刀队的警惕。

刘辉霄会说一口十分流利的客籍话。他家靠近柏路的小壤有成片的森林,那一带山林全住着客籍人。每年他都要跟随父亲到那里去巡视他家的山林,和那里住着的客籍人关系很好,并学会了他们的语言。同时,通过他的姐夫刘克犹等人的亲属关系结识了袁文才。而刘辉霄的才学又为袁文才所钦慕,这就为劝说袁文才下山提供了条件。

1925年7月的一天,龙超清和刘辉霄、王德文来到上坑,与马刀队的头目胡亚春、何正山、袁文才、李松山、李少恒、贺敏学等会谈。

谁知一谈,当刘辉霄介绍龙超清是江西议会议长龙清海的儿子时,贺敏学哈哈大笑,说道："自家人自家人！"

刘辉霄有些奇怪地问道："如何这样说？"

贺敏学笑着指着袁文才说："他还为你父亲竞选议长出过力。"

"此话怎讲？"

袁文才笑笑说道："那是孙中山先生在广州建立北伐大本营,准备北上讨伐北洋军阀时,江西拉开了宪政的序幕。你父亲龙清海先生在南昌参加竞选江西省议长,拨了一笔经费到家乡宁冈拉选票。谢冠南主持为龙先生拉票活动,但是,他贪婪本性难改,利用手中的权力想独吞这笔经费。我得知这一消息后,暗中作了准备,投票选举那天,我突然当众揭露了谢冠南的舞弊行径。"

"袁大哥这一下弄得一方名士谢冠南当众出丑,狼狈不堪。你父亲还专门为此写信给袁大哥表示感谢呢！"贺敏学说。

有了这些作铺垫，众人一下子就亲近多了。

随后大家开始了正式会谈。

此次龙超清和刘辉霄、王德文没携带任何武器，来到井冈山会见袁文才。袁文才虽以礼相待，但是私下里总结了历史上多次农民起义的头领都是因为上了官府"招抚"骗局的当才掉脑袋的教训，为防不测，他对龙、刘、王三人的到来，以礼相待的同时，大山寨的四周加布了岗哨，设下伏兵，保持高度警惕。经过交谈，袁文才感到龙、刘、王三人真诚相待，愿意下山与官府进行谈判。但同时，袁文才却又担心下山谈判时的安全，刘辉霄提出愿以自己为人质，"换取袁大哥下山。"当即，刘辉霄和袁文才结成拜把兄弟，成了生死之交。

袁文才完全消除了疑虑，表示同意下山谈判。

数日后，袁文才按约定的时间，带着亲信李筱甫等数人赴宁冈新城同县长沈清源谈判。

在谈判中，袁文才提出受编不受调、下山不交枪等条件。沈清源不肯答应，要袁文才投降。袁文才坚持说："组织自立，行动自主，这是寸步不能让的，否则，宁愿不下山。"最后，由于龙超清等在沈清源面前说明利害，竭力周旋，沈清源终于全部接受了袁文才提出的条件。谈判达成协议，袁文才同意将马刀队改编为宁冈县保安团，并由自己亲任团长。

为防意外，袁文才在下山之前，把对下山受编持异议的胡亚春等部分人枪仍留在井冈山以观动静，粮饷和给养均由县府供给。

袁文才偕同李筱甫带领30多个人、12支枪，来到县城，接受招安，改编为保安团。贺敏学不愿在宁冈为官，于是回了老家永新。其他人则被县府委任为保安团副团长、队长、副队长、教育官、稽查员等。

袁文才招安后，这支队伍的领导权依然牢牢地掌握在袁文才及其心腹的手中。豪绅地主和官府对他们不敢轻举妄动。1925年年底，袁文才率部进驻砻市。第二年又移驻县府所在地新城。这时，保安团在袁文才的领导下成为控制全县政局的一支主要的武装力量。县长沈清源认为袁部已经接受改编，匪患已告平复，便先后将在县内驻扎的"剿匪"军阀部队撤走，这样"匪患"一除，宁冈县就宣告"天下太平"了。

贺家大小见到贺敏学下山归来，十分欣喜。

3. "国民革命一定会成功的"

  袁文才、贺敏学一下山,山下的世界已是风雨翻滚,遍地惊雷了。

  这时,由于国共合作,南方革命的潮流继续高涨,广州的国民政府在全国的地位和影响不断增强,在北方,各军阀冲突不断,危机加深。1925年10月,控制浙江的孙传芳,纠合福建、江西、江苏等省的地方军阀,自任浙闽皖苏赣五省联军总司令,发动反奉战争,很快把奉军驱赶出苏、皖两省。直系军阀吴佩孚也东山再起,在汉口以十四省讨贼联军总司令名义反奉。

  中国共产党决定利用反奉战争的有利形势,积极推动全国各界进行反奉倒段的斗争。1925年冬开始,北京、上海、南京、汉口、开封等地相继爆发反对奉系军阀和段祺瑞政府的群众示威活动。全国反奉运动的高涨,促使奉军内部发生分裂。与此同时,国民革命军举行第二次东征。到11月,粤军叛将陈炯明的主力被歼灭,东江平定,东征取得全面胜利,广东革命根据地基本上统一。

  随着革命形势的不断高涨,反动派日益恐慌,各派军阀企图结成反革命联盟,向革命势力进攻。直、奉系两大军阀联合,在北方以奉系军阀张作霖为主,进攻冯玉祥的国民军;在南方以直系军阀吴佩孚为主,联络孙传芳及湘、桂、黔、赣各地方军阀,组织所谓"讨赤联军",并调集其在湖北的全部兵力和河南、江西的部分兵力,准备进攻广东,从四面八方围攻广东革命根据地。广东国民政府命令叶挺独立团进入湖南前去迎敌。

  叶挺独立团进入湖南后,沿途都受到工人、农民、学生们的热烈欢迎,这对官兵鼓励很大,部队战斗情绪很高。1926年5月31日晚上,叶挺独立团(缺第一营)进到湖南永兴县城,6月1日冒雨强行军,黄昏到达安仁的梁城,第二日上午赶到茅坪、砻市西边的安仁城,3天后,又占领安仁东北的攸县,共击溃敌人6个团,毙伤俘敌200多人,自己只伤亡60余人,旗开得胜。

  叶挺独立团在安仁、攸县取得首战大捷,粉碎了吴佩孚进攻湘南的计

划,吴佩孚在湖南战场遂采取守势。

7月1日,广东革命政府发出《北伐宣言》,蒋介石以军事委员会主席的名义,下达了"北伐动员令"。7月9日,国民革命军在广州市东校场举行北伐誓师大会,北伐正式出师,大革命进入高潮。

就是在这个革命高潮中,贺子珍转为了中国共产党正式党员,入党介绍人就是欧阳洛和刘真。此时,永新的党组织认为,迎接革命高潮的到来,首先要用马列主义理论武装共产党员,让他们懂得巩固国共合作的重要,自觉地拥护和支援北伐战争,于是开办了政治夜校。政治夜校是男女合校的,不仅有共青团员、共产党员参加,一些拥护大革命的积极分子,也可以来听课。这是永新第一个男女合校的学校。夜校一共办了几个月。欧阳洛、刘真等,轮流给大家讲课。

贺子珍入党后的第一件事,就是参加永新政治夜校。她白天在秀水女学上学,晚上到政治夜校听课,还要抽时间做革命工作,每天都是早出晚归。她的妹妹贺怡,也总像影子一样跟着她。姐姐到哪里,她就跟到哪里,姐姐做什么工作,她总是最得力的助手。两姐妹每天很晚才回家。

两个女儿整天不着家,越来越引起贺焕文和温杜秀的忧虑:她们是不是投奔革命去了?当革命党可是要杀头的呀!这天晚上,夫妇俩都没有睡,

北伐军

秉烛等待两个女儿归来,他们决定同女儿摊牌了。

当姊妹俩有说有笑地推开家门的时候,迎面见到双亲端坐在堂屋,板着面孔。父亲劈头就问:

"你们又疯到哪里去了?这么晚才回家!"

平时最温柔的母亲这时也拉下了脸:"女孩子家,成天在外面疯疯癫癫,也不怕别人说闲话了?"

贺怡性格泼辣,心直口快,一句话就把父母顶回去:"我们又没干见不得人的事,怕什么说闲话,谁愿意说什么就说去!"

贺子珍也说道:"娘,我们做的都是正经事,要打倒土豪军阀……"

贺子珍的话还没说完,父亲贺焕文就厉声说:"这就更糟糕,造反是要杀头的!连我们这两条老命都要搭上,你们还要不要这个家?"

母亲也赌气地说:"你们要再疯下去,趁早我们死了算了。"

父母如此声色俱厉,贺子珍感到,整天不着家,也该跟父母好好说一说了。她拉着妹妹坐到父母旁边,然后细细地同他们讲起军阀丘八的可恶、地主豪绅的盘剥以及国民革命的重要性。

土豪军阀欺压百姓,还用得着贺子珍多说?这些年来贺焕文夫妇在茶馆里见到的、听到的比贺子珍了解来的多得多,他们自己也是深受其害。说到革命,他们从内心里也赞成、同情。但是,他们顾虑的是:革命能成功吗?这些军阀、土豪能打倒吗?万一打不倒,不就家破人亡了吗?贺子珍滔滔不绝地说着,贺焕文的心思却转到了革命的危险上:"革命革命,革命能成功吗?"

贺子珍动情地说:"国民革命是一定会成功的!你们看,就我们县里,有多少人都行动起来了,广东一片红火,你们不知道吗?土豪军阀马上就可以打倒!到那时候,就没人能压迫我们,谁也不敢横行霸道、欺负人了!"

贺子珍说得那么肯定、那么自信。是啊,此时革命形势是那样蓬勃,势不可挡。广东已是一片红火,国民革命风起云涌,贺焕文也早就有所闻了。这时,贺子珍又给父母亲描绘国民革命胜利后的未来,这是她梦寐以求的理想。贺怡也睁着大大的眼睛,充满幻想地说:"经过北伐以后,大地上的污泥浊水就荡涤殆尽了!"

两个女儿把父母亲说得连连点头。

最后,贺子珍又进一步说:"支援国民革命,人人都有份,我们不能袖手旁观、做一个漠然无知的人!拿出行动来支持革命,是每个热血青年应该做的。"

父母亲把这句话记在心里了。

4."永新三贺"遐迩闻名

国民革命军出师北伐后,1926年7月11日占领长沙,威胁江西,江西军阀一下子变得恐慌起来,江西与湖南接壤的井冈山诸县革命形势迅速高涨。

7月的一天,贺子珍接到通知,到龙家祠开一个会。

她走进会场,竟然看到妹妹贺怡和哥哥贺敏学坐在那里。

直到这个时候,她才知道,原来妹妹和哥哥也早就和党有联系,并且都入团了。这是永新县第一次党团员大会,讨论永新县的党组织怎样迎接革命高潮的到来,推动永新县革命形势的发展。

贺子珍在这次会议上,初次领会到共产党大会的严肃性,这让她越发感到自己肩上的重任了。会议决定派欧阳洛、王怀等人到湖南茶陵迎接北伐军;贺敏学、刘作述和其他党员分成四个组分别到东乡、西乡、南乡、北乡等地发动组织农民协会和农民自卫军,进行北伐宣传,并建立党的组织;贺子珍和贺怡留在县城进行迎接北伐军进驻永新的宣传工作。为了迎接北伐军的到来,欧阳洛还指定了颜勇任永新县农民自卫队总指挥,贺敏学为副总指挥。

北伐军的胜利进军为永新增添了革命的气氛。军阀陈修觉盘踞在永新多年,耀武扬威,这一下却害怕了。他日夜睡不着觉,敲着自己的脑袋对小老婆说:"我陈老三在永新作恶太多,肯定为国民革命军所不容,这颗脑袋只怕难保住了!"

小老婆一听,吓得忙钻进他的怀里,着急地说:"你还不快想办法?当家的男人反应缓,我们女人家都要跟你受挂累了啊!"

一语提醒梦中人,陈修觉马上吩咐全家准备逃走。临走前,他脑袋一拍,把县商会的几个头头叫来:"北伐军马上就要打到永新来了,省里方督办下令各县集款抗敌,永新摊派10万大洋,要保平安,你们就掏钱!"

"这……这……"商会的人不愿意掏。

"这、这……什么?!"陈修觉眼珠子一瞪,"不掏钱,谁来保你们?"

陈修觉在永新10多年,一直说一不二,商会头头哪敢再说不掏,回去后,东凑西凑,弄来了两万大洋。陈修觉拿了这两万大洋,把家里细软一卷,留下亲信陈首菊率一连人马在永新,自己带着小老婆逃到吉安去了。

商会的老财们可没吃过这哑巴亏,陈修觉一走,他们马上转向全县挨家挨户强行摊派,企图从民众那里搜刮回被陈修觉卷走的钱。

然而,这一次,地主老财们打错了算盘,他们为虎作伥的时代已经过去了。颜勇和贺子珍等人坚决反对摊派,马上组织一个反摊派的群众大会,几百名工人、农民和学生都来参加。大会上,永新各界的左派代表纷纷上台讲话,贺子珍也登上主席台,大声说:

"一切祸国殃民的军阀就要垮台了!国民革命军马上就要来到永新,光复永新!商会过去同陈修觉一个鼻孔出气,欺压老百姓。现在陈修觉看到自己的丑行快败露了,卷钱逃跑,商会为虎作伥,要全县人们分摊陈修觉卷走的巨款,真是欺人太甚!我们能答应吗?"

全场群众发出了怒吼:"我们不知道这事,绝不答应!"

大会群情激昂,对陈修觉和商会口诛笔伐。散会后,群众在贺子珍等人的带动下,又举行了反摊派的示威游行。下午三时,游行队伍来到了县商会门前。

商会的老财们在陈修觉面前唯唯诺诺,敢怒不敢言,但是面对老百姓,他们却是凶神恶煞。现在,商会头头看到如此多的群众聚集在门外,马上命令团丁:"把枪扛出来,装上子弹。"

于是,团丁马上行动,对着示威的群众瞄准,以武力进行威胁。

面对商会老财们的淫威,人们更加愤怒了,纷纷准备向前去反抗。这时,下乡组织农民协会的贺敏学、刘作述等正好回到县城,目睹这一切,立

即加入游行队伍。眼见团丁把枪弄得"哗哗"响,贺敏学大喊一声:"缴掉商会的枪!"

"上啊!"群众立即像潮水一样拥进商会,徒手同团丁搏斗起来。

永新城里的百姓早就对老财们欺压百姓义愤填膺,他们赤手空拳与团丁搏斗,一个个英勇无比。贺子珍也冲进了商会,参加缴枪的行动。她虽是个女孩子,但英勇如同男儿。结果,商会团丁的30支枪全部被群众缴掉。

这一下商会的头头全泄了气,只好取消了摊派活动。

这次在永新县第一次显示了革命的威力,人们第一次尝到革命的甜头。贺子珍他们还没有见到北伐军,就已经为国民革命军的入城打下了群众基础。年轻的贺子珍也第一次经受了群众运动风雨的洗礼。

此时,欧阳洛等人已赶到湖南茶陵,他们找到了北伐军负责人朱耀华,向北伐军介绍了赣西情况,表达了永新人民欢迎北伐军的心愿。朱耀华欣然同意东进赣南,马上与欧阳洛等人共同商讨了进军永新的问题。

在革命统一战线进一步巩固、江西群众运动迅猛发展之时,革命和反革命的斗争也更加激烈,各地军阀更加暴露出狰狞面目。

当国民革命军占领湖南后,江西直接受到威胁,自称浙闽苏皖赣五省联军总司令的北洋军阀孙传芳,一方面把20万主力部队集中在江西一带,准备孤注一掷,另一方面命令他的爪牙赣军总司令邓如琢加紧摧残革命力量。邓如琢以检查户口为名,查封了国民党江西省党部,逮捕办事员四人,并将各项重要文件一起抄去。与此同时,军警密探四处活动,对邮电、行人强行进行检查,集会、结社全被禁止,南昌城处于白色恐怖之中。邓如琢的倒行逆施,激起了各界人士的强烈不满,各地纷纷函电谴责。邓如琢慑于革命声势,不得不指令启封国民党省党部,释放被捕人员。但是,南昌的形势仍然十分恶劣。此时,赵醒侬仍然在坚持工作,邓鹤鸣劝他:"敌人这么疯狂,你暂时隐蔽一下吧!"

他坚定地回答:"我负有责任,不能隐蔽,准备牺牲。你先去九江避避,我留下来。"1926年8月19日下午,赵醒侬冒着酷暑,在明星书店办公。刚走到百花洲附近,便衣侦探突然拦住他的去路,不由分辩把他押送到稽查处,接着,军警又搜查和封闭了明星书店、黎明中学和国民党江西省党部机关,逮捕了4名工作人员。

赵醒侬被捕后,由稽查处押解到军法处。江西警备司令刘焕臣亲自审讯,严刑拷打,妄图迫使赵醒侬招认是共产党的宣传员。赵醒侬严守党的秘密,坚贞不屈。9月初,湖南、湖北两省战局胜利在望,北伐军开始向江西推进,逼近南昌。邓如琢看到自己末日来临,悍然下令以"宣传赤化,图谋不轨"的罪名,杀害赵醒侬。

9月16日凌晨,赵醒侬被秘密地押到德胜门外芝麻田里。他见军警林立,知道敌人要下毒手,于是要求书写一份遗书,但却遭到横蛮拒绝。随即,凄厉的枪声响了,燃起江西革命烈火的第一人赵醒侬英勇就义。

烈士的血没有白流。就在赵醒侬壮烈牺牲的这一天,北伐军从茶陵经莲花,浩浩荡荡来到永新。

北伐军开进永新的那天,禾川镇城门洞开,万人空巷,全城老百姓几乎都是倾家出动,纷纷来迎接革命军,有的在路边放上茶水,有的还摆上了刚从山上摘下的栗子。贺子珍和同学们手里拿着彩色小旗,站在群众的队伍中喊着口号:

"欢迎革命军进城!"

"打倒土豪劣绅!"

贺子珍的双亲贺焕文和温杜秀也高兴地举着小旗加入了这激动人心的场面。全国解放后,贺子珍回忆这段时期的活动,仍然很有感触地说:

> 迎接北伐军到来的那一天,我们永新县城真是热闹极了,北伐军穿着一身灰布军装,队列十分整齐,威武雄壮地开进城里来。全城的老百姓扶老携幼出来迎接,他们争着要看看革命军的军威。在北伐军进城的前夕,我一夜未睡,和师生们一起连夜赶制了一面面小红旗,上面写着欢迎北伐军等标语,发给去欢迎北伐军的每一个人。我和妹妹一同站在欢迎的行列里,手里拿着小红旗,领着群众高呼口号。那时候,革命的形势是多么好啊!在欢迎的群众队伍中,也有我的父亲和母亲,挈领着弟弟和妹妹。他俩举着小红旗,兴奋得热泪盈眶!

北伐军开进永新城时,陈修觉留下的陈首菊一连人马闻风而逃,北伐军没放一枪就占领了县衙。陈首菊一逃,陈修觉控制的县衙门被捣毁,"明

镜高悬"的牌子被砸了个稀巴烂,县长包上大印,夹着尾巴仓皇逃到吉安去。县团防局的兵丁缴械投了降,商会的大财主们也是凉透了心,惊呼:"属于我们的好日子过去了。"而老百姓们却一个个扬眉吐气。

第二天,秀水小学的操场上召开军民联欢大会。主持人就是欧阳洛。他向全县人民正式宣布:"永新光复了!"

台下响起经久不息的掌声。

全县人民沉浸在欢乐之中。在联欢大会上,许多人表演了精彩的节目。贺子珍登台,独唱了一首,赢得了一阵阵雷鸣般的掌声。

紧接着,永新县以共产党员、国民党左派为领导,正式成立了国民党永新县党部和永新县行政临时委员会等领导机关。县党部设常务委员会,许多共产党员以共产党员和国民党员的双重身份参加了党政领导工作。县党部委员会的主席是国民党的左派周继颐,副主席是共产党的欧阳洛。常委会下面设组织、宣传、工人、农民、青年、妇女等部。

贺子珍加入了国民党,并以跨党分子的身份,担任国民党县党部委员,同时她又是妇女部部长,并兼共青团县委副书记。

永新三贺的铜像

贺敏学担任了商民部部长、团县委书记。

贺怡为妇女部副部长。

一时"永新三贺"为人称道,遐迩闻名。

贺子珍是永新县第一任妇女部长。这一年,她才17岁。

5. "此时不反,更待何时!"

永新光复,井冈山诸县风声鹤唳,地主老财和军阀丘八闻风而逃,这时,宁冈县境反动武装力量空虚。一个傍晚,龙超清来到了袁文才的住处,一屁股坐下就说:"老袁,永新都光复了,你还不行动?"

此时,龙超清已加入共产党,并受中共江西省委的指示,在宁冈秘密成立了党支部。

袁文才一听此言,问道:"你是说反了这县衙?"

"此时不反,更待何时!"龙超清反问道。

"好!老子早就想造反了!马上就干!"

袁文才与龙超清经过周密策划与安排,在深秋的一个夜晚,袁文才突然率部包围了县政府。

反动团丁拒不缴械,袁文才毫不犹豫,大喊一声:"打!"

枪声划破了宁冈县城,不到一个时辰,袁文才的队伍就缴了县清乡局的全部枪支,当场擒获了作恶多端的劣绅谢述庭,并将县长沈清源驱逐出宁冈县境。

袁文才率部起义胜利后,立即宣布:"宁冈光复!"

第二天,宁冈县召开群众大会,会上成立了以龙超清为主席的宁冈县行政委员会,袁文才担任了宁冈县行政委员常务军事委员,主管全县的军事工作。保安团也随即改编为宁冈县农民自卫军,袁文才被任命为宁冈县农民自卫军的总指挥。与此同时,县工会、农会、商会和学生联合会等革命

团体也相继建立。

井冈山烈火熊熊燃烧着,昔日沉寂的山区热闹起来了。

6.贺氏三姐妹带头剪发,成为县城一大新闻

宁冈也光复了,永新更是备受鼓舞,在大革命浪潮推动下,永新城乡发生着翻天覆地的变化。

这一段时间,贺子珍又是县党部委员,又是妇女部部长,并且她还在秀水学校读书;身上的担子十分繁重,每天忙得不可开交。

此时军阀一倒,反封建的思潮一涌而起,辫子也被革命派当作满清贵族和守旧的标志。贺子珍想,要革命就要铲除封建残余,现在男女平等,男的都剪了辫子,留了短发,我们妇女为什么还要拖条辫子呢?我也要留短发。于是,贺子珍决定带头剪发。从上学时起,贺子珍就留了一条又粗又长的大辫子,她的头发乌黑如漆,散开来,如同光滑的黑缎子一样美丽,正是这美丽的头发,为少女时代的她平添了无限的魅力。她也很爱这条美丽的辫子,闲来无事,或者看书,或者谈天,都爱轻轻抚弄它。可是现在,她不仅觉得辫子碍事,每天的时间要安排得满满当当的,没有时间梳理它,而且觉得脑袋后拖着一条长长的黑辫,像猪尾巴似的,难看死了。

一听贺子珍要剪发,两个妹妹贺怡和贺先圆马上支持。但是,母亲温杜秀闻讯立即劝阻:"女人要是没了辫子,那还叫女人吗?"

"封建社会几千年,我们妇女受压迫也几千年,裹小脚,蓄长辫。小脚走不动,长发留人打。如今光复了,我们要当家,所以就不兴留长发。"贺子珍向母亲讲理。

"那也不能剪!没有辫子,男不男女不女的,像什么话呀?"

"怎么不能剪呢?我是妇女干部,我不带头剪掉辫子,谁会剪呢?"

"革命就革命,谁要你带头剪什么辫子呢?"母亲就是旧脑筋。

这时贺焕文过来了,贺子珍向父亲解释。还是贺焕文开通,说道:"剪就剪吧。"

说时迟那时快,"咔嚓"一声,贺子珍下了剪刀。母亲不忍看,父亲说:"这不是挺好的嘛!"

他话音未落,贺先圆一看大姐的长辫突然之间没了,左看右看不习惯,说道:"大姐怎么看起来像个男孩啊?"

贺怡直问:"先圆,好不好看?"

"好看,好看。"

贺怡又说:"如今,你也是儿童团长了,大姐带了头,我们也剪了这猪尾巴吧。"

"好哇!"贺先圆马上赞同。

于是,她们对着镜子,一下子剪了下来。然后,三姐妹又相互把头发修成短短的,变成了五四时期的那种女学生头。贺怡看着剪成短发后的贺子珍,高兴地说:"姐姐,你把辫子剪掉,像个男孩子,越发显得漂亮了。"

"你们俩精干多了呀!"

贺氏三姐妹一夜之间全剪了辫子,这马上又成为县城一大新闻,当她们走在街上时,行人望着她们的头发,交头接耳。那些淘气的孩子在她们的后头,瞎起哄,像看到什么新鲜玩艺儿那么稀奇。贺子珍和妹妹全不理会这些,昂着头,大方地去走自己的路。

贺子珍到了学校,一群女同学围了过来,参观她的短发,有赞扬的,也有惋惜的。她坦然地说:

"现在男女平等,我们妇女为什么还要拖条长辫子,为它浪费时间呢?我们妇女要革命,也要革辫子的命。我今天把剪子也带来了,我帮你们剪掉这条封建尾巴!"

班里的同学在贺子珍的鼓动下,都跃跃欲试,几个勇敢的女同学当即也把辫子剪掉了。然而,把脑后的辫子剪掉之后,起初,她们摸着脑后短短的头发,羞得不敢走出。贺子珍鼓励她们说:"怕什么?剪掉这猪尾巴,人都精神多了,这么漂亮,人家羡慕还来不及呢!"

但是,还是有女生说:"我倒不怕,就怕挨父母的骂。"

贺子珍说:"那就由我去给你们的父母说。"

贺子珍是这么说的,也是这么做的。放学后,贺子珍没顾得上回自己的家,而是先把剪了发的同学一个个送到家里,并在同学家里向她们的父母宣传革命思想,讲为什么要剪辫子。

家长们听了贺子珍说的道理,又看到女孩剪掉了辫子人确实精神多了,纷纷表态说:"剪了就剪了吧,也没什么了不起的。"

在贺子珍的大力提倡下,学校中的革命"左派"都陆续剪了辫子,她们的举止也影响着县城中的一些思想激进的妇女,不久,永新妇女留短发的逐渐多了起来。

妇女少了辫子,但是永新的守旧派男人仍然坚持拖着一根长长的"猪尾巴"。贺子珍又开始倡导守旧派剪发。但是,剪发却遇到了巨大的阻力。因为依照永新当地的风俗,少年儿童不分男女脑后都得拖一根辫子,小孩子脑后有辫子可抓,才能够"长命百岁","多福多寿"。结果,任凭贺子珍说破嘴皮子,父母就是不同意。有一次,贺子珍来了气,也不管他们同不同意,逮住了就剪。在贺子珍为县城里的人剪发的那些日子,守旧派对贺子珍是又怕又惧,当他们远远地见到贺子珍时,就像老鼠见了猫一样逃跑,有时实在躲不过,就干脆捂着自己的辫子对贺子珍说:"我回家就剪掉。"

贺子珍看到他们这副恐惧的样子,哈哈大笑,只得放过他们。

在急风暴雨似的革命中,福音堂的教士害怕了,纷纷回国,协教士、严教士和康教士也卷起铺盖和行李,离开了永新。临走时,他们咕哝着:"仁慈上帝!没见过这样剪头发的革命!"

他们一走,福音堂小学散了,教堂也人走一空。

7."我们大家来放脚,真正好快乐!"

一天,欧阳洛对贺子珍说:"妇女解放是工农运动不可缺少的内容,妇女不觉醒,不起来,不斗争,工农运动是不可能成功的,革命的真正目的,

就达不到！永新妇女的剪发是觉醒的第一步，但是仅此还不够。"

此话使贺子珍更感到自己身上的担子重起来，她问道："如何才能把妇女们进一步发动起来呢？"

"下一步，就要推翻压在她们身上的神权、夫权，得到她们的拥护，革命工作才能更好地进行。"

"那如何下手呢？"

"先进行宣传，号召妇女放脚，抵制包办婚姻，反对虐待妇女。"

贺子珍听后，开始动脑筋。不久，她把妹妹贺怡和她的好友刘玲、苏金香、王页莲等10个年轻、有文化的姑娘，组成了一个妇女讲演队，人称"十姐妹"讲演队。然后，贺子珍率领她们一律短发，手擎小纸旗，唱着"打倒列强、齐奋斗"的歌曲，走上街头，向广大妇女进行革命宣传。

姑娘们抛头露面，在大街上公开讲演，这在永新是破天荒头一次！

"十姐妹"讲演队的出现吸引了不少的群众，小孩子更是高兴，跟着她们唱起了宣传革命的歌曲：

打倒列强！打倒列强！除军阀！除军阀！努力国民革命！努力国民革命！齐奋斗！齐奋斗！

在革命歌曲声中，贺子珍瞅准机会就登上一个高处。此时的她精神抖擞，神采飞扬，她拢了拢被风吹乱了的发丝，开始讲演。她大声地说："历来堂客受到压迫和歧视！堂客连取名字的权利都没有，只能叫××氏；宗族祠堂吃酒席，堂客不能上桌；堂客写的字契不能作数，还做童养媳，吃剩饭、穿破衣、挨打受骂……"

"是啊，我们女人最没地位！"

"有人说'十个插花女，当不得一个瘸子仔'、'寡妇上轿的地方，草都不会长'。难道真的十个插花女，当不得一个瘸子仔？寡妇上轿的地方，草都不会长吗？永新还有句俗话：'没柴勤刮锅，没吃勤打婆。'堂客当牛做马，还要挨打受罪，吃尽世上苦……"

贺子珍讲到动情之处，流下了泪，声音也有些颤抖。那些听讲演的堂客们在她的演讲中想起自己的身世，都忍不住哭了起来。最后，贺子珍声

音变得慷慨激昂：

"同胞们，为什么我们这么受压迫呢？压在妇女头上的神权、族权、夫权就是作贱女人的三座大山！我们身上像压了块大石头，抬不起头，动不得身，这块大石头就是封建主义！今天我们要把压在身上的大石头掀掉！"

"同胞们，我们要起来争自由、要平等，参加到工农运动中去。"贺怡在台下喊着。因为太投入，贺子珍的美丽而白润的脸上有了汗珠，像一朵灿烂的红牡丹沾上几滴晶莹的露水。这时，妹妹给她递来手帕，贺子珍没有擦，她接着说："姐妹们，我们的脚是用来走路的，可偏要把它裹成三寸小脚，连走路都走不稳，这不是作贱我们妇女是什么？姐妹们，快快起来吧，抛掉那又臭又长的裹脚带！"

接着，贺子珍又教妇女唱起了她们自己编的《放脚歌》：

我们妇女真可怜，
封建压迫几千年，
别的不要说，
裹脚苦难言，
脚小鞋子尖，
走路要人牵，
破皮又化脓，
害了几多人，
我们大家来放脚，
真正好快乐！

贺子珍的讲演和《放脚歌》，使得堂客们纷纷觉醒，经她们这一宣传发动，永新城乡广大妇女毅然冲破封建礼教的牢笼和重重阻力，掀起了一个放脚的热潮。

缠了千百年的脚一下子放了，这确实是件了不起的事情，千百年来的恶习破除了，这标志着妇女最初的觉醒和解放。直到解放后，那些在贺子珍动员下不裹脚的永新妇女还很有感触地说："要不是那时贺子珍姐妹动员我们放了脚，还不知要受多少阳间罪哩。"

8.恶婆连声求饶："千万不要斗争我……"

在县城进行演讲之后,贺子珍和十姐妹开始深入永新的各个乡村,配合建立农会和妇女协会。

一天,贺子珍和妹妹贺怡正在泮中乡帮助组织妇协会,有人跑来对她们说:"你们妇协会打堂客管不管呀?"

"欺负女人的事我们都管。"贺子珍说。

"村里有一个童养媳天天受老婆婆的毒打呢!"

贺子珍一听,忙问清是哪村哪户人家,然后,马上带着众人去。

一会儿,她们在村人的引领下来到了那户童养媳的门上,还未进院门,就听到里面传出凄惨的哭声。

"快进去看看。"贺子珍招呼姐妹们。

众人快步走进院子,只见一个老婆婆正挥舞一根竹鞭抽打一个十五六岁的女孩,口里恶声恶气地骂:"你现在翅膀硬了,想飞了,是不是?"

老婆婆旁边站着一个有些傻的男人,那个傻家伙正嘻嘻哈哈地看着被打得满地翻滚的女孩。

"住手!"贺子珍一把夺过老婆婆手中的竹鞭。贺怡上前扶起在地上翻滚的女孩,指着老婆婆说:"好狠心的娘,谁像你这样毒打孩子!"

这恶婆先是一愣,但一看贺子珍等人还是一些女娃子,就气得冲她大骂:"你们是谁家的不懂规矩的娃子,吃饱了撑的吧,来管我家的闲事!"

"你怎么打人?"贺子珍喝道。

"这是我的媳妇,吃我的饭,穿我的衣,打骂由我。"

"哦,原来是童养媳,怪不得这样作贱她。"贺子珍并不为老婆婆的淫威所吓,她仔细端详仍在抽泣的女孩,只见这女孩身子瘦得只剩骨头了,衣服穿在她身上,肥得能再加一个人,散乱的头发遮掩着憔悴的双颊,虽看不清她的脸,但那双红肿的大眼睛却告诉贺子珍:她现在需要贺子珍的帮助。贺子珍见状,心里很不是滋味,她几步上前,一把拉住女孩,然后,将

起女孩的衣袖,只见道道鞭痕布满姑娘瘦骨嶙峋的手臂,心头不由得升起怒火,两眼逼视着老婆婆:"我们是县党部妇女部的,我问你,她犯了什么王法,你要这样毒打她?"

"你们是哪里的?"老婆婆没听清,反问一句。

"县党部妇女部的。"

虽然老婆婆不知县党部妇女部是做什么的,但是一听有个"县"字,便知道是"官府"。但是她仍不示弱,望了旁边她的儿子一眼,忿忿地说:"我要她和我儿子完婚,她不肯。我从她9岁就养着她,现在不听话,再闹下去,我岂不是竹篮打水一场空?"

这时,村里很多人都闻声赶来围观,人群中有人说:"她儿子是个傻子,疯得说打人就打人。"

"是吗?"贺子珍反问老婆婆。老婆婆不吱声,贺子珍转头又问姑娘,姑娘含着泪回答:"是的!"

"秀芝妹子9岁到她家,砍柴扒茅,放牛养猪,没少做事。"围观中又有人说道。

"硬要给傻儿子讨媳妇,这不是害了人家秀芝妹子一生吗?造什么孽呀!"人群中叽叽喳喳发出了不平的声音。

"斗争她!"贺怡早已按捺不住心头的火气,喊起来。

"是啊,这是个虐待童养媳、强迫婚姻的典型事例!不杀杀这恶婆的威风,妇女们难真正发动起来。"同来的姐妹们有人接话说。

贺子珍清了清嗓子说:

"姐妹们,人心都是肉长的,童养媳难道就不是人,要遭这样的毒打?我们堂客从来就没有地位,在婚姻上,要遵循什么'父母之命,媒妁之言'、'嫁鸡随鸡,嫁狗随狗'的封建礼教,这是多么不合理!世道在变,堂客也要起来革命。谁虐待童养媳、强迫买卖婚姻,就斗争谁!"

听到这里,老婆婆眼前出现了村子里土豪戴纸糊的高帽子,反绑双手,游村挨斗的情景,顿时脸色煞白,"扑通"一声跪下来,连声求饶:"千万不要斗争我,我再也不打她了!"

"这可不行,你打人就犯法了,非斗争不可!"贺子珍执拗地说。

"大姑娘,不,小祖宗,我不要我儿子讨她了,行了吧!"

她的话引起围观的群众哄堂大笑。

贺子珍见状,嘴角露出一丝笑容:"那就好吧,解除买卖婚约。"

"好的,好的,解除就解除。"老婆婆屈服了。

姐妹们脸上也露出了胜利欣慰的笑容。

这件事在南乡震动很大,给当地群众留下了难以忘记的印象。后来,那位从老婆婆家中"解放"出来的童养媳李秀芝逢人就高兴地说:"我终于脱离了苦海。"不久,她也参加了乡农会妇女协会工作,后来参加了井冈山根据地的斗争,成为了一名苏区妇女干部。

深重的压迫、屈辱的地位,早已激起妇女强烈不满,她们迫切要求解放,在贺子珍和她的姐妹们的游说下,永新妇女解放运动就如火焰一般熊熊燃烧。妇女们在斗争中成立了自己的组织,区、乡、村成立了妇女协会,农会也有了妇女的席位,她们与男人一样参与打土豪、分浮财,实行二五减租的斗争,30岁以下的妇女还进了农民夜校或识字班读书、识字。

永新党组织在如火如荼的工农运动中迅速发展。到1927年5月,全县已有5个支部,500多名党员。早在2月份,贺敏学和贺怡也都加入了共产党。5月底,在县城成立了中共永新临时县委,欧阳洛为临时县委书记,组织部长为贺灿珠,宣传部长为刘真。贺子珍三兄妹都当选为县委委员,贺子珍担任县委妇女部长,贺怡为副部长,贺敏学担任了青年部长。

9.工农武装抢先行动,把右派头领关进监狱

在临时县委和欧阳洛领导下,县共青团、县总工会、县农民协会、县学生联合会、县妇女会、县商民协会、县反帝大同盟等群众团体,组成了声势浩大的革命阵营,使永新县的革命斗争不断深入。各地农会普遍开展了减租减息运动,广大农民在政治上获得翻身,经济生活也有了一定改善。永新工农群众的革命热情空前高涨。

此时,北伐军进攻所向无敌,各军阀部队闻风丧胆,逃的逃,降的降,还有一些地方军阀派员与北伐军联络,要求和北伐军修好。自北伐出师以来,短短几个月时间,北伐军已歼灭了吴佩孚、孙传芳的主力。南昌也早于1926年11月8日被北伐军三路会攻一举夺下。现在,国民政府实际统辖的已有广东、广西、湖南、湖北、江西、贵州、福建7个省,革命力量从中国南端的珠江之滨,迅速发展到长江流域,几乎席卷了半个中国。但是,正在北伐战争节节胜利、全国工农革命蓬勃兴起之时,赣州

陈赞贤

总工会委员长、共产党员陈赞贤惨遭蒋介石杀害的消息传到了永新。

赣州是赣南政治、经济、文化的中心。为了加强对赣州和赣南革命的领导,1926年10月,中共吉安县委书记陈赞贤被调任为中共赣州特别支部书记、国民党赣南党务及民众指导员。

陈赞贤来到赣州后,为了把工人组织起来,日夜深入到工人群众中,同工人谈心,启发工人觉悟,开始筹组赣州总工会。11月初,赣州工人第一次代表大会胜利召开。陈赞贤被选为委员长。赣州总工会成立后,采用和平协商的办法,以各行业为单位,同资方签订以"保障职业、增加工资、改善待遇、实行八小时工作制"为基本内容的劳资集体合同。但是,工人的合理要求遭到以赣县商会会长刘甲弟为代表的右翼分子的拒绝。

11月7日,钱业店员工人首先罢工。各钱庄大门紧闭,门前张贴着罢工通告。各店工会组长把钱柜钥匙掌握在手,账本、票据、经折统统控制起来。钱业店员罢工,使钱业资本家惴惴不安,马上对罢工工人进行威吓利诱,他们的一个个花招,被工人一一戳穿,遭到义正词严的驳斥。资本家一计不成又生一计,他们把矛头指向陈赞贤,宴会请帖接二连三地送到总工

会,陈赞贤统统批了"谢谢"二字,原件退回,后来,干脆在报上登了启事:

"近因工作繁忙,各界应酬宴会一律谢绝心领。"

资本家哪肯死心,又请出陈赞贤的私塾老师充当说客,登门劝说:"你办工会,哪里不好办,为什么一定要在这里办呢。如果你答应离开赣州,商会方面愿以万元光洋相赠。"

但是,这又遭到陈赞贤义正词严的拒绝。最后,各钱业的资本家迫于形势,不得不全部接受工人提出的复工条件,在劳资集体合同上签了字。钱业罢工斗争取得胜利。

但是,赣州工人的罢工胜利却使坐镇南昌的北伐军总司令蒋介石坐卧不安。此时,他正准备篡夺革命领导权,日益高涨的工农运动正是他叛卖革命的最大障碍,于是,决心镇压赣州工人运动。随即,他命令国民革命军新编第一师进驻赣州,任命倪弼为新编第一师党代表,贺其燊为国民党省党部特派员,郭巩为赣县县长,充当反革命急先锋。

倪弼一伙来到赣州,便与豪绅、地主、大资产阶级、国家主义派分子狼狈为奸,结成反革命联盟,向革命势力大举进攻。召集基层工会代表召开联席会,倪弼打着新一师政治部的招牌直接插手大会。在会上,他煽动说:"你等甚好,赣州工人甚好,唯有陈赞贤不好。如你等能够打倒陈赞贤,我们时常来指导你等。"

工人们对倪弼的挑拨离间、造谣中伤异常愤慨,纷纷据理驳斥:"劳工世代当牛马,从未有人关心过,陈委员长来了,救了多少人,办了多少好事,我们心中有数。"

倪弼听了恼羞成怒,竟威胁说:"拥护陈赞贤的都是反革命。"

工人代表不畏强暴,愤怒退出会场。

倪弼见分化瓦解赣州工会不成,1927年1月26日晚,派兵包围和搜查了赣州总工会,妄图逮捕陈赞贤。陈赞贤化装成伙夫,一手提菜篮,一手拿菜刀,走出赣州城,奔赴南昌。在南昌,他向北伐军总政治部请愿,揭露倪弼一伙在赣州摧残工人运动的罪行。2月下旬,他出席了江西省第一次工人代表大会,当选为省总工会执行委员。

会议结束后,陈赞贤不顾个人安危回到阴云密布、杀机四伏的赣州。

赣州的工运斗争,正处千钧一发之际,陈赞贤昂然归来。3月1日,赣

州总工会在城内卫府里举行了盛大集会,欢迎陈赞贤委员长归来。陈赞贤在会上传达了全省第一次工人代表大会的精神,介绍了请愿斗争经过,号召革命工农进一步团结起来,粉碎反动派的任何进攻。会场不断爆发出激昂的呼声:"拥护陈委员长!""打倒新军阀!""工农革命万岁!"

3月6日晚,赣州总工会的会议室里正在开会研究筹备纪念孙中山逝世两周年。突然,新编一师的反动军官胡启儒闯进会场,约陈赞贤有急事相告。陈赞贤刚走出会议室,几名便衣同时拥上,把陈赞贤绑架出了总工会。开会的人们赶出来时,总工会大门已被反动武装封锁,沿街岗哨密布,全城戒严。

赣县县政府西花厅里,两厢布满了持枪武装。倪弼、贺其燊、郭巩等凶神恶煞一般坐在花厅上首。陈赞贤走进西花厅,几个人像一群疯狗似的鼓噪齐上,攻击陈赞贤"制造阶级斗争"、"扰乱治安"、"破坏社会秩序",倪弼破口大骂后还责问陈赞贤:"知罪不知罪?"

陈赞贤怒不可遏,厉声斥责:"我从事工农革命运动何罪之有,你们镇压民众、破坏革命,才是大罪弥天!"

倪弼一伙气得暴跳如雷,再三逼令陈赞贤在3分钟内签字解散工会。陈赞贤斩钉截铁地说:"头可断,血可流,解散工会的字我决不签。"

"蒋总司令有令在此,今晚要枪毙你!"倪弼的话音刚落,军官陆剑鸣、胡启儒首先向陈赞贤开枪,陈赞贤中弹不倒,向倪弼扑过去,这伙刽子手手忙脚乱纷纷朝陈赞贤开枪,陈赞贤身中18弹,倒在殷红的血泊之中。

陈赞贤遇难的噩耗当晚传出,工人们悲痛万分,纷纷要求为烈士报仇。赣州总工会决定罢工3天,以示哀悼和抗议。同时派出工人请愿团赴南昌、武汉请愿,提出惩办凶手,改编新一师,保障工会活动自由等要求。在南昌,赣州工人请愿代表团同南昌工人一道,高举烈士血衣,游行示威。

陈赞贤被杀害后,永新县也举行了悼念烈士活动,并组织声援。

但是,此时已是风雨欲来,紧接着,上海又发生反革命政变。4月12日凌晨1点,上海青红帮全副武装的流氓,身着蓝色短裤,臂缠"工"字袖箍,冒充工人,自法租界乘多辆汽车分散四处,袭击工人纠察队。工人纠察队仓促抵抗,双方发生激战。

当天上午,蒋介石指使北伐军占领了上海总工会,并把"上海工界联

合会"改名为"上海工会组织统一委员会",让其盘踞总工会会所,配合军队破坏各工会,拘捕共产党员和工人领袖。反动军队的暴行,大大激怒了上海工人。他们举行了声势浩大的游行。然而,反动军队接到蒋介石的屠杀密令,埋伏在游行队伍必经的地方,当游行队伍走到宝山路三德里附近时,反动军队突然用机枪向徒手工人群众扫射,当场死亡群众百人以上,伤者无以计数。当时天降大雨,宝山路上一时血流成河!

以后几天内,反动军队大肆搜捕屠杀共产党人和革命群众,仅工人被杀者就有300多人,被捕500多人,逃亡失踪者5000多人。优秀的中共领袖人物赵世炎、陈延年英勇牺牲。

腥风血雨来临了!

5月初,武汉政府北伐军独立师师长夏斗寅背叛武汉政府,带兵杀向武汉,一路气势汹汹,最终被叶挺率军击败。5月21日,武汉政府军三十三团团长许克祥在长沙叛变,解除工农武装,释放了全部在押的土豪劣绅,枪杀了100多名共产党员和革命群众。3天后,长沙叛军正式成立"中国国民党湖南救国委员会",宣布脱离武汉国民政府,拥护南京中央党部和国民政府,并声称"拥护蒋汪合作"。不久,国民革命军第三军军长、江西省主席朱培德在江西公开叛变,驱逐100多名共产党员和政工人员出境,同时,捣毁工会、农会,屠杀工农领袖。

朱培德

一连串的血腥事件发生,反革命气焰喧嚣尘上。永新县的地主豪绅也暗暗攒了一股劲,尤其是那些商会财主们,此时,又显露出了他们以前欺压人的嘴脸。更让永新县的共产党员没有料到的是,县党部主席周继颐原来是个假左派,此时看到形势对于"左派"不利,立刻撕下了"左派"的外衣,与土豪劣绅龙镜泉勾结,公开向县党部和县政府中任职的共产党员讨伐,并赶他们走。周继颐还下令工人纠察队、农民赤卫军"全部交出武装"。

在县党部里,其他一些原来以国民党左派面目出现的,也急剧地向右转。一时间,永新县里一片杀机!

永新临时县委立即讨论了这个形势。在会上,大家一致要求主动打击这股反革命势力。结果,在龙镜泉等人还没有动手之前,欧阳洛、刘真、贺敏学、毅勇等人率工农武装抢先行动,一举逮捕周继颐及一批右派头领,并把他们关进了监狱。

这一果断的行动保住了永新的革命政权和武装。

就在这危急时刻,党为了开展吉安县的妇女工作,把贺子珍调到那里,让她担任国民党吉安县县党部妇女部部长和共产党吉安县妇委书记。

这时的贺子珍,虽然才17岁,但她已经穿起了江西的妇女才穿的衣服:一件藏青色的大襟短衫,一条深色的长裤,脚上穿着一双布做的凉鞋,鞋上扣上3个连在一起的扣子。这是当时永新最流行的式样。贺子珍就这么一身小大人打扮走马上任了。

10.暴乱分子把"海天春"洗劫一空

有一天,贺子珍正在吉安县党部办公,永新县委的一位同志突然闯了进来,气喘吁吁地说:"永新出事了!永新出事了!"

贺子珍听了大吃一惊,连忙问:"是怎么回事?"

"右派夺权了!"

原来,永新县以龙镜泉为头子的土豪劣绅和国民党右派分子,在篡夺县政权的阴谋遭到挫败后,也积极策划发动反革命武装政变。1927年5月底,龙镜泉等劣绅和右派分子花大钱收买土匪李乙然、尹寿嵩等人,然后在禾山举行秘密会议,决定武装偷袭县城。

6月9日,匪首李乙然依据叛徒、原永新县工人纠察队军事教官肖金然提供的情报,率领匪徒80余人,自北乡怀忠秘密向县城进发。10日黎明

前,龙镜泉里应外合,杀死守卫城门的农民自卫军哨兵,配合放开城门。土匪攻入县农民自卫队和工人纠察队驻地,缴去全部枪支80余支,然后,劫狱放出周继颐等右派人物,旋即又进攻县党部,捣毁各革命团体。慌忙之中,永新共产党员和革命群众等70多人被他们捉去,永新的革命政权陷落于敌手。

"那欧阳洛呢?"贺子珍问道。

"他生死不明。"

"贺灿珠、刘真呢?"

"贺灿珠被抓,刘真也情况不明。"

这位同志说完后又张嘴想说什么,但他终于没说。聪明的贺子珍看出了他要说的可能是与自己有关,于是问道:"你有什么事就直言说吧。"

这位同志见贺子珍语调坚定,只好说:"贺敏学被龙镜泉捉起来了!在大逮捕时,他已经逃离了县城,隐藏在永新附近的一个村子开会,准备重新组织农民自卫军围攻县城,可是消息被走漏,他在乡下被捕了。"

"那贺怡呢?"

"她也不知道。"

贺子珍听到这些消息,心里像烧了一把火,她又是担心同志们,又是担心家人,这位满腹心事的少女真有些慌了。

正在这时,门开了,妹妹和父母来了!

原来,在龙镜泉等纠集土匪、豪绅地主武装于6月10日突袭县城时,他们早就把贺家视为眼中钉,把周继颐等劫出大牢后,一边派人包围中共县委、工会和农协会,一边派人荷枪实弹、如狼似虎般前往"海天春"抓人。

自从1926年春大革命的浪潮涌进永新县城后,贺敏学、贺子珍、贺怡接受革命思想的熏陶,贺氏兄妹积极参加革命活动。甚至连最小的女儿贺先圆也参加了儿童团。贺焕文知道子女们所从事的工作虽然有危险,但却是正义的,他没有违拗子女的意思和志向去管束他们。在斗争中,贺氏兄妹又时常对父母进行革命道理的宣传,贺焕文夫妇目睹大革命运动给永新城乡带来的新气象,对革命的认识有了个飞跃,从此,不但热情支持子女们的工作,而且自己也把在"海天春"的经营所得献给永新党组织作为经费。党组织也时常在"海天春"开会,贺家成为了一个革命之家。

贺怡抢先得知周继颐和龙镜泉派人前往"海天春"捉人时，急忙赶回家和父母商量对策。贺焕文一听龙镜泉他们动手了，知道情势不妙，此时什么都不顾了，立即说道："快！快躲起来！"

他和温杜秀、贺怡逃到邻居的柴房里躲起来。结果，他们一走，暴乱分子就赶来了，他们没抓到人，就把"海天春"洗劫一空。

事变后，永新城内一片白色恐怖，岗哨林立，只许进，不许出。留在城内是很危险的，必须想办法迅速离开县城。贺怡请姑妈暗地里到元亨利杂货店借了一些土布。当晚，贺焕文夫妇和贺怡趁着浓黑的夜色，悄悄地摸到墙城的僻静处，爬上城垛把土布的一头固定在垛墙上，另一头缠在腰上，一个个轮流从墙上吊下去，机智地逃出了县城，避免了杀身之祸。因这时贺子珍已调吉安工作，他们三人连夜赶往吉安。贺子珍一见三人，忙问："哥哥情况怎样呢？"

贺怡抹了一把汗说："被龙镜泉抓起来了，生死不明。"

随后，永新县一些逃离虎口的共产党员，陆续来到吉安。此时吉安的政权还没有出现危机，算是一片安全的避风港。贺子珍渐渐从这些同志中了解到，永新被右派和土匪、劣绅逮捕的共产党员、积极分子已经达到400多人，右派扬言要对其中一部分首要分子处以极刑，情况对他们很不利。紧接着，欧阳洛、刘作述、刘家贤和刘真等人也陆续来了吉安。

龙镜泉和李乙然等人围攻县党部时，欧阳洛正在县城福音堂开党的会议。突然传来的激烈枪声，使他警觉到事态的严重性，当即宣布："会议暂停，紧急转移！"当他最后一个撤离会场时，敌人已经包围了福音堂。在这危急关头，欧阳洛当机立断，躲在教堂内的下水道里。由于敌人搜查很严，他在下水道里一连藏了几天，都无法露面，后顺着下水道走到禾水河边，来到一家铁匠铺里。在铁匠师傅的帮助下，他巧妙地躲过了敌人的盘查，安全离开了县城，奔怀忠、走安福，辗转4天，才到了吉安。在吉安，他又和早已撤退到吉安的刘作述、刘家贤、刘真等同志会合在一起了。

永新"六一〇"事变后，中共永新县委主要负责人都转移到吉安，于是，成立了中共永新县党部及各民众团体驻吉安办事处。贺子珍和贺怡都在办事处工作，贺焕文也帮助办事处刻印文件、传单等，做些缮印工作。

贺焕文夫妇这次离开家乡后，就再也没有回去过永新。这是后话。

11. 永新暴动:贺氏兄妹齐上阵

中共永新县党部驻吉安办事处成立后,永新县委马上召开紧急会议。

会上,大家决定首先做两件事情:一是派县委委员尹铎去宁冈、王怀去安福、刘洋去莲花联络,要求袁文才、王佐率领宁冈农民自卫队、王新亚率领安福县农民自卫队、杨良善率领莲花农民自卫队,三路进攻永新县城,营救革命同志出狱;二是推派刘真、彭大鐾赴南昌请愿,要求省方派员彻查永新反革命事件,惩办右派勾结豪绅、土匪屠杀革命群众的行为。

会后,各人分头开始行动。

此时,宁冈农民自卫军分为两股,一股是袁文才在茅坪的部队,一股是王佐在茨坪的部队。

1926年龙超清和袁文才在宁冈夺取政权后,11月,经龙超清介绍,袁文才光荣地加入了中国共产党。随后,他又被党组织派往吉安参加农民运动训练班。通过农训班学习,袁文才进一步提高了政治觉悟和军事才能。

但是,宁冈的反动劣绅龙清标,不甘心于自己的天下让位于龙超清、袁文才,在沈清源等人被逐出宁冈后,他们大造反革命舆论,说:"北伐军打过来就要走,五省联军马上就要打过来!"但是五省联军越打越退,龙清标见吓不垮袁文才等人,干脆一不做二不休,谋刺袁文才,搞垮农民自卫军。但是,刺客被袁文才机警地拿获,龙清标外逃吉安才捡了条命。

1926年12月,江西省政府派林笑佛带领一连人到宁冈充任县长。林笑佛到任后气焰嚣张,放出大话说:"小小袁选三不成气候!"

结果,袁义才利用林笑佛克扣士兵薪饷等恶行,鼓动士兵说:"林笑佛笑面虎!"

愤怒的士兵们一怒之下将林笑佛打死。

随后,江西省政府又先后委派张廷芳、易乱无来宁冈充当县长,但他们慑于前车之鉴,视宁冈为畏途,拿着官帽子,却一直迟迟不敢到任。趁此机会,1927年春,袁文才派出农民自卫军战士秘密潜入吉安,将宁冈的大

劣绅龙清标抓回宁冈。然后，县工会、农会和广大群众，在新城召开群众大会，斗争龙清标。

在大会上，各界群众当众揭露了龙清标造谣惑众、挑拨离间、制造反革命舆论、阴谋搞垮农民自卫军的种种罪行。愤怒的群众用石头、木棍当场将龙清标打死。通过这次群众斗争大会，进一步推动了宁冈全县群众性的革命斗争。以龙超清、袁文才为首的宁冈左派势力的壮大和农民革命运动的发展，有力地打击了军阀、豪绅地主和官府的反动气焰，使宁冈的政治局面在左派的直接控制之下。

赣州事变后，蒋介石之流对共产党人、左派人士和革命群众实行血腥的镇压。湘赣边界各县笼罩在一片反革命的白色恐怖之中。在同军阀和豪绅地主的长期斗争中，袁文才认识到枪杆子才是寻吃、报仇和防身的根本，因此，在大革命失败后的一片缴枪声中，不为所动。最后，江西省主席朱培德不得不亲自强令宁冈的袁文才缴枪，但是袁文才抗拒不缴，带着100多人马和龙超清、刘辉霄等人上了茅坪的深山老林。

王佐自幼生在井冈山麓，家境贫寒，从小鲁莽好动；15岁跟人学裁缝时，并跟师傅学得一身武艺。由于家境贫苦，他从小受欺凌剥削，对土豪劣绅充满仇恨。井冈山地区绿林出没，他便萌发了参加绿林队伍报仇雪恨、出人头地的念头。1923年，他跑上山跟随绿林头目朱聋子当"水客"搞侦察，同时兼任采购。转年，他自己吊羊绑票得手，买到一支九响毛瑟枪，就带领十几名游民起事，自封为首领，打起"杀富济贫"旗号，并且声势日渐壮大起来。1926年，王佐手下二头目尹湘南，与人勾结图谋杀害王佐。幸亏被他察觉，在杀手围困之时，他跳墙逃到马刀队，向袁文才求助。袁文才和王佐一见如故，十分投缘，于是歃血为盟，结为异姓兄弟，随后，袁文才派人送王佐回茨坪，重整队伍。

在大革命时，袁文才在共产党员龙超清帮助下，带领队伍在宁冈县赶跑伪县长，成立了农民自卫团，并加入了中国共产党。这对王佐教育和影响很大。1927年元月，当遂川县农民协会派王文铮来找王佐时，他欣然将自己的绿林队伍改为农民自卫军，和各乡农民自卫军一起，对土豪劣绅进行了坚决斗争。他并宣布停止向农民征收田赋月捐，深得农民拥护。当时各地劣绅地主纷纷反水，但是在遂川，反动力量还不敢动手，因此他与袁

文才更是唇齿相依,一个在山上,一个在山下,一个在茅坪,一个在茨坪,配合行动,成为井冈山谁也不敢动的绿林武装势力。

尹铎来到茅坪,袁文才听说贺敏学等人被抓,大腿一拍:"这些混蛋,老子还没动手,他们一个个都先动手了。一个字:打!"

袁文才接到永新县委攻打永新的指示后,迅速通知了茨坪的王佐。7月中旬,袁文才在茅坪集结部队,进行战前训练。

与此同时,安福、莲花等县几股农民自卫军得到永新县委的通知,也一致同意攻打永新县城。

此时,永新南乡的农民武装基础比较好,欧阳洛又派出人通知那里的农民也参加围攻永新的战斗。

贺子珍是这次暴动的主要组织者之一,她向欧阳洛建议:"我们通知狱中被捕的同志,里应外合,把武装攻打永新的消息、日期,告诉他们,这样才万无一失。"

欧阳洛点头同意:"这个任务就由你来办!"

于是,贺子珍找了一位可靠的老表,让他秘密回到永新去,把联合进攻永新的日期告诉她的舅母,请舅母通知狱中的同志。

此时,贺子珍的舅母受贺子珍兄妹的影响,也参加了革命。当老表按照贺子珍的安排告诉贺子珍的舅母时,舅母灵机一动,决定让贺子珍的小妹妹贺先圆把信送过去。

当初贺焕文等人黑夜逃出永新县城后,贺子珍的妹妹贺先圆和弟弟贺敏仁都留在舅母家。为了不让监狱的兵士怀疑,舅母打发小先圆到监狱里给贺敏学送饭。在送饭的竹筒里,她悄悄放上了一张小纸条,把会攻永新县城的日期写在上面。

贺先圆年龄虽小,但是聪明机灵,巧妙地完成了送信的任务。

在监狱的贺敏学等人获得贺氏姐妹送来的口信时,监狱中的同志马上进行策应准备。此时,他们已成立了临时党支部,贺敏学被众人推举为支部书记。在此之前,贺敏学也想到了武装暴动这条路,并且也是打算联络袁文才、王佐、王新亚领导的农民自卫军。贺敏学还把这些意见写在一张薄薄的小纸条上,把它塞在一把旧扇子竹把的空洞里,买通了一个看守,把扇子送了出去。想不到他的此举与永新县委不谋而合,他马上把狱中的

同志们组织起来,准备狱内暴动。

经过一系列的安排,会攻永新县城的时机已经成熟了。

7月26日晚,会攻永新县城的序幕拉开了。袁文才率部星夜越过七溪岭,赶到永新县城南门外。为尽快解救狱中受难群众和战友,袁文才与王佐商议,将部队部署在东、南门外隔河相望的东华岭上。与此同时,王新亚和杨良善率领的安福、莲花农民自卫军也按时到达了攻城地点。次日凌晨,各地农军从四面八方同时向县城发起攻击。

攻城战斗打响后,由于禾川河水深流急,敌人火力凶猛,袁文才率部攻敌不下,他马上改变原定策略,立即从部队中挑选出几十名身强体壮、机动灵活的自卫军战士,组成泅渡登城的突击队,实行强攻突破。由于袁文才与王佐配合默契,指挥得当,经过两个小时的激烈战斗,终于首先攻破了敌人的城墙防线。攻进县城后,袁文才指挥部队迅速追歼守敌,占领了县政府;接着他又打开监狱,救出了贺敏学、贺灿珠、颜勇、龙忠贵、张莱锦等共产党员以及农会干部和革命群众100多人。随即,由王新亚率领的安福农民自卫军和莲花农民自卫军在永新城外击溃敌人之后,开进县城与袁文才会合。第二天,袁文才带领部队配合其他几县的农民自卫军击溃了敌人一个正规营的反扑,解放了整个永新县城。因为贺子珍惦记着暴动的成败,在永新暴动的前一天,她决定回永新参加战斗。她把吉安的工作向人交代以后,就匆匆地赶回永新。

这时正赶上了南方的盛夏季节,天气燥热,贺子珍走在通往永新的路上,汗水从她美丽的脸上流了下来。因为天气热,加上贺子珍那颗焦急的心,她的衣服湿透了,贴在她的身上,但是,她也顾不了这么多,一会儿也舍不得歇。此刻她多么想早一点知道,农民自卫军到了永新城下没有?战斗进行得怎么样了?监狱里的同志们安全脱险没有?从吉安到永新,大部分是崇山峻岭,山道弯弯,她一路疾行。两地相隔180多里的山路,贺子珍却丝毫没感觉到累,一路爬山涉水,急急而行。

19日下午,当她赶到永新时,远远地看到永新的城墙上一面镰刀斧头的旗帜迎风飘扬,啊,暴动成功了!她顾不上抹一把汗水,一阵急跑,奔向城去。

在城墙下,她看到三县农军总指挥部的大布告赫然贴在墙上。原来,

暴动成功后,党组织以狱中党支部作基础,成立了永新县革命委员会,贺敏学担任县委书记。同时成立了赣西农民自卫军总指挥部,王新亚是总指挥,袁文才、王佐是副总指挥。

在县城附近的一个村子里,贺子珍与这次武装暴动的领袖们见了面。

会攻永新县城胜利后,根据党的指示,欧阳洛前往南昌,参加即将发动的南昌起义。永新的工作,从此就留给刘真、王怀、贺敏学、贺子珍及袁文才他们了。

12. 女将把门,王魁成了断头鬼

农军会攻永新的胜利,使国民党江西省政府主席朱培德慌了手脚。急忙从吉安调一个正规团的兵力,由团长祝容枝率领攻击永新县城,妄图一举扑灭赣西革命烈火。

正在这时,永新暴动时临阵逃跑的国民党极右分子刘枚皋逃到湖南茶陵,找到驻茶陵的国民党第三军军部特务营营长王魁,一把鼻涕一把眼泪,请求他率兵"收复"永新城。此时,王营长已经知道朱培德派遣祝容枝前往永新之事,但是祝容枝历来争功手脚快,打仗行动都迟缓得很,接到朱培德的命令后还并没行动。为了向主子邀功领赏,王魁准备出兵"救"永新。但是,在刘枚皋面前,他却"犹豫不决":

"这……这……没有军令,我们特务营动不得啊!"

"省里朱主席已经同意……"刘枚皋马上说道。

"即使朱主席同意,我们也动不得啊!"

"为什么?"刘枚皋有些疑惑不解地问。

"永新农军这么厉害,纵使我特务营出动,伤亡无人负责啊!"

刘枚皋一听这个王营长一口一个"啊、啊"的,马上明白了他为什么大权在握"不敢"动兵的原因,马上说道:"永新民众准备集资大洋1万负责

特务营的伤亡,死 1 个付 1000,伤 1 个 500。"

这样,王营长就带领特务营连夜拔营出动了。

这一天,贺子珍正在组织妇女清理城外战场。突然,一个老表打扮的人急匆匆地赶来,说是要找永新县委的同志。贺子珍负责接待,来人说是受中共茶陵县委的委派,前来通知永新县委,朱培德的一个特务营已开拔前来攻打永新。

贺子珍闻讯,立即找到大哥,告知茶陵县委送来的情报。贺敏学一听,感到很紧急,立即和贺子

王佐

珍找到王新亚、杨良善、王佐、袁文才等人。面对着新的敌情,赣西农民自卫军总部召开了紧急会议。

赣西农民自卫军总指挥王新亚原是北伐军的一个营长,在北伐军离开吉安时,党组织让他留下来协助安福一带的革命政府组织工农武装。现在,他率部还在永新未走。

王新亚主持会议,并通报了有关敌情。会上,王新亚说:"汪精卫已在武汉发动了反革命政变,公开撕下了国共合作的假面具,反革命势力非常猖獗。敌人从江西、湖南调集 6 个团,准备向安福、莲花、永新扑来,并已经占领了这些县的大部分地区。"

"对,情况很危急,茶陵的特务营也扑来了,估计明早就到达永新。"贺子珍说。

"我估计,永新的民团并没有走远,他们就在县城附近,准备配合朱培德的第三军,卷土重来。"贺敏学发表意见说,"很明显,光凭三县农民武装,要守住永新城,是不可能的。"

袁文才、王佐、刘真等人也赞同贺敏学的看法。众人商量来商量去,最

后决定,再打一仗,然后主动撤离永新。

对永新的这一仗,会议作了具体的部署:三县的农民自卫军马上全部撤到城外,分别占领有利地形,埋伏下来,以逸待劳歼灭来犯之敌。永新县城的南乡的农民自卫军,则组成赤卫队,负责守城。会后,各部人马连夜迅速各就各位行动。

贺子珍的任务是带领一支赤卫队守禾川门。

禾川门是永新的南门,禾川河就在离城门不远的地方流过。贺子珍接受了任务后,一刻也不敢停留,马上来到了禾川门。到这里一看,她发现这支赤卫队有几十人,只有3支枪,其他全是赶造出来的梭镖。贺子珍自己先背着一支步枪,腰上扎着一根皮带,挂着子弹带,在禾川门上和赤卫队员挑土运砖,修理暴动时打坏的城墙。

然后,贺子珍又根据战斗打响后可能发生的情况,对每个赤卫队员都明确了任务,作了细致的布置和安排,使人人职责分明。

话说敌军的特务营在营长王魁的带领下,由茶陵出发,行走了一天一夜,凌晨时分来到了永新城西10里处,然后下令:"稍息!"

一会儿,王营长派出的前方侦察员回报:"城门上只有几个挑土运砖的民工,一个女将把门。据说是贺氏三兄妹中的大姐贺子珍。他们的枪支武器也不多。永新实际是座空城了。"

王魁听完哈哈一笑:"基本没有超出我的预想!纵是有兵力部署,也不过是几支打不准的土枪和一群乌合之众。"

狡猾的刘枚皋提醒道:"这会不会是空城计呢?"

王魁拍了拍对方的肩膀说:"老弟,不必过虑!"接着下令道:"三连在前,二连在中,一连断后。5时拿下永新,在城里吃早饭!"

王魁率领特务营直奔永新城而去。

谁知,他急匆匆地行至城西5里处时,却进入了三县农军的包围圈的口袋内,袁文才一声喊打,前方收住了"袋口"。特务营马上后退,王新亚再一声喊打,后面又扎死了"袋尾"。王魁在中间左突右突时,莲花军再次喊打,贺敏学率领永新农军冲过来,一下子把王魁的部署给全打乱了。这时农军的步枪土枪一齐开火,土雷土炮同时炸响。王魁原来气魄大得不得了,此刻却只有招架之势,根本无法还手。农军打一枪换一个地方,特务营

一时摸不清情况,也发生自相开火对打的现象。

突然,一声"冲啊——",农军发起了冲锋令,大刀、长矛、梭镖、棍棒派上了用场,直杀得特务营一片混乱,首尾不能相顾。身骑高头大马的王魁见势不好,慌忙逃跑,只听一声枪响,被击落于马下。刘枚皋扑过来抢救,被农军刺了一梭标,扑倒在地。此仗农军大胜。敌军特务营,包括营长在内,全军覆没,除刘枚皋死里逃生外,无一人漏网。

且说江西省主席兼三军军长朱培德得知第三军军部特务营被永新暴动队打败、全军覆没的消息后,大为震惊,暴跳如雷,大骂王魁:"这个死鬼,一听着这名字,王魁王魁就是个'王鬼',白白损失了我一个加强特务营,三四百号全完蛋了!"

但是,骂归骂,王魁做了断头鬼,朱培德也无可奈何!但是,他岂能容忍在自己的掌管区域内出现一个红色县?

"看来不给他们些颜色看看是不行了!"他咬牙切齿地说。说完,他操起了电话就命令祝容枝跑步进攻永新县城。

13.贺先圆牺牲时年仅14岁

国民党驻军第八师二十四团团长祝容枝得到电话急令后,知道这次"朱主席"是动了真火,不敢再拖拉,立即率全团人马,连夜狼奔豕突地赶往永新。

在强敌压境的情况下,袁文才与王新亚、王佐等商量,为了保存农民自卫军的实力,决定按计划分路撤退。莲花的农民武装仍回莲花活动;袁文才、王佐的队伍,仍回井冈山;永新南乡那部分的农民武装回到家去;一部分与永新的共产党员一起,随刘真、王怀、贺敏学、贺子珍等县委成员跟袁文才、王佐上井冈山。鉴于安福一带被赣军占领了,王新亚决定带领安福农民自卫军前往湖南浏阳与萍乡一带发展。

贺氏兄妹和各路农军连夜撤离永新后,天将破晓时,敌军就开始攻城了。结果,祝容枝没伤一兵一将,便轻而易举地"破"了城。

这个祝容枝,人称"祝大头",绰号"祝阎王"。他占领了永新城,就露出了阎王面孔,马上对共产党员和革命群众进行了疯狂的屠杀。刘枚皋死里逃生,带领着永新的地主劣绅也纷纷出动,充当祝容枝的助手。一时永新城内刀光剑影,禾水两岸血雨腥风。

祝容枝占领永新的头3天,就抓了187人,杀掉123人。

但是,刘枚皋和永新的地主豪绅还是不罢休。刘枚皋恶狠狠地说:"非要抓住贺氏姐妹全家不可!"此时贺焕文夫妇及贺氏兄妹全已逃离了永新。结果,刘枚皋四处打探,探知贺先圆还在永新,并住在其舅妈家,马上派人把贺先圆抓了起来,最后把她的双眼挖去。

贺先圆被害时年仅14岁。

贺先圆牺牲后,敌人并不解恨。他们诬称贺子珍、贺怡的老家黄竹岭是土匪盗贼窝,多次派兵到黄竹岭血腥掳夺,乱抓乱杀,甚至还干起了挖祖坟的缺德事。贺氏家族及本家的房子都被放火焚毁。贺氏家族及其亲属、贺子珍的3个堂兄贺敏亮、贺敏克、贺敏文及两个堂嫂李四莲、杨三英等先后有数十人惨遭国民党杀害。

14. 贺怡和父母在净居寺逃过一劫难

就在永新沦陷的第三天——1927年8月6日,吉安国民党右派势力突发事变,残酷地屠杀共产党员和进步群众,被称为"吉安八六事变"。在"宁错杀一千,不漏网一人"的腥风血雨中,枪声一响,贺怡意识到事发,慌忙领着父母逃离永新驻吉安办事处。

他们前脚一走,后脚民团就杀到。贺焕文夫妇和贺怡冒着大雨奔走,最后匆匆逃到赣江岸边,才摆脱紧追不舍的团丁。

平静的河水,激起浑浊的波浪。天地间被迷迷蒙蒙的雨水连成一片。

"这河中没有船,天绝人路啊!"贺焕文长叹。

"先躲到前边树林里,船来再走吧。"贺怡说道。

在狂风暴雨中,三个人跟跟跄跄来到了柳树林,然后,依树而坐。这树身虽然粗大,但稀疏的叶片哪能挡雨避风呢!就在这滂沱大雨中,贺怡和父母躲在树丛中淋了一夜。他们左思右想,寻到了一个避难的去处。

天亮后,她们找来一只渔船,渡过赣江,径向河东的青原山奔去。

原来,贺焕文与前妻欧阳氏曾生有一子,名叫贺敏智。这贺敏智自小性格文静,20多岁时,曾与一女子相识相爱,而女家父母不同意这桩婚事,贺敏智终日忧郁,心灰意冷,最终看破红尘,皈依了佛门,在青原山净居寺做了吃斋的和尚。贺家三口人前去青原山,就是去投奔贺敏智。

青原山离吉安城15华里,这里山峦蜿蜒,群峰碧翠,主峰高峻凌空,极其雄伟。山中瀑布,奔泻而下,如白练悬天。山上古木参天,荫可蔽日,诗人杨万里曾称它是"山川江西第一景"。名山幽古寺,青原山有个古刹叫净居寺,创建于唐朝,已有1000多年的历史,极盛之时,有僧徒千人,是江西一大名寺,贺敏智在此出家已经整整11年了。

贺焕文带着老婆、女儿从吉安逃到青原山,父子相见,别是一番感慨。

随后,贺敏智把家人避祸的经过一一禀告寺内主持方丈,请求收容父母及妹妹。方丈听后,说:"世道血腥一片,老衲念经拜佛,也为的是普度众生,救人苦难。佛家有句话说,'救人一命,胜造七级浮屠',你父母眼下为恶人所迫害,走投无路,老衲能忍心坐视不救?"老方丈当即同意收下贺焕文一家三口。方丈虽出家为僧,不问政事,六根清净,但心存善恶是非之念。这令贺焕文一家感激不尽。

方丈引贺焕文等进到斋房左侧一间木板房内,叫敏智移动靠墙边一块木板,原来下面竟是两间地下室,有楼梯上下。

方丈说:"此室原是本寺储物之密室,作急变之用,外人不知,较为安全,室内有床,就委屈三位施主了。"

第二日,贺敏智给父母三人送完饭,进到大雄宝殿内,只见一穿着黄绸衣的人领着七八个当兵的冲进大雄宝殿内。穿绸衣的气势汹汹地大嚷:"谁是当家和尚,快叫当家和尚出来。"

方丈此时正在后殿,听得前殿叫嚷,从容走到前殿来,朗声道:"老衲即是。宝殿乃肃穆庄严之所,施主为何在此喧哗?"

穿绸衣的说:"我们是县党部派来的。有人看见昨日有二女一男到了青原山,他们是共产党要犯,是不是躲在你们庙里?"

"阿弥陀佛,罪过,罪过。出家人四大皆空,不晓得什么共产党。每日来本寺进香敬佛的信男善女甚多,更不知谁人是共产党,岂有藏匿之事。"方丈神色镇定,毫无恐惧之态。

"别耍嘴皮子,奉上级命令,青原山寺院房舍统统都要搜查!"

"本寺乃佛门之地,请不要随意践踏。"

"好你个老和尚,你敢不让搜查?"穿绸衣的人两眼目露凶光。

"阿弥陀佛,出家人不打诳语。"

"搜!"穿绸衣的一扬手,士兵们如狼似虎般到处搜查、打砸,进香的百姓都吓得在殿外不敢进来。

贺怡和父母躲在地下室里,听得上面乱糟糟,楼板踩得"咚咚"响,明白是团丁来搜查了,三人心跳加快,屏声静气,不敢动一下。

士兵们把寺院里里外外搜了个遍,什么也没搜到。那穿绸衣的自言自语:"莫非已离开青原山?再到别处看看。"又转身恶声恶气地对方丈说,"老和尚,如果你窝藏了共产党,或知情不报,小心你这秃颅!"

老方丈不动声色,口中直念:"阿弥陀佛。"

贺怡和父母在青原山净居寺避过了这一难。时间一晃过了半个多月,寺内风声渐渐松了,贺焕文一家才从地下室出来,但是,山下吉安城内仍是"杀共"声一片,贺家三口不敢下山,从此在净居寺吃斋打杂。

15.在袁文才的庇护下,"我算是为你们报了一仇"

贺子珍等一行人到达茅坪后,贺敏学、刘真、王怀等和其他从永新来的同志，都住在攀龙书院的八角楼里。贺子珍则被袁文才安排住在洋桥湖自己的家里。袁文才的妻子谢梅香对贺子珍十分热情，给她送来了被褥，还把自己的衣服拿出来给贺子珍穿，把她当作自家人。尽管山下腥风血雨，山上倒是平安无事了。

但是，不久，祝容枝杀害贺先圆的消息传到了大山中，贺氏兄妹听到这个噩耗，悲痛欲绝。袁文才听说祝容枝把贺家不满14岁的小孩都杀了，破口大骂："他奶奶的，畜牲不如的家伙，看老子收拾他！"

他一怒之下，和王佐亲自带人下山，杀了祝容枝手下一个营长，并且把刘枚皋的人头割了下来。

上山后，袁文才把人头往贺敏学兄妹面前一扔："我算是为你们报了一仇！"

但是，袁文才和王佐此举把祝大头激怒了。他听说刘枚皋的人头都被割走了，大叫道："袁、王部是井冈山的严重后患，必欲除之而后快。"

他率军穷追不舍，进山"追剿"。

除他一个正规团的兵力之外，永新劣绅又搜罗了2000多乡勇和亡命之徒"剿袁"。他们以"砍山剿匪"的策略，企图迫使袁文才出来决战。形势非常危急。

为了应付这个局面，袁文才、王佐和各县在山上避难的共产党员进行紧急磋商。贺敏学说："敌人来势太猛，力量过强，不宜硬打硬拼，只有采取打埋伏的办法，把队伍化整为零。"

"如何化整为零呢？"王佐问。

"分散在老百姓当中，才能保存力量。"

这时，刘真又提出："永新的自卫军人数虽不多，但对山上的情况不熟悉，隐蔽有一定的困难，最好的办法还是回永新潜伏起来。"

于是，贺子珍同永新的共产党员一起，动员永新的自卫军把枪支埋起来，下山隐蔽，并给每人发几块大洋作为回家的费用。农军自卫队员潜回了永新。

为了应变，宁冈的自卫军全部分散到老百姓家中，袁文才只留下一支四五十人的精干队伍，随同他和其他领导人一起在各山头活动。王佐的队伍也采取同样的行动，他带领几十人隐蔽在八面山上。

地势险峻的井冈山,到处是悬崖绝壁,只有几条小路通进山里,而这些小路非常狭窄,大部分只能一个人通过;祝大头率军开进井冈山后,几千人的兵力根本施展不开,只能把队伍排成一字形,一个挨一个地往上爬。井冈山上到处都是参天的杉树和茅竹,密密层层,把太阳光挡住了。山路两旁,树林和杂柴交织在一起,密密麻麻,就是里面藏着自卫军,也难以发现。结果,祝大头的部队和乡勇们排着队,整天在一个个山头上转悠,可是眼睛再尖,也找不到袁文才、王佐他们的人影。

袁文才的队伍都是土生土长的本地人,进了深山密林,到处有路可通。敌人搜索这个山头,他们早已转移到那个山头,敌人搜索到那个山头,他们又隐蔽到另一块丛林中了。过去,在井冈山的绿林好汉中流传着一句话:"不要会打仗,只要会转圈。"意思是说,只要同敌人兜圈子转山头,就能拖垮敌人。袁文才、王佐,实行的就是这种战术。因此,敌人进山后,他们就同敌人捉起了迷藏。结果,祝大头忙碌半个多月,尽管他又是烧房子,又是烧树林,还是一无所获。

袁文才在当地群众的掩护下,利用山高林密的天然屏障,化整为零,忽东忽西,忽南忽北,忽明忽暗,忽远忽近,出没无常,与敌人在深山高岭打圈子,有利就打一阵子,不利就躲起来。经过一个多月的辗转周旋,"追剿"的敌军被拖得精疲力尽,无计可施,最后将桃寮、茅坪等地农民的财产抢劫一空,退下山去。就这样,袁文才率领农民自卫军把数千敌军的"追剿"又粉碎了。不久,朱培德为应付军阀间的混战,不得不从宁冈撤出了祝容枝的二十四团"追剿"的部队,反动县长张开阳也奉命到吉安参加"铲共"训练,结果,宁冈只留下一个名叫李朝阳的连长代理县长。李朝阳为了稳定宁冈的政局,改军事"进剿"为安抚,派说客上山,要同袁文才讲和。袁文才也希望有个安稳的环境,于是说:"讲和可以,我必须保留武装。"

李朝阳也提出条件:"那你缴些枪给我,我好向上面交差。"

"缴枪不行。"袁文才回答说。

"缴好枪不行,缴几支烂枪也不行吗?"李朝阳派人问。

"烂枪?"

"是的,只要你们缴出几支无用的烂枪,李县长便好向上司虚报战绩,以后就不再对你们以'匪'相待了。"说客转达李县长的"意思"。

袁文才权衡了利弊和当前的形势,为了利用合法手段来保存自己的武装力量,便答应了李朝阳的要求,缴了几支烂枪给他。

随后,这位李县长为了安抚袁文才,又给了他"宁冈县保安团团总"的头衔。从此,宁冈反动当局的军事"进剿"告一段落。而袁文才接受县政府的粮饷,人马仍在山中,只是不再下山"吊羊"了而已。

宁冈的豪绅地主靠着祝大头的"正规军"都没把袁文才"剿"下来,相反,他却还被李县长"招了安",更是害怕农军武装出击。为了保住自己的生命财产,于是联络湖南酃县、茶陵的豪绅富户,成立了三县"和平委员会"。

李县长一听:"我们正规军都拿不下绿林,你们成立和平委员会,天下就和平了?"

豪绅觉得在理,有个人问道:"我们此举也是无奈,难道李县长有什么妙计?"

"妙计谈不上,办法倒有一个。"

"什么办法?"十几个脑袋全倾过来。

"你们何不推举拥有武装的袁文才担任和平委员会的军事委员?"

豪绅们恍然大悟。于是马上派人去请"袁团总",用枪杆子来保护他们的生命和财产。而袁文才也想利用"和平委员会"、"保安团"的合法身份,暂时保存自己手中的这支拥有60多条枪的武装力量,于是提出条件:"我还有些兄弟在三县坐牢,放出人的话,我可以考虑。"

三县的豪绅地主马上同江西、湖南反动政府联络,从监狱中放出一批共产党员和农民协会的骨干。于是,袁文才接受了和平委员会的推举,当上了三县军事委员。

袁文才这一行动,保住了他所率领的这支农民革命武装。贺敏学、贺子珍等一批共产党人也在袁文才的庇护之下,在茅坪一片白色恐怖之中得以生存下来了。

贺子珍
He Zizhen

第三章 在战斗中与毛泽东相爱

1. 当"探子":"要要流氓,一枪崩一个!"

1927年10月初。这时的井冈山,正是秋忙季节,贺子珍带着自卫军在砻市一带的深山老林中。

一天,从莲花来了几位老表说:"有一支部队从茶陵九陇山来,路经永新县的九陂村,从枫木坳越过婆婆坳,驻扎在三湾村。"

三湾村是永新西部的一个山坳,由中陈家、钟家、上李家和下李家及三湾街组成。

"是哪里的丘八呀?"贺子珍问。

"队伍中大多数人都穿着国民党军装,有一小部分人穿老百姓衣服的,不知是什么部队。"

消息传到自卫军指挥部,袁文才、贺敏学、贺子珍和自卫军其他头领在一起议论纷纷。袁文才心里犯起了嘀咕:"是不是这朱培德又想来打我老袁的主意?三湾离这里不远,我们得早防备。"其他人心里也都百思不得其解,谁都猜不透这是支什么队伍、从何而来、去干什么。因为自从永新暴动后,他们就躲到崇山峻岭之中,而这地方位置僻远,交通不便,更无报纸可看;大革命失败之后,反动派为捉拿共产党人,对各处实行封锁,外面的世界对于他们来说真是恍若隔世般的陌生。突然山上来了一支1000多人的部队,井冈山的气氛马上紧张起来了。

众人议论纷纷,却谁都说不到点子上。

就在这时,贺敏学出主意说:"防备是要防备,最好先派人去三湾村打听一下情况,我们心中才有底。"

袁文才听了贺敏学的话,连连点头赞同,说:"先派几个人去看看,到

底是哪一路的。"

于是,他们便派了两个自卫军队员前去三湾打探。然后,带领人马开始向深山中转移。

两个自卫军队员兼程赶到三湾,但是,他们不敢贸然进村,藏在村外的灌木丛中,远远地观望着村中动静。三湾村是莲花经永新往宁冈的必经之地,距湖南茶陵也不远,是一个交通要道,有数个店铺,如协盛和、泰和祥等杂货店之类。他们看见店铺照常开了门,村头枫树坪下,有些人在练操,还有不少当兵的担着水桶在老表家里出出进进,好像在给村民做事似的。这时一个自卫军队员好像发现了什么,说:"你看,那墙上好像贴着红的、绿的纸。"

"对,那可能是标语吧!"另一个回答说。

"标语上写的是什么?"一个说道。

"看不清。我们上去看看?"

于是,两个队员在灌木丛里小声地说着话,正要出来时,过来一个上了年纪的女堂客。他们从柴篷里钻了出来,那女堂客吓了一跳!他们忙问:"嫂子,我们是过路的客商,见到村里好多兵,不敢进村,村里怎么这么多当兵的呀?"

堂客倒是个爽快的人,听了二人说的话,忙笑着说:"你们这一问,倒把我问住了。我也不知道怎么会有这么多的兵,这些兵与以前见过的不太一样。"

"怎么不太一样?"两人急切地问。

"他们不抢不杀,买东西还给钱,还帮老百姓担水打柴。村里的人开始都躲在了山上,后来几个留在村里的老倌子喊话说没事,大伙才回村来。"

这两个队员打听到这情况,仍不敢进村;然后,就带着这些探听的情况和种种疑问回到了砻市。

这时,袁文才把早几天回了梅树下的宁冈县委书记龙超清也请到了茅坪。在这段时间,龙超清多次派人去吉安与上级党组织联系,仍未联系上。此刻,袁文才、龙超清、贺敏学、贺子珍等人全都在指挥部等情况,两个队员一说,大家边听汇报,边分析。

贺敏学说道:"这支军队不杀人,不放火,不抢东西,反而帮老百姓做

事,肯定不会是国民党的丘八军队。"

"不好说,他们要不是国民党的军队,为什么好多人穿国民党的服装呢?"袁文才提出疑问。

贺子珍问两个队员:"墙上贴的标语写的是什么?"

两个队员听了贺子珍的问话,不由得脸红了,面面相觑,最后,不好意思地说:"我们没有进村,不知道标语上写了些什么。"

这时,龙超清对袁文才说:"要是能撕下两张标语来看一看,就知道他们是何方神仙了。"

袁文才听后点点头说:"对,派个人去撕下几张标语回来,他们的来路就一清二楚了。"

贺敏学、贺子珍等都同意派人再去三湾撕几张标语回来。

"派谁去最合适呢?"袁文才问道。

正在这时,贺子珍站起来,对袁文才说:"我去吧!"

"山路不好走,一个女孩子家去太危险了。"刘真第一个反对。

龙超清也劝阻说:"子珍病愈不久,这么远的路,还是派别人去吧。"

贺子珍刚上井冈山不久,因为风餐露宿、伙食极差,得过疟疾,刚刚才好,身子还很虚弱。

"我的病早就好了。建农会时,我在三湾工作过,三湾情况我熟,我化装成回娘家的媳妇,不会引人注意的,我去最好。"贺子珍倔强地说。

"你长得这么标致,那些丘八个个都色得很,不安全。"袁文才的妻叔、副总指挥谢角铭笑着说。

"我才不怕这些丘八呢!要耍流氓,一枪崩一个!"贺子珍坚决地说。

袁文才和贺敏学都知道贺子珍的脾性,她认定了的事,谁劝也没用。于是贺敏学想了想,说:"桂圆呀,就像我娘常说的,扯断牛缰绳也不转头。我看让她去也好。"

袁文才和众人交换了一下眼色,说道:"好吧,桂圆胆大心细,去也好,不过,路上可要特别小心啊。"

贺子珍听了他们的话调皮地笑了:"你们放心吧!我一定撕几张完整的标语回来。"

贺子珍说走就走,马上就回到房间。经过一番乔装,她从屋里出来了。

袁文才和贺敏学及其他同志眼前一亮,站在他们面前的贺子珍完全是一副货真价实的回娘家的小媳妇的样。

"像个小媳妇,不过,是一位俊俏的小媳妇。"袁文才开玩笑说道。

听他如此一说,贺敏学等人哈哈大笑起来,都说她装得太像了。临行时,袁文才把自己的驳壳枪给她:"带上,路上以防万一。"

贺子珍走后,袁文才、贺敏学到底放心不下,又派了两名自卫军队员悄悄地跟在贺子珍后面,暗中保护她。

贺子珍自知此次事情紧急,一路上翻山越岭,健步如飞,走得很快,一个上午,就来到了三湾村。刚到村头,贺子珍就见一老汉扛着锄头出来。她连忙藏身在路旁一树丛后,双眼盯住来人。等来人走近时,她眼睛一亮,这不是李秋发吗?这李秋发50岁上下,前一段时间还是西乡农会主席。贺子珍内心掠过一阵欣喜,马上从树丛里蹦出来:"李大伯,认识我吗?"

李秋发听到声音,突然路边跳出个姑娘,吓了一大跳!他定睛一看,眼前是位标致的小媳妇,然后他恍然脱口而道:"啊,这不是贺部长吗?你怎么这般模样?"

贺子珍忙把李秋发引到一个隐蔽处,把自己此行前来打探一事如实告之,最后悄悄地问:"三湾驻的是哪里的兵哟?"

李秋发一听呵呵笑起来:"毛委员的。他正要我去给老袁送信哩。"

"哪个毛委员?"贺子珍听后有些不解地问。

"中央委员毛润之呀!三湾的部队就是他率领的秋收暴动的工农革命军,他们正想要去井冈山哩。"李秋发回答说。

"毛润之?"贺子珍一听他还要带兵去井冈山更是急了,"他是什么人?"

"就是那个写《中国社会各阶级的分析》的'农民运动大王'毛润之!"

"农民运动大王?"贺子珍以前只听过山大王,没听说过什么"农民运动大王",更是觉得有些奇怪!

"毛润之,是共产党!全国农协就归他管!"李秋发告诉贺子珍。

"啊!官还不小啊!"

"是呀,据说比朱培德还大呢!"

到底谁大,贺子珍不知道,对于这个农民运动大王毛润之,她也没听

说过,此时她的任务是撕些标语回去,她没有忘记此行的任务。为了慎重起见,她对李秋发说:"我去村里打个转,等下你同我一起去茅坪吧。"

李秋发同意了,并转身同贺子珍来到村里。村里的土砖茅屋墙上果然贴着不少标语,贺子珍一看,什么"打倒国民党反动派!""打倒军阀官僚、土豪劣绅!""拥护共产党!"等,落款是"工农革命军"。她在没人处撕下了几张标语,然后迅速叠好装在口袋里。

贺子珍和李秋发连夜赶回茅坪,并把撕来的标语给自卫军头领们看。

袁文才看完标语,欣喜地对众人说:"没错,这支队伍是共产党领导的!"

李秋发说:"毛润之领导的队伍,叫湖南秋收暴动的工农革命军。如今,他想到井冈山一带活动,还希望能与老袁你合作!"

"这毛润之是什么人哪?"袁文才问道。

"毛润之?我认得!"这时,在座的自卫军指挥部秘书陈慕平抢着回答。

"啊!你认识?"袁文才和在座众人大吃一惊。

"他就是毛泽东!是我在武昌中央农民运动讲习所学习时的老师,是党中央委员,党内有名的'农运大王'!"

"啊!"众人惊讶之余,心里开始有了底。

袁文才想了想,若有所思地说:

"看来这毛润之确是个了不起的人物。工农革命军真是和国民党、地主老财作对?"

"是的。"李秋发回答。

但袁文才毕竟在尔虞我诈的世道中混得久了,他凡事都存有个戒心,停了片刻,又说:"不过,这次大革命失败,反水的人很多,这毛润之到底是真共产党还是假共产党?"

"得派人去弄清毛润之的底细!"龙超清也表示赞同。

"李主席不回去吗?正好可以与毛润之谈一谈,试试他。"贺敏学对李秋发说。

"这没问题。"

结果,李秋发一回去,第二天又赶回了茅坪。原来当天晚上,他还没来得及去找毛泽东,毛泽东就来了找他,叫他送封信给井冈山的"山大王"袁

文才。

收到毛泽东的亲笔信后,袁文才才知道,原来王新亚离开永新去了浏阳后,又参加了湘赣两省边界的秋收起义。正是在进军途中,王新亚向毛泽东介绍了井冈山的袁文才等人的情况,因此毛泽东知晓了他。遗憾的是王新亚在进军途中已牺牲。信中,毛泽东希望两军联合,在井冈山一起打土豪、斗劣绅。袁文才看完信后,召集大伙商议。最后,众人一致认为应派人前去先与毛泽东当面谈谈。在讨论去面谈的人选时,贺子珍先说道:

"陈慕平是毛润之的学生,派他去,是最合适不过的。"

贺敏学却显得深思熟虑:"毛润之是党中央委员,龙超清作为宁冈党组织的代表,能一起去,就更好了。"

袁文才觉得贺氏兄妹言之有理,向在座的宁冈县委书记龙超清投去征询的眼光。

龙超清爽快地答应:"要得,我和慕平一道去。"

2."鸿门宴"变成了"同心宴"

在三湾,龙超清、陈慕平见到了毛泽东。

三人说了很久,谈得很投机。毛泽东向龙超清、陈慕平介绍了秋收起义和工农革命军的情况,龙超清、陈慕平向他介绍了宁冈县的党组织和农民自卫军的情况。当两人离开三湾时,毛泽东给他们每人送了一条枪。龙超清、陈慕平返回茅坪后,立即将会见情况告知袁文才。袁文才见毛泽东送了枪,知道他是有诚意相交,也十分高兴,说道:"既然老毛诚心相交,那下一步我就得和他在井冈山合作啰!"

可是,袁文才的妻叔谢角铭一听,却不同意这样做。他劝袁文才说:"人家有上千条枪,你才几十条枪,和他们搞在一起,有什么好处?"

这时,他手下另一亲戚朱述庵也劝说道:"你晓得人家打的什么主意?

说不定早晚要把你吞掉！"

听到这些劝阻，袁文才一想：有些道理。于是又犹豫了。

但是，当他征求龙超清、王怀、刘真、贺子珍等人的意见时，他们的一致态度是："毛润之是党中央委员，和我们是一路的，那还怕什么呢？"

或赞成，或反对，此时的形势逼着袁文才非迅速作出决定不可。

这天晚上，袁文才又把陈慕平叫到自己家里，详详细细地问他有关毛泽东的情况，然后，又和贺敏学等几个亲信商量了一

毛泽东

夜。大家剥了两斤多瓜子，从当前的利益谈到将来的出路和最后的归宿，都觉得除了跟毛泽东走以外，没有别的出路。但是，袁文才没有见过毛泽东，心里还是有些不踏实，最后，贺敏学大腿一拍，说："那就请毛泽东来与你会会面，一切问题当面商定。"

于是，第二天龙超清与陈慕平又前去毛泽东处，此时，毛泽东已移师向井冈山奔来，到了宁冈古城。在古城，毛泽东与龙超清参加会议，具体研究工农革命军同袁文才会合的事。

谁知，10月5日，袁文才得知毛泽东已率部进至古城，并且龙超清参加了毛泽东的一个重要会议，霎时妒心顿生："为何不邀请我老袁参加？"然而，袁文才毕竟是有识之士，知道党内也有一套规矩，不能胡来，小不忍则乱大谋，只好等龙超清和陈慕平回来再说。

这一日黄昏，龙超清和陈慕平急匆匆从古城赶至茅坪，将毛泽东亲自来会见他们的事告诉了袁文才。

袁文才听后，既高兴又忧心。喜的是他的代表陈慕平也参加了毛泽东的军事会议，并且，毛泽东这么一个中央委员、工农革命军的前委书记，同

意前来茅坪会见袁文才!忧的是人心隔肚皮,弱肉强食,自古有之,他又担心自己的队伍被毛泽东一下兼并。

但是,袁文才也是好汉一条,他寻思半晌,终于说道:"明日与毛泽东在茅坪与古城之间的大苍村相见。"

龙超清连夜赶回古城,把袁文才的消息告诉毛泽东。袁文才也马上把手下贺敏学、李筱甫、周桂春、谢角铭、陈慕平、朱述庵等几位心腹唤来商议此事。

贺敏学听了袁文才之言,说:"毛泽东同意亲自来见你,宽宏大度,有诚意。"

陈慕平更是竭力主张见面,摆酒接风。唯独谢角铭还是力持异议,说:"世事重重迭迭,人心曲曲弯弯。毛泽东新来乍到,咱谁也不了解,岂可一味听信?"

这时,朱述庵又接上话说:"防人一着不为愚。依我之见,明日由桂春带一排人埋伏左右,以防不测。"

"那样不太友好吧,被人发现不好……"陈慕平说道。

"唔,还是防着点好!"周桂春觉得谢角铭的话有理。

袁文才听罢众人之语,略思了一下,说道:"大舅和桂春也是一片耿耿之心,尚有可取之处。为稳妥起见,依了你们!"

于是,袁文才等人决定在大苍摆下"鸿门宴",见机行事,以防万一。

大苍,是东源乡一个山清水秀的小山村,居住着明末清初从福建迁徙而来的10多户客籍山民。会见地安排在大苍村的林凤和家里。

林凤和家处在村右侧的中央,是栋有吊脚楼的土木楼房。6日清晨,袁文才手下一个排埋伏在林家屋后,约定听周桂春放炮为号,否则,不能显露或者轻举妄动。林凤和已按照袁文才的吩咐,把东源大苍一带在龙江书院读书的青年学生张祖钦、张汉翘、林鹤庭、苏兰春、肖斐、林芳华等召集在一起,三人一组各守一扇门,不准任何人进屋。农军队员吴石生在林家门口杀猪剖肚……

袁文才先到林家,他穿着长衫,外套黑缎马褂,俨然一副绅士模样。龙超清、贺敏学、贺子珍、李筱甫、周桂春、陈慕平、谢角铭等众头领也换了干净衣衫,显得精神抖擞,齐集在林家祠门口石桥上迎候毛泽东。

一会儿,毛泽东来了,一共5个人。一个是一团团长陈浩,一个是一营党代表宛希先,以及已"下岗"的前师长余洒度,还有一个是勤务兵龙开富。

毛泽东一行在林家路口下了马,把马交给了勤务员龙开富看管。随即,由龙超清领头,朝林家走来,袁文才等急忙上前迎接。陈慕平向袁文才介绍了毛泽东,龙超清向毛泽东介绍了袁文才。

"久仰啊,文才同志!"毛泽东立即同袁文才热情握手。

"欢迎啊,毛委员!您的大名如雷贯耳!"袁文才一边答道,一边暗惊:毛泽东一行未佩武器,赤手空拳!他立即向周桂春示意:撤埋伏。

周桂春会意,一阵风地离开了,随即撤除了埋伏的人枪。

接着,毛泽东把跟随而来的人员一一向袁文才作了介绍,袁文才也把自己这一边的贺敏学、周桂春等山上的人介绍给毛泽东。袁文才介绍贺子珍时,毛泽东有些惊讶了。他没有料到,在井冈山的"头面人物"中,竟然有一个这样年轻貌美的姑娘。袁文才说:"她是永新的干部,叫贺子珍。"

毛泽东的疑团顿释,爽朗地笑起来,说:"我还以为她是哪位同志的家属呢!"他握住贺子珍的手说:"很好,很好,今后我们共同战斗吧!"

众人进屋坐定,上茶后,边喝茶边吃花生、瓜子。袁文才道:

"毛委员一路辛苦。袁某是山村野人,孤陋寡闻,今日有缘相会,实乃三生有幸,望毛委员不吝赐教!"

"哪里,哪里!我奉中央指示,发动秋收暴动,意在大革命失败后在蒋介石之流的血腥屠杀下闯出一条路,然而出师不利,转战到这里……"

两人很快切入正题,开始交谈彼此的情况。

毛泽东给袁文才分析了大革命失败后的国内形势,介绍了工农革命的基本情况,肯定了袁文才带领农民自卫军敢于反抗地主豪绅的斗争精神。然后,毛泽东停顿一下又说:"广大农村像海洋,我们像鱼,农村是我们休养生息的好地方,我们一起在罗霄山脉干吧。我、你袁文才,还有其他同志,一起携起手来一道干!"

接着,毛泽东又说:"我们只要团结一心,以罗霄山脉中段为依托,建立根据地,敌人就拿我们没办法。"

听了这些话,袁文才的担心顿时烟消云散。原来,人家不是来吃掉他的队伍的,而是来跟他一同打土豪劣绅的。袁文才紧紧握住毛泽东的手说:"毛委员,我们听你的。"

"好!"毛泽东拍一下袁文才的肩膀,高兴地问:"你们现在有多少枪?"

"60多条!"

一听到袁文才还保存有60支枪的家底时,毛泽东立即接过话头,说:"难得,难得!大革命失败后,你们还保存了60支枪,这是革命的本钱呀!以往的失败就在于我们没有抓枪杆子。但是还要发展!这样吧,为了我们和衷共济,同创大业,部队送给你们100条枪,明天派人到砻市来担吧!"

说罢,即让同来会见的一团团长陈浩写了张取枪的条子。

自古有枪便是草头王。袁文才玩命似的惨淡经营,视枪如命,才发展到60条枪的"家底",毛泽东初次见面就赠枪100条,如此慷慨大义!袁文才被深深感动了,顿觉心坚胆壮。毛泽东慷慨赠枪,乃是真诚之举。惊喜之余,袁文才连忙说:"多谢毛委员一片诚心!我袁文才一定竭尽全力,跟着毛委员干革命,虽肝脑涂地,在所不惜。今后凡是用得着我袁文才的,我们一定效劳。"

说罢,他转头对贺敏学和李筱甫说道:"我们准备1000块大洋,送给革命军,略表心意。还有毛委员部队的粮草和在茅坪建立后方的事,我们都包下来!"

最后,袁文才诚恳地说道:"毛委员,请明早率部进驻茅坪!"

"好哇,一言为定!"毛泽东兴高采烈地紧紧握住袁文才的双手。顿时,俩人都开怀大笑,在场的双方人士都乐呵呵的,相互热烈地交谈起来,先前那种凝重、紧张、猜疑甚至恐惧的气氛一扫而光。

时近中午,袁文才设宴款待毛泽东一行。吃完饭后,双方就部队进驻茅坪的一些细节问题进行了亲切的交谈,一直到太阳快挨山边时,毛泽东一行才沿山路经木鸡垅返回古城。

毛泽东一走,贺子珍对袁文才笑道:"袁大哥布设的'鸿门宴'变成了'同心宴'。"

"毛泽东是个英雄,难道你袁大哥就是狗熊一个?"袁文才打着呵呵,大声回道。

贺敏学忙接上话说:"这叫英雄惜英雄!"

3. "这个毛委员真了不起"

大苍归来,袁文才、龙超清、贺敏学等为迎接工农革命军进驻茅坪,在一起磋商,忙到半夜。龙超清动员了八张砻彻夜砻谷,以解决部队用粮;陈慕平找人买了两头大肥猪,杀猪款待部队将士;贺子珍组织了几十个妇女连夜把攀龙书院里里外外打扫得干干净净;李筱甫调集了18杆鸟铳,以备明日放铳壮威;贺敏学组织读书人赶写标语,三角班准备唱戏;刘真、王怀等人通知茅坪百姓,腾房子、下门板、打地铺、垫稻草……到下半夜,袁文才才回到家里。

到家后,他把见到毛泽东的情景一一告诉了妻子谢梅香。

"毛委员这个人真了不起,满腹经纶,博学多才,又慷慨大方,善解人意,真是中央大员,大将风度!"袁文才禁不住对妻子说道,"工农革命军一路打仗,穿得很破旧,毛委员头发很长,脚都被草鞋打烂了。"

谢梅香是个大家女子,听袁文才一说,笑着说:"那你明天就搞个轿子,把他抬上茅坪来呀!"

"是呀!这样才得体。"

1927年10月7日,秋高气爽。袁文才早早起了床,叫周桂春带领自卫军战士下砻市,把毛泽东赠送的100条枪背回来。而他自己则亲率贺敏学、贺子珍等二三十人,果真抬上了一张山区特有的竹睡椅,前往古城迎接毛泽东。临行时,谢梅香又给袁文才捎上两套宽大、半新的长衫、裤子和一双新布鞋,送给毛泽东穿。

这时,工农革命军兵分两路,向茅坪进发。毛泽东、何长工、余洒度、宛希先、林彪等率军官队、卫生队走雨露石、大苍、荷花形、马源;陈浩率团部,一、三营走砻市、慕田、大陇。10时许,两路队伍会合在一起,军威雄壮,进驻茅坪。

毛泽东没有坐袁文才抬来的睡椅,也没有换上长衫、裤子,依然是一

身戎装,披着长发,但是,换上了谢梅香捎来的新布鞋,一瘸一瘸地走在队伍前面。到达茅坪时,在龙超清的指挥下,18杆鸟铳一齐扣响,"砰!""砰!""砰!"声震长空。村头阎仙殿前四个汉子把早已绑缚好的两头大肥猪架上长凳,以当地最古老、最高的礼仪——杀猪迎接。戏班子敲响了锣鼓,老表们燃放了鞭炮,到处是醒目的"欢迎工农革命军进驻茅坪!""向毛委员致敬!"的大红标语。

阎仙殿前,毛泽东代表前委向军民们发表了简短的讲话。他说:"乡亲们!同志们!工农革命军历尽千辛万苦,今天来到宁冈的茅坪,我们终于有了自己的立足点了。这里山高林密,地利人和,从现在起,我们要和袁文才同志和农民自卫军亲密合作,共创大业,积蓄力量,发展革命!我们是工农的军队,要依靠当地的群众,在这里发家!"

袁文才也作了热情洋溢的欢迎词。

接着,龙超清宣布了部队的宿营地点。随即,来此等候的各家房主,纷纷叫嚷:"一营二连三排的跟俺走!""三营二连三排的住我家!"战士们都被这热烈的场面感动了。历经千难万险,辗转千里的秋收起义工农革命军战士们终于有了一个共同的感觉:到家了!

毛泽东先被安顿住在郎中谢慈家。袁文才这一安排是为方便毛泽东调养脚伤。勤务员将毛泽东的书箱、衣物安置好后,龙超清即带领永新、莲花、宁冈等县在茅坪藏匿的共产党员来到八角楼与毛泽东见面。就在这里,毛泽东又认识了刘真、王怀、刘作述、刘仁堪、刘辉霄、刘克犹、刘家贤、尹铎等同志。

在袁文才、龙超清的帮助下,毛泽东的革命军在攀龙书院建立了医院,以卫生队队长曹镣为院长。在茅坪的象山庵设立了留守处,以工农革命军前委委员余贲民负责留守处工作。这就使伤病员得到了妥善安置,辎重也有了放的地方。

从此,工农革命军在茅坪安下了家。

毛泽东养了几日脚伤后,袁文才又把他安排在茅坪攀龙书院的八角楼。这原来是贺敏学住的,现在让出给毛泽东住了。毛泽东的住处与袁文才家离得很近。

4.毛、袁合作:"我们今后可以有很多的事干了"

茅坪位于井冈山的北麓。

井冈山,它横跨江西、湖南两省,介于宁冈、酃县、遂川、永新四县之间。北麓是宁冈的茅坪,南麓是遂川的黄坳,两地相距90华里;东麓是永新的拿山,西麓是酃县的水口,两地相距180华里;如果绕山一周,从东麓拿山出发,经永新县的龙源口、宁冈县的新城、茅坪、大陇,酃县的十都、水口、下村,遂川县的营盘圩、戴家埔、大汾、堆子前、黄坳、五斗江、车坳,再回到拿山,方圆足足有550华里。山上大井、小井、上井、中井、下井、茨坪、下庄、行洲、草坪、白银湖、罗浮等地,都有水田和村庄。要登上这重嶂迭岭、树密林深的井冈山,只有七条小路可走。这些小路靠山崖,临深涧,狭窄得只能走一个人。在小路险要处,还有黄洋界、桐木岭、硃砂冲、双马石、八面山五道关隘。这些关隘都有"一夫当关,万夫莫开"之势。这座雄伟的井冈山及其周围的宁冈、永新、莲花、遂川、酃县、茶陵六县,距离大城市较远,是国民党统治势力较为薄弱的地区,具有创建革命根据地的许多有利条件。因此,以宁冈为中心的罗霄山脉的中段,最利于军事割据。自从毛泽东带着工农革命军到了井冈山,井冈山就热闹起来了,然而同时,尾追毛泽东的湘军紧随而来,赣军也纷纷出动,井冈山的枪声又时常响起。

工农革命军在茅坪休息了几天,毛泽东根据袁文才的请求派了游雪程、徐彦刚和陈伯钧三位骨干到他的农民自卫军中分别担任正副连长和排长的职务,他自己则不顾脚背上的创伤还在溃烂的痛苦,率领团部及两个营从茅坪出发,向酃县的十都、水口一带进军,准备进击遂川。

可是,就在部队到达水口的第二天凌晨,原师长余洒度和原一团团长苏先骏因不满毛泽东与袁文才联合而不采取"吃掉"政策,不愿在深山老林中"落草",乘着浓雾,偷偷摸摸地不辞而别。

余洒度和苏先骏逃跑,对一再受挫的工农革命军的军心影响颇大。此时,侦察员报告:"茶陵县城兵力空虚,没有正规军驻扎,只有当地靖卫团团总罗定的几十个人。"

团长陈浩一听,立即提出:"我想率队去打茶陵。"

"机会挺好。"毛泽东一听,当即同意陈浩的意见,说,"你准备带多少人去?"

"一营、二营。你和三营仍可按原计划向遂川进击。"陈浩回避着对方犀利的目光,尽量保持着平静的神色。原来,他内心也早就对毛泽东在井冈山"落草"与袁文才等"土匪"为伍不满。

"不行!"毛泽东似乎从陈浩的脸上察觉到了点什么,断然说,"我向来主张兵力要集中。我们人马太少,只能握成一只拳头打出去,不能两手同时去捉两条鱼。"

"我保留我的意见。"陈浩拉下脸,显示他可以服从,但决不附和。最后,陈浩固执要单独行动,毛泽东无法,只得同意分兵行动。

1927年10月下旬,毛泽东率工农革命军第一营一、三连和三营及团部直属队,经鄢县来到了遂川,过营盘圩,抵戴家铺,一路打土豪,消灭小股靖卫团武装,并沿途发动群众,开仓接济贫苦农民,使群众深受感动与鼓舞。然而,当部队到达人口稠密的大汾时,却在下半夜遭到遂川县的地主武装——肖家壁靖卫团400人的袭击,因仓促应战,不熟地形,损失较大,毛泽东指挥第一营一、三连和团部撤出了敌人的伏击圈,绕到敌人的背后与营长张子清带领的前卫三营向敌发起夹击。由于敌众我寡,对方又熟悉地形,战斗打了几个小时,工农革命军渐感吃力,最后又损失了许多兵力。担任前卫的第三营被敌隔断与团部失掉联系,张子清、伍中豪只好带队南撤,转往桂东和上犹鹅形一带。毛泽东率领团部和一营一连、特务连,一路撤退,到遂川后,还没摆脱掉尾巴。山上的王佐,经过老庚袁文才的工作,马上派朱斯柳下山迎接工农革命军。

朱斯柳南路下山,迅即找到工农革命军,转达王佐相助之意。

毛泽东早就听说过王佐,欣然同意,然后,由朱斯柳带路上山,同王佐部会合。在茨坪,毛泽东登门拜访王佐,感谢他派人下山迎接工农革命军上山,并当面宣布赠枪70支,帮助他扩大武装力量。王佐爽直地说:"谢谢工农革命军帮助扩大武装,我们有500担稻谷拨给你们,先解决吃饭问题,以后有什么要我办的,尽管说。"

毛泽东上山后才摆脱肖家壁,随后,又回到了茅坪。

自水口分兵之后,右路经安仁,直取茶陵。由于挨户团倾巢出动,一心想在水口同工农革命军一决雌雄,城内空虚,毫无戒备。右路虽然人马不多,只两连之众,但一个突袭便把茶陵攻下,冲进县衙,活捉了县长和党部书记,当夜又打开监狱,释放了关押在里边的革命志士和所有犯人,一把火烧了牢房。他们贴标语、刷告示,把茶陵城搞了个天翻地覆,热火朝天。当挨户团回兵茶陵时,城内的工农革命军遵照毛泽东出发前的指示迅速撤离县城,到酃县、安仁、茶陵三县交界的偏僻山区进行活动,打了几个大土豪,发动了不少群众,筹措了一些银两,还有一些布匹、衣饰、浮财,可谓凯旋而归。

右路军的归来,不仅给困境中的工农革命军带来了转机,也给茅坪和工农革命军添了几分生气。

袁文才听说右路军打了胜仗,非常高兴。

前一段时间,江西军阀时常上山清剿袁文才等"土匪",袁文才在井冈山大山中东躲西藏,吃尽了苦头。"招安"之后,虽然情势有了好转,但是时刻担心军阀来剿、土豪劣绅暗中下手,处境仍十分危险。这次毛泽东带了1000多人进井冈山,他再也不怕那些军阀和劣绅民团了。此次右路军得胜回师,他回到家里后,因为兴奋话也多起来。他忍不住对妻子谢梅香说:

"我看革命高潮要来了,有了毛委员的领导,我们今后可以有很多事干了。"

贺子珍一直就住在谢梅香家,此时疟疾初愈,身体还有些虚弱,但是听到袁文才的话,她和谢梅香都受到他的情绪感染。大家兴奋地议论将要到来的革命高潮会是个什么样子。

5. "哎呀,我可不敢打扰你们的盛宴"

右路军回来后,工农革命军在步云山一边休息,一边开始练兵活动。

右路军在茶陵、安仁进行游击打土豪筹来的款子,按毛泽东的意见交给了袁文才。袁文才很快派人到砻市、新城购来一批布匹、棉花,一部分分到各个连队,让那些衣衫褴褛得难以遮体的士兵,在练兵间歇自己动手赶制棉衣;一部分交由贺子珍、谢梅香组成的缝衣组。她们动员了不少女孩、老表嫂日夜为工农革命军缝制衣装。购来的布匹有蓝、灰、黑的,各色不一,缝出来的冬装也颜色各异。但那些仍旧穿着短裤、短衫的士兵,终于都有了御寒的新衣,大家吃着井冈山出产的红米,喝着南瓜汤,练兵的劲头十分高涨。

袁文才也把他的人马带到步云山,同工农革命军一块参加训练。

毛泽东在水口时曾派了陈伯钧、游雪程、徐彦刚三人帮他训练部队。毕竟只有三人,有些忙不过来。这次,工农革命军在步云山练兵,对袁文才来说可谓千载难逢的良机。他的农民自卫军原是胡亚春的马刀队,平时练武是习刀练拳,很少有过正规的军事训练,更没有同这么多的部队一块参加过训练。这次练兵,他们从主帅到队员都显得积极、主动。

毛泽东的脚虽然不那么疼痛了,但是仍然肿着不能走路。然而,他依旧坚持让人扶着来为部队上课。他无法参加部队的训练,但每天都要看大家进行训练的情况。并且,部队集合时,他总是第一个站在寺前的坪场上,等开训后才回去。

这天,毛泽东站在白云寺前两株参天的古松下,看着一支支队伍,分别由班排长带头,散布在白云寺四周的梯田、坪坝里,刺杀格斗,龙腾虎跃,再望那白云山后层峦密林,云飞雾飘,不禁激情满怀。忽然,他听到有人叫道:

"哎哟,毛委员,你原来在这儿。"

毛泽东回转身,见是袁文才的妻子谢梅香和贺子珍,抱着一叠布和几件刚做好的棉衣走过来。前一段时间,贺子珍因为疟疾初愈,身体虚弱,有时就坐在袁文才家门口晒太阳。毛泽东经过那里,见到她,总要走过去,同她说几句话,态度非常和蔼亲切。后来,毛泽东工作不大忙时,就坐下来,同她聊聊天。从贺子珍的口中,毛泽东了解到井冈山地区群众工作的情况,也了解到袁文才、王佐的为人。现在两人已是十分熟悉。

"嗬,后勤总管同志,有什么吩咐吗?"毛泽东打趣道。

谢梅香笑嘻嘻地说：

"老袁叫我找染匠把这匹布都染一染，你看这颜色要得么？"

毛泽东把谢梅香手里染成深灰色的布拿来看了看，高兴地说："要得，要得，乡下染布的技艺蛮不错，这颜色不错，耐脏又朴素。"

"毛委员同意，我们就全染啦。"贺子珍笑着说。

"好的，服装颜色统一，军容会更好。"毛泽东赞同。

"可是，购来的布很不宽裕，除了够做一多半棉衣，剩下的只能做成棉马甲了。"谢梅香又指指贺子珍手里抱的几件棉马甲说。

毛泽东取来一件，翻来翻去看了遍，说：

"这个主意好，抓住了身体前胸后背保暖的主要矛盾，又解决了我们棉布缺乏的问题。"

谢梅香和贺子珍告别走了。

练武场上的士兵们虽然汗淋淋，但演练犹酣。毛泽东满心欢喜，正准备回去，这时一个哨兵忽匆匆跑到团长陈浩跟前，好像要报告什么急事。不大一会儿，排长率领的一班战士一路吵吵嚷嚷拥着四个人过来。这四个人都打柴老表装扮，头戴竹斗笠，皆把脸遮了半边。有两个一边走一边斗嘴，惹得几个战士对他们动起手脚来。一团参谋长徐恕很恼怒，冲上几步正要喝问，夹在中间一直没有作声的一位大汉，突然把斗笠一摘哈哈笑了。

"王头领！"徐恕惊讶地呆住了。

原来是井冈山另一农民武装的头领王佐。王佐带人化装出现使他很惊奇。在上次茨坪相处不长，王佐曾热情接待遭袭击的工农革命军，徐恕、毛泽东都和他认识，现在他们也算朋友了。

"哈哈，老王乔装光临，"毛泽东眼尖看见是王佐，离老远就喊起来了，"连我也有些识不得呀。"

"老毛，老徐，"王佐见毛泽东也在场，抱抱拳，说，"我想不惊动你们，到底还是打扰了。"

"还站着干什么，快向王头领谢罪！"徐恕冲那排长嚷道。

"不必了，不必了。"王佐手挥了挥，说，"这几个弟兄好样的，真是强将手下无弱兵呀！"

徐恕趁机摆摆手,排长领着一班人又回到训练场。这时,毛泽东把陈浩介绍给王佐。两人寒暄之后,"好哇,你们练得呱呱叫!"王佐对工农革命军的操练赞美不绝,但闭口不讲他的来意。

原来,这步云山间的声声喊杀也很快传到茨坪,时时震动着王佐的心。起初,王佐并不在意,他知道毛泽东只有两连人马,原以为他们操练操练,只不过是让打了败仗的部队恢复一下元气而已。但是,很快王佐又闻听在步云山练兵的人马不是两个连而是四个连,毛泽东的另一支人马也开到了茅坪。接着又听说袁文才的人马同毛泽东的人马合在一起操练了。他心里才犯嘀咕,曾派人前来打探。打探的人回来禀报说,袁文才的人马同毛泽东的人马没有合在一起,虽都在步云山,但是是分开训练的,而且练得很好。王佐觉得毛泽东不像个带兵的武将,不大相信,又不放心,思来想去,就化装成打柴的老表,带了三个护兵悄悄潜来观看,不料竟被工农革命军的哨兵发觉……

毛泽东将王佐一行迎到他的住室刚刚落座,便听有人跟在后边叫道:
"是王老庚来了吧,你怎咯也不讲一声呀?"
随着话音,袁文才走进来。他是在训练场上得到消息后,急忙赶来的。
"嘿嘿,袁老庚,"王佐见袁文才练得热汗淋淋,说,"我看你练得正欢,就没有打扰。"
袁文才一瞅王佐的打扮,就明白了他的用意,说:
"大哥一来就想搞我们个措手不及哟。"
王佐道:"我没有逃过老毛的哨兵呀。"
几个人都哈哈笑了。

中午,毛泽东要招待王佐,正好特务连的士兵从茅坪河里抓到一条狗鱼。毛泽东特意让炊事班做了道辣子清蒸狗鱼。这条狗鱼有两尺来长,三四斤重,整条鱼清蒸,上面撒上鲜红的朝天椒,用盘子盛不下只好盛在一个盆子里,端到桌上,那鲜美的鱼香和辣味扑鼻撩胃。袁文才一见,说道:
"这狗鱼专吃小鱼,是鱼中一霸。有种说法,叫有狗鱼无鱼,打鱼就要打狗鱼。"
"我们茨坪河里的鱼少,就是因为有这狗东西在作怪。"王佐指指那鱼,说道,"你瞧瞧它的嘴有多大,像土豪一样贪得无厌。"

毛泽东拿起筷子,说:

"欺压蚕食弱小东西的都是肥货,所以我们革命就是要起来打倒这些恶霸。来下筷子吧。"

几个人哈哈大笑,就着狗鱼饮着水酒,边饮边吃边聊。

毛泽东问:"尹道一的石门被袭击后,最近有动静吗?"

尹道一是井冈山一带的民团总指挥,是王佐的生死对头。进驻井冈山后,毛泽东曾派兵袭击过他一次。

"可把这贼牯气坏了。"王佐说,"但他又拿我们没得法子。他晓得肖家璧袭击了你们,就派人去同肖家璧联系。"

"哦,么说我们把他们打到一块了?"

袁文才说:"肖家璧不是也把你同我们打到一块了吗?"

三人又哈哈大笑。

"莫怕球他。"王佐说,"肖家璧是客籍人,尹道一是土籍人,他俩尿不到一个壶里。肖家璧虽说打了你们,但他不会主动来打我的。我们有过和平协定。只是尹道一这贼牯一直与我为敌,他太坏了……"

"不管客籍,还是土籍,"毛泽东说,"他们两个都像这狗鱼一样,是代表土豪地主阶级利益的恶霸。茅坪的狗鱼吃鱼,茨坪的狗鱼也吃鱼,天下的狗鱼的本性都是一致的。我们同这两个人的关系是鱼和狗鱼的关系,同他们暂时订个和平协定可以,但是太相信协定就会吃大亏。"

"毛委员这次练兵真要打肖家璧吗?"王佐问。

"非也。"毛泽东笑着摇摇头,"刀要常磨,兵要常练嘛。吃了一次亏,就要多长几个心眼呀。练好武艺,练强思想,也想学学你袁文才王佐的打圈圈,瞅准时机,好抓些狗鱼呀。"

王佐、袁文才都乐了。

"王老庚呀,"袁文才趁机说,"不练不知道,一练见分晓。这几天我们跟着毛委员的人马一块操练,弟兄们可长了不少见识。怎么样,要不要让毛委员也派些人去你那里练一练呀?"

王佐没有立即回答可否。

毛泽东知道王佐对他们有顾虑,就把话岔开,道:"还是请王头领住几日多加指教吧。来,别忘了把这狗鱼消灭干净。"

大家把筷子又一齐伸向那条快被吃净的狗鱼。

饭后,毛泽东执意相留王佐,袁文才也热心相挽,王佐留下住了两天。上午,他由徐恕陪着各个场地观看操练,下午,由袁文才领着听毛泽东给士兵讲课,晚上,毛泽东邀他一块谈兵、打仗、打圈圈、打土豪。

王佐私下对袁文才说:"老庚呀,这老毛上通天文下晓地理,识今明古,能耐非你我所比,不可轻看他呀!"

"他若没能耐,怎么能当上党中央里的委员?"袁文才笑着说。

王佐沉吟了会儿,问:"听说他的连队都派了他的党代表。你跟他们一块操练,他给你派了党代表吗?"

"没有。"袁文才说,"他很尊重我们,只是派人帮我们训练。"

第三天王佐告辞回茨坪。袁文才在他茅坪的家里设宴送别,毛泽东也被邀请参加。酒宴之间王佐对工农革命军的训练仍是一口赞词,对请工农革命军派人去训练他的部队依然避而不提,却开怀大度地对毛泽东承诺:

"老毛,你眼下打不了土豪,有什么难处,只管向我袁老庚讲,袁老庚不行的就到山上去找我。"

毛泽东连连向他表示感谢。

他们又谈了些井冈山下的土豪、恶霸和今后互相合作的事。酒宴快要结束时,外边传来一阵女子的笑声。

"你这妹子,真没福分,我们的酒席快完了,你才赶来。"门口有人说道。

"我才不稀罕他们这酒宴呢。"

谢梅香拉着贺子珍进来。贺子珍挎着一个大包,刚从永新回来。由于赶路,她蓝花格上衣都汗湿了,几缕汗湿的秀发贴在耳侧,白皙的脸颊透出一种青春的红颜。她的出现,使酒席四座的目光为之一动。

"嗬,是子珍妹子大驾光临,"袁文才打趣道,"给我们带回来什么好吃的呀?"

王佐冲贺子珍笑道:"你这妹子来得还好。再晚一点,我们可就把酒菜吃光啰。"

毛泽东没有讲话,一听到贺子珍的笑声,他便把目光转向门口,当与她那热切的目光相遇时,他只会意地点了点头。

"哎呀,我可不敢打扰你们的盛宴。"贺子珍把包袱撂到一旁的桌上,说,"该要的东西,我都采办了,还是先过目吧。"

她把包袱打开,里边是一包包草药、一卷卷棉花、纱布、刀剪等一些医药用品,还有蜂蜜、油炸辣椒干、米粉肉、柚子皮、茄子干、酱萝卜都用竹筒盛着,下面还有一卷报纸。

"嗬,好东西真不少。"袁文才走过来,伸手就要拿竹筒里的米粉肉、油炸辣椒干。

"你少动手!"贺子珍打了一下他的手,把那卷报纸递给毛泽东说,"这些都是毛委员和伤病号的。"

贺子珍说着,挽起谢梅香的胳膊就要往外走。

"哎,妹子,来吃一杯呀!"王佐招招手。

"谁吃你们的剩菜,我叫梅香姐给做新的。"

二人笑着出去。

这时,毛泽东迫不及待地翻看起报纸。突然毛泽东一拍桌子,叫道:"好时机,好时机!"

二人一怔,不晓得毛泽东为何如此兴奋。

"李宗仁和唐生智的战争,唐生智吃紧啰。"毛泽东把一张报纸递给袁文才。

袁文才接过来一看,见是条唐生智前线吃紧征调湘东各县挨户团增援的消息。近年军阀混战,此起彼伏,征夫抽丁并不是什么奇怪的事,他不明白毛泽东为什么如获至宝似的重视这条消息:"狗咬狗,一嘴毛。关我们什么事儿?"

"唐生智吃紧同我们有什么关系吗?"王佐也不明白。

毛泽东点燃一支烟,吸了一口,往椅背上一靠,说:

"我们马上去打茶陵!"

袁文才、王佐相视一惊:

"这……可能吗?"

毛泽东吐了口烟,微微一笑,说:

"抓狗鱼,正是时候。"

6.打茶陵:贺子珍报纸送来的战机

贺子珍从永新带来的报纸,无异于刺破雨雾阴霾的一道闪电,使毛泽东寻到了一个难得的用兵契机。

自大汾遭袭上井冈山以后,为了改变部队的窘况,毛泽东就像只困狮似的一边练兵、养伤,一边窥伺着山外形势的变化。他不时托人出外买来报纸,细细加以研究。

"秀才不出门,便知天下事",在这深山密林中出不去,毛泽东不放过报上的蛛丝马迹,以把握山外的风云变幻。湖南军阀唐生智和桂系军阀李宗仁、白崇禧之间爆发的两湖之战,毛泽东在从砻市南下时就晓得了。军阀混战顾不上湘赣边远地区,这正是工农革命军得以发展的时机,但出师不利,在大汾遭袭击。此时,毛泽东得悉唐生智前线吃紧开始征调各县民团前去增援时,知道民团一走,各地兵力减弱,下手出击的机会就来到了!他抑制不住内心的兴奋:"真是天不灭我,敌助我也。"他把打击的第一个目标选在了称雄湘赣边一时的茶陵。

茶陵原驻有湘军吴尚的第八军一个团,又有三县联合的挨户团。毛泽东这一选择当即把茨坪王王佐惊了个瞠目结舌。他没有想到毛泽东养息没有几日,便要攻城略地,一面佩服他的胆略,一面又怀疑他的举动。

饭后,到下午回茨坪时,他惴惴不安地对前来送行的袁文才说:

"老庚呀,这老毛莫不是喝醉了酒吧?他在大汾刚丢了一个营,这一回我担心他攻城不成,把这一营人马也要败光啊。"

袁文才笑道:"老毛这人可不是个鲁莽的汉子,他这一招儿,我思谋有门儿。"

"我还要瞧一瞧。"王佐仍然疑虑很大,说,"他虽说比不上你我弟兄,但他来到这儿,也算朋友,不管他是输是赢,你都及时往山上给我报个信。"

毛泽东的决策在工农革命军的前委会上一宣布,几乎是得到前委们一致拥护。团长陈浩、副团长韩昌剑、参谋长徐恕和一营长黄子吉尤为激动和积极。陈浩、徐恕、韩昌剑、黄子吉等人上山以来,一直满腹牢骚,对毛泽东的指挥耿耿于怀。来到井冈山,吃了十几天红米饭、南瓜汤,把他们都吃腻了,吃烦了,巴不得找个时机率队出山。

三天过后,前方告捷。工农革命军几乎未遇多少抵抗,就第二次攻占了茶陵县城。

工农革命军占领茶陵后,处决了敌县长,很快与隐蔽在茶陵徐文元书店的共产党员谭震林接上头。谭震林以公开身份成立了茶陵县工会,但是,在酝酿成立革命政府时,团长陈浩不同党代表商量,擅自从部队选派谭梓生去做了县长,然后仿照旧衙门县太爷的样式升堂审案,让一些士兵站在衙门口充当衙役。地方党组织对此很有意见。陈浩、徐恕、韩昌剑、黄子吉四个人置若罔闻,让部队驻在洣江书院,一天只三操两讲三点名,操完就解散,对宣传群众、发动群众、组建群众武装一事,不是推三阻四,就是置之不理。并且,他们还几次换便衣去吃馆子、听曲子、逛窑子……

在茅坪的毛泽东闻讯后怒气冲冲,立即挥毫写信,责令陈浩把县政府解散,县长谭梓生速返原部。工农革命军应同茶陵县党组织一块商议,让工会、农会、士兵委员会民主选派代表成立工农革命政府,并要求他们把落实情况速报前委。

几天之后,茶陵来信了。信是一营党代表宛希先写来的,信中报告了茶陵工农兵政府成立的情况。信中说,根据毛委员的指示,已将我们委派的县长免去。由于工会、农会成立不久,经过一段酝酿,才从工会、农会和士兵委员会分别选出代表,最后用无记名投票的方式,民主选举出谭震林(工人)、陈

谭震林

士桀(士兵)和谭普祥(农民)组成工农兵代表会议政府。

谁知这时,团长陈浩和副团长韩昌剑、参谋长徐恕密谋脱离毛泽东领导,在部队撤出茶陵向井冈山转移途中,他们派人联系,投靠驻在宜章的蒋系十三军军长蒋鼎英。毛泽东闻讯后,在茶陵的湖口追上部队,然后果断采取措施,把陈浩等扣押,将部队带回砻市。

回到砻市后,前敌委员会决定,将陈浩等叛徒处决,任命张子清为团长,何挺颖为党代表,朱云卿任参谋长。

7. 袁、王做媒:"男才女貌,蛮好的嘛!"

袁文才早就是共产党员。步云山练兵后,袁文才这支农民革命武装,真正开始了走向革命的新生。

袁文才在和毛泽东朝夕相处的日子里,彼此间建立了深厚的感情。他称赞毛泽东学识渊博、有军事才能。他还经常向部下称赞毛泽东是中央一级的大能人。

他不仅在口头上这样说,而且在实际行动中认真地按照毛泽东的意见去做,把毛泽东的意见当做指路明灯了。他主动清除部队中那些豪门出身的不良分子和老兵油子,大批地吸收有阶级觉悟的青年入伍,迅速改变了起源于绿林武装的这支队伍的复杂成分,使之成为在中国共产党直接领导之下以贫苦农民为主体的革命武装。

随着袁文才革命觉悟的提高,他对部下遵守革命纪律的要求更加严格了。有一天夜里,他的特务连有几个战士在野外捉到几只散失的鸭子,回到步云山私自杀掉煮吃了。袁文才知道这件事后,立即召开特务连的全连大会,严厉批评了那几个战士,还责成连长亲自带领几个战士去向丢失鸭子的农民群众赔礼道歉,并按价给予赔偿,在群众中获得了很好的影响。

在步云山练兵期间,袁文才根据毛泽东的意见,在各连建立了党支

部;随后又发展了一批有觉悟的干部、战士入党;尔后,他又在连队成立了士兵委员会。他还经常对干部、战士讲:"我袁文才犯了错误,也要由士委会来处理。"他的胞弟袁雪梅是第二连的连长,因生活作风问题受到士委会的批评后,不仅没改,反而私自离开队伍。袁文才知道后,不徇私情,要求士兵委员会对其胞弟从严作了处罚。由于实行了民主制度,废除了打骂制度,人民军队官兵一致的原则在这支部队中得到了认真的贯彻。

这时,胡亚春、何正山等人,不听袁文才劝说,恶习难改,继续着谋财害命、打家劫舍的那种土匪行为,不仅不听劝告,反而时常冒充袁文才的名义去拦路抢劫,甚至企图谋刺毛泽东,在宁冈造成了极坏的影响。为了维护党和工农革命军的声誉,袁文才不拘前盟,大义灭亲,于1927年底将胡亚春、何正山捉拿归案,并于次年正月将胡亚春处决。这使袁文才在宁冈一带更得人心。

然而,以井冈山茨坪为大本营的王佐则不同了。他虽然专与土豪劣绅们作对,也同情革命,但他还不是共产党员。前一阵,他听说毛泽东要派人前来改造他的队伍,担心工农革命军要吃掉他。但是,现在毛泽东把陈浩等叛徒处置了,攻打茶陵充分显示了工农革命军的强大实力,于是,他又担心工农革命军在井冈山呆不长久,将来自己吃亏。这天,他特意来到宁冈茅坪,找自己的老庚袁文才商量主意。

袁文才对王佐作了一番开导,使王佐的顾虑消除了许多。说到毛泽东的队伍能不能在井冈山久留,两人谁也没有把握。袁文才毕竟久居江湖,深沉老练,思谋良久,开口说道:"要让老毛久居井冈,只有把他拴住!"

王佐一听,连忙问道:"怎么个拴法?"

袁文才道:"设法让他做我们井冈山的女婿。"

王佐听了,一拍大腿:"老庚,你这个主意好!"可转眼一想,他又顾虑道:"听说老毛在湖南已有妻小,这事使得么?"

袁文才说:"这有什么使不得。这年头出门在外,多讨一个婆娘有什么关系?"

王佐想想也是,问:"那你说叫谁嫁给他好?"

袁文才哈哈一笑:"贺敏学的妹妹贺子珍不是顶般配吗?"

王佐想想眼睛一亮:"对呀!让他们结成一对,郎才女貌,蛮好的嘛!"

两人当即商定,先和贺敏学、贺子珍商量,如果他们兄妹同意,就和老毛挑明这件事。

贺敏学是个爽快人,知道这件婚事对大家都有好处,再说毛泽东确实不凡,于是满口答应做妹妹的工作。

贺子珍在这段时间读过毛泽东的《湖南农民运动考察报告》,知道毛泽东是我们党内有名的"农运王",崇敬已久。前些时毛泽东率工农革命军来到茅坪,她也在欢迎的人群之列,袁文才还特意将她向毛泽东作了介绍,她也下意识地看了看毛泽东,见他虽然衣衫破旧,脸庞瘦削,满头长发乱蓬蓬的,两眼却炯炯有神,谈笑和蔼可亲,不失青春风采,崇敬之外又增添了几分亲近之感。可她根本没有想到会有人提亲要自己嫁给他,袁文才、王佐大哥和自己的亲兄长都极力主张这门婚事,她不禁怦然心动,却又默不作声,报以少女特有的羞涩。

几天后,袁文才果然半开玩笑半认真地向毛泽东讲了这件事。毛泽东以为袁文才只是说说而已,没把它放在心上。

过了大概半个多月,袁文才又向他提起这件事。

毛泽东这才认真起来,连忙推辞,说:"我在湖南早有妻子儿女,这事使不得。"

袁文才劝说道:"这有什么关系?贺子珍已经去了茨坪王佐处,估计王佐已经给贺子珍说了这件事。"

不久后,毛泽东去茨坪了解王佐的农民自卫军整编情况,王佐热情邀请他和何长工去家中吃饭。席间,王佐果然又说到这事,毛泽东还是婉言拒绝。

与袁文才一样,王佐又劝说了一番,态度热情坚决,看样子是非成全此事不可。

这可给毛泽东出了一道难题。他明白,袁、王一再提及此事,其用意不言自明。

要是自己不答应,袁、王对自己、对共产党和工农革命军好不容易才建立起来的信任可能产生动摇,这将对建立革命根据地十分不利;要是答应吧,自己怎么对得起远在家乡的杨开慧母子呢!对贺子珍这个姑娘他是没什么可说的,虽然接触还不多,但凭直觉,他已发现她性格活泼,品貌出

众,他为工农革命军中能有这样一位巾帼女杰而感到高兴。至于别的想法,他倒一点也没有。现在袁、王突兀提出婚姻一事,倒是挑动了他那根敏感的神经。

毛泽东十分为难,袁文才、王佐却在等待着毛泽东表态。毛泽东决定先拖一拖再说。

在这种情况下,1928年元月,前委委派何长工到王佐部队任党代表。何长工知道王佐对自己仍有戒心,便暂时不接触士兵,设法接触他的老母和妻子、心腹等,逐步获得他们的好感。后来,何长工与王佐谈话中,知道他最忌恨井冈山一带反动民团总指挥尹道一。为此,前委根据何长工汇报,派来一个排兵力协助王佐消灭尹道一。在战斗中,王佐亲自出马,何长工在中途设埋伏。尹道一率部队凶恶扑来,误中埋伏,被一枪击毙,残部树倒猢狲散。事后,王佐兴奋地表示,对共产党更加信任,请求多派干部来训练他的部队。于是,党先后派宋任穷、康健、张际春、高静山、蔡协民、谭梓生等许多同志到王佐部队工作。在党的领导下,王佐克服了打骂士兵、摆香堂、拜把子等绿林习惯,并且主张他的部队也要像工农革命军一样官兵平等、经济公开、爱护群众。

8.工农武装割据局面形成

虽然革命处于低潮和白色恐怖之中,井冈山的革命力量却在毛泽东的领导之下,顽强地生长着,发展着。

1928年1月4日,毛泽东率工农革命军第一团南下遂川。在大汾,工农革命军打垮了遂川县靖卫团,县城的敌人望风弃城而逃。当日,工农革命军占领遂川县城。

工农革命军进占遂川,极大地鼓舞和支援了与遂川毗邻的万安县城。1月上旬,万安农军和农民准备举行第四次攻城的武装起义。在革命力量

的攻势面前,县城守军弃城而逃,万安农军遂占领县城。

中旬,毛泽东在遂川城主持召开了前委与遂川、万安两县委的联席会议,制订了割据赣西南的计划。毛泽东在会上总结了秋收起义以来工农革命军的作战经验,提出了"敌来我走,敌驻我扰,敌退我追"的游击战作战原则。1月24日,遂川工农兵政府成立,西庄村的贫苦农民王次淳被选举担任县政府主席。

革命力量的发展,使得国民党当局十分震惊,严令驻吉安的第五军第二十七师于10日内"肃清"万安、宁冈、遂川等地的暴动。1月下旬,敌第二十七师以一个营的兵力,进驻宁冈的新城,在当地靖卫团的配合下,伺机对井冈山革命根据地发动第一次"进剿"。

毛泽东得知情报后,在宁冈大陇的朱家祠召开升编大会。王、袁部队正式升编为工农革命军第一军第一师第二团,袁文才为团长兼第一营营长,王佐为副团长兼第二营营长,贺敏学为党代表。不久,根据王佐的多次请求,他被批准为中国共产党党员。

2月4日,毛泽东率工农革命军第一团由遂川返回井冈山,与改编成工农革命军的袁文才、王佐率领的第二团会合,准备迎击来犯之敌。

当时敌人驻在新城的正规兵力有一个营,约300多人,而工农革命军则有两个团1500多人。毛泽东反复了解情况后,于2月17日上午,在茅坪攀龙书院召开了军事会议,决定抓住敌毫无戒备的有利战机,集中优势兵力出敌不意,围歼强敌,将敌之"进剿",打破于计划实施之前。会上,他具体部署了攻城作战计划:以第一团分别在南门、东门和北门实行进攻和佯攻,虚留西门不攻,以第二团埋伏于西门外上、下曲石村,切断敌军从西门突围逃向老七溪岭的退路,协同第一团将突围之敌歼灭于西门外水田中。

当晚,夜半时分,毛泽东率领工农革命军分两路直奔新城。按照预定部署,隐蔽地进入指定位置,将新城团团围住。

2月18日清晨,新城守军对埋伏在四周的工农革命军毫无察觉,照常在南门外空地上出操。就在敌军列队之时,埋伏在南门外的工农革命军第一营突击分队突然一起开火,当即杀伤敌人一个排。这时埋伏在东门和北门外的工农革命军同时发起进攻。敌军很快全线溃退,纷纷从西门突围。结果,全被消灭在西门外水田里。这一仗,工农革命军全歼敌正规军一个

遂川县工农兵政府成立(油画)

营和宁冈靖卫团,共600余人,击毙敌营长和靖卫队长;随军行动的农民暴动队长文根宗还活捉敌县长张开阳。

新城战斗,是井冈山革命根据地第一次击破国民党军的"进剿",也是第一个"歼灭战"。毛泽东提出的"分兵以发动群众,集中以应付敌人"的原则得到了成功的运用。

2月21日,宁冈县工农兵政府成立,文根宗任主席。根据群众的要求,工农兵政府公布和处决了反动县长张开阳。

与此同时,到1928年2月,毛泽东等人先后建立了茶陵县委(书记谭思聪,一说陈韶)、遂川县委(书记陈正人)、宁冈县委(书记龙超清)、永新县委(书记刘真)、酃县特别区委(书记刘寅生)、莲花特别支部(书记朱亦岳)。至此,以宁冈为中心的湘赣边界的工农武装割据局面基本形成。毛泽东领导工农革命军成功地实现了从敌人力量强大的城市退却、向敌人力量薄弱的农村进攻的战略性转变。

9.为毛泽东调查做向导:"看见了女土匪吗?"

1928年2月,春风把山岭吹出了新绿,垅田里的红花草碧绿如染,油菜花是一片金黄,田野里不时飘来阵阵花香。

春天,给大地带来无限的生机和希望。

毛泽东决定亲率一支队伍到永新南乡一带活动,帮助地方开展工作,也进行一些社会调查。贺子珍一听这消息,兴高采烈。一天,她来到八角楼,对毛泽东说:"毛委员,这次让我也和你一起去永新搞调查吧。我对永新很熟悉。"

她说着,眼里流露出企盼的神情,毛泽东怦然一动。但是,他笑着没有做声。

贺子珍一看,有些着急,说道:"毛委员,永新南乡是我的老家,我熟得很,给你做个向导,保准合格。"

毛泽东一听,正合己意。因为永新还是白匪的天下,情况复杂,如果有个熟悉情况的人去做向导正是好事。更何况贺子珍还做过永新县的妇女部长呢!于是说道:"当然可以,不过要和县委商量一下。"

早在1927年11月上旬,毛泽东在茅坪象山庵专门召集宁冈、永新、莲花三县原党组织负责人开会。参加会议的有宁冈的龙超清,永新的刘真、刘作述、王怀、贺敏学、贺子珍,莲花的朱亦岳等。会上,毛泽东和大家一起认真地分析了各县党的状况,批评了边界党内一部分同志害怕斗争的思想,要求各县重建党的组织,深入发动群众,建立红色政权。刘真、王怀、贺敏学、尹铎等人被派往永新重新建立了县委。此时贺子珍虽人在宁冈茅坪,但在组织关系上仍隶属于永新县委。

贺子珍是位直性子,她从毛泽东的话中听出了毛泽东同意带她去的意思,于是,她像个小孩子一样跳了起来,欣喜地说:"太好了,毛委员,你答应我去了。"

毛泽东看着这孩子似的小女孩,不由得含笑点点头。最后,永新县委也同意了贺子珍的请求。

毛泽东、贺子珍率一支部队从茅坪到新城,又翻过七溪岭,来到永新县的龙源口、秋溪一带。

一路上,贺子珍身穿灰军装打着绑腿,腰系一根宽皮带,她这一身戎装打扮,给她秀美端庄的外貌增添了几分飒爽英姿,村里头的年轻姑娘羡慕极了。毛泽东等人来到秋溪乡后,立即在这里发展党员,建立了秋溪乡党支部。

一天夜里,毛泽东和贺子珍正在秋溪乡明清庵里参加乡党支部一个会议,县委委员尹铎领着一个 40 开外的中年男子来找毛委员。贺子珍一眼就认出这中年男子是南塘村人,叫吴裕开,大革命时任过村农会主席,忙站起来和他打招呼,并向毛泽东介绍了他。毛泽东让他坐下,和气地问:"老吴,有什么事?坐下慢慢说。"

吴裕开说:"毛委员,贺部长晓得,南塘村离烟阁乡只有三华里路,我们按照县委布置,想在村里成立暴动队,可县保安团有一个分队驻扎在乡政府。群众害怕保安团,不敢参加,暴动队如今还没成立,我也没法了,硬是要请毛委员派人去帮助才好。"

毛泽东听完吴裕开的话,他想了想说:"从老吴反映的情况来看,是需要派人去帮助他们开展工作。派谁去呢?"

这时,一个念头在贺子珍心中顿生,她想:我已经好长时间没有在群众中工作了,这不正是一个机会吗?她想到这里,就抢着对毛泽东说:"毛委员,让我去吧,前些日子,我在南塘村帮助建立过农会,村里的情况我比谁都熟,派我去是最合适的。"

吴裕开和尹铎都对贺子珍相当赏识,一听贺子珍提出要去南塘村,非常高兴,但是,她是毛委员的向导,两人又不好做声。

毛泽东是个细心的人,现在让贺子珍一个姑娘深入敌穴,单独去执行任务,心里有些不放心,但他经过这几个月和贺子珍的接触,已感觉到她温顺文静的性格中带有一种倔强与执拗,同时,他也认为贺子珍去南塘村帮助开展工作人熟地熟,确也有较好的条件,而且,依照她本人的工作能力也是能胜任的。毛泽东思忖良久后说:

"好吧,同意你去。"

贺子珍高兴地跟着吴裕开来到南塘村后,就秘密找以前的农会干部、穷苦的农民谈心,向他们宣传工农革命军来后井冈山出现的新形势。在她的游说下,群众的革命热情像火一样被煽起来了。

一天下午,贺子珍和村里党支部委员正在商议成立暴动队的事,"砰!砰……"一阵激厉的枪声在村边响起,打破了山冲的宁静。放哨队员气喘吁吁来报告:"保安团的白狗子进村了。"贺子珍忙站起来,但显得很镇定:"快分散撤离隐蔽!"

贺子珍深知这时要离开村庄已来不及,她快步走进吴裕开家中,在吴大嫂耳边交待了几句,直往里间卧室。她先在床上弄了一个人睡觉的假象,然后自己躲到了蚊帐后面。屋子很暗,吴大嫂看到贺子珍床上的假象,心里明白了什么,她趁机把3岁孙子的屁股一拧,孩子就放声哭了起来。门被推开了,紧接着,一伙团丁冲进来,凶狠地喝问:"看见了女土匪吗?"

"从来没见过女土匪。"吴大嫂边哭边答。

"床上是什么人?"保安团一个歪脸头目问。

吴大嫂一听,号啕大哭起来,断断续续地说:"我女儿得了瘟病,一个多月了,没钱抓药,快要死了,我的命好苦啊……"

吴大嫂哪有什么女儿,一时心急,就这么随口答道。

保安团的一个小头目听她这么一说,马上皱起了眉头:"瘟疫?瘟疫可是要传染的啊!"

民团的士兵听了,都害怕了,一个团丁走近一瞧,只见床上的女人蓬头散发,面色灰黑,是个重病的样子。一个小孩坐在床里头围着女人哭得死去活来,叫着:"妈妈!我要妈妈!"

农村的房子窗户很小,光线很暗,加上土布做的蚊帐比较厚,不透光,贺子珍藏在帐子后面根本就没人能看见。团丁没有看到要找的"女土匪",而见到的是一个悲惨的场面,于是连骂:"晦气,晦气!"其他人在房中转了一个圈后也要走,谁都不想在这有人得了瘟病的地方久呆。这些士兵口中骂骂咧咧,走出了卧房,又到其他房间和院子里搜了一遍,没见到什么,便悻悻地走了。

贺子珍安全脱险了。

贺子珍在南塘村的任务完成后,回到已到了夏幽区塘边村的毛泽东处,把这次遭遇讲述给毛泽东听。毛泽东听后哈哈大笑:"好险呀,还真多亏了吴大嫂的女儿得了'瘟疫'!'瘟疫'本来是害人的,但是却救了你呀。"

贺子珍听了毛泽东这番话,也乐了。

暴动队成立后,打了南乡的大土豪龙德普,还没收了他的锅炉厂,把铁锅、炭盆都分给了群众。那天,在一块红花田里召开了群众大会,会开到一半,不巧天下起了不大不小的雨。老乡们都没走散,把分到的铁锅、炭盆扣在脑壳上,雨点打在上面,"滴滴答答"直响,好像是为会议作伴奏。后来,贺子珍回忆起这一次开会时的情景,不由得笑着对人说:

"唉,那时的日子虽苦,但是精神生活永远是新颖别致的,是充实的,因为有主席在身边啊!"

10.借调到前委做秘书

1928年4月,朱德、陈毅率领的南昌起义余部和湘南农军,经过艰苦转战,到达宁冈,与毛泽东领导的秋收起义部队胜利会师。

早在1927年11月间,朱德、陈毅率领部队在崇义、上犹地区打游击时,就派在第二十五师政治部工作的毛泽东的弟弟毛泽覃化名"覃泽",装扮成国民党第十六军的副官,由资兴经茶陵辗转来到井冈山,与毛泽东取得了联系。

两军会师后,5月4日,井冈山军民在砻市举行庆祝大会,宣告中国工农红军第四军成立。毛泽东任党代表,朱德任军长,陈毅任政治部主任,王尔琢为参谋长。全军共辖3个师:第十师,朱德军长兼师长;第十一师,毛泽东兼代师长;第十二师,陈毅兼师长;每师下辖3个团,总兵力1万余人,2000多支枪,编为8个团。

两军会师,贺子珍是欣喜的。对于南昌起义她是早就知道的。当朱德

的部队到达砻市时,她和刘真他们兴奋地去找当初参加南昌起义的欧阳洛,然而却被告知欧阳洛参加南昌起义后,8月3日起义部队南下,而他却接到党组织指示火速离开南昌,前往了上海,正在沪东从事工人运动。没有见到欧阳洛,两人久久引以为憾。

朱毛两支队伍会合,在井冈山的革命力量一下子得到了壮大。红四军诞生的消息传到南昌,吓坏了江西省主席朱培德,为了镇压共产党,他下令赣军:"二十七师四个团,由师长杨如轩带领,进攻井冈山!"

师长杨如轩一直官运欠亨通,同辈人早就做了司令、军长,可他就是在师长位上上不去,这次受命显然是升官机会来临了!受命后,他立即率部出发,进至吉安时,他又将队伍分成两路,一路从拿山、五斗江方向一路从七溪岭方向向井冈山推进。一路上,他一直处于亢奋状态,不住地狂叫着:"造成合围之势,杀猪拔毛!"

他们一路奔驰,重兵到达永新后才打住。然后,杨如轩又以永新作为向井冈山进攻的桥头堡。命第八十团守城,第七十九团取道龙源口向宁冈进犯,第八十一团绕道拿山向井冈山南麓的黄坳迂回,形成对井冈山的两路夹击。

敌人进犯的消息传到井冈山,毛泽东立即在象山庵召开军事会议研究对策。他说:"永新是个有战略意义的地方,我们把永新拿过来,井冈山革命根据地才能得到巩固和发展。为了打击敌人的气焰,实现更大范围的武装割据,军委决定,准备迎击敌人,打好第四军建立后的第一仗。"

朱德是一位久经沙场的骁将。他是四川仪陇人,1909年考入云南陆军讲武堂,参加过辛亥革命,护国、护法战争,在滇军中当过营长、团长、旅长;1922年加入中国共产党,南昌起义时任第九军副军长。毛泽东说完后,他接着说:"我军如果北出龙源口,直取永新,不但会迎面遇上敌第七十九团,而且守永新的敌第八十团必然出城支援,正在迂回中的敌第八十一团也会回师打我侧翼,使我军两面受敌。我们一定要避实就虚,找敌人的弱点打。杨如轩的弱点是兵分三处,尤其是第八十一团绕道拿山迂回到黄坳方向来,孤军深入,正好打它。"

红四军因枪械及人数不足,会议又将部队整编为二十八、二十九、三十、三十一、三十二、三十三等6个团,取消师部;由军部直接指挥。在6个

团中,主要是4个团:毛泽东率领的工农革命军第一团改为第三十一团,团长张子清,党代表何挺颖;朱德、陈毅率领的南昌起义余部编为第二十八团,团长王尔琢,党代表何长工;袁文才和王佐率领的工农革命军第二团改为第三十二团,团长袁文才,副团长王佐,党代表陈东日(原党代表贺敏学调永新县委工作);湘南宜章农军编为第二十九团,团长胡少海,党代表龚楚。三十、三十三团为湘南耒阳、郴州、永兴、资兴等县的农军,因山上经济给养困难,返回湘南本地坚持革命斗争,有少数人马留在井冈山,编入二十九团。

朱　德

前委率三十一团驻守在宁冈、永新两县的边界,凭着七溪岭的有利地形,阻击由龙源口向宁冈进犯的敌七十九团。军部带红军第二十八、二十九团立即开赴井冈山的南麓,摆出攻打遂川的架势,乘敌不备,直下五斗江,迂回拿山,从侧冀消灭敌八十一团,然后相机夺取永新城。

　　为配合红四军打击敌人,永新县委连夜召开了会议,讨论永新的形势和工作的重点及任务。主持会议的是刘真,王怀、刘作述、贺子珍等23人参加了会议。

　　毛泽东说"把永新拿过来",刘真把这个指示一传达,众人感到十分振奋,很受鼓舞,纷纷各抒己见。

　　大伙正热烈讨论的时候,前委的通信兵跑了过来,让县委书记刘真到攀龙书院毛泽东处去一趟。

　　攀龙书院是地主豪绅为教育本族的子弟建造的学堂,八角楼是这里的一栋两层楼的普通砖房。为了上下楼梯光线明亮,在楼梯的顶上用明瓦镶嵌了一个八角形图案,八角楼因此而得名。

在八角楼里,刘真找到毛泽东:"毛委员召我来,有什么要紧事?"

毛泽东先招呼刘真坐,然后笑着说:"说要紧事也没有什么要紧事,前委几个同志碰了一下头,想要向你们借个人。"

毛泽东顿时严肃起来,语气坚定而又郑重:"前委急需要一位能担任秘书工作的同志,我与前委几位领导商量了一下,认为贺子珍同志有文化、有水平、有修养、懂政治,处理问题有一定的能力,字也写得好,文章写得也不错,挺合适的。"

本来按照前天象山庵会议的布置,各县原党组织的负责人都要回各县去开展工作,也初步定了贺子珍回永新。现在,刘真一听毛泽东要贺子珍留在前委工作,心中有些不愿意,但想到这是前委的意见,又是毛泽东亲自郑重地向他提出,怎好拒绝?当即,他笑了笑,以轻松的语调说:"前委要人,还说什么借呢?前委的工作非常重要,我们只能忍痛割爱了。"

就这样,贺子珍到了毛泽东身边,任前委秘书。

在贺子珍最初任秘书的日子里,井冈山的敌情我情,以及当地的风土人情、天时地利,都由贺子珍来给毛泽东一一介绍。毛泽东也把贺子珍带到身边,不懂就问。贺子珍也成了毛泽东在井冈山的"活字典"。

11.贺子珍遇险:两名战士烧死

军情似火,杨如轩的大军开始行动了。红四军的几个团按照军委的部署,分头行动。

贺子珍没有随队伍一起行动,军委参谋长王尔琢交给她一项特殊任务:"带领10名战士秘密潜回永新,同永新的地下党取得联系,了解敌人兵力部署,并组织永新的农民武装,配合红军主力作战。"

贺子珍尚不满18岁,接受这项重大的任务,有些心理压力,说道:"我怕自己一时疏忽而坏了党的大事。"

毛泽东一听,鼓励她说:"你们这次是到敌占区去,虽是深入虎穴。但是,只要大胆机智,小心谨慎,并依靠当地的群众和党的组织,这样你们就有了信心,什么困难都不怕!"

这一席话,让正处于紧张而又忧虑之中的贺子珍有了信心。

第二天,她和几位农军战士告别了毛泽东,乔装成村民和堂客连夜出发了。

一上路,贺子珍就开始深深地思索:10个人一起活动,目标太大,容易引起民团的注意。于是,她把同来的人分成两队,分别到两个村子去摸情况,找地下党接头,并规定了两队人员碰头的时间和地点。

贺子珍带着一队人,到离永新三四十里的一个村子去活动。这是一个大村落,有一个较大的民团,其中有许多人练过拳术,很会打架,村口养有几条大恶狗,村子外的人一般都不敢轻易进村。到这个村子探听情况最危险,可是,为了摸清民团的情况,贺子珍仍然决定到那里去。

他们悄悄地摸进村子后,很快同这里的党员联系上了。贺子珍和她同来的战士分头在几个可靠的乡亲的掩护下,开始收集敌情。一切工作开展得很顺利。

这一天,她同几个战士正在一个老表家里碰头,刚要把了解到的敌情汇总一下,突然,放哨的进来报告说:"民团带着枪向这里开过来了。"

贺子珍当机立断:"马上转移!"

接着,她把桌上的材料塞到灶膛里烧掉。当他们要往外走时,敌人已经把这所房子包围了。

几个男同志一看情况不好,打着枪,硬冲了出去。贺子珍也拔出手枪,顶上火,准备往外冲。这时,屋里的老表一把将她拉住,低声说:"走不得了,快藏起来!"

这个老表家一共三口人,还有妻子和一个5岁的儿子。

贺子珍急中生智,像上次在秋溪遇险时那样披着一件老表妻子的衣服藏到了床上帐子后边。老表让妻子用锅灰把脸抹黑,躺在床上装病,又把儿子抱到床上,让他隔着帐子坐在贺子珍的腿上装哭。男孩的身子正好挡住帐子后面的贺子珍。用土布做的帐子本来就比较厚,不透亮;再加上江西农村的房子,窗户很小,屋里特别黑,完全看不清帐子后面坐着一个人。

民团头子看有人冲出去,马上命令几个团丁:"跟踪追击,留下来的都进屋子。"

其实,地主民团并不清楚有几个人在这里开会,加上刚才几位男的在他们眼皮底下逃了出去,一进屋不见人以为都跑了呢!为了泄怒,几个团丁把老表家砸了个光,草草地找过后,就喊着:"没有人,追!"一溜烟跑去追赶逃跑的"共党分子",根本没发现帐子后的贺子珍。

民团走后好长时间,老表也不让贺子珍出来,怕团丁反扑过来,一直到天完全黑了,觉得敌人不会再来,他才让贺子珍出来。贺子珍担心其他战友的生命安全,就向老表告辞。老表心疼地对她说:"现在这么晚了,你一天都没吃东西,我给你做点便饭,吃了再走吧!"

"不,大伯,我要走了,不能再连累你们一家人了。"

贺子珍接着问老表:"刚才那几位战士跑到哪里了?"

老表告诉贺子珍:"冲出去的战士为了分散团丁的注意力,跑出村后,就往两个不同方向跑,团丁也分成两股追赶。一出村子,他们就钻进山林,隐藏起来。团丁搜遍了两个山头,也没有发现战士们的踪影。这些狼心狗肺的家伙竟想出了一条毒计:放火烧山。他们企图用这一招,逼迫战士们自己走出来。结果,两片山林烧成两片火海,也没有一个人走出来投降。"

贺子珍听到这儿,非常着急:"他们现在怎么样了?是生,还是死?"

老表默默地摇了摇头,表示不知道。贺子珍对老表说:

"大伯,我马上上山去找他们。"

老表见她着急的样子,忙说:"我先给你找个向导。"

于是,贺子珍就在向导的带领下悄悄摸上了山。

在朦胧的夜色下,贺子珍看到了被烧的山,黑糊糊的,连一些小的树树干也被烧没了,整个山变成了一座荒山。有些烧剩半截的树干,还在冒烟,烧枯的树枝不时掉落下来。贺子珍加快了步子,她小声地轮流喊着几个战友的名字。但是,除了山风的呼啸声,没有任何回响。他们把这片山林几乎走遍了,才在一块山石后面发现被烧死的两个同志。从被烧焦的躯体和深插进泥土里的手可以看出,他们宁愿被烈火烧死,也决不出来投降。看到这种情形,贺子珍的心像针刺一样疼痛不已,泪水默默地往下滑落。她对自己说:贺子珍,现在还不是你哭的时候,因为你的任务没有完成,战

友们的仇还没有报。她这么想着擦掉了眼泪,强忍住悲痛,又爬上了另一座山。

怀着悲恸心情的贺子珍又来到第二座山上,树木像前一座山一样被火烧坏了。她深情地喊着战友们的名字。忽然,贺子珍听到有轻轻走动的声音。她心里一阵狂喜,忙高兴地叫他们的名字:

"是你们吗?我是贺子珍,敌人走了,你们快出来吧。"

不一会儿,有人走过来了。贺子珍一看,果然是自己的同志。接着,他们又找到了另一个。原来,在熊熊的大火中,他们匍伏在潮湿的沟壑里,才幸免于难。劫后余生,战友重逢,悲喜交集。贺子珍说:

"我们这里出了事,不知道在另外一个村子活动的同志们情况怎么样,有没有遇到危险。我看,最好是先去找找他们,把了解到的情况汇总一下,向军委送个报告。"

这两位同志同意这个意见。于是,三个人同向导老表一起,立即出发到那个村子去。贺子珍立刻把他们的情况写在信上,由两个同志负责把这封信送上井冈山。在信中,她还把遭遇到的危险和两个同志牺牲的消息写了上去。

送信的同志走后,贺子珍又和同志们商量预定的计划:出发到另一个村子去,继续了解情况。两天以后,给军委送信的同志回来了。他们带回了王尔琢的信。信里说:"你们的来信收到了,反映的情况很好,很有用。敌人正千方百计要消灭你们,战斗马上就要打响了。你们速回井冈山。"

贺子珍和她的战友们把党交给的任务全部完成以后,回到了井冈山。毛泽东看到他们胜利归来,很高兴地对贺子珍说:

"贺子珍同志,你工作得很出色,很有进步。过去的一个学生娃,一个小姐,学会怎样干革命,怎样同工农群众打成一片了。你成了工农分子,不再是小姐了。"

贺子珍听了毛泽东这番赞扬的话,突然面红心跳起来。

"以后要更加注意锻炼自己呢!"她心想。

毛泽东见贺子珍不吱声,就和蔼地对她说:"抓紧时间休息一下吧,战斗马上就要开始了。"

贺子珍听到"战斗马上就要开始了"这句话,哪还有心思休息。她睁大

那双美丽的大眼睛,对毛泽东说:"毛委员,我不累。我不用休息,照样能继续战斗!"

毛泽东看到她这孩子似的样子,哈哈笑了起来。

果然,当红四军攻打永新的兵力部署完毕后,贺子珍随军委到了前线。

这次战斗,红四军分两路出击。毛泽东率领的三十一团从宁冈、大陇经新城,过七溪岭,直扑永新。朱德率领二十八、二十九团从茅坪经拿山、盐石向永新县城挺进。袁文才、王佐领导的三十二团,仍守在井冈山。

永新的暴动队、赤卫队总指挥部同南乡第四区委,发动了全县的农民武装接应红军主力。他们人数多,地形熟悉,不但带领红军队伍走近路包抄敌人,给红军战士送水送饭,而且直接参加了战斗。在最后发起冲锋时,永新县的农民武装,成千上万人呐喊着向敌人压过去,大大增强了红军的声威。战斗获得了全胜。杨如轩的三个团被打得落花流水,他狼狈地带着残兵败将向吉安方向溃逃而去。

红军攻占永新城后的第二天,在县城召开了祝捷大会,毛泽东讲了话。会上,成立了永新县工农兵政府。接着,除二十八团就地休整待命外,二十九团和三十一团根据毛泽东的意见,在永新境内分兵发动群众,打土豪,分田地,建立革命政权。

12.贺怡遇险:山泉救命

红军在毛泽东、朱德等同志的指挥下,首战永新,把杨如轩的三个团打得一败涂地后,赣敌总指挥朱培德知道了如此这般情形,气得七窍生烟,当即命令杨如轩:"重振旗鼓,再率四个团,打过去!"

于是,杨如轩气势汹汹地由吉安直扑永新而来。

永新上空的硝烟刚刚散尽,杨如轩又纠集了四个团的兵力,打上门来

了。为了粉碎敌人的"进剿",毛泽东和朱德、陈毅等对战斗作了精心部署。

毛泽东说:"由于敌大我小,根据敌进我退的战略战术原则,我们先主动撤出永新县城,在四处游击,伺机消灭敌人,重新夺回永新。"

朱德发出命令:"二十八团暂避装备精良之敌的锋芒,主动从永新城撤回宁冈大本营,积极备战,等待出击。三十一团在永新西乡集结,发动群众,扩大红军,伺机歼敌;二十九团活动在永新东部的高桥头、石灰桥和吉安的天河一带,控制从吉安来永新的大道,同敌人保持接触,边打边退,牵制敌人。"

一夜之间,红军全部消失而去。

杨如轩看到红军不战而放弃永新,十分得意,当即向朱培德发电告捷:"本将已将师部从吉安迁到永新!"进到永新城后,杨如轩表面上气壮如牛,但五斗江的惨败依然使他心有余悸。因此,他胆战心惊地龟缩在城里,一方面纵使匪兵到处烧杀抢掠,中饱私囊,自己则花天酒地,打牌作乐;另一方面,将许多军需物资源源不断地从吉安运来,妄图以永新城为据点,步步进逼井冈山。

1928年5月的一天,在吉安青原山净居寺青灯下,贺怡、贺敏智和父母吃过晚饭,围在饭桌旁,一块唠起家常。

贺焕文吧嗒吧嗒抽着旱烟,说:"我们从家逃出来已有半年多了,我一做梦就是永新的家。兵荒马乱,现在家里不知落了多少灰尘,'海天春'的情况一点儿也不知道。在这山上我们真正成了瞎子、聋子!"

温杜秀接着说:"先圆死得好惨啊!桂圆大了,我也不放心。井冈山500里大山,也不知她和敏学怎么样。现在到了雨季,听说井冈山那里又打了仗,桂圆他们怎么样?叫人放心不下呀。"

贺怡道:"我呢,谁也不惦记就是惦记组织。一个人失去组织就像一个孩子失去了娘。在这深山老寺中,我现在的思想就跟你们一样,一天到晚只有钟声缭绕,生活在香火之中。"

贺焕文听出了女儿的话音,道:"我和你娘在这里好好的。不行的话,你也可以出去找一找组织。找得到就更好,找不到就回来。"

这时,贺怡记起姐姐贺子珍离开吉安时曾告诉她:永新党组织在吉安有一个秘密联络点——在城内的青石板街上有个姓万的,叫万成心,实行

单线联络。不知现在情况怎么样？联络点遭到破坏没有？这是惟一的一条线索，贺怡决心下山冒险闯一闯。

第二天一早，贺怡装扮成一个乡下姑娘，身穿碎花衣裤，脚穿圆脸布鞋，手挎个小竹篮，轻脚轻步地出现在吉安镇的青石板街上。此时，街上行人不多，个别的铺子还没有打开店门。这街道既窄又脏，早上各家各户的洗脸水随手泼在这长街上，稍不小心便会弄个全身污水。贺怡小心翼翼地往前走，她穿过狭窄的青石板街，再往前走，跨过禾水河上的拱桥，来到了万成心家。

万成心一见贺怡大清早到来，大吃一惊，马上把贺怡让进里面，双手颤颤地拉上窗帘，交谈起来。

两人交谈不到10分钟，贺怡便从对方的言谈和神色中，窥探出一种使她觉得不自在的东西。严重的白色恐怖，无情地考验着每一个人。在革命转入低潮的危急关头，有的人公开叛变，有的人暗里投敌，有的人自动脱党，还有不少人悲观消沉。坐在对面的万成心过去曾是农协主席。可眼下呢，他属于哪一种人呢？这让贺怡琢磨不透。事实上，腥风血雨笼罩了吉安地区，尤其永新暴动的失败，敌人叫嚣着"宁可错杀一千，不可放掉一人"，大肆捕杀共产党员和革命群众。万成心也被抓了起来，关在县府的大牢里。敌人的严刑拷打撬开了软骨头的嘴，使他背叛了党组织。此刻面对贺怡，这个叛徒终于忍不住露出了惊慌之色。

一有怀疑，贺怡就意识到事情可怕，于是她连万成心送来的茶水也没沾嘴，便站起身来，说道：

"成心同志，我告辞了！"

"怎么，说着说着话就要走啊？"

贺怡的突然决定也大出万成心的预料。此时，他的心也急骤地跳动起来："不会是地下党要杀反水分子吧！"

结果，贺怡前脚离开万家大门，万成心后脚便跑到乡公所报了案。乡公所所长是吉安县县长刘英的大弟。接到万成心的报案，不禁暗暗心喜，马上向院子喊道："人马集合，马上出发！"

于是乎，民团几十人呼地操枪跟着万成心出发，追捕共党分子贺怡！

且说贺怡从万成心家离开后，立即转移到了拱桥西巷。

她刚从一家店铺里喝了一碗米粥,放下饭碗,抬脚出门,正一脚门里一脚门外,街上的狗吼叫起来,人群也开始乱起来了。贺怡知道情势不妙,立即向后山跑去,谁知她还是被万成心发现了,几十人在她背后紧追。贺怡年轻腿快,一阵猛跑冲上山,转入茫茫林海,一下子犹如巨龙腾入大海,没有了踪影。

民团们追赶到山林处,不见了人影。他们便问路人:"刚才有一个十五六岁的女孩来到这里,你们见到了没有?"

路人手指山林道:"她从这里上了山。"

于是,民团顺着路人手指的地方上了山林。

5月的山林,十分茂盛,再加上这山林并非真正的山林,里面多有杂草藤蔓丛生。山上无路,民团们每走一步都要付出力气,可是行进了不到十几步,就感到希望渺茫。于是,后军当前军地打道回府。这时,正赶上乡公所所长追过来。

"报告所长,女共党已逃入山林!"

所长道:"既然逃进山林,你们为什么还要退出来?"

"这山林太密,藤蔓绊脚,迈不动腿。"

所长近前看了一下,确是实话。他思索了一下,道:"不行就给我放火烧山!看她还往哪里逃!"

说放就放,他们找到火柴,分段负责,霎时间大火冲天而起。风助火势,火助风威。风随烟走,烟随风行。整座大山一下子狼烟四起,火光熊熊,火光几十里路外都能看到。民团们企图用这一招,逼迫贺怡走出来。结果呢,大山烧了个秃光,贺怡也没有走出来!

再说贺怡一跃进山林后,茂密的山林足够她藏身,因此她并没有走得很远。

民团放火烧山的时候,她开始向深山逃去。大火熊熊,树木越密的地方,大火烧得越大。火烧到身边,她就翻腾一下,换了一个地方,接着又换了一个地方,四周都是山火无处可换的时候,皇天有眼,她突然发现一个山泉,于是,她滚了一身泥水,挡住熊熊大火的袭击……

天黑下来后,贺怡蜷曲了一下身子,坐了起来,借着月光,望望四周,四周都是光秃秃的。山上小的一些树,连树干也没有了,大一些的树,还保

留着烧得枯黑的树干,隐隐约约立在那里,似鬼非人,着实让人害怕;有些烧剩半截子的树干,还断断续续地冒着烟;烟飘逸着,散发出刺鼻的浓烈气味。贺怡理了理脸边的乱发,看看周围没人,心中踏实了一些。

她正要离开时,忽然听到一个声音,她警惕地伏在地上,不敢动弹,心想莫非敌人又来搜山。

"贺怡——贺怡——民团已经走了——"

这时她听清了,是在叫她。谁呀?她心里打鼓。在这荒茅野地,是谁叫她呀?随着叫声,渐渐地看清了一个人——肖炽慧,是姐姐贺子珍的好朋友。

"老肖,我在这。"贺怡应道,一把跳了出来。

肖炽慧扑上前,道:"可把你找到了!"俩人紧紧地抱在一起。劫后余生,两人重逢,悲喜交加,任凭眼泪横流。

过了半天,贺怡问:"老肖,你怎么知道我在这?"

"我是听到的。说是有一个女共产党员跑进了山林。民团放火烧山,于是我跟过来了。听到万成心这个叛徒叫嚷,才知道敌人追捕的是你!贺怡,党组织也在千方百计地寻找你,就是找不到。"

"我躲在深山老寺中半年多了,就像失了线的风筝,同时也像个瞎子、聋子,什么情况都不知道,现在我可找到组织了!"贺怡说道。

"走,先快回我家吧!"肖炽慧催促道。

等他们回到家里,肖炽慧又告诉了贺怡很多新的情况:吉安"八六"事变中,组织破坏严重,很多人被杀,吉安党的创始人梁一清、晏燃等很多同志惨遭杀害;在敌人的大屠杀后,中共吉安县委已经开始恢复,一些转入农村和地下的党员,又秘密回到吉安城区开展活动;上级决定要她负责联络失散在吉安城乡的各县的党员,归中共吉安县委领导。

另外,肖炽慧还告诉她:"毛委员带领秋收起义的队伍上了井冈山,朱、毛红军大会师,成立了中国红军第四军,已粉碎了敌人对井冈山的一次大的'进剿';你哥哥贺敏学已担任三十二团的党代表,你姐姐贺子珍在军委做秘书。现在杨如轩又杀回永新,红军又开始了反'围剿'斗争,大军已经调动。"

山中一日,世间一年,所有这些都鼓舞着贺怡。她像听天书似的听得

有些愣了。

肖炽慧最后说:"另外为工作方便,我已改名李白芳,以后有什么事直接找我好了。你的工作问题,等组织研究后再通知你。"

贺怡点点头。

3天后,贺怡被组织派往吉安第四中学读书,以读书为掩护,从事地下党支部的工作。同时组织上也对贺怡的父母的生活,给予了一些资助。

为了尽快地把敌人引出永新城加以消灭,红四军各团根据"敌驻我扰"的作战原则,同地方武装一起,不分昼夜地袭击和骚扰敌人。杨如轩一天也得不到安宁,坐在牌桌上,报丧似的败兵却不时进来报告某某连长中了红军的计被杀、某某营长上了红军的套掉进了竹签陷阱,这弄得他十分恼火,恶狠狠地命令:"再派两个团杀出城去交战!"

二十九团佯装兵力不支,边打边向永新以南的龙源口方向退去。杨如轩的两个团一直跟踪追击,直到永新南乡的烟江、四教一带。

这样,杨如轩的四个团不知不觉地被分割为孤立的两部分。

杨如轩不知中计,他见自己的两个团逼近了龙源口,不觉得意忘形起来,又是向南昌的朱培德发报,又是向南京的蒋介石发报,所有的电文都只有六个字:

"朱毛节节败退。"

13."天下大事尽收眼底":歼敌四个团

这时,毛泽东并没有撤退,他仍住在井冈山黄洋界下的宁冈县茅坪的八角楼里。

在白色恐怖四处密布的井冈山,消息十分闭塞,中央的指示、文件,通过党的秘密交通转送,来得很不及时。要了解国内外的大事和形势,只能通过敌人的报纸。

1927年，毛泽东在给中央的一封信中专门提到了这种情况："在湘赣边界，因敌人封锁，曾二三月看不到报纸。去年9月以来，虽可以设法到吉安、长沙买报了，然得到亦很难。"

贺子珍做军委秘书，一个很重要的工作就是为毛泽东搜集报纸。

白天，她随毛泽东外出工作，夜晚，她坐在油灯下，神情专注地翻阅着堆在她面前的报纸，宛如沙里淘金，寻找有参考价值的新报道，给毛泽东做决策参考用。

为了尽可能让毛泽东及时看上报纸，她想了许多办法，费尽了苦心，甚至还同偷越国民党封锁线上山来做生意的小商小贩建立联系，请他们每次来时多带些报纸，并高价收购。她还特别叮嘱小商小贩除带南昌、赣州等地的地方报纸外，设法多带些《申报》、《大公报》来——因为这些报纸的报道比国民党的其他报纸客观、公正些，因而价值也就更大些。

商贩们为了通过封锁线，躲过国民党哨兵的盘查，只得用报纸充当包装纸。结果，几经周折带上山的报纸，不是日期不连续，就是被搓得皱巴巴的。贺子珍收集后，将这些报纸按时间顺序编排分好，然后呈送给毛泽东阅读。

每当毛泽东看到报纸，脸上顿生喜色，嘴里连声叫着："好，好！"旋即便如饥似渴地伏案阅读，如痴如醉。看到有价值的消息时，他更是兴奋异常，边看边说："真是拨开云雾见晴天，天下大事尽收眼底！"

毛泽东的判断力和信息分析能力极强，他能从敌人报纸上那些不知夸大了多少倍、掺了多少水分和假象的报导中，准确地分析出敌人的动向、意图以及所面临的形势和发展趋势，并由此决定红军的战略与策略。然而，这一次由于杨如轩的封锁，毛泽东很长时间没看到报纸了，心里烦躁不安，不得已，他专门把三十一团一营营长员一民和党代表宛希先叫来："杨如轩一封锁，我们快成瞎子、聋子了，你们到我的老熟人家去弄些报纸来吧。"

"老毛，你在这深山老林还有老熟人？"员一民和宛希先有些奇怪！

"是呀！南京国民政府主席谭延闿啊，他的家就在茶陵高陇。"

茶陵，红军上井冈山后已经攻打过两次了，员一民和宛希先最是熟悉不过，马上率领三十一团一营从永新西乡出发，以迅雷不及掩耳之势，袭

击湖南茶陵县的高陇。

高陇是大地主、大军阀谭延闿的家乡,地处湘赣大道上,交通极为便利,又离茶陵县城不远,一旦告急,很快可以搬来救兵。因此,它虽然地理位置很重要,可是镇上却只驻扎了地主武装挨户团。

1928年5月16日,三十一团一营直逼高陇,挨户团闻风逃跑。

他们不战而逃,分明是搬救兵去了。为了对付即将面临的战斗,一营立即进行了部署,命令一连担任警戒,二连作预备队,机枪连在山头筑工事,准备打掩护,三连向前方推进,进行侦察。

三连在接到侦察任务后,当即朝着挨户团逃跑的方向前进。行不多远,果然发现了前面的村子里驻有敌军。连长张清泉命令两个排占领附近一块高地,如果敌人发现后来进攻,就坚决阻击;他自己带领一个侦察排钻进敌人的腹地去侦察,他们很快接近敌人,隐蔽在村子附近,敌人在村里的一举一动都在战士们的眼皮底下,就连敌人的大声吆喝和惊起鸡飞狗跳的声音都可以听得很清楚。经过一番细心的侦

谭延闿

察,弄清了敌人是湘军吴尚的第八军一部,人数约一个团。此时,敌人还没有发现红军。张清泉见这正是袭击敌人的好机会,立即指挥部队给敌人一个突然袭击。敌人猝不及防,当场被打死很多。三连在消灭了一批敌人后,向高陇撤退。敌人立即集中全部兵力,尾追上来。

营长员一民立即命令一连和二连准备战斗。一连连长陈伯钧带领一个排飞快地布置了埋伏。敌人的尖兵随即闯进了埋伏圈,霎时间,枪弹和手榴弹象雨点一样落向敌群。敌人东冲西突,纷纷中弹仆地。最后,丢下一批尸体,仓皇逃跑了。

敌军的大队人马,见尖兵被歼,虽然有些心慌,却又倚仗人多势众,继续涌来。第一批窜上来的敌人被消灭了,第二批、第三批的敌人又涌上前来。在激烈的战斗中,三连连长张清泉壮烈牺牲了。战士们看见敌人杀害了自己的连长,怒火万丈,有的跳出掩体,大吼着要杀下去跟敌人拼。营长员一民的心头也充满了愤怒和仇恨,但看到眼前的处境对自己不利,硬拼不能改变战场的态势,马上大喊:"避开敌人的锋芒,回头再来收拾敌人。"

然后,他迅速带领部队后撤了15华里。敌人转眼间不见了红军,有点摸不着头脑,生怕又中了红军的计,不敢贸然追击。员一民、宛希先利用战斗的空隙,从容整理了自己的队伍。接着,指战员们怀着为烈士报仇的决心,回身又向敌人发起猛烈的反攻。经过三小时激战,反攻到了高陇。

可是,就在这个时刻,一营遭到了优势敌人的反扑。在争夺一个制高点时,临近山头上的敌人突然打来一排冷枪,员一民不幸牺牲。他的牺牲,使一营的指战员们更增添了对敌人的仇恨。他们在党代表宛希先和副营长陈毅安的指挥下强忍悲痛,暂时撤出高陇,驻扎到东首、马首一带,进行休整,准备再战。同时,鉴于牺牲营长1人、连长2人、兵士50人以上,损失较大,宛希先决定派出骑兵通信员,向驻在宁冈的红四军军部报告军情。

军部接到情报后,朱德、陈毅和王尔琢等同志立即带领二十八团从宁冈赶来增援。

第二天,二十八团到达马首附近的罗帕岭,与三十一团一营取得了联系。这时,敌人的主力已摆在高陇河西的狮子岭、象皮岭一带。朱德等人研究后,决定采取两面包抄的作战计划,三十一团一营攻敌右翼,二十八团攻敌左翼。两部顺利完成迂回包抄后,于中午12时向敌人发起猛烈进攻。经过两个多小时的鏖战,敌人招架不住,狼狈地向茶陵方向溃逃。红军乘胜追击,边追边打,一直打到腰陂方回。这一仗消灭敌人一个连,俘敌连长及士兵多名,缴枪百余支。这一下,红四军一下子缴获了一大批报纸。

杨如轩正在永新龙源口附近"寻敌决战",得到红军主力袭击高陇的消息后,又惊又喜。惊的是没想到红军不声不响地去了湖南;喜的是红军主力去攻湖南,井冈山必然空虚,正好乘虚而入。于是,他急忙命令在永新南乡的两个团抵达龙源口,妄图越过七溪岭,直取宁冈,而他自己则带着

师部和两个团又缩回头"坐镇永新城"。杨如轩满以为这下子准是万无一失了,哪想到恰恰中了毛泽东和朱德的计!

毛泽东获悉敌军的部署后,立即命令红二十九团和宁冈、永新的地方武装,利用山险,扼守新、老七溪岭,阻击敌人主力;同时,又从宁冈古城给在高陇的红四军军部发出急信,要求朱德、陈毅必须迅速地采取行动,解除龙源口两团敌人对宁冈的逼困。朱德马上决定率红军回师江西,直捣永新县城,袭击敌人的指挥部,引龙源口敌人回头去救,相机消灭敌人,扭转战局。

5月18日清晨,朱德、陈毅带领二十八团和三十一团一营从高陇出发,向永新挺进。绵绵不断的黄梅雨,把泥路淋得稀溜滑,一脚踩下去,"扑哧"一声,泥浆漫上了脚背。战士们杀敌心切,不顾泥泞的小路溜滑,只管迈开大步朝前奔。部队像插上了翅膀一样,飞过了莲花县的田南、三板桥、桥头和永新西乡的龙田、潞江、沙市等地,一天走了100多里路,于当天晚上攻下了离永新县城只有30华里的澧田镇。

红军大部队到达澧田后,饱饱地睡了一觉,第二天早饭后,部队由群众带路,沿着禾水北岸的大路,向永新城挺进。

说也凑巧,就在这时,敌七十九团正好从永新城面对面地向红军开来。原来,昨晚杨如轩接到澧田靖卫团的报告后,以为来的只是一小支游击队,便派了七十九团赶去。七十九团的团长刘安华,绰号刘胡子,是镇压万安县农民起义的刽子手。在红军首战永新时,这个团像泥鳅一样溜得快,没有受到多大损失,便俨然以"胜利之师"自居,这次奉命出城打红军的"游击队",更以为十拿九稳。临走时,刘胡子夸下海口:"小小的游击队有什么了不起,看我把他们统统捉来!"

朱德、陈毅等同志根据侦察到的敌情,迅速作了新的战斗部署,准备在永新城通往澧田的必经之处——草市坳一带伏击敌人。

上午11点钟光景,刘胡子吆喝着敌七十九团,大摇大摆地闯进了草市坳。等敌军大部队进入埋伏圈后,王尔琢一声令下,山上枪声大作,到处杀声震天,子弹像雨点般朝敌人扫去。刘安华做梦也没想到在这里会遇上红军主力,被打得措手不及,伤亡重大,扭转屁股就向后逃。红二十八团立即从黑栋山直插过来,越过神林坳、草市坳,像猛虎般向敌人奋勇冲杀。败退

之敌与后卫部队会合后,又企图抢占坐落在草市坳入口处的鹰崖岭,控制制高点。朱德早就防着他们这一手,立即指挥部队冲上去,把四挺机枪架在山头上,一齐向敌人开火,打得刘胡子的"胜利之师"连滚带爬退下山去。但是,二十八团并不放过他们,一鼓作气,迅速尾追,刘胡子率敌撒腿奔跑,到草市坳东侧河边的大桥头。谁知这时早已埋伏在附近的一部分红军和地方武装,又从坳背后包抄过来,抢先赶到前面,截断了他们的逃路。红军形成前后夹击,刘胡子上天无路,入地无门,成了瓮中之鳖,只好豁出去死打。但是经过一个多小时的激战,他的队伍越打越少,眼看没几个人了,刘胡子知道完了,便独自骑着一匹大白马,想夺路逃命,红军一齐开枪射击,将他当场击毙。

全歼了敌人七十九团后,红军乘胜向永新城逼进,从草市坳到永新城是下坡路,比较好走,部队像一阵旋风似的扑到永新城下。城里的敌人还不知道七十九团已经被歼灭,更没想到红军会来得这样快,杨如轩甚至还在等着刘胡子的胜利捷报呢!

红军神速地开到永新城下,决定立即攻城。这时,杨如轩和几个亲信正在师部边搓麻将边听留声机。当城外枪声四起时,部下向他报告:"红军快打进城来了!"

杨如轩不信,满不在乎地说:"什么红军,不过是一股小游击队,我已派刘胡子到澧田方向搜索去了,他们来不了。"

过了一会儿,部下又来报告说:"枪声更近了。"

杨如轩搓麻将的兴致正浓,非但不信,还把来报告的部下臭骂了一顿,吓得部下再也不敢进去报告了。正当杨如轩摸着麻将,摇头晃脑地跟着留声机刚哼到《金沙滩》中"杀得我杨家兵四散奔逃"一句时,忽然"乒乓"一声,一颗子弹打碎了屋顶上的瓦片。这一下,杨如轩才惊醒过来,跑到屋外一听,枪声已离师部很近。他急得什么也顾不得,立即破门而出,朝永新东门逃命,几个亲信紧随后面。

当杨如轩跑到街上时,街上已挤满了慌慌张张奔逃的士兵。他又喝又骂,好不容易挤到城门口,可是,他的部下都想往外逃,已把城门塞死了,只是一片嘈杂的吵闹和咒骂声。杨如轩一见这情景,便对着士兵们大叫道:"不要乱跑!不要乱跑!"但没有一个人理他。杨如轩又声嘶力竭地拼命叫喊:"我是杨师长,你们要听指挥!"

但是,仍然没有人理睬他。杨如轩无法,只得跟着士兵往外挤,挤得满头大汗,可是还是挤不出去。他只好又倒回来,钻进一家铺子,打开后门,打算爬墙出城。城墙不算高,但杨如轩生得像只笨猪,费尽了平生之力,才爬上了城墙,正想跳下去,又怕摔死,后面的枪声越来越近,杨如轩急得脸色发白,手脚不住地颤抖,犹豫了好一会儿,最后不顾死活地跳了下去。跳下去时,正好一颗流弹从他的额上一擦而过,顿时鲜血直流。亲信们一见主子受了伤,便急忙拖着他往天河方向逃跑了。

战斗结束了。红军这次二打永新城,将敌七十九团和三十七团一营工兵大炮队、机关枪连,以及师部卫生队、输送队打得落花流水,击毙、击伤敌团长、师长各1名,夺获追击炮7尊、山炮2尊、银洋20余担。

就这样,赣敌的"进剿"又告破产。随后,红军为了巩固胜利,主动撤出永新,经高坑、三湾回宁冈休整。

武装斗争的节节胜利,有力地推动了根据地建设。

1928年5月20日,毛泽东在宁冈茅坪的谢氏慎公祠主持召开了湘赣边界党的第一次代表大会。参加会议的有军队党和永新、宁冈、莲花、遂川、酃县五个县委及茶陵特别区委的负责同志共60多人。刘真、贺子珍、刘辉霄、贺敏学、龙超清、袁文才、王佐、陈正人、刘寅生等全部与会。在会上,毛泽东分析了中国革命的形势,阐明了中国革命的特点,回答了"红旗到底打得多久"的疑问,坚定了大家坚持井冈山斗争的决心。大会议决了政治问题、政治纪律、暴动口号、政纲,选举产生了第一届边界特委,委员23人。

在边界特委中,宛希先、毛泽东为常委,朱德、陈毅、刘辉霄为候补常委,毛泽东任特委书记。从此,边界地方党有了坚强的、统一的领导机构。

毛泽东当选为特委书记后,改选陈毅任红四军军委书记。

几天以后,湘赣边界工农兵政府也在茅坪仓边村成立了,毛泽东兼任主席,袁文才任副主席。边界工农兵政府设有土地部(谭震林负责)、军事部(张子清负责)、财政部(余贲民负责)、政法部(邓允庭负责)、工农运动委员会(宋乔生、毛科文负责)、青年委员会(肖子南、刘真负责)、妇女委员会(吴仲莲、彭儒负责)。

会后，在边界党和毛泽东的领导下，边界工农兵政府开始镇压敌人，实行土地革命，以壮大赤卫队、暴动队等地方武装，发展工农业生产。

14. 毛、贺结合：毛泽东挎上贺子珍绣的挎包

贺子珍根据党的安排，带领工作组到西乡夏幽区塘边村，领导打土豪分田地的工作。她到塘边村，住在一位贫农婆婆周香姬的家里。

革命根据地刚建立，如何合理地分配土地，没有一个统一的章程。毛泽东决定制订一个统一的土地法，为此，他亲自去进行调查研究。不久，毛泽东带领一部分战士第二次来到塘边村，一时找不到合适的住处，工作队只好安排他也住在周香姬老婆婆家。

正是这一次共同住在周婆婆家，毛泽东和贺子珍终于由相识而相知，萌生了爱情。

贺子珍对毛泽东的敬佩之情，从"塘边遇险"之后得到了升华。

一天，一声清脆的枪响，打破了山林的寂静。一支地主保安队向塘边村袭来，队长边跑边扬言："捉拿毛泽东，到蒋介石面前领取重赏。"

此时，毛泽东同贺子珍正在一起分析调查材料。情况万分紧急，枪声已经四处响起来了。贺子珍感到有些紧张。因为驻在附近的红军连队和毛泽东的警卫班都到各个村子做群众工作去了，一时无法集中。

"怎么办？"她焦急地抬头看了看毛泽东。

毛泽东一动不动，慢条斯理地仍旧抽着他的烟。在这种情况下，他的头脑非常冷静，思绪清晰。他考虑了几分钟，说道："在不知敌人底细的情况下，冒险的仗不能打。"

然后，他把手头的烟蒂一扔，立即决定："通知群众，马上撤离！"

敌人进村后找不到人，知道这里有了准备，在村里抢掠了一阵便走了。

在战火纷飞的年代,这虽是极平凡的一桩小事,但是,在贺子珍的生活中,却是一次关键性的、具有决定意义的事件。塘边遇险,贺子珍目睹了毛泽东处事不惊、镇定自若、沉着果断的革命家气质,内心的仰慕之情油然而生。

如果说毛泽东与贺子珍以前是同志关系,那么,自从塘边遇险之后,他们的关系则发生了微妙的变化,这种变化已远远超过了同志之间的那种友谊。

这时的贺子珍,亭亭玉立,秀气的瓜子脸上闪烁着一双大眼睛,楚楚动人,正是情窦初开的花季年龄。

这天,贺子珍正准备走进毛泽东的房间,却见他正伏案写着什么,便一声不响地倚在门坎上,深情地注视着他。不知过了多久,毛泽东停笔沉思,一抬头,正遇上那双炽热的眼睛。心有灵犀一点通。毛泽东看出了贺子珍这颗年轻、质朴、纯正和火热的心。贺子珍马上收回了目光,手足无措地摆弄起自己上衣的纽扣。

两人默默无语,终于,一天,两人在一起时,毛泽东打破了沉默。他招呼贺子珍坐下后,用他那满口的湘音温存地说:"你是一个好同志、好姑娘,我很喜欢你。"

接着,他又讲起自己的经历和身世。他已经34岁,结过婚,在湖南老家有妻子和3个孩子。说到家人,他神色黯然地说:"我与他们失去联系了,远隔千山,音信不通,不知他们是死是活。有人说杨开慧被湖南的反动派抓去了,已经不在人世了,但又不知真假。"

他们谈了很久,谈得很投机。贺子珍被毛泽东的坦诚之言深深感动了。不同的经历,不同的身世,在他们的心灵上引起了共鸣,彼此早已产生的爱慕之情,越过世俗的鸿沟,两颗心不知不觉地融汇在一起了。

心心相印,两情缱绻,在患难中,他们确立了爱情关系。

毛泽东与贺子珍继续在塘边村工作了一段时间。回到象山庵之后,两人终于结合在一起。

这一天是1928年5月26日。

他们的婚事办得很简单。热心的袁文才做了几个菜,大家热闹了一番。他们的全部家当就是两人的背包和身上穿的几件衣服。最有纪念意义

的是贺子珍花了几天工夫在煤油灯下一针一线给毛泽东精心缝制的一个大挎包,它倾注了贺子珍对革命的赤诚之心,凝结着她对毛泽东的深情和对美好姻缘的良好祝愿。后来,这个挎包成了毛泽东必不可少的办公用具,行军、作战,毛泽东都背在身上。

15.蜜月未过完:永新打垮两只"羊"

毛泽东和贺子珍结婚后,并没有平静的蜜月可度。

一天,毛泽东回到家里,一进门就说道:"又一场你死我活的大搏斗开始了!"

贺子珍忙问道:"怎么?敌人又来'围剿'了?"

"是啊!这次除了湘敌之外,江西来了两只羊!"

"两只羊?"贺子珍奇怪地问。

"是啊!一只羊叫杨如轩,一只羊叫杨池生。两只羊都是劲头十足的家伙啊!"

原来,杨如轩先后两次向井冈山发动"进剿",都惨遭失败。消息传到南京后,蒋介石十分恐慌,急忙命令江西和湖南两省的军阀对井冈山革命根据地进行"联合会剿"。

6月上旬,湘、赣两省军阀经过一番讨价还价,终于达成"协议":湘敌吴尚第八军出兵一个师,从安仁经茶陵、酃县向宁冈推进;赣敌第三军第九师杨池生部三个团从南昌经吉安向永新推进,与赣敌第二十七师杨如轩部两个团会合,由杨池生任总指挥,杨如轩为前线指挥。

毛泽东和朱德、陈毅收到两省敌人"会剿"的情报,立即命令部队集结宁冈备战。

会议决定,乘湖南各派军阀明争暗斗、"会剿"军尚未集中、赣敌第九师杨池生部还没有逼近永新的有利时机,留下三十二团、军部特务营和三

十一团特务连守卫井冈山,并牵制住在永新的杨如轩部两个团,而以红军主力二十八团、三十一团和二十九团向湖南酃县出击,打乱湘敌的步子,声东击西,迷惑敌人,引赣敌出洞,然后回兵宁冈,集中力量迎头痛击江西两只"羊"。

部署定当,红军主力于6月上旬从宁冈茅坪出发,兵分两路,故意摆出大部队进击湖南酃县的架势。毛泽东亲率三十一团走砻市、睦村一线入酃;朱德、陈毅率领二十八、二十九团走小路,从茅坪直插酃县。两部红军在酃县十都附近会合后,一举打垮了驻扎在酃县境内的湘敌吴尚部一个团,首战告捷。紧接着,红军乘胜占领了酃县县城,残敌弃城奔命。

在红军主力开赴酃县之际,杨池生和杨如轩两股敌人于6月中旬在永新刚刚合伙,随即,就遭到留守井冈山的红军和永新、宁冈的赤卫队、暴动队昼夜不停的骚扰,整天坐卧不安。突然,传来了红军攻打酃县的消息,两只"羊"断定红军远出湘南,以为这下井冈山唾手可得了!于是,筹粮草,拉挑夫,进犯井冈山。

毛泽东和朱德、陈毅得知赣敌将从永新出动的消息,便立即率领二十八、二十九、三十一团悄悄从酃县迅速赶回宁冈,稍事休整,准备迎接新的战斗。

6月22日,两只"羊"分头行动了:杨池生带两个团坐镇永新县城和维持补给线;杨如轩带着自己的两个团和杨池生的一个团从永新探头探脑地向新、老七溪岭前进。

新、老七溪岭相距不到10华里,紧靠龙源口村拔地而起,横在永新和宁冈两县之间。山上树高林密,溪急谷深,地势十分险要。两座山岭各有一条小路蜿蜒而上,西边老七溪岭的小路从永新的白口通往山那边的宁冈新城,东边新七溪岭的小路从永新的龙源口通往新城。这两条小路上七里下八里,是永新通宁冈的交通要道,像两扇大门,拱卫着红四军的大本营宁冈。

杨如轩带了三个团来到七溪岭下以后,又兵分两路:他自己率两个团从白口沿老七溪岭进攻,并在白口设立前线指挥部;命令杨池生部李文彬团从龙源口沿新七溪岭进攻。他们准备第二天分别开始行动。

敌人的一举一动,根据地军民侦察得一清二楚。"大鱼"上钩了,战斗

就在眼前。根据敌情,毛泽东立即写信给红四军军委,提出了一个歼敌方案:要以很快的速度打掉白口一路,把正面敌人消灭一部或大部;战役的重点在白口,主攻方向放在老七溪岭,箝制方向放在新七溪岭;打垮敌人以后要猛追到石灰桥,争取时间,发动群众。毛泽东还指出,根据湘、赣两敌的不同情况,我军必须避强就弱,集中力量打击赣敌。

23日这天正是端午节。天还没有亮,红四军各团按照确定的作战部署,开始分头向新、老七溪岭前进。

朱德、陈毅率二十九团和三十一团一营从新城出发后,开往新七溪岭,抢在敌人前面,占领了新七溪岭制高点——望月亭,并在这里设立了指挥所。担任前卫的二十九团占领望月亭制高点后,继续沿山路直向山脚下搜索前进,恰巧和蜂拥而来的敌人李文彬团顶面遭遇。于是,激烈的战斗就在新七溪岭首先打响了。由于山路崎岖狭窄,两侧都是陡坡险崖,长满繁密的丛竹矮松,兵力无法展开,敌人在机枪的掩护下,鱼贯式地爬坡仰攻。二十九团是湘南暴动农军,枪支很少,他们怀着保卫根据地的坚强决心,凭着梭镖、鸟铳和大刀,顽强地阻击着装备优良的敌人,先后打退了敌人的多次冲锋。但是,经过一番苦战,因压不住敌人火力,战斗越来越艰难。

在这紧急关头,三十一团一营三连投入战斗。他们不顾敌人密集的火力封锁,发起了反冲锋。敌人的火力很猛,接火后不久,三连连长就英勇牺牲,三连的其他几个干部也相继负伤。这时,只见一排长挺身而出,指挥大家战斗。

在红军暂时失利的情况下,敌人张牙舞爪地嚎叫着,向二十九团和三十一团的望月亭指挥所步步逼进。红军战士万丈怒火心中升,决心人在阵地在。

突然,一阵排子枪的声音,盖住了敌人杂乱的枪声和叫喊声,冲在最前面的敌人应声倒下去了,其余的敌人也被这突如其来的袭击惊呆,立即停住了脚步。原来,三十一团一营二连也投入了战斗,战士们一跃而起,像下山猛虎,扑向敌人。

但是,不到片刻,溃逃的敌人又凭着望月亭前面的另一个山头——风车口进行顽抗。不夺下这个山头,望月亭指挥所就依然有失去的危险!

就在战斗最激烈的时候,朱德手提花机关枪,带着三个警卫员,赶到望月亭指挥所,动作十分利索。他察看了一下战斗情况后,对三十一团一营营长陈毅安说:"一定要顶住敌人,不能让他们冲上来!"

"请放心,一定顶住!"陈营长坚定地回答。

说话时,不断有抬着伤兵的担架和伤员从望月亭指挥所经过,指挥所里也停着一部分伤兵。朱军长走过去,挨个地询问伤势,嘱咐他们好好休息,又吩咐说:"伤兵的武器统统留下,交给二十九团,准备出击!"

朱德亲临前线指挥,大大地鼓舞了士气,战士们越战越勇,越打越顽强,死死地把敌人压在风车口下。

这时,老七溪岭方向突然像山崩地裂一样,枪炮声响成一片,战斗打得十分激烈。原来,早上,王尔琢率二十八团赶到老七溪岭时,敌杨如轩部两个团已占领了有利地形百步墩高地。形势对二十八团十分不利。王尔琢组织了几次冲锋,想把山头攻下来,都未能成功,部队退过茅管坳与敌对峙。大敌当前,情况危急。身为二十八团一营营长的林彪害怕了,动摇了。他说:"新七溪岭枪声时断时续,恐怕失守了,这里又攻不下山头,我们应当撤出战斗,往莲花方向退却。"

团长王尔琢说:"新七溪岭不可能失守,朱德同志的机关枪还在响呢!"并果断地决定:由三营营长肖劲从本营中抽调100多个作战勇敢、有战斗经验的党员、老战士和连、排、班干部,编成几个冲锋集群,每一集群24人,配备3挺花机关、5支梭镖、7支步枪、9支驳壳枪,向敌人冲击,坚决把山头拿下来。

中午,烈日当空。爬了半天山的匪兵,又饿又渴,精疲力竭,已经毫无斗志。杨如轩以为红军在七溪岭兵力不多,没把红军放在眼里,"爱兵如子"的他传下命令:"让部队在百步墩一带休息,准备过了中午再进攻。"匪兵们听说可以休息,一个个放下枪,解下子弹带,找个阴凉处横七竖八地躺下睡觉了。

这是一个敌疲我打的好机会。王尔琢立即下令三营营长肖劲率领冲锋集群,隐蔽前进。他们利用地形,以跃进的方式,一起一伏,几个猛扑,就接近了敌人。在杨如轩的手下正在躺头睡大觉,突然发现面前出现红军,惊慌失措时,肖劲和战士们猛然站起身,向百步墩冲去,三脚两步跨到敌

人面前，与敌人展开肉搏战，把匪兵们杀得血肉横飞。紧接着，红军的第二、第三个冲锋集群，又涌了上来，敌人渐渐支持不住，死伤越来越多，活着的纷纷沿着山间小道溃逃。二十八团很快夺取了百步墩制高点。接着，团部命令三营巩固阵地，由林彪带领一直担任预备队的一营，进行追击。

袁文才、王佐率三十二团从半夜就埋伏在杨如轩前线指挥部的眼皮底下——武功潭山上，他们一直在寻找歼敌的战机；这时，听到老七溪岭枪声激烈，马上向白口的敌前线指挥部发起突然袭击。红军战士和赤卫队、暴动队员们猛冲猛打，敌指挥部顿时乱成一锅粥。杨如轩见势不妙，爬上马想溜。突然，一颗子弹飞来，将杨如轩打伤。他死命抱住马头，狼狈不堪地向永新逃去。

老七溪岭的两团敌军失去指挥，首尾挨打，立即全线崩溃。二十八团迅速从山头冲下，势如排山倒海，正在溃逃的大股敌军被冲得七零八落，在狭窄的山道上互相冲撞践踏，许多匪兵跌入路侧的山崖送了命。转眼间，红军追到了山脚下。那里就是杨如轩设了指挥所的白口，它的前面有一块开阔地。部队追到这里，林彪却违背上级指示，擅自命令一营停止了追击。残敌得到这个喘息的机会，重新拼凑力量，垂死顽抗。这时，正好三营赶到，立即用兵一处，与敌激战于白口。三营营长肖劲英勇牺牲，团参谋长王展程也负了伤，但红军终于消灭了敌人两个营。接着，王尔琢率领红二十八团一鼓作气，以小部追击残敌，大部急转新七溪岭，包抄龙源口的敌人。

朱德军长在新七溪岭上的望月亭指挥所，听到老七溪岭的枪声由上往下移去，知道二十八团已得胜，正向新七溪岭下的龙源口包抄过来。于是，他立即命令二十九团和三十一团一营全部出击。

立刻，二十九团战士们呐喊着，直向敌人扑去。起初，敌人还想挣扎，但抵不住红军如瀑布一样的俯冲。尽管敌团长喊破嗓子，强令匪兵向上仰攻，却无济于事。

正在这时，二十八团、三十二团一部已赶到龙源口，预伏在龙源口一带的数千名赤卫队、暴动队员也一齐参战，从四面八方向敌人包围过来，漫山遍野红旗招展，杀声阵阵。残敌见退路已被切断，又腹背受击，军心完全瓦解，顷刻垮了下去，大部在龙源口被歼。

下午3点光景,战斗结束。

红军第三次占领了永新城。两只"羊"带着他们的残兵败将,夹着尾巴慌忙地向吉安方向逃去。龙源口大捷后,永新县城举行万人祝捷大会。

在祝捷大会上,特委书记谭震林提议贺子珍作为妇女代表到会上讲话,贺子珍一口应承。她大大方方地走上台。这时,她身穿灰军装,腰束皮带,英姿飒爽。台下的群众大多认得贺子珍,或早闻其名,贺子珍在台上,还未张口,就引来了群众热烈的掌声和欢呼声。贺子珍看到台下的群众热情这么高涨,心中涌起湿暖的热流。她眼睛一热,激动地说道:"乡亲们,兄弟姐妹们,请问大家,是谁领导我们打垮了国民党反动军队,打倒了豪绅地主,建立了工农兵政府?"

群众异口同声:"是红军!是共产党!"

贺子珍听到这热情洋溢的回答,她讲话的才气迸发了,她昂着头,声音清脆有力。她望着台下的群众,即兴发挥着:"乡亲们说得对!我们要拥护红军!拥护共产党!跟着共产党干革命,把国民党反动派消灭干净……"

雷鸣般的掌声响彻会场内外。

毛泽东饶有兴趣地看着台上那位美丽而又侃侃而谈的妻子,听着她头头是道的演讲,不住地点头。他身旁的朱德军长也不住称赞贺子珍:"润之,贺子珍同志真是个出色的宣传家哩!"

湖南敌人吴尚的一个师,自从一露头就被红军打垮一个团以后,一直不敢出动。当他们得到赣敌惨败的消息后,更是不敢再战,仓皇撤退。蒋介石煞费苦心拼凑的第一次两省"会剿"就这样以失败而告终。

16."我这个郎婿也只好入乡随俗"

1928年仲夏的一天,毛泽东、贺子珍带着三十一团团部第三次来到了永新县西乡夏幽区的塘边村。贺子珍身穿灰军装,打着绑腿,一身戎装打

扮。毛泽东这一次来塘边，主要任务就是由点到面地指导永新和整个湘赣边界的土地革命。

毛泽东和贺子珍来塘边村正是在他们刚结婚不久，又加上两省"会剿"刚刚打破，永新一派喜气洋洋。永新县委的刘真、王怀、胡波等人相邀一起去毛泽东的住处贺喜。在路上，刘真说："毛委员和贺子珍结合可是根据地内一件有影响的事，听说，他们在宁冈没举行什么仪式。这个仪式可不能少啊！"

此时，永新的习俗，新郎、新娘结婚时要到祠堂上拜天地，下拜父母，要不人家就不承认他们是正式公婆，新娘日后要遭人耻笑。

王怀是个性情活跃爽快的人，一听就高声说："我赞成这个主意。贺子珍是我们永新妹子，她父母又逃难到吉安去了，她的终身大事当然要我们为她操办，结婚仪式在永新举行也是理所当然的呀！"

胡波一听，笑着说："你们的意思是想在塘边给毛委员、贺子珍举行个仪式，算是他们正式结婚，对吗？"

胡波是夏幽区的区委书记，在永新"六一〇"事变后又和贺敏学一起坐牢，他还曾在湘赣边特委青年部工作过，和贺子珍、毛泽东都很熟。

刘真点点头："现在我们搞工农革命，不兴老一套了。不过，我想结婚搞个仪式还是可以的吧。"

他们一路走着说着，并商量好了如何逗逗毛泽东和贺子珍。当他们来到毛泽东的住所，他们先是向毛、贺道喜，然后对他们提出搞个结婚仪式的想法。

贺子珍是土生土长的永新人，知道永新习俗，同时也被刘真、王怀等盛情感动，红着脸说："我随便，你们问他吧！"说着用眼瞟了毛泽东一眼。

毛泽东已知贺子珍的意思，他是个豁达之人，并不特别关注这些事，笑了笑说："完全是形式主义嘛，你们要搞，我这个郎婿也只好入乡随俗。"

刘真三人满怀欢喜地离开毛泽东住地后，马上进行了一番准备。

几天之后，结婚仪式就在毛泽东的住所举行。按永新习俗，两个塘边的姑娘给贺子珍当伴娘，刘真做主婚人。来参加婚礼的乡亲很多，结婚仪式举行得既简单又热闹，厅堂里充满了欢声笑语。在乡亲们热烈的掌声中，毛泽东和贺子珍一起唱了《国际歌》，乡亲们很觉新鲜，几十年后还记

得。

　　塘边由大屋、塘边、凉茶树下、新岭背四个自然村组成,有137户,595人。毛泽东、贺子珍等来到塘边后,在那里深入群众,访贫问苦,调查研究。红军指战员组成一个个武装工作小分队,到塘边和邻近各村,一面调查各村的人口、户数、土地占有和阶级对比情况,一面向群众作宣传。为加强对塘边土地革命的领导,中共永新县委决定成立塘边乡党支部。随后,又成立了塘边乡工农兵政府和厚(田)幽(夏幽)城(南城)区工农兵政府。毛泽东布置由工农兵政府土地委员会出面,没收土豪劣绅的山林田地,分给贫苦农民。在毛泽东的亲自领导下,塘边的土地革命热火朝天地开展起来。

　　毛泽东、贺子珍先后在塘边村住了40余天。因为刘真等人的"补办仪式",毛、贺在塘边结婚的说法流传很广。

17."你什么时候把开慧姐接来,我什么时候离开你"

　　塘边的工作结束后,毛泽东和贺子珍回来住到了县城禾川镇。
　　在禾川镇,他们见到了贺敏学。
　　一个多月前,在杨如轩大举攻击井冈山时,毛泽东为了"经营永新",很重视地方武装的建设,特地把贺敏学从三十二团调了出来,送给他7支步枪,叫他回永新发动群众,搞武装,拉队伍。
　　贺敏学二话没说,立即离开新改编的三十二团和袁文才。回县后,他组织了永新县暴动队总指挥部,把全县各乡原来秘密组织的暴动队都组织起来,统一领导。5月,红军第一次打开永新城后,党在永新城里召开全县农民大会。各乡农民得到通知,纷纷整队进城。永新北乡村农民傍晚时才接到通知,当即拿起梭镖,排着队,打着火把,赶进城去。在率队进城途中,贺敏学突然发现在一个庙里躲着两个敌兵,意外地缴到了一支闪亮的"汉阳造"。这天夜晚,全县的农民武装都到齐了。第二天白天,会场上长

矛、鸟铳密集如林,梭镖上的红缨望去像一片红色的海洋。在大会上,毛泽东又一次发出号召,要组织农民暴动队,拿起武器同土豪劣绅和反动派斗。他说:"敌人怕的是什么?是我们手里有武器。我们为什么有威风,也是因为手里掌握了武器。只要我们牢牢掌握枪杆子,何愁反动派打不倒。"

毛泽东的话更使贺敏学认识了掌握枪杆子的重要性。大会以后,他和刘真他们更加大力发展永新县的农民武装。在草市坳和龙源口的战斗中,贺敏学率领永新暴动队也参加了战斗,并且缴获了大量的武装,他的队伍也得到了空前壮大。

此次,兄妹见面时,他向毛泽东汇报了自己在永新的工作情况。毛泽东听后,高兴地说:"永新是井冈山的门户,你的这支暴动队就是拒敌于家门口的一把尖刀,一定要好好经营好!"

这时,朱德、陈毅等人都住在永新县城。他们都住在城镇的南端,傍着清澈的禾水河那一幢商会的二层楼房子就是他们的住处。

1928年6月30日,毛泽东在这幢楼房的二楼中厅主持召开了湘赣边界特委、红四军军委和永新县委联席会议。参加会议的有朱德、陈毅、宛希先、王尔琢、何挺颖、朱云卿、谭震林、陈正人等,以及永新县委的刘真、刘作述、刘家贤、王怀、贺敏学。湖南省委两位巡视员——湘东特委委员袁德生和醴陵县委书记杜修经也参加了会议。会议开了一天一夜。白天研究分兵发动群众、深入土地革命、扩大地方武装等项工作。晚上专门讨论了湖南省委的来信。

湖南省委来信就是由杜修经和杨开明带来的。杨开慧的堂弟杨开明此时还在茅坪。

会上,首先由杜修经传达了湖南省委的决定。这时,因为秋收起义前委是由中共湖南省委领导,因此红四军前委一直隶属于湖南省委。在此次信中,中共湖南省委改变先前同意毛泽东以宁冈为大本营的思想,指令红四军"留下200条枪",主力立即离开大本营,"杀出一条血路","向湘南发展","泽东须随军出发,派杨开明同志为特委书记",组织前敌委员会,由毛泽东任书记,指挥红四军及湘南党务及群众工作,并"希望毫不犹豫地立即执行"。杜修经传达湖南省委的指示后,表明自己的态度:"我们必须坚决执行省委的决定!"

毛泽东听了,脸色顿时沉重。

因为这纯粹是不切实际的盲动冒险!红四军离开井冈山向敌人严密布防的湖南进军,势必冲个鱼死网破,得不偿失。经过一番思考,毛泽东分析当前政治形势,发表了和省委"盲动、冒险"的指令不同的意见。宛希先对省委的意见也力持异议,马上附和毛泽东的看法,朱、陈前阵子在湘南吃尽了苦头,深知湘敌的厉害,也同意毛泽东的意见。最后,会议讨论决定:"四军仍应继续在湘赣边界各县作深入的群众工作,建设巩固的根据地。有此根据地,再向湘赣推进,则红军所到之处其割据地方巩固,不易被敌人消灭。"

由于多数同志坚持这种意见,杜修经、袁德生最后也只好表示同意。

不执行上级的指示,这在毛泽东看来,也是一件十分慎重的大事。7月4日,他根据联席会议的精神,以湘赣特委和红四军军委的名义,向湖南省委报告了不去湘南的六条具体理由。

会后,杨开明从宁冈来到永新,毛泽东将特委书记之职转让给了他。

这次杨开明来到井冈山,不仅带来了湖南省委的不切实的指令,也带来了杨开慧的消息:她带着三个孩子毛岸英、毛岸青和毛岸龙与陈玉英等仍住在板仓。她还活着!并且,杨开慧还给毛泽东捎来了两双布鞋。

这一段时间,贺子珍用女性的细心与温情悉心地照料毛泽东的生活,无论在精神上还是在生活上,都给了毛泽东很多的慰藉。毛泽东对贺子珍的感情在这艰难的环境中也日益加深。此时,贺子珍已经怀孕在身,他们深深地陷入了痛苦之中。

不久,贺子珍同毛泽东双双从禾川镇返回井冈山。在茅坪攀龙书院的八角楼里,贺子珍一想起自己的尴尬地位,不舍与毛泽东的分离,经常掉泪,眼睛哭得红红的。毛泽东不得不为此事经常劝慰她:"不要想得太多,你现在还怀着一个小毛毛呢!"

但是,依着贺子珍的性格,她认为对的事,会一直这么走下去的。为了能让自己在杨开慧来的那天走得自自然然,她平时就留意着,尽量把她自己的衣物与毛泽东的分开,放在另一个包袱里另一个地方。

毛泽东是个细心人,终于一天,他发现了贺子珍的这个秘密。他故意指着她的包袱问:"子珍,这是什么东西?"

毛泽东、贺子珍在茅坪居住的八角楼内景

"这是我的行李呀。"贺子珍随口回答着。她正在剪报,头也没抬,毛泽东就走过去,把包袱打开,他看到里面除了贺子珍的一身换洗衣服、一双草鞋、一双布鞋、一把刀子外再没有别的东西。在那个极其艰苦的年月,这就是贺子珍的全部行装!毛泽东看到这些东西,心头一热,他看着低头正在剪报的贺子珍那微低着头的清秀的脸,忍不住又问:

"你准备你的行装干嘛?"

"准备走呀。你什么时候把开慧姐接来,我什么时候离开你。她带着三个孩子,多不容易,我还年轻,到哪里都可以工作生活。"

贺子珍把剪好的报纸摆好放在桌子上,她扬起白皙的秀美的脸,冲毛泽东一笑。这笑,是纯真的,也是苦涩的。贺子珍的宽宏和大度让毛泽东又爱又怜,忍不住眼角湿润起来。

毛泽东好半天没有说话,眼前的贺子珍虽然年少,然而,她的胸怀和自我牺牲的精神却是罕有的,他能说什么呢……

然而,在这烽火连天的年代,敌情容不得太多的儿女私情的纠葛,他们来不及理清自己情感上的困惑,很快形势骤然严峻起来!井冈山又陷入了湘赣两省大军的"围剿"之中。

18. 八月失败："我会在永新等着你的好消息"

杨如轩、杨池生在新老七溪岭被打得抱头而逃，吴尚不战而退后，蒋介石和朱培德更是气得暴跳如雷："你们不剿灭朱毛，就别想离开井冈山！"

蒋介石和朱培德骂归骂，但是，这一次却不再像上次那样几个团"小打小闹"了，一下子搞了十几个团的兵力"围剿"朱毛，大有"不剿灭朱毛，誓不罢休"的味道。

1928年7月初，湘敌吴尚第八军又重振旗鼓，自酃县向宁冈进犯，赣敌三军、六军十一个团从吉安、安福向永新进犯，三军企图在永新会合，一举踏平井冈山！

为粉碎敌人的"会剿"，毛泽东和朱德决定集中兵力先打退进犯宁冈的湘敌，再对付赣敌。于是，兵分两路，一路由朱、陈率领红二十八、二十九团，从莲花进取湘敌巢穴酃县、茶陵，迫使湘敌回援；一路由毛泽东率领红三十一团去永新附近，打击入侵之赣敌，切断湘赣两敌之交通。

朱毛分兵之后，赣敌11个团就侵入了永新。

为了拖住、拖垮这股敌人，并粉碎湘赣两敌重新会合的阴谋，毛泽东把三十一团分成东、北、中三路，每路成立行动委员会。东路行动委员会以弟弟毛泽覃为书记，一营长陈毅安为指挥，率一营二、三连驻永新东乡石灰桥；北路行动委员会以宛希先为书记，三营长伍中豪为指挥，率一营一连，三营七、八连驻永新北乡天龙山区；中路行动委员会以团党代表何挺颖为书记，团长朱云卿为指挥，辖团部特务连和三营九连，驻永新县城郊外。毛泽东负责指挥全面作战。他要求各路行动委员会密切配合，互相呼应；军队依靠群众，在井冈山民众的掩护下四面游击，和敌人周旋，把敌人困死在县城附近。

为了配合红军坚决粉碎敌人的"会剿"，刘真、贺敏学等一面积极进行

坚壁清野,不让敌人占到便宜;一面以县赤卫大队为核心,把四乡的赤卫队、少先队统一编制,组织起23个赤少团,共3万余人,以鸟铳、松树炮、梭镖、大刀、铁钗、木棍等为武器。这些赤少团组成后,分别配属各路行动委员会指挥,遍布永新东西南北各乡,这样山山岭岭,处处是战场,处处有神兵。

随后,各路人马同仇敌忾,对敌人进行穿插分割,不分昼夜地袭击、骚扰敌人。他们白天到处树红旗,亮梭镖,晚上漫山遍野燃火把,点鞭炮,声东击西,忽南忽北,这里打枪,那边吹号,土机关枪叫个不停,松树炮大显神威。敌人的哨兵和小股活动的部队常常有去无回。

敌人摸不着虚实,被闹得晕头转向,整天心惊肉跳,晚上又吓得睡不上一个安稳觉。从长官到士兵都时时互相告诫着一句话:"小心红军打下山来!"又由于根据地群众的坚壁清野,敌人的柴、粮、菜供应都发生严重危机,敌军从上到下又饥又疲,士气日益低落。

随后,困守在夏阳、石桥等乡镇的赣敌王均部,被东路毛泽覃带领的军民包围袭击,折腾得精疲力尽,只好龟缩起来,坐等赣敌胡文斗部和湘敌吴尚部前来救"驾"。但是,敌军的所谓联合"会剿",向来是"联而不合,剿而难会",各路敌军互相观望,以求保存自己的实力。

一天清晨,困守在石桥镇的敌人正在吃早饭。突然,一支红军小分队冲了进去,一阵排枪、手榴弹,打得敌人砸了碗,撒了饭,死的死,伤的伤。敌人嚎叫着仓促应战,红军小分队沉着从容,边打边往梅田、山连一带山上撤。敌人见红军人少,于是大喊着穷追不放。不一会儿,红军小分队隐进山林不见踪影。敌人恼羞成怒,上山搜索,刚进入山谷,两边山头猛然响起一阵嘹亮的军号声,紧接着,枪炮齐鸣,敌人一下子倒了一大片,侥幸活着的掉头便往石桥镇逃跑。突然,大队红军和地方武装呼喊着从山上冲下来,不到半个时辰,歼敌100多人。

就这样,毛泽东指挥红军一个团,在广大群众的掩护之下,用四面游击的方式,将11个团的赣军摆弄在永新县城附近30华里之内。

1928年7月12日,朱德和陈毅率领的红二十八、二十九团一路攻克了酃县,湘敌仓皇退往茶陵。

此时,红二十八、二十九团如乘胜进攻茶陵,再回师永新,与三十一团

贺子珍 He Zizhen

一起打退永新之敌,即可一举粉碎两省之敌的"会剿"。然而,就在这时,红军中一部分人的地方主义情绪却借湖南省委的"六二六指示"而迅速滋长起来。由湖南宜章农民组成的二十九团,小农意识、家乡观念比较浓厚,总想打回老家去。

省委的指示,正好符合他们回家的思想。此时,他们坚决要求回湘南。二十九团的士兵委员会还瞒着军委开会,擅自决定去湘南,甚至私自找好了带路的人。对于二十九团士兵中的这种错误倾向,随军行动的杜修经不但不出面制止,反而"导扬"其错误,怂恿二十九团去湘南。当部队行至酃县水口时,杜修经主持召开了连以上干部会议。在会上,当军参谋长兼二十八团团长王尔琢反对去湘南时,杜修经竟然指着他的鼻子说道:"你是听省委的,还是省委听你的!"由于杜修经和二十九团党代表龚楚的强拉硬拖,二十九团官兵的乡土观念一发不可收,陈毅、朱德几次召开军委扩大会、士兵委员会、军官会议,千言万语地解释,终不能统一思想。无奈,只好同意二十九团的要求,同时为了防止二十九团孤军深入,遭敌袭击,又让二十八团同去。出发时,红四军军委取消,组织前委,陈毅任书记。

7月17日,部队向湘南进发。临行之际,心情沉重的陈毅匆匆写信给尚在永新的毛泽东,告之部队南行的决定。

在永新,毛泽东接到陈毅的信,贺子珍见他脸色大变,忙问何事,毛泽东说道:"此去必是有去无回!"

毛泽东非常着急,连声说:"敌人太强大,去了必然失败!"他立刻拿笔铺纸,给陈毅等回信,要求红军大部队按永新联席会议决议行事,断然停止去湘南的行动!并连夜派茶陵县委书记江华带队火速送去。

朱德、陈毅等接到毛泽东的信后,又召开干部会,讨论了毛泽东的信。在朱陈的力阻之下,部队第二天往回走。但到了湘赣交界的沔渡时,二十九团官兵硬是不过河,有的撂下枪,声言:"不回湘南,就不干了。"在这种情况下,第二十八团又被迫跟着南下。

红四军这两个团到湘南后,攻打郴州先胜后败。一打败仗,二十九团在家乡观念的支配下,一轰而散,只剩下团长胡少海、党代表龚楚和团部零星人员。二十八团也受到损失,最后,二十九团余下的不足200人编入二十八团。

伍中豪　　　　　　何挺颖　　　　　　朱云卿

毛泽东此时正在永新田溪一带,率领三十一团运用四面游击的战术,与赣敌苦战。他听到湘南失败的消息,特别着急,忍不住对贺子珍说:

"子珍,你快来看,大部队在湘南果然失败了。井冈山受了损失,湖南的队伍也受了损失,这是个教训啊!他们现在要回来也难了。"

第二天,毛泽东带着这个消息,急急赶回井冈山,他要尽快想一个万全之策来救二十八团。他一到部队驻地,立即把何挺颖、伍中豪、袁文才、王佐等人请来,召开了一个军事干部会议。会上,他直率地提出了自己带一个营的兵力接回二十八团的建议。他说:

"井冈山兵力本来不强,我再带走一个营,力量更弱,困难一定不会少。但是,大部队回不来,井冈山的局面无法打开,还是派兵把他们接回来的好。你们要努力坚持下来,多依靠地方党和地方武装力量,等我们回来,就好办了。"

出席会议的同志认为毛泽东提的意见很在理,马上同意他的要求。

于是,毛泽东又连夜赴田溪。到田溪后,他顾不上休息,就马上召集了永新县委地方武装干部的会议。在会上,他把他的想法说了一遍,征求大家的意见,永新的同志也同意了。

临走之前,毛泽东对贺子珍交代说:

"我走以后,你如果回井冈山去,可以安全些。不过,这里更需要人,你

就留在永新吧,帮助县委的同志守住这里。要记住,无论发生什么情况,你们都不要动;守住永新这块地方,就是对井冈山最大的支援。"

毛泽东说完这些话,想了想,又对贺子珍说:"等我把大部队接回来,就给你写信,你再回井冈山来。"

贺子珍心情沉重地看着毛泽东,说:"润之,你放心,我会在永新等着你的好消息。"第二天天没亮,毛泽东就带着队伍出发了。

19. "刘真同我开个玩笑,扣住了我的平安家书"

毛泽东带着队伍走了以后,贺子珍人在田溪心却跟着毛泽东走了。她每天都生活在焦急而又担忧的日子里,她用手指掐算着毛泽东带着部队走的日子,而且她像毛泽东在田溪时一样,仔细阅读买到的报纸,寻找有关这两支红军的消息。

一天,县委的刘真来了,他对贺子珍说:"敌人趁我们现在人少,已经从湘赣两省调来了几个团的兵力,要攻打我们在井冈山的根据地。"

贺子珍听到这个报告后,心里更着急了,忍不住对刘真说:"糟了!要是井冈山失守了,我们连个落脚地都没有了。"

刘真听了,也很着急,马上召开紧急会议。

贺敏学、刘真、王怀、贺子珍等全都参加了会议。会上,争论得很激烈,大体上有两种意见:一是守,一是撤。主张撤的同志说:"敌人兵力多,装备好,来势凶猛,而我们人少粮缺武器差,敌我力量悬殊,要守也守不住,不如把伤病员分散转移到深山里和老百姓家里,带部队撤上山去打游击,等大部队回来后再打上来。"

赞成守的一派,以贺敏学为主,他反对说:"永新是毛委员亲自领导开辟的一块重要的红色土地,如果撤上山,它就丢了,这一丢影响很大,并且,现在伤病员根本没有地方隐蔽和安置,因此只有守一条路可走!"

贺子珍也附和哥哥的意见："目前永新的部队在兵力和武器装备上虽不如敌人，但是，我们有山上山下老表们的支持，又占据着有利的地形，只要我们广泛发动群众，坚决地和敌人作斗争，坚持留在永新是不成问题的。因此，永新坚决要守，不能撤！"

刘真也是持守的态度。最后，刘真说："我们要坚守永新，这个方针是不能动摇的。毛泽东在下山前，就提出要保卫井冈山这块根据地，要坚决执行。我们留在永新，就能支援井冈山的守山部队！"

会议经过认真讨论，统一了认识，大家一致表示，要坚守永新。

贺子珍的心暂时安静了一些。

但是，敌人要大举进犯的消息传到井冈山时，茅坪和茨坪却顿时轰动起来。这时，三十一团一营在永新，袁文才率领三十二团一营在茅坪，山上又有许多伤病员和留守机关，守山部队仅有王佐带领的三十二团二营和三十一团团部特务连，以如此薄弱兵力抵抗11个团的敌军，守山部队信心不足。面对这种情况，已率领团部和团部特务连从永新来到井冈山的三十一团党代表何挺颖，先与湘赣边界特委的同志一起开会研究，调三十一团一营上山，留刘真和贺敏学等农军在永新坚持与敌周旋。

8月29日下午，在一营营长陈毅安的带领下，一、三两连终于赶在敌人的进攻之前，回到了井冈山。

因为敌人是从北而来，必定要经过井冈山的北大门——黄洋界哨口。守山部队进行了统一的战斗部署：三十一团一营一、三两个连会同大小五井的地方武装守卫黄洋界哨口；三十二团一营和宁冈县部分赤卫队在黄洋界下牵制、袭击敌人；三十一团团部特务连和三十二团二营，一部驻守株砂冲、桐木岭哨口，一部会同酃县赤卫队到双马石、八面山哨口防守。

随即，黄洋界上出现一派热烈、紧张的战斗景象：连、排长察看地形，分配任务，军民一齐动手插竹钉、抬石块、扛木头、挖壕沟……到29日晚，在原有基础上，哨口防御工事全部加固修筑完毕，一共筑起了五道拒敌的索魂阵。第一道是竹钉阵，在通往大陇方向小路旁的草丛里插了三华里长，在通往茅坪方向小路旁的草丛里插了四华里长。这些竹钉，都事先在锅里炒过，在尿里浸过，既坚硬又有毒性，敌人踩上去，把脚刺破，伤口就会化脓腐烂。第二道是竹篱笆障碍。第三道是滚木礌石。第四道是四五尺

深的壕沟。第五道是用石头筑成的射击掩体;掩体前面的草丛里也插满了密密麻麻的竹钉,使敌人很难接近。军民同仇敌忾,众志成城,在黄洋界上筑起了一道坚不可摧的铜墙铁壁。

与此同时,边界各县的地方武装,为了牵制敌人,也都投入了战斗。永新、宁冈、茶陵、莲花四县之交的九陇山,永新的万年山、天龙山、小西江区,莲花的上西区,鄱县的青石岗和大院等游击根据地的地方武装与山上紧密配合,实行坚壁清野。

1928年8月30日清晨,黄洋界上一片雾海,什么也看不见。忽然,西边山下传来隐隐约约的枪声。湘敌吴尚的三个团已先于赣敌到达了黄洋界山脚下的源头村。由于大雾未散,兴冲冲的湘敌只好在山下等着雾散,然后再发动进攻。

8时许,大雾散去,湘敌开始进攻。红军和赤卫队员们居高临下,严阵以待,密切注视着敌人,只待敌人走近时才射击。

山高坡陡,敌人越往上爬越没有劲,一个个气喘吁吁。尽管铜号一个劲地吹着,匪兵们还是像蚂蚁似的向前蠕动。好不容易爬到半山腰上,一道坚固的竹篱笆挡住了他们的去路,有人刺破了脚,疼得哭爹喊娘,于是,全部人马改变为拔竹钉队;谁知用了九牛二虎之力,才拔掉一部分,这时太阳已升上了头顶,军官们等不住,强行指挥部队继续往上爬。谁知一进入有效射程,何挺颖和袁文才同时一声令下:"打!"一排排仇恨的子弹飞出枪膛,弹无虚发,前面的人马立即摆倒一大片。紧接着,红军战士们砍断捆着滚木礌石的绳索,刹那间,飞石、滚木满坡而下,发出轰轰隆隆的巨响,犹如山崩地裂一般。敌人遭遇威力巨大的土武器,躲不开,避不及,吓得呼天唤地,屁滚尿流;不少人被砸得脑浆迸流,腿断胳膊飞;侥幸没有被砸的,连滚带爬向山下逃去。山路狭窄,前挤后拥,匪兵们一个个都往路旁草丛中乱跑,又踩上了尖刀般的竹钉,痛得哇啦哇啦乱叫;有的一跤摔下去,身上许多地方都中了竹钉,起不来,动不得,可一时也死不了,在那里哭爹叫娘。红军战士和赤卫队、暴动队员们看着敌人的这些狼狈相,不禁都哈哈大笑起来。

湘敌三个团的第一次冲锋以惨败而告终。

但是,退下去的敌兵并不甘心失败,经过一番整顿,发起第二次冲锋。

　　他们出动的兵力比第一次多，冲锋比第一次凶猛，战斗也比第一次激烈。红军不足一营，子弹也不多，有的战士仅有三五发子弹，手里拿的大多是单响或五响枪以及大刀、梭镖、长矛，他们用土地雷、滚木、石头，一齐向匪兵倾泻过去，湘敌又被打得落花流水，抱头鼠窜。

　　下午，硝烟弥漫的战场暂时平静下来了。湘敌打了大半天，爬了几次山，又饿又累，可是，当官的还在拼命重整旗鼓，准备孤注一掷，妄想在天黑之前攻下黄洋界哨口。这时王佐带领战士们和赤卫队员在山头上加紧整修工事，以迎接更加激烈的战斗。战士们把惟一的一门迫击炮架在哨口最高处的瞭望哨上。这门炮，是二十八团去湘南以前放在茨坪军械处修理的。在战斗中，大井乡暴动队把它抬到哨口上来了。由于只有三发炮弹，一直舍不得用。

　　现在，袁文才准备在最关键的时刻发挥它的威力。

　　下午4点多钟，湘敌又发动了疯狂的进攻，这一次出动的兵力比红军多十几倍。他们首先集中全部火力，死命向哨口射击。瞬间，山谷里烟雾腾腾，山头上火光闪闪。这时，红军战士严阵以待，枪口死死盯住移动的匪兵，炮手把炮口对准敌人的指挥所驻地——腰子坑。敌人又到眼前了，战士们扣动枪机，匪兵们应声倒下，没有死的掉转屁股想跑，但背后长官用手枪逼着，只好一个个伏在地上，匍匐着向前爬。敌人越来越近，而战士们的子弹却快打光了。就在这个严峻的时刻，袁文才出现了，他命令迫击炮手射击。但是，第一发炮弹因存放时间太久而失效，没有打响，第二发又是哑炮，这时袁文才和炮手都急得不得了，袁文才脸都变了色！仅有一发炮弹了，炮手敏捷地作好了射击准备，严肃地等待着袁文才的射击命令。突然，袁文才睁圆两眼，怒视着前方，慢慢地举起右手，"放"！随着他宏亮的口令，"嘘——"，炮弹凌空而起。随着"轰隆"一声巨响，敌人的指挥所顿时被炸了个稀巴烂。

　　这时，隐蔽在哨口工事两侧山头上的赤卫队、暴动队，点燃了鞭炮，丢在煤油箱里，松树炮也点着了，"劈劈啪啪"、"轰轰"，响成一片。与此同时，黄洋界上号声冲天，红旗飞舞，刀光闪亮，"打啊"、"杀啊"、"毛委员带红军大队回来啰"的喊声震响山谷。敌人被这惊天动地的炮声、枪声、喊杀声吓得魂飞魄散，再也稳不住阵脚了，一个个翘着屁股连爬带滚向山下逃去。

夜幕降临,一天激烈的战斗结束了,何挺颖、袁文才、王佐、陈毅安又带领红军战士和赤卫队员、暴动队员立即加固工事,准备迎接新的战斗。

第二天拂晓,微风吹散了薄雾,远山近谷清晰明朗,又是一个秋高气爽的晴天。山下静悄悄的,一点动静也没有,难道敌人还在睡大觉吗?为了掌握敌情,陈毅安派出一支小分队下山侦察搜索。小分队到了源头村,却见村里空空的,一个敌人都不见了!一问才知道,原来敌人指挥所中了炮弹后,乱作一团,又看到红军越打越勇,以为毛泽东、朱德率领红军大队真的回山了。气势汹汹的湘敌吓得一刻也不敢停留,连夜逃命,缩回老巢——酃县县城去了。

湘敌惨败,赣敌王均的一个团不战自退。

黄洋界保卫战胜利了,守山军民个个高兴得蹦呀,跳呀,唱呀,沉浸在胜利的欢乐之中。

此时贺子珍虽然在田溪听不到井冈山的枪声,但她好像亲临了井冈山的激烈战斗一样,她听到井冈山又打了一个大胜仗,高兴极了!

当黄洋界保卫战胜利的欢笑还在山谷间回荡时,红军大队在毛泽东和朱德率领下,披荆斩棘,历尽艰险,终于在9月8日回到了井冈山。当毛泽东带着红军大部队到达茅坪时,他早已知道了黄洋界大捷的辉煌胜利,见到袁文才和王佐时,他非常高兴地拉着他们的手夸赞道:

"你们守山的红军是立了功的,在兵力那么少的情况下仍打了一个大胜仗,真是英勇啊!"

他高兴地看着周围的红军官兵说:"袁文才、王佐是有功的,你们也是有功的!你们没有跟着起哄去打湘南,保卫了井冈山!"

回到茅坪后,毛泽东就给贺子珍写了一封信,说他已经完成任务回来了,要她马上上井冈山来。派人将这封信送到永新县委,县委书记刘真猜想:一定是毛泽东叫贺子珍上井冈山去。此时,刘真也已经知道了毛贺尴尬的婚姻关系,作为"贺子珍的娘家人",他很是"站在贺子珍这一边"的,有意把贺子珍留下来,使她避免这种尴尬的感情纠葛,结果,他悄悄地把毛泽东给贺子珍的信扣下了。

贺子珍在田溪早已得知毛泽东和大部队胜利归来的消息,心里非常高兴,恨不得马上飞回井冈山,回到毛泽东身边。可是,左等右等却不见毛泽

东的信。她感到奇怪,又不好意思问,更不能擅自行动,只好耐心等待着。

毛泽东把信发出去一个多星期了,心里盘算着贺子珍收到信后快回来了,可是,贺子珍并不见回来!让毛泽东感到奇怪的是贺子珍不但人未来,连个回话也没有,他心中开始担心:难道贺子珍出事了?他连忙又给刘真写了封信,询问贺子珍的情况,并还问道:"她是否牺牲了?"刘真看到毛泽东这么着急,知道事情闹大了!只得把毛泽东的信交给贺子珍,说明事情的经过。贺子珍听了刘真的话,半晌无言,最后说道:"我们现在写信给他说,我没有牺牲。"

毛泽东接到贺子珍平安的信后,放下了心。

几天后,贺子珍回到了井冈山。毛泽东很高兴,可能是刚打过仗吧,他的脸色有些憔悴,但没有他在田溪时的忧郁神态。他详细地询问了贺子珍在他走后做了些什么工作。贺子珍把主要的事一一讲述了一遍。毛泽东听了,高兴地说:

"你进步了,独立工作的能力比过去强了。刘真同我开个玩笑,扣住了我的平安家书,害我虚惊一场,还以为再见不到你了。以后你不要到永新工作了。你到那里,他们又不放你回来了。他们哪里知道,这里的工作更需要你,我也需要你。"

贺子珍回到茅坪后,才知道在红军大部队返回井冈山的路上,杜修经已经离开了红四军,回湖南省委去了。前委曾经开过会,在会上,总结了湘南失败的经验教训。

回师后,部队稍作休息,各种组织有切实的整顿,军队训练也有进步。毛泽东、朱德随即率领红军大队开展恢复井冈山根据地的工作,又取得三战皆捷的胜利:1928年9月13日,红四军主力攻克遂川县城;10月1日,在茅坪附近的坳头垅伏击成功,歼敌一个营,并乘胜收复井冈山根据地的中心区域——宁冈县城;接着,红四军主力又在龙源口歼敌一个营,第四次占领永新县城。这样,湘赣两省国民党军队对井冈山根据地第二次"会剿"被打破了。

这时,根据地南自遂川井冈山南麓,北至莲花边界,包括宁冈全县,遂川、酃县、永新各一部,成一南北狭长的整块。此外,还有与整块不甚连属的莲花的上西区,永新的天龙区、万年山区,迅速挽回了在"八月失败"中

"左"倾盲动主义所造成的严重损失。

10月14日,湘赣边界党的第二次代表大会在茅坪步云山白云寺隆重召开。大会开了三天。

大会选举了毛泽东、朱德、陈毅、谭震林、龙超清(宁冈县委书记)、朱昌偕(永新县赤卫大队党代表)、刘天干(永新县委书记)、圆盘珠(茶陵县工农兵政府主席)、宋亦岳(莲花县委书记)、袁文才(湘赣边界工农兵政府副主席、三十二团团长)、王佐农(遂川县委负责人)、谭思聪(茶陵特别区委书记)、谭兵(酃县人)、李却非(酃县县委书记)、陈正人(遂川县委书记)、宛希先(曾任前委、特委委员)、王佐(湘赣边界防务委员会主任、三十二团副团长)、杨开明(湖南省委特派员)、何挺颖(三十一团党代表)等19人为中共湘赣边界第二届特委委员。谭震林为特委书记,陈正人为副书记。

从此,湘赣边界的新局面又开始了。

以后,贺子珍一直在宁冈工作,虽然后来刘真还让她回永新,她都以各种理由拒绝了。

20."随四军一起下山去赣南"

当井冈山军民在以毛泽东为首的湘赣边界党的领导下,取得了反经济封锁和巩固军事根据地的巨大胜利的时刻,又一个喜讯传遍了井冈山——平江起义后成立的红五军,在军长彭德怀和党代表滕代远的率领下,也上山来啦!

早在1928年7月22日,国民革命军唐生智部独立第五师第一团团长彭德怀和独立师第三团营长黄公略、湘鄂赣边界特委书记滕代远等在湖南平江宣布起义,成立了红军第五军。

平江起义后,湖南省主席何键大为震惊,慌忙从长沙派出六个团的兵

力,恶狠狠地向平江城扑来。

彭德怀、滕代远立即率领红五军退出平江城,转移到平江北部的黄金洞一带,在湘鄂赣边界开展游击战争。根据湖南省委的指示,8月底,红五军在彭德怀、滕代远率领下,从黄金洞出发,向井冈山前进。沿途,部队遭到了敌人前堵后追。最后终于于1928年12月11日历尽千难万险到达了井冈山。

彭德怀率领红五军上了井冈山的消息,由宁冈而南昌,传至南京。蒋介石气得脸色铁青,甩掉了黑绒月氅、重重地一拳击在桌上:"娘希匹!彭德怀又和朱毛联袂了,朱培德真是饭桶!立换何键!剿,剿,剿!非把井冈山踏平不可!"

随即,蒋介石任命何键为湘赣"剿匪"总指挥部代总指挥。12月下旬,又派鲁涤平就任湘赣"会剿"总指挥、国民党江西省政府主席一职,在鲁涤平未到任前何键继续暂代总指挥,迅速出师"会剿"。1929年1月1日,湘赣"会剿"总部在萍乡成立,在一片喧嚣声中,何键出任代总指挥,金汉鼎为副总指挥,刘晴初为参谋长,刘鹏年为秘书处长,何志超为副官处长,周安汉为军法处长,易书竹为抚绥处长。

何键和手下"智囊"们经过精心策划,确定调集湘赣两省六个旅共18个团的兵力,分五路向井冈山革命根据地"会剿"。其兵力部署是:第一路为李文彬的第二十一旅,驻遂川;第二路为张兴仁的第三十五旅和周浑元的第三十四旅,驻泰和、永新一线;第三路为王捷俊部三个团,驻莲花;第四路为吴尚部一个旅,驻酃县、茶陵;第五路为刘建绪部,驻桂东。何键令各路军队于1月10日前进入指定地点,准备以18个团的兵力,对井冈山步步逼进,分进合击。

至此,湘赣敌军的第三次"会剿"布置就绪。

顿时,井冈山根据地四周,烟雾弥漫,杀气腾腾。

1月4日,毛泽东以井冈山前委书记的身份,在柏路村召开了前委、特委、各县县委、团特委和红四、五军委联席会议。

会议地点选在柏路河畔的横店。这是一家兼开旅馆的杂货铺。

毛泽东、朱德、陈毅、彭德怀、滕代远、谭震林、陈正人、何长工、何挺颖、宛希先、袁文才、王佐、李灿等60余人到会。大敌压境的紧张气氛使大

家少了平时的说说笑笑。

会议第一天，由毛泽东传达早在1928年六七月间在莫斯科召开的中共六大的文件。这是刚刚收到的，文件从莫斯科传到边界，辗转千里，晚了半年。文件的决议、通告很多，因为来自中央，大家都觉得很重要，听得很认真。毛泽东缓缓地念，通过读文件大家才知道党内的"左"倾盲动主义受到了批判。大家一听，心里喜滋滋的。

紧接着，会议进入另一个重要议程：讨论打破湘赣敌军第三次"会剿"的策略。

朱德首先发言。他说：

"敌人这次'会剿'，下了大决心啊！调动了18个团，相当于我们五六倍的兵力。这个仗怎么打好？大家出出主意吧！"

"形势十分严峻！我们只有4个团，不到6000人。敌人3万多。敌人正在萍乡成立了总部，何键出任代总指挥。"毛泽东补充道，"目前敌人已向我根据地外线运动了。我们既不能掉以轻心，又不能被敌人吓倒了。要想想怎样迎敌为妥，采用什么策略为好！"

"打吧！18团有什么可怕的，这回不是鱼死就是网破，大不了学朱聋子打圈！"王佐气呼呼地说。

"是呀，有井冈山、九陇山天然屏障，敌人难以攻破！"陈毅安等嚷道。

这时，袁文才、龙超清、陈正人、朱亦岳、陈伯钧等也主张凭险死守。

"死守不行，弄得不好会把老本拼光的。"

"打得赢就打，打不赢就跑呗！"

"对！我们可以到赣南去！"

"我们五军可以杀回湘鄂赣去！"

大家七嘴八舌，众说纷纭。

散会后，毛泽东住在长富桥。第二天清早，旁边油槽房榨油的人说，毛委员住房的灯亮了一夜。

5日继续讨论。屋外，依然是寒风呼啸，雨雪霏霏；屋内，也依然是人声鼎沸，慷慨激昂。

毛泽东仍然默默地听着大伙的发言。大家仍是两种倾向性意见：一种意见主张凭险死守，一种意见主张出外游击。这两种意见相持不下，各有

各的道理。

最后,毛泽东点燃了一支"喇叭筒",说出了自己的意见:

"大家的意见归纳起来两种:凭险死守,或者外出游击。我不主张死守。敌人数倍于我,且装备精良,这次又下了很大的决心要攻下井冈山。现在寒冬已到,我军物资菲薄,不宜战事久拖。我们拖不起、拼不起!"

"但是,我也不同意丢掉井冈山不管。"毛泽东忽而话锋一转,有点激动地说:"我们在此间经营一年多了,建立了以宁冈为中心的革命根据地。这块根据地千万丢不得,外出游击也不能丢啊!"

毛泽东到底主张什么?大家有点迷惑不解。

最后,毛泽东胸有成竹地继续说道:"我主张采取积极的策略。

敌人从这边打过来,我们就从那边打出去,迂回敌后,在外线消灭敌人的有生力量,打破敌人的'会剿'。这种打法,叫做'围魏救赵'。"

"围魏救赵?"不少同志仍然不甚明白。

"对!围魏救赵。"毛泽东充满坚定和自信地将手一挥,具体解释说:"我们既不能凭险死守,也不能丢掉井冈山。在目前的时局之下,可建立一个积极的政策,以一部红军会同各地方武装守山,红军大部出击外线,转攻敌人之后,迫敌穷于应付,改变'会剿'部署,以解井冈之危。"

"那么,大部红军向何处出击呢?"

"湘南不能去。那里距大城市太近,四周有武汉、长沙、南昌,敌人驻有重兵。"宛希先开门见山。

"是呀,那里东有赣江和南浔铁路,西有湘江和粤汉铁路,南有株萍铁路,北有长江天险。敌人运兵快,不是我们去的地方!"

何长工也附和着说。

这时,李灿显得很不高兴,赌气说道:"那湘南、赣南也不能去!"

"湘南是不能去。"何长工接口补充说,"何键、吴尚我们都曾领教过,湘军兵力太强了!"

"湘南刚刚被破坏,群众基础也不行。"伍中豪连连摇头,"二十九团已有教训在先。"

如此一说,曾力持去湘南的官兵担心影响部队之间的情绪,都沉默着,不好说什么。毛泽东理解这些同志的心情,便沉稳地说道:

"我看,去赣南还是比较适宜的。第一,赣南地域广大,山区居多,距大城市较远,敌人鞭长莫及;第二,赣南物资比较丰富,便于红军解决经济问题,目前此问题甚为严重;第三,赣敌兵力较弱,比湘敌好打;第四,从赣南打出去,又与赣东北红军,东固红二、四团取得联络,互相配合,成犄角之势。……"

毛泽东这样一说,大多数与会者都纷纷赞同毛泽东的主张,认为毛泽东的分析在理、透彻、实在,就连主张去湘南的同志也改变了意见。

"围魏救赵"的策略通过了。但在讨论四军、五军谁守山谁出外的问题上,又产生了躁动和分歧。

最后,在五军军长彭德怀和党代表滕代远的坚持下,会议终于形成了最后的决策:红四军主力出击赣南,迂回敌后,吸引和打击敌人;红五军和袁王部队留守井冈山。反"会剿"的大政方针确定下来了!

彭德怀

柏路会议刚结束,毛泽东又在小范围里开了会,专门讨论中共六大文件《苏维埃政权问题决议案》第十节"与土匪的关系"一段。朱德、陈毅、彭德怀、滕代远、谭震林、陈正人、宛希先、龙超清、刘真、王怀等参加了会议。他们都是党内的一些头头,前委、特委和县委负责人。

毛泽东神色严峻地把这一段念了出来:

"对土匪或类似的团体联盟,仅在革命暴动之前宜加以利用。暴动成功后,应解除其武装,并严厉镇压他们。这是保持地方秩序和避免反革命死灰复燃。对他的首领应当作反革命看待,即使他们帮助武装起义亦应如此。应当杀戮其领袖,争取其群众。让那些首领深入到工农红军和苏维埃政府当中,是异常危险的。必须毫不手软地驱逐出去,即使最可靠的人物,亦只能置放在次要部位,绝不能位置于工农红军和苏维埃政

权之内。"

毛泽东还没念完,大家一片沉默。谁都明白:这涉及到袁文才、王佐。

"这事怎么办?中央的政策,实际的情况,都要充分考虑。"毛泽东打破沉默,导引发言。

"这还有什么可考虑的,按中央的规定办呗!"永新县委副书记王怀说。

"我也同意王怀的意见。中央的政策要充分考虑,'杀戮其领袖,争取其群众',这种对土匪武装的政策是正确的,把土匪头子与土匪群众区别开了嘛!"宁冈县委书记龙超清发表了意见。

毛泽东一边默默地吸着烟。王怀尚年轻气盛,轻率出言。但是龙超清怎么也附和起来了?事实上,一年多来,龙超清同袁文才总是磕磕碰碰的,前一段时间,两人为砻市一漂亮女子陈白英争风吃醋……这些东西不能带进党内,意气用事,甚至借刀杀人!毛泽东轻轻地咳了一下,丢掉烟头。然后,他语重心长地说道:

"中央的决议精神,当然是对的,但要根据具体情况具体执行。井冈山上有土匪武装吗?过去有,现在没有了。袁文才、王佐的情况,大家都是清楚的。他们过去是绿林出身,山大王,吊过'羊',但后来成了农民自卫军,专与土豪劣绅作对,现在是我们红四军三十二团的正、副团长……袁文才大革命时就入了党,怎么能杀呢?不能杀!王佐这个人虽然原来不是党员,但过去与土豪劣绅斗,现在又经过改造入了党,性质起了变化,王佐也不能杀,没有理由杀他们!我们工农革命军上山以来,袁王给了我们多少帮助!帮助我们安了家,建了医院,设了后方留守处,给我们到处搞粮筹款,协助红军打仗建设根据地。……这些,都是大家有目共睹的,我们不能忘恩负义!没有理由杀袁、王!"

"是呀!我们共产党人不能过河拆桥。这个问题要慎重!润之兄的意见是对的,袁、王不能和一般的土匪同等看待。仲弘兄,你说呢?"朱德说道。

"我也不同意杀,杀了不得人心!"陈毅快人快语。

"我也不同意!"

"我也不同意!"

"杀了,袁王部队会有人反水的!"

陈正人、谭震林、刘真等都纷纷表态。

在座的惟有宛希先一声未吭。宛希先素来与袁文才交谊甚深,怎么不表态?毛泽东与众人都有些诧异。

"希先同志,该你表态了。"毛泽东提醒道。

宛希先重重地嘘了口气,平缓而深沉地说道:"我当然不同意杀。杀了袁、王,我们的良心等于狗吃了。将来老百姓谁还信我们,跟我们?"

这时,他用眼睛望着毛泽东:"不过,我倒是在想,四军出击赣南时,还是把袁文才带走才好。谁能担保文件精神不泄露出去?再说,袁王俩人分开有好处,弄在一起,有些事情是难办一些。"

"可是,随四军下山,袁文才安个什么职务呢?"陈毅提问。

朱德转头对毛泽东说道:"是不是能让袁文才做四军副参谋长,列朱云卿之后?"

"好!如果大家没有异议,就这么定了!"毛泽东一口赞成。

这时又有人提出,宁冈县委宣传部长、袁文才的拜把子兄弟刘辉霄也应调离,随军下山。会议同意了。决定任命他为前委秘书长。

袁、王的问题,党内基本上统一了认识。由于毛泽东等人实事求是,灵活处置,暂时避免了一桩血案。

柏路会议后,毛泽东忙得不可开交。他一会儿砻市,一会儿茅坪,找宁冈县委布置地方武装,找边界特委邓乾元落实坚持斗争事宜,东奔西跑,累得够呛。晚上,又坐在青油灯下,思考四军下山的行动路线和计划。但是,他最放心不下的还是袁文才的事。贺子珍知道前委要调袁文才去红四军做副参谋长,也觉得有难度,对毛泽东说:"要动员袁大哥离开自己的山寨,离开王佐和那帮绿林起家的弟兄们,只身随四军下山,不是那么容易办到呀!"

"没办法啊!这样做是为了他好啊!"

行动在即,容不得毛泽东多考虑,第二天,他让人把袁文才请来。

"老毛,找我有事?"袁文才兴冲冲地来了。

"老袁,请坐,请坐!"毛泽东又是让座,又是递烟。

"有件事想和你好好商量一下。"

"什么事?你说吧。"

"我想请你当我的副参谋长,随四军一起下山去赣南!"毛泽东单刀直入了。

"什么?要我下山去赣南?老毛,你别跟我老袁开玩笑了。"袁文才感到惊愕,但不相信。

"不是开玩笑,老袁!这是我的意思,也是前委的意思。"

"前委?不!不管你说什么委,我是不会下山的!"袁文才激动起来了。

"文才同志!我的意思是,四军下山出赣南任务很重。我想请你出任四军的副参谋长,帮朱云卿管管军队中的事,你地方工作经验丰富,助我一臂之力。地方上的事你多参谋参谋!"

"参谋?老毛,我老袁不是贪图什么官衔。不要说是副参,你就是封个正参,我也不会离开井冈山的!"

"哦?……"毛泽东越来越严肃地说道,"文才同志!自从去年10月上山以来,我交了你这个绿林出身的朋友。一年多来,我毛泽东的为人你是知道的。我不会为难你。你不愿下山也可以。但是,俗话说:'疾风知劲草,板荡识忠诚。'你老袁作为一个共产党员,这时候不为四军排忧解难,你的党性哪去了呢?"

"我……"袁文才哑了。

"听说井冈山东南面,有座东固山,东固山上也有一支绿林起家的地方武装,为首的叫段起凤。你去了可以帮我做做工作呀,你说一句顶我10句。"毛泽东耐心地说道。

"就我一个人跟你们下山?"

"刘辉霄也跟你一起去!"

"那好吧。我去!毛委员,这可是你开金口,换了别人,哪个也叫不动我老袁下山!"

"好,一言为定!"

从八角楼回到家里,袁文才把这事跟几个左右心腹说了。大伙都不同意他走,说:"人家在调虎离山呢,你别中计!"

"可我已答应毛委员。不能失言啊!到时不行我跟辉霄再回来!"

1月13日,为进一步坚定守山部队的决心,毛泽东又在下庄召开了前委会。根据五军和三十二团的要求,从四军抽调一批得力干部,加强守山

部队的领导,任命张子清为五军参谋长,陈伯钧、陈毅安为五军参谋,李克如、游雪程、徐彦刚等都留下担任相应的职务。同时,还任命何长工为宁冈县委书记兼三十二团党代表,蔡协民为三十一团党代表。

一切都安排好了。1月14日,红四军主力3600余人,在小行洲、下庄集中出发了。

军号,在雪天里呜咽;红旗,在寒风中漫舞。就要告别经营了一年多的井冈山根据地,每个人的心里都似注入了铅,沉甸甸的,伫立风雪中,遥望着这熟悉的山山水水,谁都舍不得举足。这时,红五军、三十二团的指战员,山上、山下几百群众都站在村口,为部队送行。战士们相互紧拉着手,说不尽的衷肠话。

贺子珍也跨上战马,扬起一团雪花。她深情地望了望身后的大山,喃喃自语道:

"再见了,父老乡亲!"

毛泽东、朱德、陈毅走在最后。毛泽东显得很伤感,苦心经营了一年多的井冈山根据地,现在就要离它而去了,然而,茅坪的乡亲、八角楼的温馨,却还不时浮现在眼前。五军不知能守住井冈山不?袁文才是随军而来了,王佐不知安稳否?"围魏救赵"的方略如何实现?……这些事总挂在他的心间,他的心里也没底。可是,眼下前有伏兵,后有追兵,要解井冈之危,就必须离开井冈山。毛泽东心事重重。

红四军主力在毛泽东、朱德的率领下,踏上了出击赣南的征途。

21.险象环生:贺子珍连小棕马都没顾上牵

毛泽东、朱德、陈毅等率领红四军从井冈山突围后,向赣南、闽西方向游击。他们这一走,"剿匪"代总指挥何键眼看红军主力跳出了他精心策划的包围圈,气急败坏,急忙从他的五路人马中,抽出第一路李文彬部和第

五路刘建绪部,共四个旅,前往遂川的大汾、左安等地围追堵截。

为了摆脱敌人的围追,毛泽东和朱德指挥红军以平均每天90里的速度前进。

贺子珍与朱德的爱人伍若兰、蔡协民的爱人曾志等一起随部队行动。她们编成妇女组,由曾志任组长。不过,贺子珍和伍若兰一般都是跟随前委机关行动,宿营时和丈夫住在一起。

赣南的一带是山区,山连着山。部队下山时,就碰上一场大雪。雪后的山顶上盖着一层厚厚的积雪,雪花落在人身上,化为雨水,弄得人全身上下都是湿漉漉的。雪花落到地面上,雪水很快结成一层冰凌,战士们从上面走过,冰凌发出碎裂的响声,大队的人马走过去,道路变得非常泥泞,又滑又冷。而战士们大多还是穿着单薄的衣衫,有的连鞋子都没有,赤着脚,行进在冰冷的烂泥路上,许多人的脚被冻裂,渗出的血水把白雪染红了。

伍若兰雕像

在如此恶劣的环境中,战士们吃得更加困难,有时走了两三天也吃不到一顿像样的饭,饿上两天的肚子是常事。

更为严重的是,敌军尾随红四军而来。他们在极其困难、极其不利的条件下,还得饿着肚子作战。

此时,贺子珍已有孕在身。一个身体好的人还难以忍受,何况一个孕妇,但贺子珍却与别人一样,仍然坚持着行军。毛泽东见状,于心不忍,将自己的小棕马让给贺子珍骑,可是,贺子珍又将小棕马让给伤病员骑,自己跟着大家步行。

部队向南前进,下山后,经遂川,穿上犹,越崇义。部队晓行夜宿,且战且退,每天不停地走,日行近百里,长途跋涉,疲困万分还要随时作战,困苦到了极点。

1929年1月23日，红四军主力攻下大余县。大余是赣南与粤省交界之处，比较富裕。街道整齐，铺子很多。

前委决定在这里筹粮、筹款。

队伍一驻扎下来，贺子珍不顾自己有孕在身，和政工干部来到大街上，从街的一头开始，一家铺子、一家铺子地挨家挨户派款。因为时间紧，他们来不及详细调查每个商户资金、资产情况，只能根据哪家铺子店面大、货物多，就多派，哪家铺子小，他们就少派。他们一面筹粮筹款，一面向群众宣传红军保护工商业的政策，工作顺利地进行着。

1月24日的晚上，大余城外突然响起了急骤的枪声。国民党金汉鼎部和李文彬部闻讯红军主力攻占了大余，直奔大余而来，包围了红军。

这时红四军下山的队伍，只有两个团和两个营，即二十八团和三十一团及军部特务营和独立营。因为进驻大余时间太短，红四军还没有把群众组织起来，事前也没有估计到敌人会这么快追到；现在敌人发起突然袭击，枪声一响，许多战士从睡梦中惊醒，各自仓促应战。

本来，红四军开进大余后，毛泽东曾布置二十八团担任新城、赣州方向的警戒，但是二十八团团长林彪思想麻痹，没有认真警戒。当敌人把大余包围起来，发动进攻时，无法按计划统一进行战斗布署了。情况很危急！

一时间，战场上枪声大作，烟雾迷漫。

敌军早就冲进二十八团的阵营中了，随即二十八团的城东防线被攻破。林彪见情况不妙，当即下令部队后退。在撤退中，正好遇到毛泽东、贺子珍、陈毅前来了解情况，林彪忙于撤退，从毛泽东身边匆匆擦过。贺子珍眼尖，一眼看到了林彪，立即喊道："林彪！"

毛泽东一把抓住林彪，命令他带领部队打回去。

林彪面有难色，说："部队已经退下来了。"

毛泽东声色俱厉："撤下来也要拉回去！"

陈毅也在一旁大喊："主力要坚决顶住敌人！"

林彪不再说什么了，带着身边的少数官兵杀了回去，但是，二十八团奋力还击，仍抵不住敌军的攻势。

在这紧急关头，为了保卫红四军领导人的安全，毛泽东当机立断，命

令所有部队夺路各自突围。贺子珍遵照命令立刻转移,在战斗中,她连毛泽东给她的那匹小棕马都没顾得上牵。部队全体,顶着狂风大雪,奔跑前进,逃离险境。

随后,各路冲散的人马陆续到达南雄的乌迳,谁知刚刚集中,地方党组织又来报告:敌人追兵又逼近!于是,仓促之间,毛泽东等人决定:红四军紧急撤离,再入赣南。敌情十分紧急,撤退非常混乱。在大余战斗中,二十八团党代表何挺颖负了重伤,林彪派人将他扶上马,就不再管了,结果何挺颖骑在马上,迷了路,摔下来被马踩死。

撤离是非常仓皇的,大队人马奔跑着前进。

当脱离险境,来到宿营地后,贺子珍已是跑得两腿发软,全身无力,她困顿得只想睡一觉,但是,她坚持住了。到了晚上,贺子珍有些饿了,可是,毛泽东和朱德为了尽快甩掉敌人,下令不准点火做饭。此时贺子珍可是有身孕的人啊,已经一天多水米未沾了,但她咬紧牙不吱声,和几个女同志一起,靠在一棵大树下休息,饿着肚子,等待天明。

这时,毛泽东却顾不上她,他和朱德、陈毅等人同军部的同志马上到各个部队了解突围出来多少人,伤亡多少,失散多少;然后,又开会,总结教训,研究如何应付眼前的敌人,扭转被动的局面。队伍宿营后,毛泽东几乎忘了已经怀孕的贺子珍。一直等到他把部队的事情都安排妥当后,天已朦朦亮了,这时他才抽出空来看看贺子珍。当他看到她平安无事时,对她点点头,没说上几句话,又急急忙忙回军部了。

在迷蒙的晨曦中,队伍以急行军的速度出发了。

22."不要跑,要抵抗敌人!"

1929年2月1日晚,红四军来到寻乌县的吉潭,在一个名叫圳下的小村庄宿营。军部设在村庄中间的文昌祠。

这一次,大家接受了大余的教训,林彪的二十八团在右边警戒,第三十一团在左边警戒,独立营和特务营在军部附近的河边驻扎。

谁知,第二天早上令人担心的事情还是又发生了:敌刘士毅部的追兵又追到,并且马上包围了圳下。天刚一亮,刘士毅就从四面八方向军部发起了进攻。

毛泽东被枪声惊醒,不知发生了什么事情,贺子珍告诉他:"敌军从四面打来了!"

毛泽东迅速穿好衣服,与贺子珍一起冲出门外,可是门外已是混乱一片了。特务营和独立营已被敌人冲得乱成一团,蜂拥朝村对面山上跑去。村中一条小河,河上有座小木桥,部队挤在桥头,乱糟糟的。毛泽东见状,跑步上前,大声高喊:

"不要跑,要抵抗敌人!"

枪声砰砰,人声嘈杂,毛泽东的喊声大家根本听不见。贺子珍气喘吁吁地赶到毛泽东身边,和着毛泽东的声音一起大喊:

"不要跑,要抵抗敌人!"

毛泽东见贺子珍来到,从贺子珍腰间拔出手枪,朝天"砰砰"开了两枪。枪声把大家镇住。刚好警卫班的战士赶了上来,大家跟着毛泽东一齐喊:

"不要跑,要抵抗敌人!"

混乱终于被制止,特务营和独立营在毛泽东指挥下边抵抗边向山上突围,在敌我交错中夺路撤退。这时弹雨横飞,人群奔突,陈毅披着大衣急走,被突然冲上来的敌人一把抓住了大衣。陈毅立即把大衣向后一抛,正好罩住了敌人的脑袋,自己快跑脱身。

在特务营全力抵抗下,三十一团、二十八团闻讯纷纷赶来支援,终于渐渐用火力暂时压住了敌人。

军部被冲散的人陆续归队。毛泽东、朱德、陈毅等主要负责人都安全无事。这一次二十八团表现特别英勇,打退了蒋军的一次又一次的进攻。但是敌军像蝗虫般涌来,情况越来越不妙了。

眼看防线就要崩溃,毛泽东带领特务营杀出重围,渡河上山,脱离了险境。刘士毅部见红四军特务营哨所已撤,马上分头包抄上来,将队伍从中间插断。二十八团主力阵脚顿时又乱了起来。林彪见势不妙,马上开拔,带领部队撤退。

蒋军铺天盖地压了过来,红军往山上撤退一片混乱,林彪见了,马上下令在大路两面的山头上竖起红旗,撤退的队伍见到红旗才陆续集合在一起,逃出重围。但是,在掩护撤退的过程中,三十一团一营党代表毛泽覃腿部中弹,负了重伤。

圳下之围,刘士毅本想要毛泽东和朱德重演项羽垓下的悲剧,然而,他的如意算盘落空了。但是,在这次战斗中,由于林彪开拔过早,朱德军长的夫人伍若兰在蒋军重重包围的危急关头,为了保卫朱德的安全,只身一人将蒋军引开,和蒋军展开殊死搏斗。枪弹打光后,伍若兰负伤被敌军抓去,押往赣州,2月19日英勇就义。

当晚,部队在次山风福嶂宿营。林彪由于开拔过早,遭到严厉批评,并且受到记过处分。

大余一战,失去了何挺颖,圳下之战又失去了伍若兰,毛泽东、朱德的心真是伤透了!

全军上下,亦沉浸在悲痛之中。战士们一个个又黑又瘦,满身褴褛。毛泽东两眼深陷,看上去像个40多岁的人了;朱德也显得苍老了许多。

在这危困之际,红四军没有一个人逃跑,更没有人叛变。但由于部队连续行军,总想摆脱敌人的尾追堵截,不可能扎下来做群众工作,赣南老表对红军还不甚了解,因此红军如浅水之鱼,有时甚至如无水之鱼,为此,毛泽东、朱德、陈毅等心事重重,愁眉紧锁,几乎都要累倒了。

四军向何处去?

"折向瑞金!"毛泽东经过深思熟虑,对朱德、陈毅说道,"瑞金地处边陲,山高皇帝远,兴许敌人鞭长莫及。"

这一主意马上得到了朱、陈的赞同。

2月9日,部队进入瑞金。这天正好是大年三十,家家户户忙着过年。毛泽东等人也想让部队好好度过除夕之夜,不料,刘士毅却像个追魂鬼咬着四军穷追不舍,也跑到了瑞金。

毛泽东、朱德等审时度势,觉得刘士毅部孤军深入,恰好提供了有利战机。于是,毛泽东在大柏地的王家祠召开了前委会议,决定利用大柏地

的有利地形,打一个伏击战,歼灭尾追之敌,扭转被动局面,狠狠教训一下刘士毅!

当夜,红军按军部布置进入阵地。二十八团二营为前哨营,在前村占领有利地形,吸引敌人;二十八团一营在大柏山以南西侧山上设伏,并从右翼向敌侧后迂回,断敌退路;二十八团三营在牛廖坑高地担任正面阻击;三十一团及军部特务营在大柏山以南东侧山上设伏,并负责向敌左翼侧击;各部协同作战,围歼追敌。

2月11日拂晓,刘士毅连大年初一都不过,命令部下冒着蒙蒙细雨向大柏地前进,结果,受到红军阻击。刘士毅以为得手,不断投入新的兵力,猛攻求歼。二十八团二营佯作不支,轮番掩护退却;逐步退到大柏地附近,便与东、西两侧伏军形成一个口袋形的伏击圈。刘士毅不知是计,猛钻口袋直至底部,遇坚强抗击仍增兵不已,以致全部进入口袋。

下午2时,东、西侧伏兵向后迂回出击,扎住"袋口"。刘士毅手下一个团全被围入了伏击圈。突然,红军各部一齐向敌军发起猛攻。这是红四军主力下山后的关键一仗。战斗打响后,尽管红军弹药缺乏,体力疲惫,指战员还是拿起刺刀、石头、枪托同敌军拼搏。军长朱德带队冲在前头。平时很少摸枪的毛泽东,这时也提枪带着警卫排向敌军阵地冲锋。红军与敌激战至傍晚,双方呈对峙状态。第二天,刘士毅部继续前进,红军发起凌厉攻势,突破敌人阵地,捣毁了敌指挥部,鏖战至第二天下午2时,终于大获全胜,全歼被围之敌;俘虏正副团长以下800余人,缴枪800余支,水旱机关枪6挺。刘士毅正等着手下的捷报,突然败讯传来,他吓得面色死灰,立即率残部溃退赣州。这是红四军主力下井冈山以来的第一次大胜仗。打了这个胜仗,整个局面顿时改观。

大柏地一战,振奋了军心,赢得了主动,是红四军转战赣南以来的首次大捷。毛泽东、朱德、陈毅、贺子珍和全军上下胸中的郁闷之气一扫而光。

这时,蒋介石的另一支"追剿"大军李文彬部得知刘士毅部惨败,再也不敢尾追拦阻,这样,红四军在赣南站稳了脚跟。随后,为解井冈之围,毛泽东、朱德又挥师宁都,举旗西向,进至吉安东固地区。

23.姐妹重逢:贺怡奉命照顾毛泽覃

　　1929年2月19日,毛泽东、贺子珍和红四军到达了东固地区。
　　东固在江西省吉安县境内,地处吉安、吉水、永丰、泰和、兴国五县接壤处,离各县县城都有100多华里,群山重叠,中间有一片田地和村落,地势险要,只有五条羊肠小道通向山外。早在1927年2月,这里已有党的组织和农民协会。大革命失败后,一些在吉安求学的共产党员回到东固,恢复党组织和农民协会,发动农民暴动,建立革命武装。这支武装力量,后来发展成江西红军独立第二团和第四团,共有枪700支,在东固周围各县开展游击战争,主要领导人是参加过南昌起义的原赣西特委秘书长李文林,还有段起凤、金万邦、曾炳春。他们从1928年4月起,曾多次派人送信到井冈山去,介绍东固的情况,沟通了这两块根据地的联系。
　　毛泽东、朱德率领红四军抵达东固时,红二团团长李文林即率一连人马到南龙接应红四军。
　　2月20日,红四军与红二、四团在东固螺坑胜利会师。螺坑群众杀猪宰牛慰劳红军。22日,召开会师大会,3000多军民参加了大会。会上,毛泽东高度地赞扬了东固根据地的成就,他说:
　　"红四军是铁军,红二、四团是钢军,东固和井冈山一定会联结起来,最后一定可以解放全中国!"
　　朱德在会上也高度评估了两军会师的意义。他风趣地说道:
　　"国民党反动派天天喊打倒'朱毛','朱毛'却越打越多,现在你们也成'朱毛'了。"
　　会后,红二、四团赠送4000元银洋和大批子弹给红四军,为红四军安置300多名伤病员;红四军赠送4挺机枪和1门迫击炮给红二、四团。
　　但是此时,井冈山已经失守,毛泽东闻知这一消息心中甚为不快。红四军在东固休整期间,贺怡也正在东固。她是于2月份调中共赣西特委工

作的,赣西特委机关设在东固,贺焕文也在特委机关担任文书工作。她闻讯找到姐姐,见到了贺子珍和毛泽东,毛泽东和贺氏姐妹一起拜访了贺焕文夫妇。

谁知,他们从贺焕文处一回来,就看见陈毅手里拿着一封信急急地跑来,说道:"不好了,袁文才和刘辉霄跑了!"

毛泽东和贺子珍一听袁文才等人跑了,大吃一惊,几乎是异口同声:"怎么回事?"

陈毅赶紧把袁文才等人留给毛泽东的信递上,毛泽东急忙拆开看了下去。原来,部队在东固会师后,却发生了一件事。一天,袁文才在红四军军部翻阅文件,突然看到中央六大的文件原件,这使他大吃一惊。随后,他又翻阅四军会议记录,终于看到了他调离三十二团的根由:"原来他们还是把我当成土匪!"当晚,他一夜没睡,思索了一夜,最后决定从四军逃走,回井冈山去。

因为只有逃回井冈山他的老巢去,那里他有人有枪,别人才奈他不得。结果,一个黑漆漆的晚上,袁文才与前委秘书长、结拜兄弟刘辉霄,军部副官谢桂标,警卫员刘天林一行四人给毛泽东留下一封信,携带手枪,踏着夜路,走出了东固地界。毛泽东看完信后,终于了解了事情的原委,半晌,他才缓缓地说:"老袁要走,不该不辞而别呀!"

贺子珍说道:"我去把他们追回来!"

"不必了,他回井冈山去也未必是坏事。"

一星期后,毛泽东和朱德即将挥戈东进,出击赣南闽西,红二、四团也要开赴兴国等地游击。临行前,中共赣西特委书记曾山找到贺怡。

曾山道:"小贺,红四军留下一批伤员,其中,有一位特殊的伤员,特委研究,认为你去护理最合适。"

贺怡问道:"曾书记,你说得这么神秘,这位伤员到底是谁呀?"

曾山回答:"红四军三十一团一营党代表毛泽覃,因在圳下战斗中腿部负伤,不能随部队行动,党组织决定让他留下来任中共赣西特委委员、东固区委书记,一面养伤,一面工作。为了照顾和掩护毛泽覃,赣西特委特别指派你去照料和护理他。你看有什么困难吗?"

贺怡马上问道:"这个毛泽覃,是不是我姐夫的那个弟弟呀?"

曾山回答:"正是他。他是毛泽东的小弟,参加过南昌起义,是一个年轻有为的红军干部。"

"如果是他,你们的安排我服从。"贺怡虽然没有见过毛泽覃,但听姐姐说起过,高兴地接受了任务。

第二天在晨曦中,贺子珍和妹妹及父母又依依惜别,随大部队出发了。

24."我哪有时间伺候你老婆生孩子?"

红四军将士们离开东固后,犹如蛟龙入海,猛虎归山,经永丰、乐安,出荇田,下东韶,过广昌,折石城,1929年3月11日,进入闽西长汀县境的楼子坝。

红军入闽,震动了闽西土著军阀郭凤鸣。郭凤鸣原是打家劫舍的土匪出身,一听毛泽东和朱德的部队进了他的地盘,暴跳如雷,口出狂言:"什么朱德、毛泽东,敢到老子的地盘来,我要叫你有来无回,杀猪拔毛!"

"打吧!郭凤鸣太狂妄了,给他点厉害看看!"四军将士纷纷请战。

12日晚,毛泽东、朱德在长汀近郊四都召开二十八团、三十一团军事会议,决定于14日进攻长岭寨,消灭郭凤鸣。

这时,贺子珍怀孕即将临产,行动不便,毛泽东找到蔡协民的妻子曾志,对她说:"曾志,马上又有战斗了,子珍怀孕了,只好留下来,我想请你负责照顾她。"

曾志一听,不由分辩地嚷道:"我有我的工作,哪有时间去伺候你老婆生孩子?"

"你——!"

毛泽东与曾志是老熟人,想不到曾志竟然是这种态度对待自己!

曾志是宜章人,与毛泽东的堂妹毛泽建是省立第三女子师范学校的同

学。1926年10月,她秘密加入了中国共产党,后成为湖南农民运动讲习所惟一的女生,毕业后,在衡阳农民协会做专职妇女干事。在衡阳农协工作时,她与毛泽东的秘书夏明翰的弟弟、衡阳农民协会委员长、湖南农民运动讲习所教务主任、湘南特委的组织部长夏明震相恋,并结婚。夏氏兄弟一直备受毛泽东的关心和爱护。1928年1月,朱德率领南昌起义余部辗转来到宜章,并乘胜攻占了郴州。在此影响下,湘南特委组织和发动了湘南暴动,宜章建立起了工农革命军第三师,郴州的工人和农民武装也发展为工农革命军第七师,师长邓允庭,夏明震任师政委。后来,中共郴州县委改为中共郴属特委,夏明震兼任书记,曾志任秘书长。

湘南暴动失败后,夏明震在前去处理农民骚乱之时遭到叛乱农民的残害,胸前被刺了四刀,肩上、腿上刀痕累累⋯⋯壮烈牺牲。朱德率军打回郴州后,重新组建了郴州县委,由陈毅任代理书记。曾志因为夏明震的牺牲,不愿意留在郴州这个悲伤之地,经组织同意,调到工农革命军第七师党委工作,并随军向井冈山进发。在井冈山她又与第七师党代表、毛泽东在广州农民运动讲习所的学生蔡协民相恋结婚。1929年1月,红四军决定主力向赣南挺进,蔡协民是三十一团党代表,随部队出发,而曾志开始被指定留守井冈山,在部队出发的前一天,她接到毛泽东亲笔写的条子,要她立即动身赶到茨坪加入红四军主力部队,并担任红四军工农运动委员会的妇女组组长。曾志一直与贺子珍相处得特别好,两人经常同睡一张床铺,合盖一条被子。感情丰富的蔡协民因与曾志不在一起行动,心里老惦记她,时常给她写信。有时,贺子珍发现了蔡协民写给曾志的信,不管曾志肯不肯,都要半开玩笑地拿过来看,自己看了后,还拿去给毛泽东看。毛泽东看信后,调蔡协民改任红四军政治部副主任,两人工作和生活都在一起了。曾志心里清楚,这是毛泽东为照顾他们夫妻团圆而作的一个调整。

现在,曾志这么不给他面子,毛泽东显然有些生气,跟着就以很生硬的带命令式的口吻说:"我就是要你去照顾贺子珍。"

"我就不!"曾志大声顶撞。

僵持了一阵,二人互不相让。毛泽东低头沉思了一会儿,看着曾志如此怒气冲冲,不禁觉得有些好笑,但努力不笑出声来,态度却明显缓和了许多。他放低声调说:"曾志,我知道你是个党的好干部,有许多工作要做,

但我又不是让你一天到晚都在子珍身边照顾她,只是要你多关心她罢了。"

曾志原以为毛泽东是要她脱掉工作,专门去照顾贺子珍。一听此话,知道误解了毛泽东,觉得有些惭愧,语气自然平和了很多:"我和子珍是好朋友,过去行军打仗还常吃住在一起,她的事我哪能袖手旁观?"

毛泽东责怪自己性急,表达不清楚,解释说:"是我没有把我的意思说清楚,不妨不妨,理解就好了。"毛泽东还站起来揖了揖手,说:"拜托了!"

第二日,贺子珍、曾志等妇女队留在后方,毛泽东和朱德等率领红军一路迂回敌后,然后,一部分切断敌之退路,一部分抢占长岭寨制高点。14日战斗准时打响。郭凤鸣部不堪一击,全线崩溃,红旗漫卷长岭寨。郭匪在乱军中夺路而逃,被红军击毙。是役红军毙俘敌2000余人,缴获步枪500余支,机枪4挺,迫击炮3门,随后红军浩浩荡荡进占汀州城。长汀人民对郭凤鸣恨之入骨,将郭匪暴尸三日!

在此期间,曾志带着毛泽东的"拜托"给予了贺子珍精心的照料。

汀州素有"小上海"之称,比较富庶。四军将士筹款、打土豪、发动群众、搞宣传等等,全军上下每人还发了两套崭新的军装,齐刷刷地焕然一新,军帽上还缀有一颗耀目的红五星呢。

最困苦的岁月终于过去了。

3月20日,毛泽东在汀州"辛耕别墅"主持召开了前委扩大会议。前委会上,喜气盈盈。然而,有人却想留在汀州不走了。毛泽东风趣地对他们开玩笑说:"怎么,想在汀州当女婿?革命不成功,你这个女婿可当不长久!"

在汀州期间,红四军进行了组织系统的改编,团改为纵队,共编成三个纵队。随后,四军在汀州附近农村分兵发动群众半个多月,然后,带着胜利的喜悦,回师赣南,于4月1日到达瑞金,与红五军胜利会合!

4月上旬,蒋桂战争爆发,江西国民党军队无暇顾及红军的行动。11日,毛泽东在于都县城主持召开红四军前委扩大会议,同意彭德怀率部回井冈山,恢复湘赣边界根据地,决定红四军主力在赣南实行近距离分兵,发动群众打土豪、分田地,发展地方武装,建立红色政权,巩固并扩大赣南革命根据地。

月底,他率第三纵队同第一、第二纵队会合。会合后,红四军攻克宁都

县城,取得歼敌 500 余人、缴枪 100 多支的胜利。

从 4 月中旬至 5 月中旬,赣南革命形势发展很快,在于都、兴国、宁都三县建立起县级革命政权,群众初步发动起来,赣南的工农武装割据局面初步形成。

25."把孩子寄养出去,今天我们只能这样做"

1929 年 5 月中旬,蒋桂战争结束,赣南方面的国民党驻军回防,红军压力加重。而在闽西方面,地方军阀陈国辉旅主力却因粤桂战争爆发,赴广东参战,兵力空虚。红四军前委决定,根据这一变化了的情况,避实趋虚,再次入闽。

这是红四军第二次入闽。闽西的革命形势已有很大发展,当地群众对红四军的了解也比他们第一次入闽时清楚多了。在闽西党组织配合下,红四军于 5 月 23 日奔袭龙岩县城,将守军陈国辉部一个营全部歼灭。为了诱使陈国辉旅主力回援,红四军又主动撤出龙岩,在 25 日一举攻占永定县城,成立闽西第二个县级革命政权——永定革命委员会,由张鼎丞任主席。6 月 3 日,再占龙岩,成立龙岩县革命委员会,由中共闽西特委书记邓子恢任主席。

贺子珍跟着红军来到福建的龙岩时,她那个在她肚子里就开始经受战争磨难的女儿出生了。当毛泽东看到这个女孩时,不由地笑了,他对贺子珍说:"她倒会挑日子,找了个好地方才出生。"

他的话把贺子珍逗笑了。

此时,贺子珍刚满 19 周岁。本来她一门心思只想革命,所以不想要孩子,也不喜欢孩子。可是,当孩子生下后,她看着那稚嫩的脸庞,突然对这个小女孩产生一股爱怜,尤其是当孩子因为饿而大哭时,她把孩子接在怀里,把自己的脸贴在孩子的脸上,孩子就不哭了。贺子珍与孩子呆过几天

后,她心中有了一个渴望,那就是把女儿天天带在身边。但是,贺子珍的这个想法是不现实的。红军要行军打仗,无法带孩子,也不允许带孩子。所有在红军中出生的孩子,只要部队一开拔,她们就得和父母分开,不是送回老家,就是寄养在老百姓家里,只希望等到以后环境好一些,再想法把孩子接回来。这是环境造成的,毛泽东的女儿当然也不能例外。

孩子刚生下时,毛泽东就托人为孩子找到一个可以寄托的人家。他对贺子珍说:

"把孩子寄养出去,今天我们只能这样做。我们以后会回来的。等到革命胜利了,我们再把她接到身边。"

贺子珍是个坚强的人,但在听了毛泽东的话后,看着可爱的女儿,她还是忍不住要流下泪来,但她不愿意让毛泽东为这些事情多操心,忍着在毛泽东面前不哭,硬着心肠,一咬牙答应说:"好吧!"

红军打下龙岩后没停留几天,陈国辉率主力赶来。为诱敌深入,聚而歼之,毛泽东和朱德等人又决定红军主动撤出龙岩县城。因为红军很快会打回来,毛泽东没让贺子珍跟着队伍走,也暂时没把女儿送人,而把她们母女俩隐蔽在城外一家老百姓家里,为的是让贺子珍产后能多休息几天。这样,贺子珍在龙岩躲了起来。

贺子珍
He Zizhen

第四章 默默陪伴失意的毛泽东

1. "送走孩子以后，我心里像猫抓一样不好受"

1929年6月19日，红四军在闽西群众支援下三打龙岩，攻占县城，歼敌约2000人。福建军阀陈国辉混入乱军中才得以逃命，从此一蹶不振。

环境又暂得稳定，贺子珍也从城外百姓家带着女儿回了城中。

6月20、21日，红四军前委扩大会在陈毅主持下讨论修改并通过了准备在七大作的工作报告。

6月22日，中共红四军第七次代表大会在龙岩城一所中学内召开。

出席这次大会的除了前委委员及大队（相当于连）以上党代表外，还有部分军事干部和士兵代表，约四五十人。就在这次大会上，毛泽东却被迫离开了红四军。

在转战赣南闽西的过程中，红军的环境相当艰苦。渐渐，部队中，包括领导层中，对有些问题的认识出现了分歧。这时，刚从苏联回国的刘安恭，由中共中央派到红四军工作，担任临时军委书记兼军政治部主任。刘安恭回国不久，不了解实际斗争情况，一到苏区就主张搬用苏联红军的一些做法。并且，他还主持临时军委的会议，作出决定：前委只讨论行动问题，不要管军队的其他事。临时军委作决定限制上级党委前委的领导权，这显然是错误的。但是，由于刘安恭一出场，就以军委的问题为焦点，使红四军党内本已存在的有关军队的领导、单纯军事观点和流寇思想等问题的争论加剧。于是，促发了红四军党内关于建军原则的一场争论。

5月底，毛泽东在福建永定县湖雷主持召开中共红四军前委会议。会上，红四军内就党对军队领导的问题发生争论。

在会上，刘安恭对前委领导提出很多意见，并指责毛泽东说："前委管

得太多,包办下级党部的工作权力太集中,代替了群众组织。"

对此,毛泽东则明确表态说:"党应该管一切,在连队一切归支部,实行党的绝对领导。这是三湾改编以来形成的制度,实践证明也是行之有效的。前委的领导不能变。"这时,原来在井冈山就存在的关于红军建设的一些不同观点又冒了出来。这些问题中最重要的是关于党的领导问题。朱德赞同刘安恭的意见,说:"前委管得太多,权力太集中。"

刘安恭又顺着朱德的话说:"有人主张集权制,其实这是家长制,是书记专政。"第一纵队司令员林彪一听,大为愤慨,他认为刘安恭不怀好意,马上同刘安恭争论起来,并且,他旗帜鲜明地提出截然对立的建议,说:"应该废除军委职能,由前委代行军委职能。"

于是,会议引起更大争论。结果,这次会议开来开去,到快结束时,争论不仅没有结果,反而在会上形成了两派:一派是以林彪为首的拥毛派;一派是以刘安恭为首的拥朱派。

6月8日,红四军在上杭县白沙召开前委会议,继续讨论这个问题。这次前委会议,有41人参加。在会上,刘安恭与林彪之间唇枪舌剑,气氛十分紧张。在争论中,刘安恭说:"朱德是拥护中央指示的,毛泽东总是自创原则,拒绝中央命令,现在有一个留毛还是留朱的问题。"

白沙会议召开前3个小时,林彪曾给毛泽东写了一封长信,表示拥护毛泽东,坚定地站在前委一边。现在,他一听刘安恭的话,立即予以反驳:"成立军委,就是想借此摆脱前委的羁绊,搞独立!"

这一下刘安恭马上站起来进行反驳。

于是,双方又各不相让地争起来,其他人也纷纷发言。

毛泽东见状,趁他们争执的时候,挥笔写了自己的书面意见。这份意见共四条:

(一)前委、军委呈分权现象,前委不好放手工作,但责任又要担负,陷入不生不死的状态。

(二)根本分歧在前委、军委。

(三)反对党管一切,反对一切归支部,反对党员个人自由受限制,要求党员有相当的自由。这三个最大的组织原则发生动摇,成了根本上的

问题——个人主义与无产阶级组织性、纪律性斗争的问题。

（四）对决议案没有服从的诚意，讨论时不切实争论，决议后又要反对，且归咎于个人，因此前委在组织上的指导根本发生问题（同时成了全党的问题），完全做不起来。

然后，毛泽东把它交给主持会议的陈毅，发言表示，请求马上更换前委书记，让他离开前委。

毛泽东坚意请辞，出乎全体与会人员的意料。他在红军和根据地的威望是无人可以比拟的，尽管大部分与会者对毛泽东的个人作风也许有这样那样的看法，但真的要他离开前委，却是大多数人所不能接受的。于是，有人提议对临时军委的存与撤进行投票表决。

结果，出席会议的41人中，36票赞成，5票反对，决定撤销临时军委；同时，由陈毅代理毛泽东的前委书记。这样，刘安恭的临时军委书记职务被自然免除，他改任第二纵队司令员。

在会上，拥朱派有许多人对林彪在会上对朱德的攻击非常气愤，一纵队二支队的党代表高静山在会后又专门为此事找林彪大吵了一顿。

当天夜里，林彪心情难以平静，他又给毛泽东写了一封急信，并请前委秘书江华转交。江华后来回忆说："当天夜里，林彪给毛泽东同志送来一封急信，主要是表示不赞成毛泽东同志离开前委，希望他有决心纠正党内的错误思想。"

当时，毛泽东在红四军中对干部要求很严，对一些干部的缺点错误进行批评时毫不留情，方法上也有不当之处，曾令许多人下不了台。在部队中很多人对他有意见，说他过于严厉，作风不够民主，因此，许多人对他所坚持的建军主张一时也不理解，毛泽东处在十分不利的位置。为解决党内分歧而殚精竭虑，寝食不安，却又得不到多数同志的理解和支持，毛泽东感受到一种奋斗中的苦恼。此时，支持毛泽东的人，除林彪外，还有谭震林、伍中豪、江华等。贺子珍当然也是站在毛泽东这一边。

由于争论的各方都主张通过争论辨明是非，于是，前委决定在党内开展争论，把问题拿到支部去讨论，并指定毛泽东、朱德、刘安恭各写一篇文章，表明自己的观点。

经过几天的苦苦思索,毛泽东于6月14日写出《给林彪的信》,系统阐明了自己对争论的看法。6月15日,朱德写了《答林彪同志谈前委党内争论的信》,陈述了自己的理由。接着,刘安恭也写出自己的文章。6月中旬,朱毛刘三封信都公开刊登在《前委通讯》第三期上,争论也进入公开化。红军三占龙岩后,前委于是决定利用这短暂的稳定时间,在公开讨论的基础上,召开红四军第七次党代会统一大家的认识。

6月22日龙岩中学内的红四军党的七大就是在这样的背景下召开的。

会上,陈毅代表上届前委作了工作报告。

然后,大家又讨论关于军委与前委的问题。讨论气氛非常热烈,代表们发言时都做到了知无不言,对毛、朱分别提出了意见。

在会上,刘安恭出言激烈,指着毛泽东批评。林彪也接着发言,仍重复他在白沙会议上的讲话内容,始终支持毛泽东,并且,指责朱德"拉拢部下",成立军委是想脱离前委的控制和领导。

朱德起来作了答辩。

在会上,毛泽东则很克制,只做了简明扼要的解释。

最后,大会通过了《决议》。决议肯定了"党管一切"是正确的,否定了刘安恭要求实行完全选举制度、轮流更换党内负责同志的意见,但决议又说红四军内已"形成家长制度的倾向";为此决议分别对毛泽东、朱德作了批评,并给毛泽东以严重警告处分,给朱德以口头警告处分。

陈毅当选为前委书记。

这时毛泽东正患疟疾,周期性发高烧,浑身酸痛,两腿无力,连大小便都要贺子珍搀扶。原任前委书记的毛泽东只当选为前委委员,选举的结果使他的心绪更为不好。红四军第七次党代会召开后,红四军在龙岩城休整了十几天。7月上旬,根据前委决定,红四军四个纵队全部出动,分兵发动群众,扩大红色区域。陈毅、朱德率红四军军部离开龙岩,移驻连城新泉。毛泽东则离开红四军的主要领导岗位,到闽西特委指导地方工作。因此,贺子珍就要与刚出生的孩子分离了。

解放后,贺子珍这么回忆她与孩子的分离:

那天，我用被子把婴儿裹好，紧紧地把她抱到联系好的那户大嫂家里去。当时我没有什么衣物给孩子留下，只把事先准备好的二十块银元，放到那位大嫂的手里，对她说：

"大嫂，麻烦你把孩子抚养大，日后我们会回来接她的。"

送走孩子以后，我心里像猫抓一样不好受，只感到心中空荡荡的，世界也变得极其冷清，可我知道为了革命为了与敌人进行到底，我只能这么做。我咬着牙，劝自己说，红军常在这一带活动，也许会常见面的。毛泽东回来后见孩子不在了，向我问起这件事。我装出一副爽快的样子回答他："我送走了。"

毛泽东点了点头，他拍了一下我的肩膀，没有说什么。但我能感觉到他心里也不好受。

孩子都是父母身上的肉，哪个父母不爱自己的孩子？但是，毛泽东和贺子珍都是把自己的一切都献给了革命事业的人，而且，他们还有一个侥幸的想法，那就是，同女儿的分离是暂时的，很快又会见面。他们做梦都不会想到，那位只在他们身边呆了20多天的女儿，与他们竟然是永远的不再相见。

1932年4月，当红军再次打下龙岩，贺子珍到这个县城时，她忙着为军队筹粮筹款，但是在百忙中还惦记着自己的女儿。可是，当她委托毛泽民夫妇去找到旧日寄养孩子的大嫂，打听孩子的下落时，得到的答复是：孩子已经不在人世了。

2. 贺子珍一直守在毛泽东身边

1929年7月8日，毛泽东、贺子珍和蔡协民、曾志、江华以及谭震林等人，由闽西特委书记邓子恢陪同离开龙岩城，前往上杭蛟洋，参加就要召开的中国共产党闽西第一次代表大会。

毛泽东到蛟洋后,发现党代会的准备工作还不够充分,提议会议推迟一周召开,由代表先在本地区进行调查。他自己也参加调查,为大会制定切合实际情况的方针政策作准备。20日到29日,代表大会召开了。毛泽东在会上作政治报告,他指出闽西党的任务是巩固和发展革命根据地,同赣南红色区域连成一片,建立中心工作区域。然后,他论述了实现这个任务的三项基本方针:深入土地革命;彻底消灭民团土匪,发展工农武装,有阵地波浪式地向外发展;发展党的组织,建立政权,肃清反革命。

在毛泽东指导下,大会总结了闽西土地斗争经验,通过了《土地问题决议案》。这个决议比井冈山和兴国《土地法》又有新的发展:对大小地主加以区别对待,对地主也"酌量分与土地";对富农土地只没收"自食以外的多余部分","不过分打击";对中农"不要予以任何的损失";"对大小商店采取一般的保护政策";在土地分配上,以乡为单位,在原耕基础上"抽多补少","按人口平均分配"。会后,闽西在600多个乡进行土地改革,约80多万贫苦农民分得了土地。

中共闽西"一大"在此召开的上杭县蛟洋文昌阁

会议后期,毛泽东终于因疟疾病倒了。

在离开龙岩前夕,他就得了俗称"摆子病"的疟疾,时冷时热,时好时坏。是邓子恢给他请来郎中诊治,还想方设法给他买来一些奎宁片,他才稍有好转,来到了蛟洋。不料这次发作得厉害,连续几天寒热不止。

毛泽东在生病期间,贺子珍一直守候在他身边,精心地照顾着他的生活。为了让毛泽东早点好起来,贺子珍到附近的村子去找医生,又到很远的城镇找老中医寻偏方。尽管贺子珍努力地寻医寻药,毛泽东的病还是越来越重。

此时前委已接到中央来信,要求红四军派一两名得力同志到上海向中央报告情况。前委决定由陈毅去。

一天,陈毅一个人骑着马来到上杭看望毛泽东。陈毅是个耿直的人,他见到毛泽东,还未来得及坐下,就说:"现在前委主要领导干部之间闹意见分歧,让我这个新任的前委书记很为难。"

毛泽东见到战友显得特别高兴,又听到陈毅向自己诉说心事,忙问:"你有什么事就说出来,看我能不能帮你。"

陈毅直率地说道:"我这次来,一是看看你的病,同时也想说服你,希望你同意我们的部队去打广东。"

毛泽东一听,立刻反驳说:"现在这个时候,大部队是绝对不能离开根据地去打广东的。这是谁的意见?"

"为什么不能打广东,现在我们的部队一天天壮大起来了。"陈毅一听毛泽东的话,很生气,他本来嗓门就大,一着急,声音更大了。

结果,两个人你一言我一语,声音越来越大,各说各的理,越说情绪越激动。最后,陈毅见说服不了毛泽东,就发火了,大声说:

"这不是我们哪个人的意见,这是中央的决议!我们执行的是中央的决议!"

陈毅说罢,突然冲动地拍了一下桌子。毛泽东的脸色一下子变白了。一对亲密的战友第一次发生了各不相让的争论。

贺子珍本来高高兴兴地去给陈毅倒水,突然听到屋内拍桌子声,不由得吃了一惊,手中的杯子差点没

陈毅

掉到地上。陈毅和毛泽东自从井冈山会师后,就成了亲密的战友,这对战友在以后的战斗中始终并肩战斗,他们之间虽然有过意见分歧,也争吵过,但他们从没有像今天吵得这么厉害。贺子珍急忙进屋去。

让她奇怪的是,陈毅这一拍桌子,非但没有让他们的争吵加重,反倒使激烈的争论一下子平静下来。毛泽东极力控制自己,不再说话。过了一会儿,他冷静而又坚决地说:

"你们要打,你们去吧,我不去。"

陈毅与毛泽东相处的时间长,也了解他的性格,此时看到毛泽东那坚毅的神情,知道再谈话也不会有他预期的结果了,就说道:

"那好吧。我打算到上海去,把这些情况直接向中央汇报,请示中央如何解决。"

毛泽东并不像贺子珍想象的那样生气。他站起身,向陈毅点了点头,说:"可以去,我赞成你去。你把红四军的情况向中央反映一下,有好处。"

陈毅与毛泽东握手,说了声"保重"就走了。

陈毅一走,毛泽东才把难过的心情表现出来,他沉痛地对贺子珍说:

"胡来!胡来!他们要把红军都搞光了。"

然而陈毅走后,红四军还没来得及执行中央关于打广东的指示,形势又出现新的变化。敌军刘和鼎部向闽西革命根据地发起了进攻,又发动了对闽西根据地的第一次"会剿"。

1929年7月29日,红四军在上杭古田召开前委会议,决定采取"诱敌深入赤色区,击破一面"的作战方针,并以作战力较弱的敌闽军暂编第一师(师长张贞)作为主要进攻对象。

会后,陈毅由闽西特委书记邓子恢陪同,经上杭、龙岩,前往厦门转赴上海参加中共中央召开的军事会议并向中央汇报工作,朱德代理前委书记。在这段时间里,红四军四处碰壁,沿途没发动群众,部队所过之处,不但打不到土豪,而且连饭都吃不到。此时林彪产生了悲观情绪,他向毛泽东写了一封《红旗到底能打多久?》的信。

怎样应付来犯之敌呢?在这万分危急之时,朱德派人把毛泽东请到龙岩,商量对策。毛泽东的病还没有好,只好让人用担架抬着,翻山越岭,由贺子珍一直守护在毛泽东身边。

这次商谈,仍然得不出一致的意见。多数人的意见是,把红四军的队伍拉出去打闽中,端掉敌人的老窝,迫使敌人退军。毛泽东反对这种打法。他说:"红军可以从外线打击敌人,但不一定要出击闽中。红军从来没到那里去过,那里党的力量、群众基础都不够。"

但是,毛泽东的意见没有为大家所接受,前委仍然决定出击闽中。

会开过后,毛泽东和贺子珍又回到上杭。

3. 在青山竹寮历险记

前委留一、四纵队守闽西,二、三纵队去闽中。

红军大队开走后,毛泽东决定同贺子珍一起来到永定县的苏家坡,继续养病。

苏家坡坐落于深山幽谷之中,离龙岩城只有一天路程,又是敌军"三省会剿"进攻的重点地区,不是久留之地。一到苏家坡,林彪、傅柏翠就与特委的同志商定,让毛泽东乔装改扮成"教书先生",转移到永定的偏远深山中隐蔽起来,继续治病休养。

用一个什么化名好呢?毛泽东想了想,说:"还是叫'杨子任'吧。"

"杨子任",是毛泽东在长沙读书时用过的笔名。结果,毛泽东和贺子珍只在苏家坡村住了一个晚上。

第二天,苏家坡村苏维埃政府就派出几名赤卫队员,用担架抬着他到了上杭的大洋坝,后又由粟裕带着部队护送,几经辗转,于8月21日转移到永定县城东面60华里的歧岭乡"牛牯扑"。

"牛牯"是永定金丰大山的一个深山沟,只住有赤卫队员陈添裕一户人家。陈添裕20出头,憨厚老实。他在这深山沟里筑了一座两层土楼,取名"华兴楼"。毛泽东和贺子珍就住在这土楼里。

永定土楼别具特色,是用黏土筑成。土楼高的四五层,也有的两三层。

青瓦盖顶,远看好像座座城堡。每座土楼,都有很雅致的楼名,如"师俭楼"、"远望楼"等等。

粟裕所率大队就在永定县活动。闽西特委和永定县委还派卢其中带领两个中队赤卫队员前来牛牯扑,协助粟裕负责毛泽东的安全,派熊炳华专门担任联络并负责采买,协助陈添裕照料毛泽东的生活。

于是,在永定的偏僻山村之中,便出现了一个身染重病、携夫人同行的"杨先生"。由于闽西客家口音"子任"与"主任"谐音,因而陈添裕、熊炳华等又称他为"杨主任"。

几天后,粤敌陈维远部由大埔进犯永定,离牛牯扑不远的下胡雷等地也有敌军。为防不测,卢其中让陈添裕带着几名赤卫队员,在离牛牯扑3公里之外的青山下,搭了一座竹寮。

毛泽东和贺子珍由陈添裕陪同来到了竹寮。

竹寮搭在傍山坡的一块小平地上。竹寮的柱、梁、墙、"瓦",用的全是竹子,门也是竹片扎成的。里面的用具也全都是竹子的,竹桌、竹凳、竹床、竹瓢等等。毛泽东和贺子珍感到自己好像处在"竹器时代"。竹寮四周远山全是竹林,寮后的竹丛被风吹得飒飒作响。贺子珍面对满目古朴蛮荒的景色,不觉有些寂惊之感。毛泽东却说:"好地方!古人说,宁可食无肉,不可居无竹,无肉令人瘦,无竹使人俗。这么古朴典雅之居,得起个雅号才对。"

贺子珍笑笑:"你真有雅兴!"说完,进到寮内果真磨起墨来。

毛泽东找来一块约一尺余长的杉木板,用手将上面的泥土擦干净,随即猫腰进屋,将木板平放在竹桌上,取出毛笔,饱蘸浓墨,略一沉思,便挥笔写下"饶丰书房"四个苍劲有力的大字。

随后,又端端正正地挂在竹寮门外。

毛泽东双手叉腰,后退几步,品味一番,自得其乐地问贺子珍:"子珍,你看怎么样?"

贺子珍笑笑:"润之,看来你是想在此隐居了。"

初秋时节,深山露凉。毛泽东的疟疾病本未痊愈,不知不觉着了凉,又发作了。这让贺子珍急得不知如何是好。

熊炳华和陈添裕上山来探望并送来一些食物,得知毛泽东病重,赶紧下山,飞报张鼎丞、阮山和粟裕。粟裕等人得报后,即刻上山来到竹寮探

视。张鼎丞忧心如焚,立即在东石岭的湖塘小学,召集永定县委和县革委会几个主要领导人开紧急会议,专门研究给毛泽东治病的问题。大家一致认为:"必须找一个可靠又有丰富经验的医师才行。"大家想来想去,一致认为阮山的姐夫吴修山合适。

阮山是永定县苏维埃政府主席。他姐夫出自修山县世医之家,医术高明,为人正派,但是爱抽大烟。他听说是给红军的"杨先生"治病二话没说,便由阮山领着来到青山竹寮。

贺子珍给吴修山搬来竹椅,请他坐在床前。吴修山坐下后,一边取出老花镜戴上,一边拉过"杨先生"的手腕,细细切脉,还让"杨先生"伸出舌头看看舌苔,然后又用手摸摸"杨先生"的前额,之后轻轻说了句:"杨先生染疾日久,病得不轻啊!"

毛泽东听见了郎中的诊断,吃力地从床上坐起,对吴修山说:"有劳吴先生了!"

"哪里哪里,红军有功于民,老朽能为杨先生诊病,实乃有幸!"说完,他坐到竹桌前,开了一剂内服药方、一剂外治药方。

毛泽东拿过内服药方一看,笑着说:"吴先生,良药苦口。你这是重药治恶病,好苦咧!"

吴修山听后,边收眼镜边说:"杨先生,看不出你还懂医道;就老朽所知,你们红军连死都不怕,还怕药苦啊!"

在场的人大笑起来。

毛泽东也笑了:"是的哩!是的哩!有道是'良药苦口利于病'嘛!"

阮山迅速差遣熊炳华下山抓药。服过两剂之后,毛泽东的病情果真就见好转。

不知是下山抓药一时不慎还是别的原因暴露了秘密,陈东的民团和侵占永定县的粤敌陈维远部,探得了红军有位"大干部"住在牛牯扑。

9月17日早晨,陈东、歧岭方向突然传来阵阵枪声。金丰民团和广东大埔保安队400多人,分数路向中牛牯扑扑来。

情况万分危急。粟裕、卢其中指挥红军和赤卫队员阻击敌人,同时要中共歧岭支部书记陈兆祥派出陈添裕等四位赤卫队员,火速护送"杨先生"往雨顶坪村转移。

陈添裕等四人急忙赶到青山下竹寮。

"杨主任,有情况,快转移!"人没到,声先到了,陈添裕打老远就大声通报着。

贺子珍听见陈添裕的通报,知道险情紧急,赶忙收拾东西,开始打包裹。可毛泽东却冷静地说:"别急,先考虑一下怎么转移好。"

陈添裕路熟,马上将早已想好的转移路线告诉了毛泽东。毛泽东听后才说:"那好,我们走吧!"

从青山下到雨顶坪,有10里山路,崎岖陡峭。这时,贺子珍又有了五个月身孕,由两名赤卫队员护送着先走了,毛泽东随后也离开了竹寮。他毕竟大病一场,尚未痊愈,下山没有多远,就直喘粗气,两腿发软,迈不动步。

山下的枪声越来越近,情况越来越紧急。陈添裕想用担架抬着他,可一来没准备,二来这满山灌木荆棘,抬着也不好走。怎么办?陈添裕急得满头大汗,着急地对毛泽东说:

"杨先生,来,我背着你走!"

毛泽东忙说:"要不得!要不得!我快点走就是了!"

陈添裕急得直跺脚:"哎呀,敌人已经离这不远了!"说完,他不容分说,俯下身子,背起毛泽东就跑。

陈添裕整天爬山越岭,年轻力壮,背着高他半头的毛泽东仍走得飞快。可是,毕竟毛泽东身材高大,走不多远,陈添裕就累得直喘粗气,两人的汗水沾在一起,湿透了衣裳。

山路越来越窄,枪声越来越近,陈添裕背着毛泽东急迫地跑着,鞋子跑掉了,也顾不得停下穿上,赤脚踩在山石和荆棘上也不觉得疼痛,只是一个劲地往前跑。

整整跑了五公里山路,终于安全转移到了雨顶坪村。陈添裕刚放下背上的"杨先生",就昏倒在地上。他的双脚也不知划破了多少口子,鲜血直流,脚底扎满了刺。

先行到达的贺子珍见状,赶忙让人把他抬进屋内放在一块门板上,给他揩干身上的汗水和脚上的鲜血,然后找出缝衣针,将脚底的刺一根根地挑出……

毛泽东也十分感动地对贺子珍说:"多亏有牛牯扑同志的营救啊!"

当晚,毛泽东和贺子珍就住在雨顶坪的"福兴楼"。

毛泽东对牛牯扑的人一直没有忘记。直到 24 年后,即 1953 年国庆节前夕,他从北京专电邀请陈添裕赴京观礼。可是,陈添裕由于妻子坐月子离不开,只好委托其弟陈奎裕赴京看望毛泽东。这是后话。

在雨顶坪住了几天后,毛泽东和贺子珍又被安排到了苏家坡。

4."现在有点条件,你去学习一下吧"

毛泽东虽然离开了红四军的领导岗位,但他的心一时一刻都没有离开军队、根据地和人民。在养病期间,他仍以极大的热情,关注山外的一切。他一边养病,一边详细地了解闽西进行土地革命的情况、群众对分田政策的意见。他同这里的群众聊天时,精神特别好,往往一坐就是大半天。

毛泽东在苏家坡深山中惟一感到不适应的是,在这里一张报纸都看不到。这使毛泽东觉得与外界几乎隔绝了,他每天都在沉思着,贺子珍了解他的心情,于是,当县委的同志来看他时,贺子珍就让他们下次来时带来一些报纸,好让毛泽东从报纸上了解到外界的情况。县委的同志听了贺子珍的话,下次再看毛泽东时,就带来了报纸。

毛泽东看到报纸特别高兴,可是,报纸上的消息又让他皱起了眉头。报上全是红四军出击闽中失利的情况以及红四军回到闽西根据地的消息。毛泽东很关心出击闽中的战斗,他详细地询问了县委同志作战的经过,当得知失利的红军已回来的确切消息后,才算放了心。

时间过得很快,转眼到了 1929 年 9 月下旬,红四军攻克上杭县城后,决定在上杭召开党的第八次代表大会,前委通知毛泽东去参加。毛泽东回信说:"红四军党内是非不解决,我不能够随便回来;再者身体不好,就不参加会了。"

回信送到上杭，前委给了毛泽东党内"警告"处分，并要他马上赶来。毛泽东只得决定坐担架到上杭去。

此时，毛泽东的病虽已经有所好转，但他身体仍很虚弱，还不能走长路。他要去参加大会，贺子珍放心不下，就劝他说：

"你身体还没痊愈，怎么参加大会呢？"

毛泽东知道贺子珍是担心他的身体，耐心地对她说："已经给我警告处分了，我怎么还能不去？"

贺子珍深知毛泽东的脾气，知道自己说不过他，只好反复地叮嘱他要小心。她看着毛泽东拖着虚弱的身子走出门，心里放心不下，又扶他坐上担架，直到他和警卫员走出好远的路了，她还在原地望着他们的背影，久久没离开……毛泽东与她短暂的分别都让她的心牵挂不已。

但当毛泽东赶到上杭时，会议已经结束。大家见毛泽东确实病得很重，只得让他继续养病。红四军八大开得很不成功。由于实行所谓"由下而上的民主制"，开会就得争论半天。大大小小的问题，事前没有准备意见，就拿到会场上来争，往往争论到最后还得不到一个结论。甚至为了一个红军法规中的党代表权力问题，讨论了两天仍旧没法解决，结果还是决定请示中央。中共红四军第八次代表大会，无组织状态地开了三天，毫无结果。

会后，毛泽东留在上杭临江楼继续治病。经过10多天的治疗，病情明显好转。正逢重阳节，看到院中黄菊盛开，毛泽东填了一首《采桑子·重阳》：

> 人生易老天难老，岁岁重阳。今又重阳，战地黄花分外香。一年一度秋风劲，不似春光，胜似春光，寥廓江天万里霜。

10月下旬，毛泽东随闽西特委机关撤出上杭县城，又转往苏家坡。

但是，在去苏家坡的路上，毛泽东又病得很重。结果，国民党造谣说，毛泽东已死于肺结核病。甚至，远在苏联莫斯科的共产国际也听到了毛泽东病故的误传，第二年初在《国际新闻通讯》上专门为毛泽东的"死"发了1000多字的讣告。

正在这时，陈毅带着中央的"九月来信"回到了红四军。

中共中央曾于8月13日召开政治局会议,专门讨论红四军出现的问题,认为红四军七大决议案"有些是正确的,有些是不正确的",最后决定:由周恩来起草一封致红四军前委的信,要他们努力与敌人斗争,军委可暂不设立,军事指挥由军长、党代表管理,调刘安恭回中央。

8月21日,中共中央发出由周恩来起草的给红四军前委的指示信,强调"红军不仅是战斗的组织,而且更具有宣传和政治的作用",指出红军"必须采取比较集权制",党的书记多负责任"绝对不是家长制",事事"要拿到支部中去讨论去解决——这是极端民主化的主张";并且批评红四军七大侧重于解决内部纠纷是不正确的,"前委同志号召'大家努力来争论'"和"刘安恭同志企图引起红军党内的派别斗争"是错误的。

陈毅到达上海后,8月29日,中共中央政治局会议详细听取了陈毅对于红四军和党内争论的情况汇报,肯定了毛泽东"在政治上比较正确"。最后,政治局决定成立李立三、周恩来、陈毅三人委员会,由周恩来召集,负责起草一封指示信。三人委员会确定,以中央8月21日给红四军前委指示信为基础,由陈毅执笔起草这封指示信。经过三人多次讨论,陈毅对一些重大问题的认识得到很大提高。9月28日,中共中央政治局通过了陈毅执笔起草的指示信,即著名的"九月来信"。

"九月来信"在总结红四军经验的基础上,着重指出"先有农村红军,后有城市政权,这是中国革命的特征,这是中国经济基础的产物"。规定红军的基本任务是:"一、发动群众斗争,实行土地革命,建立苏维埃政权;二、实行游击战争,武装农民,并扩大本身组织;三、扩大游击区域及政治影响于全国。"强调"党的一切权力集中于前委指导机关,这是正确的,绝对不能动摇。不能机械地引用'家长制'这个名词来削弱指导机关的权力,来作极端民主化的掩护";同时,"前委对日常行政事务不要去管理,应交由行政机关去办"。这些指示,肯定了毛泽东提出的"工农武装割据"和红军建设的基本原则,要求红四军维护朱德、毛泽东的领导,毛泽东"应仍为前委书记"。中央的"九月来信",为红四军党内统一认识、纠正各种错误思想提供了根据。

10月,陈毅带着"九月来信"返回闽西后,立即在红四军中予以传达,并派专人把"九月来信"送给毛泽东,请他回来主持红四军前委工作。

大病初愈的毛泽东看了中央的来信，兴奋异常，立即从上杭蛟洋赶到汀州。陈毅诚恳地作了自我批评，并介绍了他上海之行的情况。毛泽东也说他在红四军八大时因为身体不好，情绪不佳，写了一些伤感情的话。这样，相互间的矛盾和隔阂很快就消除了。

1929年12月28日，红四军党的第九次代表大会在上杭县古田溪背村廖氏宗祠召开，会议由毛泽东、朱德、陈毅共同主持，120余名代表参加了会议。毛泽东作了关于大会八个决议案的报告，朱德作了军事报告，陈毅传达了中央"九月来信"并作了详细的解释和说明。由于决议案是会前经过充分讨论后经毛泽东起草的，因此很顺利地为会议所通过，这就是《中国共产党红军第四军第九次代表大会决议案》，即著名的"古田会议决议"。

毛泽东又回到了阔别整整半年之久的红四军前委的领导岗位上。

古田会议正在召开之时，国民党当局又调集闽、粤、赣三省兵力14个团对闽西革命根据地发动第二次"会剿"，进犯的主力仍是赣军金汉鼎部第十二师。闽西革命根据地，在红四军第二次入闽后，经过7个多月的经营，已得到初步巩固。于是，朱德、毛泽东在1月上旬决定率红四军回师赣南，吸引金汉鼎部离闽回赣，打破他们的第二次"会剿"。

毛泽东即将出征了。他对贺子珍说：

"战斗频繁，你不用跟着我转来转去了。现在有了一点条件，你去学习一下吧。"

贺子珍早就想学习了，她一听毛泽东让她去学习，高兴极了。不久，她就到了福建上杭的师范学校去读书。

红军大部队要走，中共闽西特委得知后，来信要求红四军留下一个纵队。毛泽东对送信人说："敌军是跟着我们走的，不会留在闽西跟你们走。"

说罢，他转身拿起桌上的笔龙飞凤舞，挥毫写下八个字：

离开闽西，巩固闽西。

然后，他对送信人说："交给邓子恢，告诉他，我毛泽东走了！"

5.井冈山上的连环遇害案

然而,正在毛泽东离开闽西、回师赣南时,井冈山上却发生了一件惊天大事。

早在1929年1月,毛泽东、朱德率红四军主力离开井冈山、出击赣南后,留守井冈山的少量红军及地方武装在中共湘赣边界特委及管辖的永新、宁冈等县委领导和指挥下,继续坚持工农武装割据斗争。然而,在此艰难时期,永新县委妇女部长龙家衡却被边界特委副书记宛希先的手下枪杀,随即,在井冈山引出了一系列的连环事件。

龙家衡是边界特委委员,又是永新县委书记刘真的妻子。

一天下午,龙家衡正在永新县九陂山区开展工作,突然,一位侦察员匆匆赶来,说:"你公公在家病逝了。"

龙家衡一听公公去世,考虑到刘真的家乡株塘村是白区,她决定自己回株塘村去。因为时间紧迫,距特委、县委所在地九陇山又远,她来不及请示,只向身边的同志交待了几句,便化装回到了株塘村,然后,藏在一个族叔家里,暗地里安排料理公公的后事。不料,她却已被其兄长、五乡联防团团总龙庆楼盯梢。

龙家衡料理好公公后事后,当晚就返回九陂山区。天刚拂晓,她回到了住地。就在龙家衡去株塘村的第二天,宛希先率特委一个警卫连到了九陂山区。宛希先是在红四军离开井冈山时,毛泽东特意安排留下来的,并担任了特委副书记,是特委成员中惟一的外地人。宛希先见到龙家衡便沉着脸说:"龙部长,你怎么一个人出山去白区了?去白区要经过县委、特委批准,这是纪律,你不会不知道吧!"

此时,警卫连颜连长突然指着山脚下叫道:"宛书记,你看白狗子进山来了。"

宛希先突然记起一件事,不久前,警卫排抓到敌联防团一个侦探,从

他身上搜出过一封龙庆楼写给龙家衡的策反信。他狠狠地瞪了龙家衡一眼,忙下令警卫连作好战斗准备。赤卫队掩护区委机关和伤病员赶紧撤往深山老林。

刚安定下来,宛希先即命令警卫连汪排长带几名战士押送龙家衡去特委所在地九陇山。这位汪排长出身贫穷,苦大仇深,听说这个女的是"反动派的奸细"很是仇恨。在去九陇山的路上,便"开审"起龙家衡来。他左一个"奸细",右一个"老实交待",龙家衡只是默不作声。汪排长气愤不过,最后竟掏出枪来威逼龙家衡招供。龙家衡对着枪口却无惧色:"你怎能这样对待自己的同志!"

汪排长大怒:"谁是你这个臭奸细的同志,老子一枪崩了你,免得你危害革命!"

结果,汪排长鬼使神差,扣响了扳机,龙家衡倒在血泊之中。汪见此慌了,待镇定下来后,对战士说:"这个女的是通敌的内奸,就说是她想逃跑被打死了。"

宛希先得到龙家衡被打死的报告,心里很是懊恼。

龙家衡惨遭不幸在湘赣边界特委和永新、宁冈县委内引起了轩然大波。以边界特委书记朱昌偕为首的一些特委领导成员及永新县委、宁冈县委不少同志对宛希先杀害龙家衡大为不满。

特委书记朱昌偕决定召开一次特委常委会议,讨论如何处理龙家衡被枪杀事件。

袁文才和王佐也参加了这次特委会议。袁文才和刘辉霄等人当初逃出东固后,从东固到宁冈,400多里。为防路上抓逃兵,袁文才几人化装成贩卖辣椒、花生的小商贩和收牛皮的老板、脚夫,行色匆匆,走了20多天,才回到宁冈柏路梨树山,然后与原三十二团的特务连长周桂春接上了头。

随即,袁文才与王佐见了面。王佐看见"老庚"回来,喜出望外,想把边界独立一团的团长一职让给他,袁文才说什么也不答应。俩人商定找宁冈县委书记何长工讨个保再说。

王佐把袁文才等人回来的事向何长工说了。何长工即与县委几个常委商量了一下,土籍革命派龙超清、谢希安等人闻之极为不满,要求以叛徒的罪名处置他们。何长工只得向边界特委副书记宛希先作了汇报。宛希

先素来与袁文才相处甚厚,觉得他虽系逃兵,但有隐情,目前正是用人之际,于是给了袁文才一个"党内警告"处分。但宛希先同时考虑到王佐所部已编入红五军第六纵队,不好安排,就把袁文才放回到宁冈县赤卫大队任职。刘辉霄、谢桂标仍回县委、县政府工作。

袁文才乐意地接受了处分,带领县赤卫大队与王佐第六纵队一起,积极奋战,先后收复了边界各县失地;后来,他们又在睦村打垮了宁冈县反动靖卫团,击毙了县长陈宗经,地方武装发展近一个营。土籍革命派虽有意见,却也无话可说。

会议上,待宛希先讲述了龙家衡被杀的始末后,特委副书记刘天干就站起来质问:"宛希先,龙家衡一个县委妇女部长,就被你随随便便地枪杀掉,谁给你的这个权力?"

"我已把事情的来龙去脉讲清楚了,是她要逃跑,被汪排长击毙的。"

"宛麻子,你哄骗得谁?龙家衡会逃跑?鬼才相信,还不是你的命令?"这时,永新县委委员王怀大声指责。

与会的两位常委袁文才、王佐见状恼怒起来。先是王佐一掌拍在桌上:"龙家衡,一个大地主的女儿,反动团总的亲妹子,留在革命队伍中就是一

袁文才

个隐患!不要说宛希先不是有意杀她,就凭她引来白军一条,杀了她,也没什么大错!"

刘真一听王佐的话,激愤不已:"龙家衡背叛家庭,一心革命,同志们有目共睹她与其兄有着本质的区别,即使她有错,也不该死罪!"

"宛希先同志以革命大局为重,秉公办事,他身为特委副书记,在非常

时期,有权处置一切,何错之有？"

袁文才说这话时脸更是绷得铁紧。

谁知王怀一听脱口而出："你们三个早就共穿一条裤子,串通一气,想打击永新的同志。老实告诉你们,没那么容易！"

宛希先、袁文才、王佐被王怀的话激得勃然大怒。宛希先说："姓王的,你血口喷人！"

袁文才、王佐拍着桌子："今天你不把话讲明白,绝不罢休！"

朱昌偕目睹这种局面,大声道："别吵了,这是特委会议,像什么话！都是革命的同志,要团结一致嘛,不要相互怀疑、相互猜忌、意气用事。龙家衡同志的被杀,也是事出有因,不能全怪老宛。今天就讨论到这里。散会！"

茶陵县委书记谭思聪此时正好因病离职,为了避免矛盾进一步恶化,朱昌偕决定让宛希先暂时离开九陇山,去兼任中共茶陵县委书记。

1929年11月,边界特委决定永新、宁冈、茶陵等县红军警卫营和赤卫大队攻占永新县城。正在做准备工作的宛希先接到情报,敌人在茶陵通向永新的道路上布下了重兵。他立即决定:茶陵武装不参加攻打永新县城的行动。

攻打永新的战斗胜利后,朱昌偕立即在大湾村召开会议,要宛希先说清不参战的原因。会上,朱昌偕、刘天干、龙超清严厉质问宛希先为什么不执行特委决议,茶陵的革命武装为什么不参加战斗。但无论宛希先怎样解释,众人都置若罔闻。袁文才、王佐又因故未到会,宛希先实在孤掌难鸣。会议最后决定解除其职务,并关押审查。

宛希先被关押在一间茅屋子里。他感到事态很严重,弄不好性命难保,欲赶快离开去向上级汇报。见看守人员正抱着枪打瞌睡,就撬窗逃了出来。大湾村一带四面高山,加上夜黑,根本看不清山路。宛希先只好躲在山里,计划天亮再走。特委很快得知宛希先逃跑了,朱昌偕等人断定,他是畏罪潜逃；于是连夜动员2000余人打着火把,上山搜捕。在一个小山洞里,宛希先被赤卫队员搜出。朱昌偕、刘天干、王怀等特委几位主要负责人决定将宛希先处决。

宛希先被杀的消息传到袁文才、王佐所在的宁冈茅坪,二人随即率一拨人马赶到大湾村要讨个说法。见着特委书记朱昌偕等人,王佐大嚷："宛

希先究竟犯了哪条王法？他身为特委副书记,你们竟擅作主张,说杀就杀,说剐就剐,今天倒要你们说个清楚!"

朱昌偕见袁、王大有兴师问罪之意,怫然作色说:"宛希先违抗特委决议,是罪有应得。谁违抗特委决议,就是这个下场!"

袁文才强压怒气:"老朱,你莫抓着鸡毛当令箭,动辄拿特委来压人,老宛被杀明明是有人打击报复,公报私仇嘛!"

王佐高叫:"姓朱的,你们莫不是想把反对你们的人斩尽杀绝,老子天不怕、地不怕,还怕你们这几个鼠肚鸡肠的人!"说着,拔出手枪往桌上重重一拍。

好一会儿,朱昌偕才缓过神来,喝道:"王佐,你太放肆了,你莫不是想威胁特委?"

袁文才也觉得王佐的举动有点过分,忙叫他把枪收起来:"王佐是个粗人,哪个不晓得?今天再扯也没什么意思,以后到前委去理论。"说完,扯着王佐衣袖就走。

朱昌偕自袁、王这次大吵之后,对袁、王二人既恼恨,又怵惕,心想:此二人到底改不掉土匪习气。

1930年1月间,中央派特派员彭清泉来到永新县了解湘赣边界革命斗争情况,朱昌偕向彭汇报了袁、王的情况,特别提到了自己对袁、王的担心。1月18日,在彭清泉主持下,在江西遂川县于田村召开了中共湘赣边界特委、赣西特委、红五军军委联席会议,会议决议的第五条就是:"必须坚决解决袁、王问题。"

朱昌偕回永新后即与刘真、王怀、龙超清等人商议。刘真、龙超清认为:袁、王虽目无特委,独断专行,但尚无反对革命、投靠敌人的形迹,现在解决袁、王难以服众,还是从长计议为好。朱昌偕考虑再三,也同意了大家的意见。

然而,一个月不到,就发生了"罗克绍事件",形势急转直下。

罗克绍身任茶陵、宁冈、永新等五县联防团团总,是红军的死对头。他有个30多人的兵工厂,能生产步枪、子弹、手榴弹。袁文才、王佐一直想把这个兵工厂缴获过来,为自己所用。2月21日,罗克绍带着随身警卫20余人到茶陵县猎狗坳姘妇家过夜,被袁、王活捉。为了让罗克绍交出兵工厂,袁文才和王佐对他十分礼遇,等罗答应交出兵工厂即放了他。

朱昌偕得知这一情况,连夜召集会议研究对策。

会上,朱昌偕说:"虽然目前尚不清楚袁、王勾结罗克绍反水是真是假,但袁、王不请示特委擅自释放罗克绍已是不争的事实。再说,倘若袁、王反水是真,那后果就不堪设想了。为了革命不遭损失,应先下手为强,除掉袁、王。"

对于朱昌偕的意见,与会者均表赞同。

但要诛杀袁、王,并不是件容易的事。袁、王队伍有700多人,队员强悍,硬对硬难以对付,只能智取。于是,朱昌偕提出:"以中共湘赣边特委的名义给袁、王去一信,声称上级决定,边界各县红军警卫营、连拟编入红六军,袁、王部为六军三纵队,袁为司令,王为副司令,即日开赴永新县城集合,配合红五军攻打吉安。俟袁、王到永新后,将他们与部队分开安排住宿,晚上即可行事。"

几十年以后,《彭德怀自述》一书披露了随后的情况:

> 某晚深夜,边区特委书记朱昌偕、秘书长陈正人(似乎还有王怀或其他人,记不清楚了),来我军部,向军委报告情况……
>
> 他们谈袁文才、王佐要叛变……袁、王有将参加边区县以上联席会议的同志一网打尽的可能。事情万分危险,请求红五军立即出动挽救这一危局。事情这样突然,时间这样紧迫,这样的事情,很不好处理。当时,军委开了临时会议,我与特委共同决定,派四纵队党代表刘宗义(张纯清)带四纵队一部分(离永新城三十里)接近县城,守住浮桥。

一切都按计划进行,袁文才和王佐接到特委来信后,不知是计,除留少数人在宁冈外,率大部于2月22日抵达永新县城。朱昌偕、刘天干事先已派人安排了袁、王和部队的住宿地点。部队分住几个店铺,与袁、王驻地有一段距离。袁、王对特委的安排并未在意,更无防备。

24日凌晨5时左右,朱昌偕率十几个警卫人员敲开了袁文才的住房门,随即向尚未起床的袁文才开枪。袁文才当即被打死在床上,副官李筱甫也被打死。住在不远处的王佐一贯警醒,听到枪声,情知不妙,急忙爬

起,在随从的簇拥下,直奔马厩,牵出坐骑,翻身上马,慌忙往东门疾驰,窜上禾水河上的浮桥,岂料河中浮桥已被拆断,王佐连人带马栽入河中。

王佐不识水性,被湍急的漩涡卷入东瓜潭中淹死……

袁文才、王佐被杀后,边界出现一片混乱。袁文才的部属谢角铭与王佐的哥哥王云龙一起,率领袁、王残部举起白旗反水,"电省反赤",投靠了国民党反动派。"袁、王股匪",追剿经年,不仅没有剿灭,反而越剿越多。这下好了,袁、王死于共产党之手,岂不快哉!……湘赣两省敌人闻之兴高采烈,弹冠相庆。

然而,从此边界失去了一支敢与反动军队匹敌的劲旅,井冈山军事根据地日渐被动。

井冈山发生的一切,毛泽东和贺子珍始料未及,听到袁、王被杀的消息后,两人瞠目结舌。毛泽东久久才对贺子珍说:"为什么有的同志总对袁文才、王佐不信任呢?"

为了制止井冈山的混乱局面,毛泽东写信给彭德怀,要求他启用袁文才的拜把兄弟刘辉霄,安定人心;不久,刘辉霄被任命为红五军参谋长。

6."我们两个人,一个是铁,一个是钢"

毛泽东回师赣南后,在兴国等六个县的全境和永丰等县的部分地区,轰轰烈烈地全面展开了分田运动。经过土地制度的改革,赣南和闽西革命根据地内真正出现了一场农村的社会大变动,社会结构和阶级关系都发生根本变化。广大贫苦农民分得了他们祖祖辈辈梦寐以求的土地,热烈地拥护共产党和工农红军,赣南各县支援革命战争、保卫和建设革命根据地的积极性空前高涨。

到1930年3月中旬,赣西南苏维埃政府成立,闽西苏维埃政府成立。这样,毛泽东等人基本上实现了前委一年前向中央提出的公开割据闽赣

边界20余县的计划,为中央革命根据地的建立奠定了坚实的基础。

5月,红四军在地方武装配合下攻克寻乌县城,在这里敌人力量十分薄弱,环境比较安定。这在红四军主力离开井冈山后是少见的。

毛泽东开始利用红四军正分散在安远、寻乌、平远发动群众的机会,在寻乌县进行社会调查。寻乌县县委书记古柏是一位年轻人,他工作热情很高,天天陪毛泽东走街串户,找人开座谈会,向毛泽东介绍寻乌的情况。毛泽东在寻乌进行了20多天的调查,这是他以前还没有过的规模最大的一次调查。最后,毛泽东把这次调查的结果,整理成《寻乌调查》,全书共5章39节,8万多字。在这个调查中,毛泽东对寻乌县的地理环境、交通、经济、政治、各阶级的历史和现状等,进行了全面而详细的考察分析。在《寻乌调查》中,毛泽东非常感谢古柏的帮助,为此他特地写下:

在全部工作中,帮助我组织这次调查的,是寻乌党的书记古柏同志。

随后,毛泽东把古柏调任红四军前委秘书长。

在毛泽东的领导下,在不到半年的时间里,红军和红色区域有了很大的发展。赣南根据地和闽西根据地已初具规模。

进入1930年初夏,国内的政治形势发生了一些重要变化。5月,中原大战爆发。这是规模空前的一场新军阀混战,双方投入的兵力达到100万人以上。这种军阀混战,加深了全国人民的苦难,削弱了反革命派的力量,客观上为革命力量的发展创造了条件。

毛泽东决定乘中原大战之机,按预定计划,把东江闽西赣西南三块大赤区联系起来,扩大政治影响于全国,率红四军主力会师闽西。

6月1日,毛泽东、朱德率红四军主力从寻乌出发,沿武夷山南端第三次进入闽西,占领武平、汀州;然后,直向上杭进发。

毛泽东一到闽西,就率少数随从人员,经上杭县千家村、才溪,抵达长汀的南阳。11日,在南阳的龙田书院,他又召开了前委和中共闽西特委联席会议,讨论半年来根据地建设中的一些重大问题。朱德、陈毅、邓子恢、张鼎丞、谭震林、方方等60余人出席了会议。

在此期间,贺子珍在上杭上师范,特别用功,常常学习到很晚,有时放

假才回到毛泽东身边。在南阳会议期间,毛泽东和贺子珍意外发生了一次争吵。

一天,前委秘书长古柏扭坏了脚,痛得好厉害,他的爱人曾碧漪看护着他。谁知毛泽东比他自己扭伤了脚还要难受,他去看古柏,甚至用手小心地抚摸他的脚,仔细过问他的医疗情况,最后又让人请来了中医给他开了几副草药。毛泽东怕自己熬不好草药,就对贺子珍说:

"子珍,你别看书了,快去给古柏熬药去。"

此时贺子珍正在看书的兴头上,她满口答应着,但身子却没有动。

过了一会儿,毛泽东等不及了,他又喊道:"子珍,你去烧点热水给古柏烫烫脚。"

贺子珍已经沉入在书中的情节里,她口上还是答应着,可身子仍然没有动。

毛泽东火了,他大声批评贺子珍说:"你不像个共产党员,你再不去,我开除你的党籍!"

贺子珍被毛泽东的话从书中拉回了现实,当她抬头看到毛泽东那张生

古柏

气的脸时,她知道自己错了。本想放下书去给古柏弄水烫脚,却被毛泽东的这席话惹火了,她固执的脾气又上来了,她说:"我就因为看书而不给古柏弄水烫脚就开除我的党籍,太荒唐了,我看你没有那么大的权力!"

"你没有一点阶级友爱。"毛泽东继续批评她。

贺子珍生气地反驳说:"我正在学习,这些事情警卫员不能干?古柏的爱人不能干?为什么一定要找我?"

可是,贺子珍一说完这话,心里就后悔了,然而依着她的性格,又决不会马上给毛泽东认错的。她看到毛泽东那么生气,忙躲到一边去了。

晚上,贺子珍一个人裹着战利品红毛毯,睡觉去了。她越想越觉得自

己不对,想给毛泽东承认错误吧,又不想开那个口,只好一个人在那里睡。过了一会儿,毛泽东火气也消了,走过来,笑着对贺子珍说:

"好了,好了。我们两个人,一个是铁,一个是钢,谁都不让谁,钢铁相撞,响个叮当。学习要学,同志嘛也要关心。"

贺子珍一听,忙笑着对毛泽东说:"我当时也是忙,想多看会书呀!"

这一对吵吵闹闹的夫妇俩相视而笑。

"以后,你让我干什么,我不再推辞了。"贺子珍小声说。毛泽东笑了。

南阳会议是根据地建设中一次重要会议。毛泽东的目的是要把根据地建设一步步推向前进。然而就在这时,党内却滋生了一种冒险主义的错误倾向,并逐渐占了统治地位。这种"左"倾思想的代表人物,就是此时实际上主持党中央工作的政治局常委、中央秘书长兼宣传部长李立三。从1930年初开始,他就不断地以中央名义给党内军内发指令,组织罢工、示威、暴动,命令红军攻打大城市,批评根据地思想是"偏安"、"狭隘"、"绝对错误的观念"。

1930年6月中旬,中共中央特派员涂振农到达汀州县城,传达中央新的路线和策略。这时,南阳会议尚未结束。于是,会议又移至汀州县城继续进行。会上,涂振农传达了全国红军代表会议和全国苏区代表会议精神,然后说:"中央提出全国红军在8月以前扩大到50万,全国红军要集中力量,统一指挥,军师团营连排实行三三制,总的路线是夺取武汉。红四军的任务是:头一步要打下吉安,发动赣西南割据,再由赣西与八军攻下九江,一面屏蔽武汉,一面胁迫南京。"

布置完任务后,涂振农顿了顿,接着又谈起"中央对四军的批评",说道:"四军执行了六次大会的政治路线,深入了土地革命,发动了广大工农群众,所以四军是中国红军主力的主力。但红四军也有错误,是新右倾主义:一、否认突然的扩大;二、逃跑主义,放松了大的敌人,放弃了大城市。"

然后,他拿出了中共中央发出的《致四军前委信》,这是一封言词更为激烈的信。他谈道:信中批评红四军前委:"你们现在完全反映着农民意识,在政治上表现出来机会主义的错误。你们的错误:(一)站在农民的观点上来做土地革命,如像你们认为'农村工作是第一步,城市工作是第二步'的理论,你们甚至机械地认为只有把武装分配给农民以及红军在农村

杀尽土豪劣绅,才能保证土地革命的胜利。你们没有懂得,现在土地革命已走入更高的阶段——准备夺取全国胜利的时期,土地革命的彻底完成,只有推翻豪绅资产阶级的统治才有可能,你们因为反映了农民意识,所以忘却了这一个真理。(二)你们的割据观点,这同样是一个农民观点……(三)你们对于资产阶级更完全是一种机会主义的路线。如你们提出保护大小商人的口号……(四)你们对于帝国主义更是机会主义的观点,你们非常怕帝国主义,所以过去我们指示你们到东江,你们说东江帝国(主义)力量大……(五)你们应当深刻地了解自己的错误,按照中央的指示转变你们今后的路线。"种种错误,性质是很严重的;因此,对于四军将士来说,目前最紧要的就是拿出实际行动,改正错误,贯彻中央新指令!

中央声色俱厉的批评,左一个错,右一个机会主义!简直是泰山压顶,一切都是十分地强硬,红四军前委只好立即地、无条件地执行中央的新路线和策略。

汀州会议按中央新的编制原则,决定将红四军、红六军、红十二军组成红军第一军团(开始称第一路军,不久即改此称),朱德任总指挥,毛泽东任政治委员。同时,以毛泽东、朱德等组成中共红军第一军团前敌委员会,毛泽东任书记,并成立中国革命军事委员会,毛泽东任主席,委员有朱德、曾山、邓子恢、黄公略、彭德怀等。红一军团辖三个军:第四军,林彪任军长,彭清泉(即潘心源)任政治委员,下辖三个纵队;第六军,黄公略任军长,陈毅(8月改由蔡会文继任)任政治委员,下辖三个纵队;第十二军,伍中豪任军长,谭震林任政治委员,下辖三个纵队。全军团共3万余人。7月,由赣西、赣南、赣西南地方武装编成的红军第二十、二十二军,属红一军团建制。

6月19日,在长汀南寨坝广场,中国工农红军第一军团正式宣布成立。毛泽东、朱德都先后在成立大会上讲话。红一军团的成立,是红军不断发展壮大的结果。红军在作战形式上将实行由分散的游击战为主向比较集中的运动战为主的战略转变。

红一军团成立后,即奉命北上。6月22日,毛泽东、朱德按照中央关于"取南昌、攻九江,夺取整个江西"的指示,发出向广昌集中的命令。这样,贺子珍在"革命大形势"下终止了学业,离开学校,跟随毛泽东加入了新的

战斗。

贺子珍重新归队后,仍在前委工作。她的主要职责是和总前委秘书长古柏的爱人曾碧漪一起负责文件的保管工作。她们保管的文件,除了党的文件、中央发来的电报外,还有白区党组织送来的情报,这些文件两人装在一个大铁皮箱中。

7."我能睡它三天三夜呢!"

贺子珍、曾碧漪除了负责管理死材料,还负有主动收集活情报的任务。

1930年6月底,红一军团总部及直属队离开长汀,经广昌、瑞金于7月9日绕道到达兴国。中央特派员涂振农随总部前进,毛泽东等公布了由涂振农从中央带来的《中国革命军事委员会为进攻南昌、会师武汉通电》。

这时,蒋、阎、冯之间的中原大战正在激烈地进行,国民党在江西的驻军兵力不足。江西省政府主席兼第九路军总指挥鲁涤平得知红军夺取南昌、九江的计划后十分震惊,立刻命令南昌、九江、吉安等城市加紧修筑工事。与此同时,蒋介石又调第十八师两个旅返回江西,加强防务。

毛泽东、朱德等到达吉安县陂头,7月14日,中央特派员涂振农又召集中共红一军团前委和赣西南特委联席会议。会上,大家认为,吉安的国民党军队正凭险死守待援,工事坚固,如果硬攻将会造成很大伤亡;于是决定主力红军暂时不攻吉安,改向吉水、永奉、樟树攻击前进。20日,红军进入永丰城。24日攻占樟树镇,歼灭国民党军队两个营。

在这些日子里,部队日夜急行军,贺子珍疲惫不堪。在攻向吉水、永奉、樟树的途中,她对曾碧漪说:

"现在要是让我躺下来美美地睡一觉,我能睡它三天三夜呢!"

"是呀,我也想睡觉,要是能睡一会儿,哪怕是十来分钟,我就知足

了。"曾碧漪回答。

可是,打下樟树镇后,好容易盼到队伍停下来,她们又忘了那个美好的愿望,顾不上睡觉,急急忙忙走进村庄,去找当地老乡了解敌情。

为了确定下一步的行动方针,毛泽东在樟树召开了中共红一军团前委扩大会议。

会议决定西渡赣江北上,再视情况向南昌对岸推进。这是避实就虚的正确决策。

红一军团西渡赣江后,7月27日进抵高安、上高地区。这时,鲁涤平判断红军将要进攻南昌,急调三个旅加强南昌防务。29日,朱德、毛泽东下达"相机进占牛行车站"的命令。8月1日,红十二军代军长罗炳辉奉命率两个纵队进占南昌对岸的牛行车站,隔江向南昌鸣枪,以纪念南昌起义三周年,并从实地侦察敌情。罗炳辉回来后,报告说南昌国民党军队防务严实,不宜进攻。朱德、毛泽东立即下令红一军团"撤围南昌向安义、奉新北上"。

安义和奉新是国民党军队兵力空虚的地区。红一军团于是在安义、奉新一带分兵发动群众,并进行扩大红军的工作。

在奉新发动群众中,一天,在红一军团第二十三军任参谋长的贺敏学匆匆而来,告诉贺子珍一个不幸的消息:"欧阳洛在武昌被敌人杀害了!"

"怎么回事呢?"贺子珍有些惊讶,"他不是在上海吗?"

"1929年湖北省委书记柳直荀牺牲后,一年之内,湖北省委被破坏五次,先后有五位省委书记被杀。1929年9月党为恢复湖北省委的工作,决定派叶守信、何玉林、欧阳洛等赴武汉,重组省委。到达武汉后,欧阳洛改名孟之富,担任省委宣传部长。"

"啊,那他进步挺快的!"贺子珍说道。

"是的,他还做了湖北省委书记。开始时,在湖北省委里,欧阳洛是分管宣传的。他办了很多工厂小报,不定期出版。为了办好这些小报,他在各工厂特别是几个重要的工厂内建立了通讯员网,通过散布在各厂的通讯员,把各个工厂发生的工人们最关心的材料收集起来,加上省委掌握的各地区工人斗争的情况,用生动活泼的形式表达出来,一方面对工人进行教育,一方面对工人中的积极分子进行工作上的指导。小报由于紧密结合工人实际,很受各工厂工人的欢迎。由于欧阳洛的出色工作,今年2月初,中

央改组湖北省委时,他升任为临时省委书记。2月18日,又正式任命他为湖北省委书记兼组织部长。正当欧阳洛全力以赴为开展全省的工作而斗争的时候,不幸的事情发生了。"

"他是如何牺牲的?"贺子珍问道。

"4月5日,欧阳洛在洪山主持召开党的会议。因叛徒告密,敌人包围了会场,欧阳洛、何长清、史汉斌等人被捕。在敌人的法庭上,欧阳洛只说自己是江西人,名字叫苏得三,到武汉来当工人的,没有向敌人供出一点什么情况。在狱中,我们的一个永新同乡,在国民党部队当团长,以看望为名来劝降。欧阳洛厉声地说:'大丈夫死在战场,决不投降。'同乡见他这样坚定,于是问他还有什么要求,欧阳洛说:'我死后,请告诉我的父母亲,让他们不要难过,革命总有一天要胜利。'没过几天,欧阳洛在武昌阅马场惨遭杀害。"

革命虽然常流血,但是对于自己走向革命的引路人的牺牲,贺子珍心里很难过,半晌,她才喃喃地对哥哥说:"欧阳洛今年好像才28岁啊。"

"是呀,他死得太早,太可惜了啊!"

兄妹俩对于燃起永新革命火种的人无尽怀念和悲痛之情溢于言表。随后,他们组织在红一军团的永新原来和欧阳洛一起战斗、工作过的同志,一起举行了一个欧阳洛追悼会,深切怀念逝去的战友。

8.父亲当秘书、任后方办事处主任、被解职

1930年8月7日,毛泽东在奉新得到7月30日和8月1日的上海报纸,得知彭德怀率领的红三军团已乘虚攻克湖南省会长沙。几天后,又获悉红三军团已撤出长沙,并在平江地区受到何键部的追击。红一军团立刻向湘赣边境西进,同红三军团靠拢。18日,在万载一军团又得悉湘军追击部队右路的第三纵队四个团已突进到两省交界处的浏阳文家市一带,和

其他两路距离较远,态势较为孤立。毛泽东、朱德当机立断,当夜发出奔袭文家市的命令。贺子珍和曾碧漪也携着铁皮箱子随军急进。

20日拂晓,红一军团主力在当地赤卫队配合下,向文家市突然发起猛攻。经过三个多小时的激战,全歼立足未稳的湘军三个团、一个营及一个机枪连,击毙第三纵队司令兼第四十七旅旅长戴斗垣。这是红一军团建立后取得的第一个重大胜利,对支援红三军团意义重大。

战斗结束后,毛泽东、朱德率红一军团于23日北上浏阳永和市,同由平江地区南下的红三军团会合。两个军团的前委举行联席会议,决定把两个军团合编为中国红军第一方面军,共有兵力3万多人,成为此时最强大的工农武装力量,朱德任总司令,毛泽东任总政治委员;并且,成立中共红一方面军总前敌委员会,毛泽东任书记;同时,成立中国工农革命委员会,统一指挥红军和地方政权的工作,毛泽东任主席。

红一方面军成立后,中央又命令一方面军再去打长沙,三军团也有不少人主张打长沙。毛泽东、朱德对中央这个指示提出疑问,认为就红军的装备条件来看,长沙不易攻下。但上有中央命令,总前委内部又有不少委员主张打长沙,最后,毛泽东、朱德仍尊重多数委员的意见,由会议决定再次进攻长沙。

9月2日,红一方面军向长沙发动总攻。这次战斗异常激烈。一军团长林彪甚至采用"火牛阵"的方法,想用牛群来冲破敌军的电网,仍没有奏效。何键看到红军进攻受阻,在3日晨派两个多旅出击,结果被红一军团击溃。这以后,守军不再出击。10日,红一方面军第二次发动对长沙的总攻击,连续几次强攻,激战到11日拂晓,仍没有能突破守军的阵地。在战斗中,担任新编第八军政治委员的刘辉霄牺牲,时年30岁。

红一方面军围攻长沙16天,两次总攻都没有奏效,诱歼敌军的计划也没能实现,此时桂系李宗仁和张发奎的部队已到达湘潭。于是,毛泽东当即提出先消灭张桂军再夺取长沙,进攻武汉。这样,就可以把红一方面军调到机动位置上。因为并没有放弃打长沙和武汉,这得到了要打长沙的干部的赞同。

9月12日,毛泽东、朱德发布撤围长沙进占萍乡、株洲待机的命令。命令宣布,为实现"再夺取长沙进攻武汉之目的",方面军决定"占领萍(乡)、攸（县）、醴（陵）、株（洲）等处待机"。

9月13日，毛泽东、朱德发布红一方面军第一军团向吉安集中的训令——《关于夺取南昌的第一期方案》。于是，从9月14日起，红一军团开始向萍、攸、醴三县进发，并在三县筹款，发动群众，建立政权。部队终于从久攻长沙不克的困境中走了出来。

28日，红军到达袁州。就在这时候，中共中央长江局代表、长江局军事部负责人周以栗来到红一方面军，带来了上月29日中共中央要红一方面军围攻长沙的指示。其实，这时中共中央已召开了六届三中全会，批评和纠正了李立三的"左"倾冒险主义错误，停止了组织全国总暴动和集中红军攻打大城市的计划。只是由于交通阻隔，中央长江局和红一方面军前委都没有收到六届三中全会文件。

毛泽东热情地接待了周以栗，同他彻夜长谈。周以栗曾在武汉中央农民运动讲习所担任教务主任，在毛泽东手下工作过，两人关系融洽，交谈也较为随便，推心置腹。周以栗被说服了，感叹地称赞毛泽东："山沟里有马列主义。"

9月底，红一军团由袁州、萍乡、攸县等地向吉安方向开进，红三军团由萍乡以南向清江方向开进。红一军团担任攻吉主力，红三军团担任切断赣江交通和阻敌援吉部队的任务。

吉安，是一个被我党领导的地方武装长期围困的孤城，周围都是苏区。守敌邓英部不足三个团，早已被围得整日提心吊胆。打下吉安，可以使周围的苏区连成一片。毛泽东准备实施吉安之战。

然而，好事多磨。就在毛泽东率总部走到离吉安不远的一个叉路口时，迎面走来了赣西南地方党负责人李文林。李文林曾于几个月前赴上海参加了立三中央召开的全国苏维埃区域代表大会，回来后负有传达的使命。李文林告诉毛泽东："中央还要你们去打南昌！"

毛泽东听了，平静地用手指着正在行进的队伍，说："我们准备去打吉安，你看，队伍已经向吉安出发了。"

看到这种情况，李文林说："那也只好这样了。"

10月2日，毛泽东、朱德下达4号拂晓总攻吉安城的命令。4日，红军胜利攻占吉安，俘敌200余人，缴获大批物资。

邓英见势不妙,在红军进攻前利用暗夜溜逃。

攻占吉安后,周围几个县城的靖卫团都跑了,红区联成了一片,到处是红旗招展。

打下吉安后,贺子珍立即前去赣西南特委。赣西南特委是1930年2月由赣西特委和赣南特委合并而成,贺焕文由于在赣西特委担任文书工作,工作兢兢业业,一丝不苟,完成任务好,在赣西南特委担任后方办事处主任。但是,贺子珍兴冲冲地来到特委时,却被告知:"贺焕文被解职,到陂头列宁小学教书去了。"

原来,在立三"左"倾路线的影响下,特委某些领导认为贺焕文是店老板出身,成分不好,不适宜在党、政机关工作,而解了他的职,把他安排在陂头的列宁学校里教书。贺子珍听到这一消息,怅然而归。

但是,当她回到住处时,妹妹贺怡正在等她。自从1929年2月东固一别,姐妹俩没见过面,这一次别后重逢,贺子珍姐妹十分欣喜。但是,贺子珍又发现妹妹有些新变化,盯着妹妹仔细地看。

"看什么呀?还不是老样子啊!"贺怡笑着说。

贺子珍摇了摇头:"经过这么多的战斗,你也成熟多了啊!"

是的,别后这一年内贺怡经历了许多事情。

然后,贺怡向姐姐讲述了自己这一年多的甜酸苦辣的经历。

原来,1929年2月,贺子珍和毛泽东随红四军主力离开井冈山后,贺怡仍留在赣西特委工作。一天,赣西特委书记唐在刚来到贺家,贺焕文夫妇泡茶招待。

唐在刚说:"老贺,我来是想给贺怡提媒,有个合适的人,征求征求你们夫妇的意见。"

此时贺怡已经18岁,正是出嫁的年龄。

贺焕文夫妇忙问:"对方是谁?"

唐在刚说:"你老都认识,就是赣西特委秘书长刘士奇。"

刘士奇是1923年参加革命的老党员,已有28岁了,比贺怡大10岁。据说是小时候患过一场病,脱发较多,所以不论天冷天热都戴着一顶帽子,显得有些老成,在赣西特委有"老夫子"之称。

对于刘士奇,贺焕文夫妇早就认识,并且对小伙子印象也不错,没说

二话,就应允了这桩婚事。

当晚,刘士奇就请了贺焕文夫妇的客。

1929年4月,贺怡在父母作主下与刘士奇成婚。但是,由于年龄、经历和性格的差别,婚后生活并不愉快。

婚后不久,刘士奇由秘书长一跃担任了中共赣西特委书记,贺怡也被当选为特委委员,并任特委妇女部部长。贺怡的父亲也调进特委机关当秘书,负责抄抄写写,母亲负责打扫机关院落,一家人全都参加了革命。不久,由于工作认真负责,在赣西南特委成立后,贺焕文又调任后方办事处

贺怡

任主任。这些都是刘士奇一手操办。父母高兴感恩,而贺怡却感到压抑。

天有不测风云,人有旦夕祸福。时间到了1930年8月中旬,刘士奇受李立三"左"倾路线的影响而受到批评,撤销了特委书记不讲,又要限期调离赣南到上海接受教育。刘士奇离开根据地赴上海后,再也没有回来,不久又传来了刘士奇在上海另有所爱的消息。这一下把贺怡击倒了,几个月后她才振作起来。

但是,由于刘士奇的影响,贺焕文解职到陂头小学教学。贺焕文不计较个人得失,乐意去当教员。他厚实的国文功底,在学校里得到了充分的发挥,很受学生们的喜爱。

贺怡也受到了审查。刚刚几天前,赣西特委对贺怡的工作审查结论出来了:"与刘士奇无关,工作尚有成绩。"特委并要她放下包袱,轻装前进,好好工作。

贺子珍没想到短短一年中,妹妹和家里就发生了这么大的变故,颇有感慨。她安慰妹妹说:"刘士奇走了就走了,不要惦记他!你又没什么错,以后会有一个爱你的人的。"

"但愿如此吧!"贺怡淡淡地说。

随后,贺怡陪同姐姐前往陂头,看望了在列宁学校里教书的父母。

这时,红一方面军已发展到5万多人。

红军和革命根据地的发展,引起了国民党反动派的恐慌。尤其是毛泽东、朱德领导的红一方面军,更是使蒋介石寝食难安。

1930年10月,蒋介石在取得对阎锡山、冯玉祥战争的胜利后,立即把主要兵力转向红军和苏区,以10万兵力向中央苏区进行"围剿",蒋介石气势汹汹,声称要3至6个月内消灭红军。

9."打了胜仗,还不许我们看上一眼!"

敌人这一次的确来势凶猛。过去一省或几省军阀的"进剿"、"会剿",常常是各自为阵,以能将红军驱逐出省境即为了事,这一次却是全国统一组织指挥的大规模"围剿"。1930年10月28日,蒋介石亲自发布命令:"以歼灭朱毛彭黄及方志敏各股匪之目的,集结第六、第九、第十九路军及行营直属各部在赣境内四周包围各股匪于赣西地区及景德镇附近而歼灭之。"蒋介石还为这次"围剿"制定了"长驱直入,外线作战,分进合击,猛进猛打"的作战方针。其部署是:三路大军,由北向南,从吉安、建宁一线,将红军主力压至清江至分宜段的袁水两岸地区,聚而歼之。

在蒋介石的巨大决心激励下,各路人马都叫嚷:"擒贼先擒王,首先消灭朱毛红军!"

这时,毛泽东已制定了破敌策略:诱敌深入,在根据地歼灭之。11月27日,毛泽东、朱德发出了战略退却命令——《关于到黄陂小布集中的命令》,按照命令,红军一路退却。12月1日,红军到达退却终点——宁都西北部的黄陂、小布地区。

至此,毛泽东设想的红军战略退却的任务已经完成,准备战略反攻。

这时,敌人以10万兵力,在800里战线上同红军摆开"围剿"的架势。

最东头是刘和鼎的五十六师,远在福建建宁;最西头是蒋光鼐、蔡廷锴的十九路军。这800里中间,敌人又分两路:左路是朱绍良第六路军、毛炳文的第八师和许克祥的第二十四师,进展缓慢;右路是鲁涤平第九路军张辉瓒的第十八师,进占东固,其后是公秉藩的第二十八师,在富田,谭道源的第五十师,在向源头前进中。张辉瓒、公秉藩、谭道源三个师求战心切,孤军深入。但是,他们进入根据地后,粮食被坚壁清野,消息受到封锁,始终不知红军主力所在。

其实,此时毛泽东和朱德等人已到了吉水县境。在吉水县木口村时,毛泽东从报纸上惊悉杨开慧殉难的噩耗,十分哀痛。贺子珍闻讯也十分难过。当即,他们商量寄去30块光洋和一封信给杨开慧的哥哥杨开智请他给杨开慧修墓立一块碑。

12月下旬,毛泽东前往小布主持召开苏区军民歼敌誓师大会。

在去小布的路上,毛泽东碰见两个红军战士押着一个青年往君田村走去,背后一位老太婆跌跌撞撞地哭着,毛泽东急忙上前搀扶老太婆,并喝住两个战士,问是怎么回事。原来是东固县委书记毛泽覃所部在搞强行扩红,所谓扩红就是动员根据地青壮年男子参军,扩大红军。一看毛泽覃扩红破坏军民关系,毛泽东怒不可遏。

当晚,毛泽覃办公室里灯光通明,屋里隐隐约约传出阵阵争吵声。毛泽东兄弟二人正在为白天的事激烈争辩。一个说扩红就得强迫些,一个说这样破坏军民关系要不得。兄弟俩争来争去,最后,毛泽东急了,拿出当老兄的做派挥拳要揍弟弟。

毛泽覃大声说:"这是革命队伍,不是毛氏宗祠!"

但是,次日,毛泽覃找到那位被扩红的青年,向他赔礼道歉,并把他送回家去。老太婆见儿子回来了,欣喜若狂,急忙跑出门去迎接,毛泽覃又向她作了检讨。

此时,毛泽东正在主持苏区军民歼敌誓师大会。会场上贴着毛泽东亲拟的一副对联:

敌进我退,敌驻我扰,敌疲我打,敌退我追,游击战里操胜算;
大步进退,诱敌深入,集中兵力,各个击破,运动战中歼敌人。

在会上,毛泽东发表了振奋人心的讲话,列举了这次反"围剿"战胜敌人的六个条件。他说:"第一,我们军民一致,人民积极支援红军,这是最重要的条件;第二,我们可以主动选择有利作战的阵地,设下陷阱,把敌人关在里面打;第三,我们可以集中优势兵力,歼灭敌人一部分,一口一口地把敌人吃掉;第四,我们可以发现敌人的薄弱部分,拣弱的打;第五,我们可以把敌人拖得精疲力尽,然后再打;第六,我们可以造成敌人的过失,乘敌之隙,加以打击。"

贺子珍也参加了誓师大会,毛泽东一讲完,她就领着大家呼口号:

"勇敢冲锋,奋勇杀敌,多缴枪炮,扩大红军!"

"活捉张胖子,打倒蒋介石!"

会场上的情绪达到了顶点。

一切准备就绪,就看首先反击哪一股敌人了。

起初,有人主张先打兵力较弱的敌人左路毛、许二师,然后由西向东横扫。毛泽东反复考虑后认为,先打毛、许二师,固然好打,但打了毛、许后,张、公、谭三师就会收缩到一起,再打就难了。这样,毛、许二师虽能打败,敌人的"围剿"却不一定能打破。相反,正面敌之右路三师,张、谭二师是主力,如果打掉了张、谭,就把敌人的800里连营切断,使之成为远距离之两群,敌人的"围剿"就打破了。而且,我军在兵力上也大大超过张、谭二师。因此,他决定先打张辉瓒或谭道源部。

12月24日,红军得到消息,谭道源师正在源头大肆拉练,准备向小布前进。小布地区便于设伏。

于是,毛泽东决定在小布设伏,首先消灭谭道源师。25日1时,毛泽东、朱德发出《伏击进犯小布之敌的命令》,红军于当日拂晓轻装前往小布埋伏,并规定:白天不许煮饭,前线指挥员不许骑马,以求高度隐蔽。

但是,红军连续两天设伏,敌人都没有来。原来谭道源师已集合好队伍,准备向小布前进。结果,一个反革命分子报告了红军设伏的情况,谭道源立即改变了进军主意。

这时,红军探知谭道源的部队仍停留在沅头、上下潮、树陂一带,而张辉瓒则率领手下冒着烈日,急飞猛进,经善和、藤田到达潭头,现正向上固、龙冈推进。敌人是孤军深入,而龙冈是毛泽东最熟悉不过的地方。毛泽

东和总部研究后决定,首先歼灭张辉瓒部于龙冈地区。

29日,红军转移到黄陂西面君埠及其以北一带,隐蔽集结。

当日午前得到消息,张辉瓒先头部队已到达龙冈,预料敌次日将向君埠前进。听到这一消息,毛泽东十分高兴,决定利用敌人行进中的有利地形,在运动中歼灭敌人。

于是,红军兵分两路,红三军团、红四军为右路军,由彭德怀、滕代远指挥;红三军、红十二军为左路军,由毛泽东、朱德亲自指挥。在张辉瓒必经的黄竹岭前面的木坑以右地区和亭子岭设下埋伏,迎击由龙冈东进的张先头部队。总攻击龙冈时间为30日午前10时,毛泽东把总司令部就设在黄竹岭后面的小别山上。

30日清晨,红军进到预定阵地。来到了黄竹岭,贺子珍没有回家,她跟随毛泽东、朱德及几位参谋和勤杂人员,来到了指挥所。抬眼望去,细雨霏霏,雾色朦胧,龙冈就锁在这细雨薄雾之中,正是:"雾满龙冈千嶂暗。"

上午9时,张辉瓒先头部队正在龙冈以东、小别以西艰步登山时,突然遭到居高临下的红军的迎头痛击。在经过一阵混乱后,敌军不断发起了攻击。到中午时分,敌人又展开两个团的兵力,进行猛攻,但都被打退。到下午3时,张辉瓒亲自指挥四个多团向红三军阵地多路进攻。战斗一时十分紧张。这时,红十二军已沿龙冈南侧占领表湖及其附近各山头,红四军和红三军团从背后向龙冈之敌发起猛攻。顿时,敌全线溃退,一片混乱。

激战到下午6时,由于红军集中了兵力,四面包围,以主力从敌军侧后攻击,全歼了第十八师师部和两个旅近1万人,活捉张辉瓒。

毛泽东听说张辉瓒被抓十分高兴,立即走出指挥所,望了望远处的大山,然后沿大路向龙冈大步走去。

这时山上的战士们还在兴奋地到处喊:"捉到张辉瓒啦!""前面捉到张辉瓒啦!"这时贺子珍、古柏的妻子曾碧漪和毛泽东的机要员龙开富在后面的山林中看管文件箱。胜利的呼喊声也惊动了他们。

三人听到前面红军打了大胜仗,心里有说不出的高兴。贺子珍忍不住对曾碧漪和龙开富说:"我们爬到山头上去看看。"

结果,三人一走出山林,就被正往山下来的毛泽东、古柏等人撞见。毛泽东批评说:"你们离开文件箱,东西被人家挑走了怎么办?"

贺子珍和曾碧漪回头看看,文件箱还在,就"强词夺理"地说:"哦,打了胜仗,还不许我们看上一眼!"

说完,三人气嘟嘟地转身回去,又去看管文件箱了。

毛泽东等人前行。

当他们一行人来到龙冈大坪时,有人把张辉瓒捆绑着,带过来了。张辉瓒一见毛泽东,便像抓到救命稻草似的喊道:"润之先生,过去我们见过面,对先生非常敬仰。"

毛泽东吩咐"松绑",张辉瓒活动一下胳膊,毛泽东、朱德率先坐在田畦边一棵大枫树下,示意张辉瓒也坐下。毛泽东说道:"我们还是小同乡呢,这一回是你剿了朱毛,还是朱毛剿了你?"

张辉瓒沮丧地说:"我估计失误,上了你们的圈套。希望红军免我一死,我愿意捐钱、捐药、捐枪炮。"

毛泽东吩咐下属:"好好看管,不要杀。"

龙冈之战,全歼张辉瓒一个师部和两个旅,俘敌9000余人,除个别人漏网外,全部被俘。第一次反"围剿"首战胜利。

龙冈大捷,使深入根据地的敌军纷纷收缩。红军乘胜追击,决定再歼谭道源师。

这时,时间已跨入1931年。元旦,毛泽东、朱德发出红一方面军第一次反"围剿"作战中的胜字第一号命令:"方面军决以全力扑灭谭师。"命令要求广大红军战士"注意":"此次战争关系全局,各官兵须不惜任何牺牲,达到最后胜利之目的。"

"胜利后须注意收缴敌之军旗及无线电机,无线电机不准破坏,并须收集整部机器及无线电机务员、报务员。缴获敌之经理处款项不准分散,纸票不准焚毁,须一律缴部。"

1月2日晚,红军向撤退到东韶的谭道源师开进。3日晨,担任正面攻击的红十二军首先在东韶与敌人展开战斗,其余各路红军也纷纷赶到东韶。战斗异常激烈。到16时许,红军从西、南、北三面突破敌军阵地。由于担任迂回的部队尚未到达指定位置,谭道源率残部向东北方向溃逃。红军奋起追击,歼敌一部。东韶战斗,红军又歼敌3000余人,缴枪2000多支(挺)、迫击炮4门、无线电台1部。

短短5天,红军连打两个胜仗。其他各部敌军仓皇退走。中央革命根据地的第一次反"围剿"胜利宣告结束。根据地军民一片欢腾,而蒋介石和国民党大员却一脸沮丧。

这时,远在南京的张辉瓒的老婆朱性芳得讯老公被红军活捉,急得要死,忙和国民党有关部门寻找上海共产党的关系,准备不惜任何代价,只要不杀他,要什么给什么。随后,朱性芳通过各种关系,与中共中央的秘密联络员接上了头。通过鲁涤平、程潜、唐生智和何应钦等人斡旋,蒋介石也同意赎张。鲁涤平随即与中共有关人员确定了赎救条件:十八师未上战场的五十旅朱耀华部(张的外甥),共4000余人及全部枪械弹药,归降红军;由上海的三家银行担保,向红军捐送20万元现大洋,20担西药,再加上可以武装两个团的枪弹;释放南昌关押的100多名政治犯。

周恩来等人经过慎重研究,认为国民党"赎张"的条件对中央苏区有利,并致信朱德、毛泽东,要他们做好放张的准备。

毛泽东吩咐赶快开药单,然而,新到中央苏区的卫生干部不听指挥,迟迟不弄出药单。已进到苏区的王明干将和先来一步的项英,也不尊重毛泽东的指示,知道东固人对张辉瓒恨之入骨,却命令把张辉瓒交东固群众开大会斗争,并进行公审。

于是,事情的发展出乎毛泽东等人的意料。1931年1月28日,在东固由区苏维埃政府召开公审张辉瓒大会。

东固河西有个朝北的戏台子,这一带都没有街屋,在麻石路的南边,戏台子上有几根柱头。公审张辉瓒大会就在此召开。附近各县一二百里的三四万农民都拖着梭标、扛着红旗,聚集在戏台周围的河滩上。这一天正是农历腊月初十,天气很冷,还下着毛毛雨。公审张辉瓒的大会由东固县委书记毛泽覃主持。张辉瓒胖胖的,没捆没绑,因为天气太冷,他冻得不住地搓手。在大会上,他还讲了几句谢罪的话:

"我对不起东固的百姓,请大家原谅我。"

可是,老百姓恨死了这个刽子手,他的"三光政策"使东固镇由3万人减少到3000人。他一说话更是引得喊杀声震天响,群众从四面八方潮水般往戏台前拥去。有人喊:"不杀张胖子,就杀主持人!"

接着又有人喊:"张胖子千刀万剐,第一天用钻子钻,第二天用刀片

剐,第三天砍脑壳……"

张辉瓒吓得不敢正视人山人海的苏区老百姓,便向大会主席毛泽覃请求:"不要杀,把我枪毙算了……"

众怒难犯,毛泽覃便下令将张辉瓒枪毙在戏台旁边。张被枪毙后,头又被用马刀割下来,挂在祠堂上吊了两天示众。结果等毛泽东知道此事时,张辉瓒的人头早已割下来挂起来了,毛泽东也只好不说什么了。

张辉瓒的头示众两天之后,有人用木盒子装了,送到90里外的张家渡,那里与吉安隔一条赣江,张辉瓒的头颅被用有"张氏宗祠"的大木匾的木盒子飘到吉安……后来,张辉瓒的头颅被鲁涤平的手下打捞去。

10. "假如村里有了疯狗"

终究胜利是让人鼓舞的。虽然有些不快的小小插曲,也很快烟消云散了。粉碎蒋介石第一次"围剿"后,毛泽东、朱德发出关于分散筹款的命令,要求红军继续积极筹款,备足给养,同时,进行攻势作战,巩固和扩大苏区,准备迎击敌人新的进攻。

就在这时,以王明为代表的"左"倾教条主义在中央革命根据地开始起作用了。

早在1931年1月7日至10日,扩大的三届四中全会在上海召开。李立三下台后,主持中央工作的瞿秋白和周恩来受到批评,在共产国际代表远东局负责人米夫的支持下,1929年4月回国、12月被任命为江苏省委书记的王明执掌党中央大权,以王明为代表的"左"倾教条主义开始占据统治中央。根据中央决定,1931年1月15日,中央革命根据地成立苏区中央局,书记周恩来,未到职前由项英代理,委员由周恩来、项英、毛泽东、朱德、任弼时、余飞、曾山等九人组成;苏区中央局统一领导全国苏维埃区域内各级党组织,以毛泽东为书记的红一方面军总前委同时撤销。与此同

时,成立苏区中央革命军事委员会,项英任主席,毛泽东、朱德任副主席;下设总参谋部、总政治部,其中朱云卿任总参谋部部长,毛泽东兼任总政治部主任。这一巨大的变动,使以毛泽东为首的正确领导居于了苏区党和红军领导的次要地位,随后立即对整个根据地形势产生重大影响。

第一次"围剿"以张辉瓒人头落地告终后,从2月开始,蒋介石派军政部长何应钦为陆海空军总司令南昌行营主任,部署对中央革命根据地的第二次"围剿"。到3月下旬,在中央革命根

王 明(陈绍禹)

据地周围已集结了蒋介石的18个师又3个旅,主要有十九路军(总指挥蒋光鼐,蒋未到前线,由六十师师长蔡廷锴代)、第五路军(总指挥王金钰)、第二十六路军(总指挥孙连仲)、第六路军(总指挥朱绍良)以及韩德勤的五十二师、刘和鼎的五十六师、张贞的四十九师、香翰屏的六十二师、周志群的独立旅等,共20万人,在西起赣江、东至建宁的800里战线上,形成一条没有完全连结的弧形阵线。蒋介石吸取前次"长驱直入"遭致失败的教训,采取"稳扎稳打,步步为营"的战术,然后,诸将叫嚷着"会师武昌,于国民会议开会前肃清朱毛"发起了"进剿"。

这时,红一方面军约有3万余人,虽然敌人胜于自己六七倍,但是有了第一次反"围剿"胜利的鼓舞和经验,部队士气很高,毛泽东、朱德领导部队和根据地人民,为反"围剿"紧张地做着各种准备工作。很快,一切准备就绪。

正当军队和民众摩拳擦掌信心百倍地准备歼灭来犯之敌时,中共中央派出的由任弼时、王稼祥、顾作霖组成的"四中全会代表团"(亦称"三人

团")到达中央革命根据地,参加苏区中央局的领导工作。4月17日,召开苏区中央局扩大会议的"继续会议",作出五项决议,表示拥护四中全会。会后,毛、朱等到前方,中央局由项英、王稼祥、任弼时三人主持工作。

项、王、任一上任,在反"围剿"上,马上与毛泽东、朱德前定的战略方针发生了分歧。

苏区中央局和中央代表团中有的人对毛泽东的"诱敌深入"方针多有非议。他们主张采取分兵退敌的方针,把红军分散到苏区外去打游击,把敌人引出苏区。还有的主张退出中央苏区,转移到云贵川建立新的根据地。理由是,斯大林说过四川是中国最理想的革命根据地。

对此,毛泽东则坚决反对。他指出:"敌人兵力虽多,但指挥不统一,官兵不一致,没有群众基础,地形不熟悉。相反,我军虽然数量少,装备差,但第一红军好,第二群众好,第三是地形好。这样,我们就可以以少胜多,打败敌人。"

经过几番激烈的讨论和争论,苏区中央局终于接受毛泽东的意见,决定继续采取"诱敌深入"的战略方针,在中央苏区内艰苦奋斗,长期作战,消灭敌人。

方针确定以后,接下来就要决定先打哪一路的问题。多数同志的意见是打蒋光鼐的十九路军,理由是打垮蒋光鼐后,便于发展,可以伸开两手到湘南和赣南。毛泽东认为在诸路进犯之敌中,十九路军是比较强有力的,在历史上未曾打过败仗。打十九路军没有绝对胜利的把握。因此主张现在主要是选择敌人的弱点打,应打富田地区的弱敌王金钰这一路。因为这路敌人弱,且地形群众都好。毛泽东的这个意见,又得到了大家的同意。

指导思想统一后,4月19日,毛泽东、朱德遂下令红军于第二天开始移动,向龙冈地区集中。23日,红军先后到达龙冈后,为便于捕捉战机,毛泽东又毅然命令红军西移40里,到东固地区集中,伺机消灭富田之敌王金钰部。

敌人一来,红军便要和当地党组织发动群众坚壁清野,上山躲起来,但是,有的群众有抵触情绪,妇女的抵触情绪是最大的,特别是老年妇女的工作难做。当宣传员召集大家讲解党的政策,她们往往躲在家里,不肯出来。贺子珍和曾碧漪也做起了妇女的思想工作,她们一家一家地去拜访

那些不愿上山的妇女。

有一次,贺子珍来到一位老婆婆家。老婆婆对红军"诱敌深入"不理解,认为把白军让进根据地,老百姓损失最大。贺子珍了解她的心态后,对她说:"假如村里有了疯狗,到处咬人,怎样才能除这个害呢?是拿着大棒,满村四野地追着打呢,还是在屋里扔块骨头,把狗引进屋来,然后关门打狗好呢?"

"还是关门打狗好。它腿快,它是四条腿,比你跑得更快,怎么追得上它?"老婆婆这点是知道得很清楚的。

"打白鬼子也一样呀。"贺子珍进一步启发她,"他们仗着武器好,人数多,要把根据地消灭掉。红军人数虽然少,但在根据地里,就像在自己的家里,再加上老百姓的支持,就可以关门打狗,消灭白匪军了。在根据地外出门打狗,我们哪打得过人家呀?"

贺子珍讲得又通俗又在理的例子把这位老婆婆说服了。老婆婆思想一通全家也都积极行动起来。贺子珍帮助他们一起把牛牵到山上,把粮食挑到山上藏起来,让敌人进村后干不了直接危害百姓生命或财产的坏事。

在东固,毛泽东又拒绝中央代表团性急快打的建议,隐蔽设伏,耐心等待战机。

25天后,时机来了。5月13日,红军得到情报,王金钰部的第四十七师分三路由富田向东固前进。

王金钰的四十七师开进东固后,红军的这"空城计"起了作用,他们什么吃的都找不到,就自己去割稻子。稻谷弄到了,又找不到把谷子脱成米的工具,只好连皮带米一起吃。对此,敌军官沮丧地说:"牛作田,马吃谷。没想到今天我们也成了马,要吃谷了。"

16日拂晓,红一方面军总部特务连首先与敌二十八师先头部队遭遇,阻止了该敌的前进。午时,担任中路军的红三军沿小路进入中洞南侧,处于居高临下的有利地形,突然向敌发起进攻,敌顿时乱作一团,惊呼:"你们是从天上飞下来的呀!"战至17时许,将敌二十八师大部歼灭。敌师长公秉藩被地方赤卫队俘虏后蒙混逃脱。与此同时,右路红四军、红六十四师抢占了观音崖、九寸岭两隘口,并追歼敌四十七师一个旅大部;担任左路的红三军团,于16日午夜向富田之敌发起攻击,17日晨结束战斗,歼敌

四十七师一个旅的大部。红三军、红四军相继抵达富田。

随后,毛泽东又按照预定计划指挥红军,就势向东横扫。从5月16日到31日,红军先后在东固、白沙、中村、广昌、建宁连打5个胜仗,自西向东横扫700华里,歼敌3万余人,缴枪2万余支。蒋介石20万大军全线败退,红军痛快淋漓地打破了蒋介石精心设计的"围剿"。

6月,中共永(丰)、吉(安)、泰(和)特委成立,毛泽覃任特委书记,同时任命贺怡任特委委员兼保卫局长。

11."敌人要是认出你是我的老婆,还不拿你的头去邀功请赏呀!"

1931年6月6日,蒋介石发表《告全国将士书》,口口声声要"戒除内乱","剿灭赤匪",并信誓旦旦地宣称:"幸而完此夙望,应当解甲归田",否则,将"舍命疆场"。6月21日,他带着德国、英国的军事顾问到达南昌,调集了23个师又3个旅,共30万人,发动了对中央苏区更大规模的"围剿"。

这时,红一方面军主力正在闽西和闽赣边界地区开展群众工作。红一方面军总部位于闽西建宁,总兵力仍是3万人左右。敌人来这么快,使红军未免感到紧张和仓猝,但料定敌人要再来"围剿",则是毛泽东预见之中的事。毛泽东立即召集总部紧急会议,和朱德、彭德怀以及谭震林、罗炳辉等人分析敌我态势后,确定仍以"诱敌深入"的方针来打破敌人的进攻。

考虑到敌人进攻迅速,且已逐步深入中央苏区前部地区,红军主力向赣南苏区前部和腹部集中已来不及,毛泽东毅然决定红军向赣南后部集中。于是,下令红军于7月10日左右出发,先向瑞金集中。

7月10日,毛泽东率总前委和总部人员从建宁出发。虽然7月已是骄阳似火,毛泽东却仍然大步从容,有时还边走边看书,上山也不骑马。贺子珍则没有他这么潇洒。在行军途中保管文件,是个很细致很琐碎的事情,

总前委的领导每到一处，总要召开一些会议，查阅一些文件，或起草一些报告，文件箱不时要打开使用。总前委对她和曾碧漪的要求是：人在文件在。平时行军，她们守护着文件箱，走在队伍的中间，前面有尖兵、前委，后面有部队。军队作战时，她们就转移到后方，所谓后方，就是同作战的部队拉开一点距离。如果两军在这个山头作战，她们就隐蔽到稍远一点的山沟里，或者转移到另一个山头，密切注视着前方的战斗，部队向哪个方向运动，她们带着铁皮箱也跟上去。因为同红军大队拉开了距离，就要特别注意周围的情况，警惕敌人的突然袭击。遇到这种情况，贺子珍和曾碧漪两个人就得分工：一个重点掌握前方战斗的情况，判断什么时候该跟队伍前进；另一个人就要察看周围的动静，看看有无偷袭的敌人摸过来。

一路上，文件箱就像个宝贝似的，让贺子珍牵肠挂肚。

到了瑞金的壬田寨，得知敌人进入苏区，正在急于寻找红军主力作战，毛泽东决定因势利导，再让敌人深入到赣南底部，然后插回敌人后方，打其空虚之处。于是，红军又继续退却。28日，到达江西兴国的高兴圩地区，总计行程千里，完成了回师集中的战略任务。

7月底，蒋介石发现红军转移其侧后兴国地区，判断红军有西渡赣江之可能，于是命令部队分路直迫红军面前，企图压逼红军主力于赣江东岸而消灭掉。

重兵压境。7月31日，红军接到地方党组织报告，敌军主力正向兴国急进，其侧后富田新安一带仅有三个团防守。毛泽东和总部领导紧急商量后，决定先夺取富田新安。当晚，红军向富田方向开进。

此时，贺子珍和曾碧漪把文件箱放在老百姓屋里，她们除了注意保密以外，还要注意走时不在屋里留下任何痕迹，一张报纸，一片小纸条，都不能留下，以免落到敌人的手里，给群众带来麻烦。贺子珍正在村里办别的事，队伍突然集合出发。她想起放文件箱的那间房子还没检查，不知有没有丢下东西，又急忙跑回去，认真察看一遍，这才放心地去追赶队伍。

当先头部队进到石陂以北时，发现敌陈诚和罗卓英两个主力师已先我到达富田地区，原夺取富田的计划难以实现。

敌变我变。毛泽东和朱德当即改变计划，率部返回高兴圩一带山林地区，另觅战机。

贺子珍 He Zizhen

这时,各路敌军纷纷向高兴圩地区进逼。红军西有赣江,南、北、东三面有敌九个师进逼,只剩下以高兴圩为中心方圆几十里的狭小地带,毛泽东和几万红军全围在其中,形势十分严峻。然而,毛泽东仍十分镇静,时刻注意敌人动向,寻求出击办法。

正在这时,红军电台截获何应钦发出的一份电报,得知敌"围剿"部署和各路敌军分布情况。于是,毛泽东和朱德决定,实行中间突破,以红军主力向兴国东部的莲塘突击,求歼正在莲塘前进的战斗力较弱的第三路军,然后进击龙冈、黄陂,调动敌军于运动中加以各个歼灭。为隐蔽红军的这一企图,造成敌人错觉,毛泽东又命令红三十五军和红十二军第三十五师伪装主力,向西运动,牵引敌人。然后,8月5日晚,毛泽东、朱德率红军主力两万多人,利用夜色掩护,从崇贤、兴国两地敌军之间约20公里的空隙中,穿过林木繁茂的山岭地带。为绝对保密,一切发光、反光的物品都隐蔽好,一切能够发出声响的用具都用布包起来。8月6日,红军到达莲塘,胜利地跳出了敌人的第一道包围圈。

一盘成危局的棋又活了。

第二天,红军在莲塘和上官云相师前哨接触。第三天与上官云相打第一仗,第四天与郝梦龄师打第二仗,尔后以三天行程到黄陂与毛炳文师打第三仗。三战皆胜,缴枪逾万。

这时,所有向东向西的敌军主力,发现红军主力东去以后,立即转旗东向,集中向黄陂,猛力并进,以最密集的大包围态势接近红军。

红军主力又一次处于十分危险的境地!

在反"围剿"中最困难的时刻,8月13日,毛泽东在杨斋村主持召开高级干部会议,研究部队行动问题。会议从下午一直开到黄昏。在全面分析了各方面的情况后,毛泽东和总前委作出决断:改变原来的由西向东战略,转为由东向西,以一部诱敌东向,主力从敌人两路中间17里宽的地段隐蔽向西突围,跳出敌人包围圈,到兴国附近集中,待机破敌。

红军要又一次穿越一个更加狭窄的敌人中间地段,这是一个更为大胆惊险的举动!

当天晚上,毛泽东、朱德率领红军主力从宁都永丰交界的尖岭脑山地出发,沿着渺无人烟的山林小路,偃旗息鼓,悄无声息。这一晚,连总司令

在内,都找不到宿营的房子。

与此同时,担任佯动任务的红十二军,在罗炳辉军长的带领下,却是白天行军,一路扬旗吹号,铺设路标。果然,敌人把红十二军看成了红军主力,一路尾随而去。

红军又一次突围成功。当敌人发觉中计、再向西进时,红军已在兴国地区休整了半个月。蒋介石手下诸将饥疲不堪,士气更是沮丧不已,个个哀叹:"肥的拖瘦,瘦的拖死。"

手下将士已经无力继续进攻了。9月初,蒋介石只好下令实行总退却。

红军乘势发起反攻。9月7日拂晓,蒋军正沿高兴圩至老营盘向北撤退,红军迅速出击。这时,贺子珍同曾碧漪带着文件箱,在高兴圩的另一个山头,一面观察战斗,一面严防敌人的偷袭,准备随时前行跟进。

战斗进行了一天一夜,到第二天的黄昏,双方子弹都打光了。有的红军战士同敌人展开了白刃战,有的用石头砸敌人。敌人死伤过半,仍负隅顽抗。这时垂死挣扎的敌人竟然出动飞机,不顾双方的军队胶着的局面,狂轰滥炸起来,几架敌机来回在战场上空盘旋,乱扔炸弹。

贺子珍担心在西面山头指挥作战的毛泽东和朱德的安全,正引颈眺望,忽然发现一架敌机正向自己所在的山头俯冲下来。贺子珍一看不好,赶忙招呼曾碧漪说:"不好!飞机来了,快隐蔽!"

可是,在这光秃秃的山上,往哪儿隐蔽呢?她们只得卧倒在一棵树下。树的旁边是一个一人多高的土丘。她们趴在那里,只听得四面八方传来了炸弹的爆炸声,一颗炸弹就在她们的附近爆炸了,爆炸声震耳欲聋,炸弹的气浪把土丘都掀起来了,泥土铺天盖地落在她们的身上、头上,把她们给埋住了,两个人失去了知觉。

等到她们清醒过来时,天已经完全黑了,战场上一片沉寂。她们几乎是同时从泥土堆里伸出头来,互相看了看,发现谁都没有死,也没有受伤,高兴地从土堆里爬了出来,拥抱到一块儿。她们没顾得拍打满脸满身的尘土,马上去找文件箱。文件箱也埋在土地里了。她们用手把土扒开,发现文件箱完整无损,这才松了一口气。然而,一转眼,挑夫却不在了,显然他是被这场激烈的战斗吓跑了。

她们四处张望,既看不见敌人,也没有红军的影子。两人估计,部队一

定在战斗结束后,迅速转移了。于是,两个人一前一后,抬着两个文件箱,摸黑下山。战场还没有来得及打扫,一路上,不时碰到敌人的尸体。她们翻山越岭,寻找红军的踪迹。在群众的指点下,她们终于找到了自己的队伍。这已经是第二天的黎明了。

毛泽东看到她们平安归来,又惊又喜,诙谐地说:

"通讯员向我报告说,亲眼看到你们被炸弹炸死了。我还打算战斗结束后,为你们开个追悼会。你们这是人回来呢,还是鬼回来了?"

在场的人听了,都哈哈大笑起来。贺子珍说:

"我们不但人回来了,文件箱也平安回来了。"

这对患难夫妻,每天在腥风血雨的战斗中生活,负伤、死亡随时都可能降临到他们的头上。他们已经习惯于这样去关心对方:在一场激战之后,打听一下爱人是生还是死,是否平安归来。他们对可能发生的不幸都有充分的思想准备。所以,在毛泽东和贺子珍之间,生呀,死呀,就成了表达对对方关切的常用语了。

事后,毛泽东对贺子珍说:"我还以为这回你是连尸首都不全了呢!"

"我不至于死得这么惨吧!"贺子珍笑着说。

"那可不一定啊!"毛泽东笑着说,"敌人要是认出这是我的老婆,还不拿你的头去邀功请赏呀!"

在老营盘这一仗,尽管敌人出动了飞机,但是,还是以红军的胜利告终,敌蒋鼎文师被全歼一个旅,俘虏2000多人。与此同时,在高兴圩地区,红军与敌第一集团军两个师形成对峙。9月15日,在东固地区石方岭,红军又全歼敌韩德勤师,俘敌5000余人。师长韩德勤被俘后,伪装伙夫才得以潜逃。

至此,蒋介石亲自指挥的第三次"围剿"又以失败宣告结束。这次反"围剿",历时75天,红军歼敌17个团共3万余人,缴枪15000多支。红军在毛泽东等指挥下,以灵活机动的战略战术,打败了10倍于己的敌人。

大战获胜后,按照毛泽东、朱德的命令,红一方面军主力由兴国以北地区逐次转移到闽赣边界地区,进行休整,筹措给养,尔后波浪式向着敌人力量薄弱的闽西北和赣西南地区发展,以扩大红色根据地,迎击敌人新的进攻。

12. 三兄弟和三妯娌团聚

毛泽东领导红军胜利地粉碎了敌人一次又一次进攻，根据地建设一片兴旺，但却遭到中央一连串政治上的责难。

1931年9月1日，远在上海负责中央党务的王明、博古等人发出《中央给苏区中央局并红军总前委的指示信》，紧接着，又发出了给苏区中央局的第4号电。

他们虽然也肯定"中央苏区是获得了它的伟大的成功"，但在根据地与红军、土地问题、政权问题、工人运动与党内斗争等一系列重大问题上，却全盘否定毛泽东直接领导的中央苏区和一方面军的一贯方针和做法，指责中央苏区是"富农路线"，是"游击主义路线"，是犯了"缺乏明确的阶级路线与充分的群众工作"的最严重的错误，要求中央苏区在第三次反"围剿"胜利后"必须占领一个两个较大的城市"，在土地革命中实行地主不分田、富农分坏田的所谓"阶级路线"，并且在党内加紧反对主要危险的"右倾机会主义"。最后，他们着重强调："要以布尔什维克的坚定性和列宁主义的强固性去执行国际与中央的一切指示，去改正一切错误，去反对一切不正确倾向，而为国际路线斗争。"

来势汹汹的"指示"，实际上矛头直指的就是毛泽东！

根据这个"指示"，11月1日，苏区党第一次代表大会在赣南召开。

在代表大会前，苏区中央局开了一次小会，毛泽东受到了猛烈的批评和攻击。会上，毛泽东报告了三次反"围剿"的经过，并指出："九一八事变后，日本帝国主义打到中国的东部，势必引起国内阶级关系的新变化。"四中全会代表立即发言攻击，说："日本占领东北主要是为了进攻苏联，不作此估计就是右倾机会主义。"甚至，还有人指着鼻子说毛泽东："你是富农路线、狭隘的经验论！"

如此盛气凌人的场面，许多人看不过去，连担任记录的同志都记不下去了。

然而,毛泽东却意外地沉默着,不争辩。因为此时的气氛已无法争辩。但是这样的做法对毛泽东的刺激却是很深的。

这次苏区党代表大会,"完全同意中央九月指示信,一致认为这指示信所给予中央苏区的批评与其所指出的任务是完全正确的"。由此,通过了关于政治、党的建设、红军问题、苏区工会运动、青年团工作等五个决议,全面批评指责中央苏区实即毛泽东的"严重错误"。这些批评文字虽然没有点毛泽东的名,直接称谓是"中央苏区",但是很清楚,毛泽东是中央革命根据地的最主要创造者和领导者,毛泽东当然是难辞其责了。

会议最后决定,撤销毛泽东曾经代理的苏区中央局书记职务,仍由项英主持中央局工作。

赣南会议结束后的第二天,即11月7日,中华工农苏维埃第一次全国代表大会在瑞金召开。

正在会议期间,毛泽东的大弟毛泽民和妻子钱希钧从闽西风尘仆仆地来到了瑞金。

1925年4月,毛泽民奉命赴广州参加农民运动讲习所学习;年终被派往上海,担任中共中央出版发行部经理,主持上海书店和印刷厂工作。他化名周泰安、杨杰,公开身份是印刷厂老板,负责印行党的所有对外宣传刊物和内部文件。为完成党交给的任务,他派人到韶山挑选工作人员。中共韶山支部推荐了毛特夫、毛远耀等人去上海,充当秘密印刷厂的工人。1926年,毛泽民与青年女工、共产党员钱希钧结婚。

1927年蒋介石在上海发动四一二反革命政变,其后,毛泽民被党派去武汉担任《民国日报》经理。

汪精卫公开叛变革命后,毛泽民根据党的指示,回湖南准备秋收暴动。他化名周方,深入到湘潭、湘乡一带活动,9月中旬返回长沙。此时,毛泽东领导的湘赣边界秋收起义已经发动,毛泽民得悉这一消息,便带领一批同志化装成商人,奔赴平江、浏阳。后因故回到长沙,继续从事地下工作。年底,毛泽民接到中共中央来信,要他重返上海主持地下印刷厂工作。于是,他回到上海,恢复已停工的印刷厂。1929年初,地下印刷厂被敌人发现,毛泽民机智地将机器转运天津,创办华新印刷厂,自任经理。

1931年初,毛泽民奉党中央指示,再次返回上海,以开酒栈作掩护,继

中华工农苏维埃政府第一届执委第一次会议。中立讲话者是毛泽东,左一徐特立,左三任弼时,左五博古,左六朱德,左七陈正人。

续从事党的地下发行工作。4月,由于顾顺章叛变,上海党组织遭到严重破坏,党中央决定让他离开上海。7月,他和钱希钧辗转来到闽粤革命根据地,担任了闽粤赣军区后勤部长。

钱希钧,是1925年入党的工运骨干,浙江诸暨人,也在中央出版部工作。他们一起在闽粤赣军区后勤部工作了几个月,又与红十二军政委谭震林一起来到了瑞金。

贺子珍一见到钱希钧,就喜欢上了她。这时,贺怡与毛泽覃在共同的战斗中相恋,经党组织批准于7月20日结婚了。毛泽覃和贺怡正在瑞金参加中华工农苏维埃第一次全国代表大会,也闻讯赶来,三兄弟和三妯娌相见,一起在毛泽东的住处吃了一餐便饭。

在中华工农苏维埃第一次全国代表大会上,由于毛泽东在中央革命根据地的崇高威望,他仍然被当选为临时中央人民政府主席。但是,新成立的中央革命军事委员会,却没有毛泽东的位置。中革军委由朱德任主席,王稼祥、彭德怀任副主席。中革军委成立后,即宣布取消红一方面军总司令、总政委及其组织机构,所有全国红军统一由中革军委领导。这样,毛泽东继1929年红四军七大后,又一次被排挤出了红军的主要领导岗位。

对这些打击和排挤,毛泽东坦然处之。贺子珍也泰然待之。

苏维埃中央政府成立后,扩大红军的任务非常繁重。16岁以上的青少

年都是动员的对象。贺子珍除了管理机要文件以外,还经常到附近的村庄做扩红的工作。她穿着一身浅灰色的军服,戴着嵌着红五星的军帽,身上背着一个竹斗笠,腿上打着绑带,来到群众中间。她同当地的干部一起,召开各种类型的茶话会、座谈会,把青壮年、老婆婆、小媳妇分别请来,宣传扩大红军的重要意义。她还挨家串户,针对不同人的想法,细细地做工作。

在贺子珍的动员下,村妇女干部刘香发的丈夫杨荣连,参军扛枪走了。有一次,杨荣连生了病,医生开了个假条让他休息十几天。部队离家不远,他回家养病来了。贺子珍知道这个消息后,马上就赶去看望他,问候他的病情。当他病好归队时,贺子珍又去送他,从乡里一直送到区里。杨荣连很受感动,说:"贺大姐,你放心吧!我回部队后,一定狠狠打白狗子,保卫中央根据地。"

其实,此时"贺大姐"才22岁。

在根据地建设中,村里相当一部分青壮年参军去了,许多家庭剩下的是老弱妇女。苏维埃政府要求军队和政工干部,每周抽出一天或两天时间,帮助烈军属劳动,同志们把这一天叫做"礼拜六"或"做礼拜"。

毛泽东工作很忙,但是尽量抽出时间参加"礼拜六"的活动。他经常戴着当地群众最常用的斗笠,到烈军属的田里干活。犁田、除草、割禾,各种农活,他都干。

这个"礼拜六",贺子珍是必过的。她有时上山替烈军属砍柴,有时同毛泽东一起下田干活。

此时,毛泽民也随哥哥在苏维埃中央政府工作。毛泽东给了他一个特殊的任务——筹建国家银行。

13. 上山养病,下山解围

毛泽东在主持临时中央人民政府工作的同时,仍然心系战场,因为这

直接关系到红军的命运,关系到中国革命的命运,他仍然力排干扰,就红军的作战行动问题发表意见。

就在毛泽东和贺子珍在后方根据地的忙碌中,时光进入了1932年。1月上旬,中共苏区中央局讨论中共临时中央提出要红军攻打江西中心城市的问题。

年前,周恩来到达中央根据地,接替项英任中央局书记。在此次会议之前,周恩来特地征求了毛泽东对这个问题的意见。毛泽东根据国民党军队固守坚城和红军攻城技术不具备等情况,说:

周恩来

"红军不能去攻打中心城市,打也打不下。"周恩来同意这个意见,致电临时中央,表示进攻城市有困难。临时中央复电:原议不变,攻打城市不能动摇;如果不能打下南昌,至少要在抚州、吉安、赣州中选择一个城市攻打。

这次苏区中央局会议执行中央"进攻路线",着重讨论如何攻打赣州的问题。毛泽东仍不同意打赣州。但中央局王稼祥等多数成员根据临时中央的指示坚持主张打赣州。结果,毛泽东又一次成为极少数派,最后,会议以多数人意见决定攻打赣州。1月10日,中革军委发布攻取赣州的训令,任命彭德怀为前敌总指挥。

1月下旬,毛泽东由于心情不好又生病了,带着贺子珍和警卫班到瑞金城郊的东华山古庙休养。

东华山在瑞金以东二三十里的地方,是一个松苍柏翠的宜人之处。山上有一座古庙,久无僧道。有关部门派人把布满灰尘的房间打扫一下,毛泽东和贺子珍带上警卫就住了进去。

据警卫员吴吉清回忆:"主席住左边耳房。房内陈设极为简单:一张桌子,两把椅子,桌旁放着两只铁皮公文箱。一张木床,床上铺着一条边带条

子的浅红色线毯,上面是粗布床单。床上靠墙角的一头,四四方方叠着一条旧棉被和一条红色旧毛毯。"

毛泽东上东华山并没有真正休息,有两个大问题一直萦绕在他心中,一个是日本军国主义在践踏中国国土,一个是几万红军攻打赣州的安危。

上东华山没有几天,毛泽东就从报上看到日本军队进攻上海和上海军民奋起抗战的消息。他抱病为中华苏维埃共和国临时中央政府起草了《对日战争宣言》,并宣布:"中华苏维埃共和国临时中央政府特正式宣布对日战争,领导全中国工农红军和广大被压迫民众,以民族革命战争,驱逐日本帝国主义出中国,反对一切帝国主义瓜分中国,以求中华民族彻底的解放和独立。"

由于红军与日作战时机并不成熟,在东华山,毛泽东更关心的是红军攻打赣州的军情。从前线送来的战报看,攻打赣州不顺利。不能亲临前线,毛泽东真是心急如焚。

1932年3月上旬的一天,突然发生的事情结束了毛泽东在东华山上的休养生活。

那天,乌云密布,大雨将至。毛泽东正在给警卫员们上时事课,忽然,值班警卫前来报告:

"主席,两个骑马的军人正朝山上来。"

"是谁?"毛泽东赶忙问。

"看不清楚。"

毛泽东出去一看,来人渐渐近了,原来是项英和他的警卫员。

项英匆匆而来,一定有要紧的事。

果真,项英上了山顶,没等歇一口气,便对毛泽东说:"恩来同志让我专门来请你下山。"

"是不是为打赣州的事?"毛泽东一下子就猜出项英的来意。

"是的,打赣州很不顺利。所以,恩来同志请你赶往前线。"项英答道。

上次中央局会议在打赣州问题上,项英和毛泽东持有不同意见。项英上山来请,说明他认识到了毛泽东的意见是正确的。

毛泽东二话没说,立刻表示:

"我马上就下山。你先走一步,我随后就来。"

送走项英,毛泽东立即让警卫员收拾东西。这时,天空一个霹雳,紧接着一道闪电划破长空,暴风雨来了。

贺子珍说:"等雨过了再走吧。你身体不好,再淋病了……"

毛泽东风趣地说:"我一到了战场,病就好了。等雨停了,你回叶坪去,在那里等我。"

毛泽东迎着暴风雨,打着一把伞下山了。

毛泽东带着警卫班下山后,冒着风雨赶回瑞金。一到瑞金,毛泽东先复电攻赣前线指挥部,提议大胆起用作为预备队的红五军团,以解红三军团之围。当晚,他又从瑞金出发,日夜兼程,水路、旱路并用,以最快的速度赶到赣县江口前线指挥部。红军这次攻打赣州历时33天,城未攻下,伤亡却达3000多人。毛泽东到前线指挥部后,经过调查,提议苏区中央局在前线召开会议,讨论打赣州的经验教训和红军下一步的行动方针。

随即,苏区中央局扩大会议在赣县江口举行。在会上,毛泽东指出攻打赣州是错误的,不能再打赣州;主张红军主力向敌人力量比较薄弱、当地群众基础较好、地势有利的赣东北发展。但是,会议继续执行中央的"进攻路线",把他请下山却不接受他的建议,又否决了他的意见。并且,会议决定红军主力夹赣江而下,向北发展,相机夺取赣江流域的中心城市;以红一、红五军团组成中路军,以红三军团、红十六军等组成西路军,分别作战;毛泽东以临时中央政府主席和中革军委委员身份率中路军北上。

这时,贺子珍也从东华山下山,赶来随毛泽东前行。在行军途中,毛泽东一再建议改向闽西,这得到红一军团总指挥林彪和政委聂荣臻的支持,红一军团随即进抵闽西长汀。

3月27、28日,周恩来在瑞金主持召开苏区中央局会议。会议经过讨论,采纳毛泽东的主张,将红一、红五军团组成的中路军改称东路军,确定毛泽东以中央政府主席身份率领东路军攻打龙岩,并向东南方向发展。

会后,毛泽东赶到长汀,向红一军团团以上干部作东征动员。随后又随红一军团出发。这时贺子珍怀孕已经好几个月了,孕期反应严重。前一次,她怀孕最后流产了,这一次怕发生意外,所以她没有随军前行,住进了长汀福音医院。

4月10日拂晓,毛泽东和林彪、聂荣臻指挥红一军团乘敌不备,向龙岩发起进攻，消灭守军张贞部近两个团，攻占龙岩城。次日，他致电周恩来，报告龙岩取胜的原因，并说将在这里休整两天，待主力会合后，"即直下漳州"。14日，红五军团奉中革军委紧急命令，昼夜兼程，如期到达龙岩同红一军团会合。毛泽东部署红五军团第十三军驻守龙岩，负责保障从龙岩到漳州的供应线，命令红五军团第三军随红一军团南下打漳州。

漳州易攻难守。张贞部第四十九师两个旅，主要依托漳州西北的天宝山一带进行防御。4月19日拂晓，毛泽东同林彪、聂荣臻指挥东路军主力对漳州外围守军发起进攻，迅速突破守军主要阵地，向纵深方向扩展。张贞见屏障尽失，大势已去，连夜烧毁军械库，弃城而逃。20日，战斗胜利结束，红军占领漳州城。

漳州战役，在毛泽东指挥下，红军歼灭国民党军第四十九师大部，俘虏副旅长以下官兵1674人，缴获各种枪2100余支、子弹13万发、炮6门、炮弹4900发，还缴得飞机2架。

22日下午，毛泽东向东路军总部、红三军、红四军的连以上干部作报告，除讲攻克漳州的意义和红军严格执行入城纪律外，还风趣地说："有人说我们红军只会关上门打狗，怀疑我们在白区能不能打仗，可是你们看，我们在白区不是打得蛮好嘛！可以说，达到'出击求巩固'之目的。"

毛泽东在漳州还有一个很大收获，就是搜集到一大批书籍和报刊，特别是马克思列宁主义的哲学、政治经济学等理论著作。这是他十分迫切需要的。当时陪同他去找书的漳州中心县委秘书长曾志回忆说：

> 我同他一同去龙溪中学翻书，在图书馆里他一边翻一边说，这个好，那个好，找了好多书，恐怕有好几担书，是用汽车运回中央苏区的。他很可能就是在这里找到《资本论》、《两种策略》、《"左派"幼稚病》、《反杜林论》等书和经济之类书的。

这些书运到中央苏区后，毛泽东不但自己读，有几本书还推荐给其他领导人看。这是后话。

6月初，毛泽东率东路军撤离漳州、龙岩地区，回师赣南。

东路军回师后，红军编制作了调整，恢复红一方面军总部，仍辖红一、红三、红五这三个军团,由朱德兼任总司令,王稼祥兼任总政治部主任,惟独不给毛泽东恢复总政治委员的职务。毛泽东带"错"随军工作,仍以苏维埃中央政府主席身份随红一方面军总部行动,但不能起决策作用。

14.毛泽东鸡汤犒劳产后的贺子珍

1932年11月,贺子珍在福建长汀又生下了一个孩子,贺子珍把他的名字随杨开慧的孩子毛岸英他们排下来,为这瘦小孩子取名岸红(毛毛)。在她产后的第14天,毛泽东从宁都来到长汀的医院探望她。

本来毛泽东正随红一军团征战,如何又来了长汀呢?

原来,10月3日至8日间,苏区中央局又在宁都小源召开了全体会议,史称宁都会议。出席会议的有在后方的任弼时、项英、顾作霖、邓发,有在前方的周恩来、毛泽东、朱德、王稼祥,列席的有刘伯承。会议由中央局

毛泽东与警卫战士合影

书记周恩来主持。会议并没有留下记录,却展开了激烈的争论,用《苏区中央局宁都会议经过简报》上的话来说:是"开展了中央局从未有过的反倾向的斗争"。

宁都会议争论的焦点,是前线的作战方针问题。在会上,毛泽东发言坚持以战备为中心创造战场,不同意在敌军合围前"击破一面"。但是,中央局一些成员,根据临时中央指示,批评前方"表现对革命胜利与红军力量估量不足","有以准备为中心的观念,泽东表现最多"。会上,有的人指责毛泽东:"对夺取中心城市方针的消极怠工,是上山主义。"

有的人说:"诱敌深入实际上就是守株待兔,专去等待敌人进攻的右倾主要危险。"

有的斥责他:"不尊重党领导机关与组织观念的错误。"

尽管如此,毛泽东没有被压服,在路线方针问题上仍然坚持了原则。最后会议《简报》说他"承认与了解错误不够"。

会议上,有人提出把毛泽东召回后方专负中央政府工作之职,前方由周恩来负战争领导总责。周恩来不同意把毛泽东调回后方,他说:"毛泽东积年的经验多偏于作战,他的兴趣亦在坚持战争,如在前方则可吸收他贡献不少意见,对战争有帮助。"于是,周恩来提出可供选择的两种方案:"一种是由我负主持战争全责,泽东仍留前方助理;另一种是泽东负指挥战争全责,我负监督行动方针的执行。"

这时,王稼祥、朱德也不同意毛泽东离开红军领导岗位。但多数与会者认为他承认错误不够,如他主持战争,在政治与行动上容易发生错误。毛泽东自己也因不能取得中央局的全权信任,坚决不赞成由他"负指挥战争全责"。会议最后通过周恩来提议的毛泽东"仍留前方助理"的意见,同时批准毛泽东"暂时请病假,必要时到前方"。

于是,毛泽东便来到了长汀疗养。

毛泽东来长汀后第二天,顾不上休息,就到医院来看贺子珍。他来时,手里提了个瓦罐子。他把盖子打开,贺子珍才知道罐里是热气腾腾的鸡肉和鸡汤。毛泽东把瓷罐子递给贺子珍,关心地说:

"子珍,快趁热吃吧!"

贺子珍望着毛泽东手里的瓷罐,心里七上八下,她心里明白,在这样

的年月,别说吃上一只鸡,就是吃上一顿放油多一点的菜,那也算相当奢侈的了。贺子珍想到这里,便疑惑地问:

"到哪儿找来的鸡呀!"

"警卫员到老百姓家里买的。"

"哪儿来的钱呀!"贺子珍知道,买一只鸡要花好多钱,依毛泽东平时的脾气,他不是把钱周济给附近老百姓就是给了战士们,根本没钱买鸡。

"我有钱,组织上发了我零用钱,还有休养费。"毛泽东笑着说。贺子珍听后才恍然大悟,她心头一热,说道:

"这些钱是组织上照顾你身体的,你身体不好,留着自己吃吧。"

"我还有呢,"毛泽东回答说,"一共买了两只,我留下一只了。"

贺子珍深知毛泽东在哄她,环境那么艰苦,手上的钱那么少,他才舍不得一次买两只鸡呢。但是她了解毛泽东,他是个很重感情的人,如果不按照他的意思把鸡吃掉,他就会一直这么劝说下去。于是,她把鸡汤倒出喝了起来。

贺子珍喝鸡汤,毛泽东在旁边笑眯眯地看着。

不幸的是贺子珍产后得了痢疾,医生怕孩子也受影响,就让他们给孩子找了一个江西的奶妈,江西人喜欢把小孩子叫毛毛。因贺子珍的这个男孩,长得瘦小,奶妈就叫他小毛,这样,孩子的乳名就叫小毛了。

此时,毛泽东也在离福音医院不远的一个叫老古井的地方住了下来。

毛泽东非常喜欢这个长相像他的孩子,时常到医院看贺子珍。见到小毛时,他总要从奶妈手里把小毛抱过来,又是亲,又是摸。一天,孩子睡熟了,他就把孩子放到贺子珍的身边,坐在他们母子的旁边,静静地凝视着他们,结果,把贺子珍看得有些不好意思了,他就笑着说:"孩子长得也像你哦!"

毛泽东几乎天天都去医院看贺子珍,贺子珍心里很奇怪,不明白一向特别忙的毛泽东怎么会有这么多时间陪她。后来,贺子珍才知道,毛泽东受到了排挤。

一天,趁医院里没其他人时,贺子珍才问起毛泽东事情的原因,毛泽东回答说:

"他们说我右倾保守,把我军内的职务撤了,不让我管军队了。"

贺子珍一听就急了,忙问:"那你的态度是什么?"

"我能讲什么,这是党中央的决定。我只能是军队什么时候需要我,我就回去。"

"那你就好好休养吧……"贺子珍说道。隔了一会儿,她补上一句:"谁叫我们是共产党员呢?"贺子珍在福音医院住了两个月,等到痢疾全好了才出院。出院那天,毛泽东去接她,把他们母子俩带到老古井自己的住处。

老古井是一栋两层的花园小洋房,是福音医院管辖的"高干"病房。这里还住着另外两个来休养的病号——周以栗和陈正人。周以栗得的是肾炎,陈正人此时已是江西省委书记,害的是肺病。其实,他们同毛泽东一样,也有政治上的原因,那就是他们都受到王明路线的打击和排挤。这"同病相怜"的三个人谈话很投机。每天,三个人都要聚在一处,谈形势,谈路线,谈体会。

在长汀福音医院,毛泽东还同在漳州战役中摔伤已被治愈即将出院的闽粤赣省委(即福建省委)代理书记罗明长谈了一次。谈起三次反"围剿"斗争取得胜利的经验时,毛泽东说:"特别强调要在上杭、永定、龙岩等老根据地发展游击战争,才能牵制和打击国民党军队主力的进攻。"

毛泽东在罗明面前,一点也不隐瞒自己的观点。在毛泽东和罗明谈话时,贺子珍抱着小毛坐在旁边,静静地听着。

"教条主义真害死人!他们不做实际工作,不接触工人、农民,却要指手画脚,到处发号施令。同国民党打仗,怎样才能取胜?农民为什么会革命?他们懂吗?"罗明也气愤地说。

"他们住在国外的高楼大厦里,却要指挥中国的革命,这就不能保证不犯错误。所以,我们必须从实际出发。"毛泽东接上他的话说道。

随后,毛泽东顿了顿,继续说道:"福建和江西一样,应加紧开展广泛的地方游击战争,以配合主力红军的运动战,使主力红军能集中优势兵力,选择敌人的弱点,实行各个击破,才能消灭敌人的有生力量,粉碎敌人的第四次'围剿'。"

他还指出:"在杭、永、岩老区开展游击战争,牵制和打击漳州国民党第十九路军和广东陈济棠部队的进攻,对于粉碎敌人的'围剿'、保卫中央苏区十分重要……。"

毛泽东和罗明谈了整整一个上午。

贺子珍听着这些话,虽然不能像毛泽东那样透彻地批判教条主义,但是,她对毛泽东的观点很赞成。此时,毛泽东已没了兵权,成了大闲人,贺子珍以为,王明路线对毛泽东的迫害,可能到此为止了。然而,她没有料到,一场更加凶猛的政治风暴冲向与毛泽东亲近的人及她的全家。

这场政治风暴的风源,就是长汀县的福音医院。

15. "你们是受了我的牵累"

原来,罗明第二天出院后,立即在长汀主持召开闽粤赣省委会议,传达毛泽东的意见。参加会议的有张鼎丞、谭震林、刘晓、李坚真等人,大家一致表示同意毛泽东的指示;并且决定派罗明为特派员到杭、永、岩一带进一步开展游击战争。罗明到三县后,根据当地的实际情况,向省委写了《对工作的几点意见》,提出红军应向敌人力量薄弱的地区发展,以巩固和扩大闽西根据地;对扩大红军要有计划有步骤地进行,不能一味削弱地方武装去"猛烈扩大红军"等。这在后来被认为是所谓"罗明路线"的"铁证"。

这时,坚持"城市中心论"的临时中央,由于"左"倾冒险主义的指导方针的推行,城市工作破坏殆尽,在上海也呆不住了,只得被迫迁至中央根据地。当最后一批临时中央总领导人包括博古等途经上杭时,罗明去迎接他们。博古劈头就责问罗明:"你是省委代理书记,不领导全省工作,来杭、永、岩干什么?"

罗明回答:"是按照毛泽东同志的指示并经省委研究决定,来这里开展游击战争的。"

博古听到这里,就不耐烦地说:"吃饭了,不谈了。"

在他看来,苏区中央局对进攻路线"未坚决执行",而且还在执行毛泽东的路线,简直是难以容忍的大错。

博古

博古等人在长汀时,有人提议去看一下正在疗养的毛泽东。这位年仅26岁的博古,高傲地说:"老毛,有什么好看的!"

博古一行于1933年1月底到达瑞金,与先期到达的临时中央常委张闻天等会合,这标志着临时中央正式迁到中央苏区。

博古到中央苏区干的第一件事,就是声势浩大地批判所谓"罗明路线"。项庄舞剑,意在沛公,因为罗明不执行"进攻路线",而在执行毛泽东的指示。他们抓住罗明1月下旬向省委写的《对工作的几点意见》,2月15日,通过《苏区中央局关于闽粤赣省委的决定》,指责省委内"小部分同志中,显然形成了以罗明同志为首的机会主义路线",决定"在党内立刻开展反对罗明同志为代表的机会主义路线的斗争",并撤销他的省委代理书记职务。随后,省军区司令员谭震林、省苏维埃政府主席张鼎丞等,也被撤销职务。

博古等人采取组织手段、高压政策,排挤打击执行毛泽东路线的干部,但遭到下面各级党委的抵制。博古他们没有想到:毛泽东在中央苏区影响这么大!

1933年初,苏区中央局代表在检查江西省南部苏区县工作时,突然发现会(昌)、寻(乌)、安(远)中心县委书记邓小平的做法与罗明是一致的,于是立即认定会、寻、安党的领导机关过去是执行了一条同党的进攻的路线完全相反的"退却逃跑"的防御路线。2月,苏区中央局机关报《斗争》以反对"罗明路线"为题,点了邓小平、毛泽覃、谢唯俊、古柏四人的名,说他们是"江西罗明路线"的"领袖"。除会寻安中心县委书记邓小平外,毛泽覃时任苏区中央局秘书长,谢唯俊是江西第二军分区司令兼红军独立五师

师长,古柏时任江西苏维埃裁判部长兼内务部长。他们有的与毛泽东有着较为密切的工作或亲属关系,但有的与毛泽东交往并不多,之所以受到点名批评,就是因为贯彻执行过毛泽东的主张,曾经抵制过"左"倾路线的"进攻主义"。

此后,一场反对"江西罗明路线"的运动在江西展开了。

3月12日,中共江西省委根据中央局的意图,向江西苏区全党公布了有关会寻安的指示文件,指责邓小平领导的会昌中心县委在敌人大举进攻时,"仓惶失措"、"退却逃跑",犯了"单纯防御的错误","是与罗明路线同一来源"的"机会主义"。

3月下旬,会昌中心县委书记邓小平被派到万泰、公略、永丰解决有关问题。

3月底,在筠门岭召开了会寻安三县党的积极分子会议,由中央局代表洛甫(张闻天)主持会议并作了政治报告和结论。会议通过了《会寻安三县党积极分子会议决议》,对邓小平实行了围攻,决定"加强和部分地改造中心县委和会寻安县委之常委","召集各级代表以及三县党各级领导保障三县工作的彻底转变,在中央局领导之下开展这一反机会主义路线的斗争,使这一斗争深入到支部中去"。会后,邓小平被调离会昌中心县委,撤销其中心县委书记的职务,调任江西省委宣传部长。

1933年4月,博古、洛甫等人继续对邓、毛、谢、古四人不断进行"残酷斗争,无情打击",责令他们作出"申明"和"检查"。然而,邓小平等四人却不屈服,两次写出声明书,在声明书中陈述自己所坚持的观点和作法,并把强加于他们头上的污蔑、攻击和不实之辞顶了回去。他们毫不妥协的立场,更加触怒了"左"的领导,他们以更加凶猛之势向邓、毛、谢、古发起了大规模的围攻。

4月15日,在中央局的《斗争》报上,又发表了《罗明路线在江西》一文。接着,于5月4日又在工农红军学校党、团员活动分子会议上,作出了《关于江西罗明路线的决议》。文章和决议都认为"罗明路线不但在福建的杭、永、岩,而且也在江西",攻击邓、毛、谢、古"是罗明路线在江西的创造者",江西的"罗明路线"就是"单纯防御路线","是与党的进攻路线完全相反的"。

5月5日,在临时中央和中央局派员主持的江西省委工作总结会议上,江西省委通过了《江西省委对邓小平、毛泽覃、谢唯俊、古伯四同志二次申明书的决议》,对他们作出组织处理,撤销邓小平省委宣传部长的职务,给予党内"最后严重警告"处分;毛泽覃撤销军内职务;谢唯俊处分调离工作;古柏撤销职务并给予"最后严重警告"的处分。还当众缴了四人的枪,责成他们去基层改造,进一步"申明"和"揭发"自己的错误,作出新的检查,"再不容许有任何的掩藏"。

此时罗明撤职后被调到了瑞金中央党校工作。他从苏区《斗争》报上,看到题为《罗明路线在江西》的文章,向中央宣传部长凯丰提出这样一个问题:"我没有到江西工作,为什么说'罗明路线在江西'?"

凯丰回答说:"江西省委的错误,同你的错误一样,所以也这样批。"

在大批"罗明路线"的浪潮中,王明路线的执行者为了搜集、整理毛泽东的"反党"材料,一次次找时任瑞金县委组织部副部长的贺怡谈话,要她同毛泽覃划清界限,揭发毛泽东的"反党"罪行。生性豪爽耿直的贺怡一口回绝了。她斩钉截铁地说:

"毛泽东是个好同志,不是什么反党派别和小组织的领袖,我也没有看到他同其他人搞过什么反党活动。他干的是革命,我完全同意,完全支持。我们之间没有什么界线要划清。"

年轻气盛的贺怡,因为对抗了中央的要人,惹恼了王明路线的执行者,被撤职,送进了中央党校学习。

不久,中央党校也开始对"罗明路线"的批评,贺怡又是重点斗争对象。她进党校时,已经怀孕六七个月了,日以继夜的追查,使她心力交瘁。王明路线执行者不仅在她分娩前不肯放过她,而且在她分娩后也不让她休息,逼迫她揭发毛泽覃,结果,使得贺怡在产后得了一身的病。

但是,中央党校的校长博古还不满意,要开除贺怡的党籍。这时正好副校长董必武从外地回来,知道了这件事,出面力保贺怡。贺怡这才保住了党籍,但仍受到党内警告处分。随后,贺怡被下放到瑞金的一个区做群众工作,以观后效。与此同时,在红二十四师担任代师长的贺敏学也被撤了职,送到了红军大学进行审查。

受到这样的打击,贺怡当然想不通,跑到姐姐贺子珍这里来诉苦。

这时,贺氏姐妹虽然党龄和参加革命时间不短了,但是年纪仍然很轻,贺子珍才24岁,贺怡也才22岁。

贺怡说到伤心处,不禁落下泪来。贺子珍在一旁听得也很是难过,也陪着掉眼泪。

这时,毛泽东静静地听着,表情严肃、冷峻。他缓慢地说:"他们整你们,是因为我,你们是受了我的牵累!"

16. "实践、历史会作出公正的回答"

离开了红军,离开了硝烟弥漫的战场,毛泽东有一种失落感。

但是,毛泽东并没有因"左"倾错误的打击而消沉。他对贺子珍说:"实践、历史会作出公正的回答。"

经过短暂的病休之后,他不顾疾病缠身,全身心地投入到主持中央人民政府的工作中去。经济,自从他走上井冈山后,这个问题就常常困扰着他。没有钱,没有粮,没有油盐,红军无法生存,无法打仗。为此,筹款常常成为红军的一个重要任务。

现在,他就要以中央政府主席的身份直接抓根据地的经济建设了。

1933年8月12日,中央苏区南部17县经济建设大会在瑞金召开。与会代表400多人。大会由林伯渠主持,毛泽东作了《粉碎五次"围剿"与苏维埃经济建设任务》的报告。

11月间,毛泽东又来到了苏区模范单位江西省兴国县长冈乡和福建省上杭县才溪乡,进行调查研究。贺子珍以前和曾碧漪在总前委保管文件,实际上做的是毛泽东的秘书工作,现在毛泽东离开了红军,她也没事可做,毛泽东去进行调查研究,她也随同前往。

在长冈乡,毛泽东对革命政权下的实际情形作了十分详细的调查,调查的项目有:政治区划及户口、代表会议、选举、乡苏下的委员会、地方部

毛泽东在中央革命根据地八县贫农团代表会议上讲话

队、群众生活、劳动力的调剂与耕牛问题、公债的推销、合作化运动、文化运动、卫生运动、社会救济、妇女、儿童、工人、贫农团、宣传队、革命竞赛等20个项目。在才溪乡，他调查了乡的代表会议、选举、乡苏下的委员会、扩大红军、经济生活、文化教育等7个项目。

最后，毛泽东奋笔疾书，写下了《长冈乡调查》和《才溪乡调查》两个长篇调查报告。

1934年1月，在瑞金召开了第二次全国工农兵代表大会。根据几个月来的调查研究，毛泽东在会上作了报告，提出了一系列的中央苏区经济建设的方针和政策。会后，在毛泽东提出的一系列经济建设思想的指导下，中央根据地的建设工作出现了生气勃勃的景象。广大苏区干部在毛泽东的指导下，注意培养自己关心群众生活、密切联系群众的优良作风，受到了人民群众的欢迎。

这一时期，毛泽东工作十分紧张，心情又是十分郁闷。在瑞金住所沙洲坝元太屋前，有一棵百年大樟树。他常常来到那棵大樟树下，一坐就是半天，一根接一根地抽烟，有时几天不说一句话。他凝视着天空、原野，不禁心潮难平。

他努力地领导根据地的经济建设和查田运动,却又心系战场。

1933年下半年,蒋介石经过半年准备,发动对中央苏区的第五次大规模军事"围剿"。这一次,他调集了100万军队,自任总司令,以50万兵力,分北路、南路、西路从三面围攻中央苏区。9月下旬,他的主力北路军开始发动总进攻,28日进占黎川。

"左"倾冒险主义者是自大而又愚蠢的。当蒋介石以几十倍于红军的兵力,采取堡垒政策向根据地推进的时候,他们却在共产国际派来的洋顾问李德的指挥之下,一反已为革命战争证明是正确的战略战术,照搬苏联红军作战的经验,用堡垒对堡垒,实行正规战、阵地战、堡垒战,同敌人拼消耗。结果,根据地越打越小,红军越打越少。

当"左"倾错误领导者在第五次反"围剿"中越来越盲目蛮干,战争形势越来越糟的时候,毛泽东的心也越来越紧了。

此时他在军事上已经没有什么发言权了。但是,忧心如焚的他,仍然寻找机会力陈自己的主张。

10月,在一次革命军事委员会会议上,毛泽东再三提出:现在敌人采取的是稳扎稳打、步步为营的战法,妄图以堡垒战和持久战来消耗红军的有生力量,达到最后消灭红军的目的;我们必须正视这个严峻的现实,采取一贯的游击战和运动战的战术。硬碰硬,我们就要吃亏。但是,"左"倾的领导者哪听得进这些意见?

当战斗进行到1934年时,敌人开始向根据地中心步步进击。

1934年4月中旬,蒋介石集中了11个师的兵力进攻广昌,企图从北面打开苏区的大门,夺占瑞金。"左"倾冒险主义者也摆开架式,要和敌人"决战"。他们荒谬地提出:"为着保卫广昌而战,这就是为着保卫中国革命而战!""胜利或者死亡!"他们调集了红军一、三、五、九军团九个师的兵力,企图死打硬拼。结果,敌人每天用三四十架飞机狂轰滥炸,红军伤亡很大。李德指令一个营在工事里守备,结果全部壮烈牺牲。广昌保卫战进行了18天,红军英勇奋战,毙伤俘敌人2600多人,但自身伤亡5000多人,约占红军参战总人数的五分之一。其中红三军团伤亡2700多人,约占全军团人数的四分之一。最后,红军被迫退出广昌。

毛泽东在后方听到红军广昌遭受重大损失的消息,心情十分沉痛和愤

懑。他尖锐地批评说:"广昌战役对红军来说,是个灾难,毫无战绩!"

随着第五次反"围剿"战争的失利,特别是广昌保卫战的严重失败,中央苏区的北大门已被攻破,整个局势越来越危急。博古、李德等到广昌前线去后,周恩来留在后方的瑞金,负责中央的日常工作。

4月下旬,经过周恩来同意,毛泽东带着几个随员离开瑞金,前往中央苏区南部的会昌视察并指导工作。这是他被冷遇三个月后得到的一次工作机会。他先到闽粤赣省委和省苏维埃政府所在地会昌县文武坝,会见省委书记刘晓、省军区司令员兼政委何长工。

见面后,毛泽东明确地向他们指出:"我们要吸取福建事件的教训,善于利用粤军陈济棠和蒋介石的矛盾,粉碎敌人的'围剿',壮大自己的力量;同时,也要提高警惕,军阀毕竟是军阀,要'听其言,观其行'。"

当晚,他又和何长工一起到战地前沿去视察。

当得知防守南大门的红二十二师同优势敌军作战后被迫退出筠门岭、正在开干部会检查战斗失败的教训时,毛泽东立刻打电话给红二十二师政委方强说:"你们打得很好,你们是新部队,敌人那么多,打了那么久,敌人才前进了那么点,这就是胜利!"

接着,他指出:"现在应该把主力抽下来,进行整训,用小部队配合地方武装和赤卫队打游击,袭扰、牵制敌人。整训中要总结经验,好好研究一下,是什么道理挡不住敌人?是什么道理不能打好仗,不能大量消灭敌人?你们要采取游击战、运动战的打法,要严密侦察和研究敌情、地形,在会昌与筠门岭之间布置战场;在敌人侧翼集中优势兵力,造成有利条件,首先歼灭敌人一个营一个团,继而打更大的胜仗。"

最后,毛泽东指出:"对反水的群众决不要打枪,但要放纸枪(即传单、标语),帮助地方党和政府多做群众工作,孤立和打击反革命分子。"

红二十二师在连以上干部会上传达了毛泽东的指示,并作出具体布置。这以后,粤军一直停留在筠门岭,没有再前进一步。在南线出现了比较稳定的局面。

5月间,毛泽东又出席闽粤赣省委召集的各级干部会议。

在经过一段时间调查研究的基础上,他指导刘晓、何长工等制订了南线的作战计划和工作部署。针对陈济棠的粤军同蒋介石存在矛盾的情况,

他说：总的要摆正"打"与"和"的关系，和平局面是巧妙地打出来的。

接着，毛泽东到会昌站塘的李官山视察红二十二师，进行了10多天的调查，还用三个晚上时间同师领导干部一起总结战斗的经验教训。

毛泽东虽然身处南线的会昌，他最关心的仍是中央苏区的全局。这时，中革军委准备将红七军团南调，加强南线的防御。毛泽东同闽粤赣省委、省军区负责人研究后，在6月22日致电周恩来报告南线的实际状况："敌虽企图进占南坑、站塘，但仍持谨慎态度"，"因此判断是渐，不是突然"，建议红七军团可不南调，军团长"寻淮洲以在瑞金待机为宜"。周恩来接受了这个建议。

毛泽东在会昌工作了两个多月，取得了显著成绩。中央苏区南线的相对稳定的局势，同北线接连遭受严重挫败的形势形成鲜明的对照。

以后，何长工和潘汉年根据周恩来的部署，同陈济棠部进行了三天谈判，达成了"就地停战"、"必要时可以互相借路"等五项协议，为以后中央红军开始长征时顺利突破国民党军队的第一、二道封锁线开辟了道路。

6月下旬，毛泽东在会昌接到中共中央的通知，回瑞金出席中央政治局扩大会议。会议由博古主持，讨论红军在作战不利形势下的对策。实际上，中央书记处5月间已向共产国际请示，准备将红军主力撤离中央苏区，共产国际也已复电同意，可是在这次会上对此并没有传达。毛泽东发言时提出："在内线作战陷于不利的状况下，中央红军应该转移到外线作战；至于转移的方向，中央红军已不宜向东北，可以往西。"

但是，会议没有接受这个主张。

会后，毛泽东又回到了住地瑞金金沙坝。

17. "我怎么舍得把你和孩子留下呢？"

国民党军队不断地向中央苏区腹地推进，他们的飞机不时地来瑞金沙

洲坝轰炸,局势越来越紧张。7月间,中央政府和中革军委迁到瑞金以西的背梅坑,毛泽东和贺子珍也搬往高围乡云石山一个大庙里居住。

在这段时间内,毛泽东的弟弟、国家人民银行行长毛泽民,来找他商量搬"秘密金库"的问题。

国家人民银行是1932年3月成立的,毛泽民担任行长。这个金库是1932年4月毛泽东率领东路军在漳州缴获大批金条、银元等后建立起来的。毛泽东问道:"你们准备搬到哪里去?"

毛泽民回答:"想搬到兴国一带去。"

毛泽东说:"敌人已经到了藤田、东固、黄沙岭一带,你搬到兴国去怎么行?"停顿一会儿后又说:"我看还是立即分散,让部队自己管起来更好。你们研究研究看行不行?"

毛泽民回去后,立即把金库中的大部分金条和银元分给各军团保管使用,一部分专门组织连队押运,保障中央各机关的使用。这笔巨款后来在长征中发挥了重要作用。

此时前线的战局越来越不利,东线和北线都被突破,西线也更加困难。打破敌军"围剿"已不可能,只剩下转移这一条路了。毛泽东心情焦急,不顾自己此时正患病,向中央书记处要求到赣南省去视察,得到了同意。

毛泽东要去前线,贺子珍不同意,说:"你被他们搞成这样,你去什么?让他们打吧!"

毛泽东说:"前线吃紧呀,我们要顶不住了,不去看看不放心,我怎么能不管呢!"

贺子珍急了,说:"你现在不能去,你……"

突然,她停住了,她看到了毛泽东一脸的不耐烦,只好改口说道:"你觉得应该去,那就去吧!"

于是,毛泽东不顾病情,带着警卫员到于都去了。

9月中旬,他带着秘书、卫生员和警卫班抵达赣南省委、省苏维埃和省军区所在地于都。

此时,中共中央已着手准备西征到湘鄂西同红二、六军团会合,但没有向毛泽东透露。博古、李德还曾想不带毛泽东走。担任李德俄文翻译的伍修权回忆说:

"最初他们还打算连毛泽东同志也不带走,当时已将他排斥出中央领导核心,被弄到于都去搞调查研究。后来,因为他是中华苏维埃主席,在军队中享有很高威望,才被允许一起长征。如果他当时也被留下,结果就难以预料了。"

毛泽东刚到于都,就接到周恩来的长途电话,要他着重了解于都方向的敌情和地形。他立刻召开各种会议作调查,还找那些从敌占区或刚被敌军占领地区过来的商人和其他人员详细了解敌人的动向。9月20日,毛泽东急电报告周恩来:

信丰河(下)游从上下湾滩起,经三江口、鸡笼潭、下湖圩,大田至信丰河沿河东岸十里以内一线,时有敌小队过河来扰,但最近一星期内不见来了。

于都、登贤全境无赤色戒严,敌探容易出入。现正抓紧西、南两方各区建立日夜哨及肃反。

此复。

这个电报为中央下决心转移从于都方向突围,起了探路的作用。

连续的紧张工作和难以驱散的忧虑,使毛泽东病加重了,而且病得很重,高烧发到40度,嘴唇干裂,两眼深凹,脸颊烧得通红。卫生员给他服奎宁片,打奎宁针,高烧依然不退。警卫员吴吉清跑到省政府打电话向瑞金报告。红军医院院长傅连暲得知后,连夜骑马赶到于都,确诊他患的是恶性疟疾。傅连暲马上打针找药,毛泽东的病情仍无好转。

直到第八天拂晓,警卫员吴吉清和傅连暲等人刚刚想睡一会儿的时候,听见有人慢步走到床前来,温和地说:"这几天,你们都辛苦了!"

吴吉清睁开眼睛,一看是主席,就着急地说:"您病还没有好,怎么就起来啦!"

毛泽东笑着说:"我好了!"

毛泽东刚能起床,就开始工作。傅连暲等一再劝告他再休息几天,他回答说:"局势很紧张,休息是做不到的!"

9月30日,毛泽东接到中央"有特别任务"的秘密通知,要他立刻回瑞

金。毛泽东骑马赶回瑞金,先到中革军委向周恩来等报告了于都的敌情、地形、河水干枯等情况。然后,毛泽东回到了家。

贺子珍看到他,很高兴,刚要同他说话,却见他脸色十分严肃。还未等贺子珍问话,毛泽东沉重地说:"子珍,我们的队伍坚持不住了,要撤离苏区了。"

贺子珍听了,半天没说话,她知道,红军一撤走,整个根据地就完了。这块根据地,凝聚着多少战士的鲜血啊,可以说,根据地就是红军苦心经营的家园,没有了根据地就等于没有了家,那,就只好流浪了。贺子珍无限痛苦地看着毛泽东,一句话也说不出来。这时,奶妈抱着小毛回来了,小毛已经会喊"爸爸,妈妈"了,并已经认人了,当他看到爸爸回到了家,快活得像只小鸟,吱吱喳喳,马上叫着"爸爸!爸爸!"跑了过来。

小毛正是牙牙学语的年龄,活泼又可爱,十分讨人喜欢。这是毛泽东同贺子珍结婚以来,三个孩子中惟一的一个在身边长大的孩子,而且是在他备受王明路线打击的时候出生的。小毛曾经给过毛泽东多少温暖和慰藉,为他排解过多少奋斗中的苦闷和烦恼啊!有时候,他两眉紧锁,闷闷不乐,贺子珍便把小毛领了来,说:"小毛要爸爸抱呢!"小毛是那么懂事,他会扶着墙跑着扑向毛泽东。当毛泽东紧紧地把小毛搂在怀里时,他的眉心舒展开来,与小毛说着小毛听不懂的话。

然而此时小毛又像以前一样向毛泽东跑来时,毛泽东却不耐烦地对儿子说:"一边玩去。"可怜的小毛看到昔日慈祥的爸爸向他发火,吓得一时不知所措,他站在原地,小嘴一鼓鼓的,一副要哭的样子。贺子珍见状,就让奶妈把小毛抱了出去。小毛出了门后,仍然叫着:"妈妈,小毛要抱!"等小毛走后,毛泽东对贺子珍说:"中央规定,这次转移,家属一律不得跟着队伍走,孩子更不能带。"

说到这儿,毛泽东望了一眼门口,这时,小毛的声音已经飘远了,他又动感情地看着贺子珍,轻声说:"我怎么舍得把你和孩子留下呢?"

贺子珍这时才明白,原来一家人的分离就在眼前!她自从同毛泽东结婚以来,无论环境怎样险恶,都在一起共同战斗。现在,革命遭到这么大的挫折,他们却要分开,这一别,不知何时才能再相见。想到这里,她的眼泪涌出来。她不想让泪水流下来,可是,不争气的泪水仍然往下掉。但贺子珍

毕竟是贺子珍,她对毛泽东的爱和感情是如此地真挚,为了不使毛泽东为她所累,她背过身用手把眼泪擦去,强笑着说:

"润之,这是不得已的事情。你不要难过,我要走不了,就带着小毛,到他奶奶家住一个时期,看看情况再说吧!"

"你先做些准备吧。"毛泽东说,"我们一定要回来的,我们绝不能放弃苏区!"

当晚,在云石山古庙里,毛泽东又召开一个中央政府各部负责人会议(又称青山会议)。毛泽东给大家宣布和说明了撤离苏区的决定,强调了两点:第一,革命是有前途的,要大家加强革命信心;第二,要把各部的善后工作做好,要使留下的同志能够更好地继续革命斗争,更好地联系群众。

18.贺子珍是30名随部队出发的女同志之一

第二天一早,毛泽东就赶回于都去了。

毛泽东从政治局常委张闻天那里得知政治局委员要分散到各军团去随军行动的消息后,立刻到中革军委提了两条意见:第一,在转移时将他和张闻天、王稼祥安排在一起,不要分散到各军团;第二,应带一部分女同志走。他得知中革军委已派部队到于都河搭浮桥,准备大部队从那里过河时,又策马赶到于都。

毛泽东刚到于都,又接到中革军委的电话,说中央决定带走30名女同志,其中包括贺子珍,她编在卫生部干部休养连,但不能带孩子。毛泽东立即派警卫员吴吉清回瑞金通知贺子珍:"中央已批准贺子珍随部队出发,将小毛托付给留在中央苏区坚持游击战的毛泽覃、贺怡照顾。"

中央让她随部队出发,但是,小毛不能带走。贺子珍又喜又难过。她舍不得丢下心爱的儿子啊!

部队大转移行动在即,形势容不得贺子珍太多的儿女之情,她立即收

拾行李。

贺子珍一忙活,懂事的小毛好像觉察到了什么,他在一旁看着贺子珍收拾衣物,突然问道:"妈妈,你和爸爸都不喜欢小毛了吧?"

贺子珍匆匆地收拾着东西,听了小毛这句问话,泪水一下子就涌了出来。她一把抱住小毛,哽咽地说:"小毛,爸爸妈妈喜欢你,都喜欢你。"

"那爸爸还理我吗?"小毛对昨天的事还耿耿于怀呢!

"他是你的爸爸,怎么能不理你呢?"

小毛一听乐了,张着小手说:"妈妈真好!妈妈抱小毛。爸爸呢,小毛好想爸爸!"

"小毛,我们等下就到爸爸那里去。妈妈现在忙,你快跟奶奶出去玩!"贺子珍亲亲小毛的脸,看着奶奶抱着小毛出去了,又继续收拾着她和毛泽东的东西。

当她把家里的东西简单收拾了一下后,马上抱着小毛前往于都。

19.此别可能成永诀

1934年10月1日下午3时,贺子珍来到了于都。

在于都,贺子珍见到了哥哥贺敏学。此时,他在红二十四师七十一团任参谋长,根据中革军委的安排,他将随项英、陈毅留守赣南,坚持游击战,不在大转移之列。此时,他们的小弟贺敏仁已经20岁了,在部队当司号兵。大革命失败,贺焕文夫妇逃离永新的时候,贺敏仁很小,寄养在舅母家里;长大了,他也追随哥哥姐姐参加革命,在黄公略领导的游击第三纵队当战士。第三纵队扩大为红六军后,他在红军中当了个小司号兵。他像姐姐贺子珍一样,长得十分标致,人们开玩笑地把他的名字"敏仁"叫做"美人"。

贺敏仁这一次是在随部队撤退之列。

在贺氏姐妹中,贺怡也是留守之列。此时,她任于都县委组织部长,有孕在身。毛泽覃留在赣南,任中共中央江西分局委员和红军独立师师长,这样,贺怡也跟着留了下来。贺子珍和毛泽东把孩子送到了贺怡的家里。

临行时,毛泽东和贺子珍特意去向贺焕文夫妇告别,叮嘱老人家多加保重。贺焕文心知"此别可能成永诀",禁不住老泪纵横。

出发前,贺子珍又到贺怡家看望了小毛一次。

贺子珍进门时,奶妈就抱着小毛在门外。她还未开口,奶妈说:"小毛哭着要找你。"

贺子珍走过去,小毛脸上还有泪痕,他张开手,贺子珍把他抱在怀里。小毛问:"妈妈,奶妈说你要去串亲,我也去。"

贺子珍说:"小毛乖,路太远又不好走,妈妈一会儿就回来。"

"不,我要同妈妈一起去,小毛不让妈妈抱,自己走。"小毛勇敢地挺起胸说。

贺子珍

贺子珍好说赖说,总算把小毛哄同意了。分别在即,她凝视着儿子,此去生死难卜,儿子以后的命运如何,一切的一切都难以预料,她的心隐隐作痛。贺怡见状,不忍心看见姐姐痛苦,说道:"姐,时候不早了,你就走吧。"

贺子珍一狠心,转头就走,但当她走了没几步,小毛叫道:"妈妈,你说一会儿就回来的?"

"嗯!"贺子珍的心已经痛得在滴血。她往前走了几步。

"妈妈,小毛等着你,等你和爸爸。妈妈,小毛等你。"接着,小毛哭了。

贺子珍忍着没回头,她的心里,在滴着血。多少年后,当贺子珍回忆起这段往事时,仍然泣不成声。

10月10日晚,中共中央率领中央红军主力和中央机关人员共86000余人,从瑞金等地出发,被迫实行战略大转移。贺子珍随干部连先于毛泽东出发了。

贺子珍等人离开瑞金后,毛泽东还在于都安排善后工作。15日,他又在县城谢家祠参加由中共赣南省委召集的省、县、区三级主要干部会议,安排了红军主力走后留守苏区的事项。

10月18日傍晚,毛泽东带着警卫员离开于都城,踏上征程。刘英过了于都河后看到毛泽东,就问:"你9月份到于都是有'特别任务'的吧?"

刘英是苏区中央局组织部长罗迈(李维汉)派来于都扩红的扩红突击队队长,她是毛泽东在长沙革命工作时就认识的熟人,是获准随军行动的30名女战士之一。

她后来回忆道:"毛主席这才告诉我,他来于都主要的任务是察看地形,选择突围的路线。现在我们利用枯水期,在选定的地点架了五座浮桥,安然地过了于都河,走的就是毛主席选定的路线。"

就这样,在第五次反"围剿"失败的腥风血雨中,毛泽东和他的战友们踏上了漫漫的大转移的长征之路。

贺子珍
He Zizhen

第五章 漫漫长征路

1. "不掉队,不带花,不当俘虏,不得8块钱"

　　长征,是在蒋介石重兵进逼下迫不得已的大转移和大撤退。

　　中央红军战略大转移是严格保密的。蒋介石虽然布置了几道封锁线,却不知道红军往哪个方向突围,在中央苏区西南方向的第一道封锁线上部署的兵力并不强。1934年10月21日夜间,红一军团在赣县王母渡、信丰县新田之间突围。到25日,中央红军经过激烈的战斗,全部通过蒋介石重兵布设的第一道封锁线。毛泽东深有感慨地说:"从现在起,我们就要走出中央苏区啦!"

　　在贺子珍伤心地随着卫生部干部休养连踏上征程的时候,她意外地发现自己又怀孕了。这是她第四次怀孕。由于怀孕,她本来就身体不好,脸色一直是苍白苍白的,行走比较艰难,但她不要部队特殊照顾,紧跟队伍走。一路上,她执意与其他同志一样兼管了三四副担架;到了宿营地,仍和大家一道去安排食宿,替民夫烧热水烫脚,帮助医护人员给伤病员换药,忙个不停,直到大家安顿下来后,才拖着疲惫的身子摊开自己简单的行装。

　　11月上旬,中央红军顺利地在湘南通过第二道封锁线,中旬,又在湘南越过第三道封锁线,进入潇水、湘水地区。

　　蒋介石判明红军西进的意图后,立刻部署"追剿"和堵截,企图将红军歼灭于湘江、漓水以东地区,在湘江防线布置了机枪大炮和几十万人马,严阵以待。

　　面对蒋介石的钢铁防线,洋顾问李德和博古等人不顾毛泽东的坚决反对,指挥红军沿着蒋介石预料的路线"强渡湘江",结果陷入了蒋介石早已布置好的40万大军的重围之中。从11月25日至12月1日,红军在湘江

边进行了突围以来最严重的一场恶战。红军经过浴血作战,才突过了湘江,但付出了极为惨重的代价。这一次"强渡",红军损失 56000 多人,从瑞金出发时的 86000 多人锐减到了 3 万人。湘江战役的严重损失标志着"左"倾冒险主义军事路线的进一步破产,也证明了毛泽东主张的正确性。

红军渡过湘江后,即进入了越城岭山区。越城岭,当地叫老山界,是南岭山脉的一部分。东西长 300 多公里,南北宽 100 多公里,其最高峰苗儿山海拔 2142 米,山峦重叠,树高林密,是中央红军长征中遇到的第一座高山。在这次行军途中,从党中央的领导人到红军广大指战员都在认真地进行血战后的思考。李德唉声叹气,无可奈何。博古感到责任重大,一筹莫展,在行军中拿着一支手枪朝自己的脑袋瞎比划。

12 月 11 日红军占领通道县后,中央领导人召开会议,讨论进军方向问题。博古、周恩来、张闻天、朱德、毛泽东、王稼祥、李德等出席了会议。会上出现了激烈的争论。李德坚持北上湘西会合红二、六军团的原定计划,他提请大家考虑:是否可以绕过追击敌军,在他们背后边转向北方,与二

王稼祥　　　　　　　张闻天

军团建立联系。最后,他强调说:"我们依靠二军团的根据地,再加上贺龙与萧克的部队,就可以在广阔的区域向敌人进攻,并在湘黔川三省交界的三角地带创建一大片苏区。"

博古支持李德的意见。

按照通常的做法,李德一发表意见,博古一表态支持,问题就决定了。然而,从通道会议开始,情况发生了变化。

毛泽东在会上深刻分析了敌我形势,指出:"向湘西进军,路上困难重重,放弃和红二、六军团会合的原定计划,才能免投入敌人布置好的罗网。应立即改变进军方向,向敌人力量薄弱的贵州前进,争取主动打几个胜仗,使已经跋涉千里、苦战两月的部队得以稍事休整,才能暂时振奋一下士气。"

王稼祥和张闻天积极支持这一建议,"三人团"成员周恩来决定采纳毛泽东的主张。

博古因部队受损,自己苦无良策,只得也同意西进,改道贵州北上。

李德见多数人赞成毛泽东的意见,他的最高军事指挥权首次遭到挑战,愤然中途离开会场。由于与会多数人赞成毛泽东的意见,毛泽东的建议被通过了。

这是自宁都会议毛泽东被排挤出红军领导岗位后,他对军事的意见在中央会议上第一次受到尊重。从此,毛泽东开始发挥越来越大的作用。

部队进入贵州后,道路更加崎岖了,沟壑纵横,更兼气候恶劣,霪雨霏霏,真是"地无三尺平、天无三日晴",行军十分艰难。这时,贺子珍肚子也腆起来了,走路气喘吁吁。干部休养连的董必武见状,分给她一架担架,但是贺子珍硬是不坐,她说:"我能行!"

董老没办法,又给她找了一匹老骡子,老骡子青毛都变白了。贺子珍也不肯骑,经常让给伤病员骑,或者给同志们驮东西。

贺子珍本来身体就不好,在长途行军中,长时间受着饥、寒、湿的折磨,身子更加虚弱,她经常流鼻血,头发晕,但她仍然以顽强的意志,克服种种困难,拄着一根棍子,步履艰难地行走;如果累得实在走不动了,就稍喘息一会儿,喘口气后,又去赶部队。

毛泽民夫妇也参加了长征。钱希钧与她同行。一天,她边走,边喘着气

对钱希钧说:"我给自己提出一个口号:'不掉队,不带花,不当俘虏,不得8块钱。'"

此时部队有个规定,即,如果伤病员实在走不动,发8块银元寄留在老百姓家里。

到了宿营地后,贺子珍仍然不休息。好强的她不顾战友劝阻,仍然和同志们一道做这做那,而且工作时间和同志们一样。结果,和她一起工作的同志看不下去了,就劝她:"贺大姐,你都这样了,别做了,去歇会儿吧。"

贺子珍笑着说:"不累,我做得还没你多。"

贺子珍就是这样一位女性,无论干什么都不肯落人后,为此,董必武在一次支部会上讨论行军问题时讲道:"我们这个连队,是个特殊连队,贺子珍是这个特殊连队的一员,尽管她身体不好,但她样样肯做,会做。"

受到董老的表扬,一向胆大的贺子珍却羞红了脸。

征程漫漫。

红军日夜奔走,但是到底向何处去,却一直没有答案。12月18日,中央政治局在黎平召开会议,讨论前进方向。会上毛泽东主张到川黔边建立川黔根据地,结果又发生激烈争论,最后会议否定了"三人团"的专断,实行长征以来的重要战略转折。随后,红军向黔北进发。贵州兵力薄弱,双枪兵的黔军望风披靡。红军一路凯歌行进,没有遇到有力的抵抗,就相继攻克了剑河、台拱、镇远、施秉、黄平、余庆、瓮安等城镇,直抵乌江南岸。

12月31日,中央军委纵队到达瓮安县的猴场。由于李德等人对行动方针还有不同意见,中央政治局又于第二日在猴场召开会议,再次就行动方针进行讨论。在会上,李德等人提出:"中央红军不过乌江;在乌江南岸消灭小部黔敌及土匪;东去湘西与红二、六军团会合。"

毛泽东反对他的意见,说道:"红军去湘西,就是死路。应在川黔边地区迂回战斗,以粉碎蒋介石的围追堵截;北渡乌江,向以遵义为中心的黔北地区前进,在川黔边建立新苏区根据地,才能把全盘棋走活。"

与会多数人赞成毛泽东的意见,再次否定了李德等人的错误主张。会议决定红军北渡乌江。

在猴场时,贺子珍和毛泽东见面了。他们宿营在一所四合大院。大院有三间大房子,当中是会客室,西一间办公室,东一间是住房,硬木板上铺

了很多稻草。因为这一日是1935年的新年，警卫班的同志按中央苏区时的惯例，准备在这里开新年晚会。他们在迎门堆起了两个大雪人，有眼睛，有鼻子，身后插了一根大刀似的长木棍，煞是威风。贺子珍也腆着大肚子和他们在办公桌周围摆了十几个大小不等高低不同的凳子，准备中央军委机关和部队首长来贺年时使用；还准备了毛泽东平素喜欢吃的东西，如辣椒、炸豆腐、牛肉、醪糟等。

一切准备停当，夜幕已经降临。警卫员陈昌奉和小曾到中央开会的地方迎接毛泽东。接近午夜，会议结束了。陈昌奉提着马灯照着毛泽东朝驻地走去。雪花飘扬，寒风刺骨。陈昌奉开口了："主席，过年了，咱们该在这里好好休息休息了吧？我们都准备好了！"

"怎么，过年的事情都准备好啦！"毛泽东亲切地问道。

"是呀！准备得可好了！还有节目呢！"小曾回答说。

毛泽东沉思了一会儿，说："我们不能在这里休息，还有比过年更紧要的事情哪！"

"什么事情比过年还要紧呀？"小曾不解地问。

"我们要争取时间突破天险，打过乌江去！我们是红军，什么事情对红军来说最要紧？现在就是打仗，消灭敌人。突破乌江很重要，是一件大事。你们觉得这猴场就是个大地方了，不，大地方咱们中国多得很。乌江那边的遵义就比这里大，还有比遵义更大的。等我们突破乌江，打开遵义，在那里过年才有味道哪！"

毛泽东又扼要地讲了当前的形势："蒋介石派了薛岳、周浑元等几个纵队，紧紧地跟在我们后边，我们必须以最快的速度抢渡乌江，把敌人远远地甩开。"

到达驻地，毛泽东看了布置，笑着称赞说："可真有个过年的样子！"并告诉大家他已在军委吃过饭，不要再为他准备了。接着，便打开文件，准备开始夜间的工作。

警卫班的以及其他工作人员七嘴八舌地劝毛泽东尝尝他喜欢吃的东西，微笑着期待他的回答。贺子珍在旁边也帮着说："他们为这些东西忙了一整天呢！"

毛泽东一听，不忍拒绝身边工作人员的好意和盛情，他要战士们在一

圈凳子上坐下来,他坐在大家的中间,乐融融地说:"好嘛!咱们就在这里一起过年吧!"于是,大家边吃边谈,有说有笑,在乌江畔过了长征中的第一个新年。

吃罢年饭,大家都去睡觉了。毛泽东又在灯下思索着渡过乌江后的行动计划。贺子珍则静静地坐在旁边,不时为他磨些墨水。

2."大家觉得我这个菩萨又有用了,把我抬出来"

新的一年来临,给艰难困苦中的红军带来了新的希望。

1935年1月5日,黔北重镇遵义在红军总参谋长刘伯承的指挥下一举攻克。

1月15日至17日,在遵义城红军总司令部召开中共中央政治局扩大会议。出席会议的政治局委员有博古、周恩来、张闻天、毛泽东、朱德、陈云,政治局候补委员有王稼祥、邓发、刘少奇、凯丰,红军总部和各军团负责人有刘伯承、李富春、林彪、聂荣臻、彭德怀、杨尚昆、李卓然,还有中央秘书长邓小平,军事顾问李德及翻译伍修权也列席会议,共20人。

会议由博古主持。首先,他作了关于第五次反"围剿"的总结报告。他对军事指挥上的错误作了一些检讨,但主要还是强调种种客观原因。周恩来作副报告,提出第五次反"围剿"失利主要原因是军事领导的错误,并主动承担了责任。随后,由洛甫代表他和毛泽东、王稼祥作联合发言,尖锐地批评"左"倾军事路线。接着,毛泽东作了长篇发言,指出,导致第五次反"围剿"失败和大转移严重损失的原因,主要是军事上的单纯防御路线,表现为进攻时的冒险主义,防御时的保守主义,突围时的逃跑主义。他还以前几次反"围剿"在敌强我弱情况下取得胜利的事实,批驳了博古用敌强我弱等客观原因来为第五次反"围剿"失败作辩护的借口。同时,他还比较系统地阐述了适合中国革命战争特点的战略战术和今后军事行动的方向。

在会中,周恩来及其他同志完全同意洛甫及毛王的发言和意见,博古没有完全彻底地承认自己的错误。中共中央宣传部长凯丰不同意毛、张、王的意见。他说:"老毛打仗的方法不高明,是照着两本书去打的,一本是《三国演义》,另一本是《孙子兵法》。"

其实,打仗的事,怎么照书本去打?这时,这两本书,毛泽东只看过一本——《三国演义》。另一本《孙子兵法》,他却并没有看过。毛泽东反问他:"《孙子兵法》共有几篇?第一篇的题目叫什么?"

凯丰答不上来,这时有人说:"其实你也没有看过。怎么说人家是照《孙子兵法》打的呢?"

最后,会议采纳了刘伯承、聂荣臻的建议,决定红军准备北渡长江,在成都西南或西北建立根据地。经过三天热烈讨论,会议还作出下列决定:

(一)毛泽东同志选为常委。
(二)指定洛甫同志起草决议,委托常委审查后,发到支部讨论。
(三)常委中再进行适当的分工。
(四)取消三人团,仍由最高军事首长朱、周为军事指挥者,而恩来同志是党内委托的对于指挥军事上下最后决心的负责者。

遵照会议的决定,洛甫根据毛泽东的发言内容起草了《中央关于反对敌人五次"围剿"的总结的决议》,经政治局通过后印发各支部。决议指出,"军事上的单纯防御路线,是我们不能粉碎敌人五次'围剿'的主要原因";同时充分肯定了毛泽东在历次反"围剿"战役中总结的符合中国革命战争规律的积极防御的战略、战术原则。

在遵义会议召开的这些天中,贺子珍几乎睡不着觉,天天担心着,她怕毛泽东的正确意见再次被否定,党会再一次受损失。会议休息时,毛泽东回家吃饭,贺子珍见到他,却不敢问他会议的内容,她担心会像以前的会议一样……而毛泽东却显得很高兴,他看到贺子珍欲问又止的神情,对她说:"会议批评了李德的冒险路线。"

贺子珍的一颗心总算落了地。

毛泽东又对贺子珍说:"遵义的鸡蛋糕好吃,买点尝尝。"

贺子珍果真去买了一盒"桂芳斋"。

17日晚上,会议结束后,毛泽东回到了住处。他的心情变得轻松了,话也比较多。他打开印有"桂芳斋"三个篆字的彩色纸盒,取出一块蛋糕嚼了一口,对贺子珍笑道:"香甜酥软,的确不错。鸡蛋糕、羊肉粉,是遵义地方的名特产品。"

贺子珍十分关心会议的结果,便试探着问一些关切的问题。毛泽东背着手,在室内踱着步,缓缓地说道:"这个会议,大家觉得我这个菩萨又有用了,把我抬出来。承蒙大家捧场,选我进中央政治局常委。大家看得起我老毛,认为还有一点本事。惭愧,进入中央领导层,滥竽充数而已。不过我也没有谦虚,国家兴亡,匹夫有责嘛。"

毛泽东又告诉贺子珍说:"会议肯定了我的正确主张,现在同意我的人多了。"说完,看了她一眼:"以后,我不会再让你受苦了。"

贺子珍听了这些话,激动而又兴奋,泪水湿润了她的眼睛,她像是对毛泽东又像是自言自语地说道:"呀,我们的党得救了。"

遵义会议后,红军部队在这千山万壑之间辗转行军,以求摆脱敌人。这时的中央红军,已锐减为3万多人,已没有任何重武器,只有一些破旧的迫击炮和山炮。蒋介石调集了约140个团30余万人的兵力,从东西北三个方向堵截,企图歼灭红军于黔北地区。如何摆脱敌军的围追堵截,为党和红军寻找新的落脚点,是对毛泽东和他的战友们的新的考验。

1月19日,中央红军撤出了遵义城,向桐梓走去。

衣着单薄的红军战士在春寒料峭中行进,摆脱了以前在崎岖的山路的奔波,第一次踏上一条真正的公路。贺子珍也行进在队伍中间。这种大踏步的进军,已不再是长征初期的退却逃跑主义,而是在毛泽东指挥下的迂回曲折、灵活机动的运动战的有机组成部分。因此,贺子珍和大多数战士一样饥寒疲惫却斗志昂扬。

按照毛泽东和中革军委的部署,中央红军分左、中、右三路,沿大娄山脉向川黔边界的赤水方向进军。

3. 毛泽东在遵义会议后摔了一跤

遵义会议实际上确立了毛泽东在红军军事行动中的最高指挥者地位。现在全党全军都在看毛泽东怎样下笔做好出山后的第一篇文章。

天公并不作美。离开桐梓向土城行进中,天空淅淅沥沥下着雨夹雪,道路泥泞不堪。毛泽东拄着棍子,沿着泥浆路跋涉,从头到脚都沾满了泥巴。

遵义参军的女学生李小霞,穿着旗袍,跟在毛泽东的后面行走。爬一个小坡时,毛泽东突然脚下一滑,摔坐在地上,头在山坡上磕了一下,渗出了血,李小霞赶紧走上去扶起毛泽东。后面马上传开了:"毛主席摔跤了,毛主席摔跤了。"走在后面的周恩来赶紧招呼卫生员上去包扎。贺子珍等闻讯也马上赶去。

毛泽东问李小霞:"我的头磕破了没有?"

李小霞摸了摸,照实说:"主席,没有磕破,只是出了点血。"

毛泽东乐了:"你真蠢,出了血还没有破?要脑袋开花才算破呀?"

周恩来赶上来见伤势不重,便大声地开起玩笑来:"摔得好不好?"

前后都是中央领导同志和蔡畅等老大姐们,平时随便惯了,便呼应道:"摔得好!"

"摔得妙不妙?"

"摔得妙!"

"再来一个要不要?"

"要!"

已包扎好的毛泽东笑道:"一次足矣,岂可再焉!"

这时贺子珍也笑着打趣:"恩来,你莫幸灾乐祸,小心自己来一个。"

大家又说又笑地爬坡,嘻嘻哈哈地摔跤。

然而摔跤并不是个好兆头。没过几天,毛泽东在攻打土城时马失前蹄,在指挥打仗上重重摔了一跤。

1935年1月24日,右路纵队红一军团到达土城,随后继续北进赤水,但在途中遇敌,战斗未果。1月27日,左路纵队红三军团、中路纵队红九军团和红五军团也相继抵达土城地区。在进军土城途中,毛泽东边走边察看地形,只见道路两边均是山谷地带,如敌军孤军深入,红军可以集中优势兵力,利用两边山峰居高临下的有利地形,合围歼灭敌人;于是,他有意在这里打一仗。

土城是一座依山傍水的小镇,顺着山坡与小河之间的小路走进镇里,街巷几乎全是石板路。毛泽东和贺子珍到达土城后,住在一家绸缎铺后面的一孔大石洞里。

长征途中,干部休养连是随同中央纵队行军的,一般情况下,休养连的行军时间和地点靠近中央纵队。因此,很多时候,毛泽东和贺子珍相距并不远,晚上宿营还能住在一起。

在土城住下后,毛泽东得知川军两个旅四个团正向土城方向前进,于是,决定集中红三、五军团和干部团,在青杠坡地区歼灭尾追之敌郭勋祺师,打通北渡长江进入四川的通道。在中革军委部署战斗的会议上,毛泽东形象地说:"现在敌人有几路来追击我们,我们要消灭他们,但不是一下子能消灭的。我们吃东西要一口一口地吃,先吃少的,后吃多的,想一口是吃不下的。"会议决定红一军团于28日继续北上夺取赤水城,以红三军团三个师、红五军团两个师占领土城镇以东三至四公里处的两侧有利地形,给川军以迎头痛击。

为打好这一仗,红军总司令朱德亲往红三军团前卫第四师指挥,参谋长刘伯承到红五军团指挥。

1月28日凌晨,红三、五军团向土城以东约4公里的青杠坡之敌发起进攻。战斗一开始就异常地激烈,枪林弹雨中红军勇猛冲锋,一度占领敌人的主要阵地——银盆顶。但在敌人增援部队赶到后,红军阵势立即处于危急状态。

此时,毛泽东才发现情报有误,原以为敌军是2个旅4个团约六七千人,而实际上是4个旅8个团共1万多人,而且川军的战斗力比黔军要强得多。此时,红一军团已北上奔袭赤水城,分散了兵力。毛泽东意识到战局的严重性,立即派人通知红一军团急返增援,但红一军团返回需要一定时

间。战斗愈打愈激烈,红五军团阵地被敌突破,伤亡重大。敌抢占山头,向土城进逼,一直打到设在镇东白马山的军委指挥部前沿。白马山后就是赤水河,若不能打退敌人的进攻,红军只能背水一战,局势岌岌可危。在这紧急关头,朱德亲临前线指挥。战士们见总司令直接参加战斗,士气大增。但是,敌人仗着兵多势众,武器优于红军,采取小正面、多梯次、连续冲锋的战术向红五军团阵地进攻。鏖战多时,有的红军战士的子弹和手榴弹打光了,便同敌人展开白刃肉搏。刀光血雨中,敌我双方均有伤亡,红军战士击退了敌军的多次进攻。

在敌军打到军委指挥部前沿时,毛泽东也出来了;他命令干部团发起反冲锋。干部团是由原红军大学和公略、彭杨两所步兵学校及特科学校合并组成的,英勇善战。干部团以其出色的战斗力击溃了敌军的进攻。下午两点多钟,红一军团第二师赶到白马山阵地,与干部团协同作战,迫使敌军退却。红三军团也牢固控制了一块高地。

但是,毛泽东此时深感土城之战不能再打下去了,一是因为地形于己不利,河流多;二是敌人大批援军将要赶到,敌强我弱;三是这一仗再打下去将是一场消耗战,红军损失太大。因此,在阵地巩固之后,毛泽东召集政治局几位主要领导人开会。根据原定由赤水河北上,从泸州至宜宾之间北渡长江的计划已无法实现这一情况,毛泽东在会上提出,为了打乱敌人尾击计划,变被动为主动,不应与敌人继续恋战,作战部队与军委纵队应立即轻装,从土城渡过赤水河西进。毛泽东还提出,为渡过赤水河,军委领导实行分工,朱德、刘伯承仍留前线指挥,周恩来负责在第二天拂晓前架好浮桥,另外,陈云负责安置伤员和处理军委纵队的笨重物资。由此,红军开始了一渡赤水河的行动。

赤水河是长江上游的支流,发源于云贵高原乌蒙山区的镇雄县,穿行于川、滇、黔三省边界的崇山峻岭之间,蜿蜒400多公里,水流湍急,滩多浪大,宽处有三四百米,窄处一二百米。在敌军蜂拥而至的严峻时刻,能否在赤水河上迅速架起浮桥,保证红军主力渡河,成为关系到红军命运的关键。毛泽东等中央领导深知干系重大。28日夜间,周恩来三次来到河边,询问情况,鼓动大家加快速度。到29日拂晓前,终于搭好了浮桥。红军部队将笨重物资扔进赤水河中,趁夜雾尚未散去,分三路在猿猴、土城一带胜

利地渡过了赤水河。

为掩护红军主力部队和中央纵队过河,红九军团和红一军团二师四团担负起阻击敌军的任务。二师四团在青杠坡与追击之敌展开了殊死搏斗,几乎每个连都伤亡大半。当四团完成阻击任务,最后几名红军战士渡过赤水河时,敌人已尾追到河边。

红军战士立即砍断浮桥的缆绳,烧毁浮桥,将敌阻断于赤水河东。红军暂时摆脱了敌军的追击。

一渡赤水是在土城之战失利,红军不得不放弃北渡长江入川的意图之后所采取的行动。土城之战是毛泽东回到党和红军的领导岗位后指挥的第一仗。对身经百战的毛泽东来说,这一仗是得不偿失,摔得不轻的。但是,毛泽东的杰出之处就在于他十分善于总结经验,审时度势,化被动为主动。当他看到战局不利时,果断地提出放弃从泸州至宜宾之间北渡长江的计划,西渡赤水,终于暂时摆脱了敌人。后来,红军在回师东进取遵义途中,有的敌军俘虏就不服气地说:"你们要在那里(指泸州至宜宾间)过江,早叫我们吃掉了。"

红军战士则说:"你当了俘虏也没变得聪明些,中国这样大,路这么多,我们哪里走不得,为什么一定要往你们乌龟壳上碰!"

这就是毛泽东的军事策略。

4.在激战中生产:"小凤凰"再次送了人家

红军西渡赤水后,暂时甩掉了川黔之敌,从1935年2月7日至9日先后到达云南扎西镇。在这里,红军进行了整编。

蒋介石获悉中央红军西进扎西的消息后,急忙又调整战略部署,任命湖南军阀何健为第一路军总司令,刘建绪为前敌总指挥,主要负责"围剿"红二、六军团;而以部分兵力参加对中央红军的"追剿",任命云南军阀龙

云为第二路军总司令,薛岳为前敌总指挥兼贵阳绥靖公署主任,专门对付中央红军;以甘肃军阀朱绍良为第三路军总司令,陕军杨虎城为副总司令兼前敌总指挥,负责对付红二十五军和红四方面军。

对第二路军的作战序列,蒋介石又重新作了划分:以嫡系吴奇伟部为第一纵队,周浑元部为第二纵队,滇军李云杰部为第五纵队,川军郭勋祺部为第六纵队,湘军李韫珩部为第七纵队。蒋介石的企图是:将中央红军包围和压迫在长江以南、横江以东、乌江以北和以西地区,聚而歼之。

在蒋介石的命令下,各路敌军纷纷向滇东北杀奔而来。然而,毛泽东闻讯却命令红军神速东返,矛头指向敌军的薄弱部分——黔军王家烈部。

2月11日,红军主力分左中右三个纵队开始东进,准备二渡赤水消灭王家烈的黔军。13日,国民党军事当局公开宣布:13、14日将在扎西地区与红军"剧战"、"可一鼓荡平"朱毛。谁知14日红军已越出"雷池",抵达古蔺、营山、摩泥、黑尼哨等地。

这时,贺子珍腆着肚子跟随中央纵队,穿行于滇、黔、川三省之间。

这一天,天下着小雨,天灰蒙蒙的,部队在急行军,天上有飞机轰炸,后面有敌人来,枪声很急,在经过一个山包时,贺子珍坚持不住了,说:"我可能快要生了!"

说罢,她脸色难看,呼吸急促,豆粒大的汗滴从额上沁出。

吴吉清马上上来,搀扶着她。吴吉清是毛泽东的警卫员,过湘江后,怀孕的贺子珍行动越来越不方便了,毛泽东就让他来到干部休养连照顾她。贺子珍由小吴搀扶着,吃力地走在山路上。

贺子珍捱过了一阵难忍的绞痛,脚步明显放慢了,和休养连已经落下了一段距离。细雨中,她又抬起头来看了看前面,透过雨雾,已经可以看到零零星星的农舍了。刚才,休养连连长侯政说,今天晚上在那里过夜。凭感觉,她估计那个小村离她现在待的地方至少还有六七里路。她希望自己能坚持到那里。

又一阵剧痛翻上来,她用手捂住肚子,轻轻呻吟着,头上脸上又沁出了豆粒大的汗珠。

吴吉清赶紧扶住她,让她靠坐在路边的一棵小树旁,焦急地问:"怎么办,要不要去找医生?"

贺子珍吃力地摇摇头:"不,不用……"她咬着牙,努力挤出几个字来。她用手使劲顶在肚子上,脸由于痛苦都有些变形了。

部队不断从他们身边走过去,一个团长远远向她们招呼着:"哦,敌人追兵在后面跟着呢!千万不敢掉队呀!"

刷刷的脚步声过去了,刷刷的脚步声又过来了……使人心急如焚。贺子珍捱过那一阵剜心搅肠的疼痛之后,又被小吴搀扶着,从地上站了起来,蹒跚着朝前走去。

走了几步,小吴见她实在是不行,说道:"贺大姐,你这样不行,我去找侯连长。"

一会儿,贺子珍影影绰绰看见有几个人正从前面返回来,走近了,才看出是休养连连长侯政和指导员李坚真及董必武、邓颖超、李治医生以及同在休养连的钱希钧。他们的身后,跟着一名女战士和一副担架。

"快,上担架!"李医生喊着,女战士和担架员赶忙把贺子珍抬上担架。

天开始暗了下来,医生在前面探着路,钱希钧把一张雨布遮盖在贺子珍的脸上,担架不时地在泥泞的路上打着滑,不断传来贺子珍强忍着的呻吟声。

阵痛越来越频繁,贺子珍终于由呻吟变成了喊叫。

已经走不到那个叫做白沙的小村了。

这时小吴跑过来:"北山腰有一个草棚,草棚的主人不在家。"

医生急切地说:"来不及了,就在路旁的草棚里给接生吧。"几个人七手八脚把贺子珍抬下来,放在火炉旁,用主人的壶烧了开水。李治医生接生,钱希钧在旁做助手,其他男同志都站在草棚外面等。外面,战斗进行很激烈,红军一个营闻枪声赶来接应,与敌军交火。那枪声像爆炒豆似的,一会儿急一会儿疏。逐渐撤下来的人员,一个个,一队队从窝棚边经过,他们甩下了话:"后面的敌人马上就要上来了!"

窝棚外面的男同志,包括董必武,人人都急得一头汗。

突然间,随着一阵轰鸣,一架敌机临空,在窝棚上方飞过,支棱一下翅膀,扔下几颗炸弹在窝棚外百米处爆炸。随着爆炸声的传来,窝棚里传来了婴儿一声嘹亮的哭声。

同志们说:"生了,生了。"

邓颖超进去,然后又出来告诉在门外等候的董必武和侯政,说:"是一个女孩。"

此时,政治保卫局局长邓发的夫人陈慧清也刚刚生下一个女孩,邓颖超说:"邓发的爱人也生了一个女儿,这一对宝贝真是红军长征中飞出来的两只凤凰啊,就叫她双凤吧!""哇——哇——"微弱的婴啼从空屋里传出来,在斜风细雨中颤抖着。

暮色正在降临,军情十分急迫。贺子珍把目光从婴儿身上抬了起来,看了看钱希钧。她们都没有说话。她们都知道该怎么办。钱希钧脱下了自己的上衣把孩子裹好,贺子珍从贴身的口袋里掏出了仅有的四块银元,递到了钱希钧手里。钱希钧抱着孩子,走出了屋子。

泪水在贺子珍的脸颊上无言地流着,嘴里不住地喃喃着:"第四个……第四个……"

她的第一个孩子出生后20天就送人了。1932年4月,红军再打下龙岩,贺子珍去找那户人家要孩子,寄养的人家找到了,可孩子已不在人世了。1930年,她第二次分娩,生了个男孩,由于早产,没有成活……毛毛是她和毛泽东所生的第三个孩子,从瑞金出发前交给了毛泽覃和贺怡,现在还不知是死是活。现在,这个孩子又只能按老办法送人。

钱希钧回来了,两手空空。贺子珍流着泪,急切地问:"孩子……托付好了?……么样人家?"

"找了半天,只在山腰上找到一户人家,是个苗族老阿婆,看着面善。"钱希钧说着也流下了眼泪。

贺子珍再也忍不住了,伏在钱希钧的肩头上,失声痛哭起来。

钱希钧没有安慰贺子珍。她没法去安慰。她们都清楚,在当前这样严酷的条件下,除了丢掉孩子,她们别无选择。

随即,贺子珍被担架抬着上路了。天已经黑了,看不见一颗星星,脸上能感觉出还在飘着细雨。已经走出了二三十步路,她还伸长了脖子,本能地朝后面那座房子的方向看了看——那里,留下了她与毛泽东的爱情之果。同志们抬着贺子珍上路,大约走了一个多小时10公里路光景,眼看就要赶上前面的部队,隐隐约约,前面有一个人站在路边张望,旁边有许多荒草,那人是站在一块空地上的。走近一看,才知是毛泽东。

原来,毛泽东也知道贺子珍要生孩子,但不知有没有生下来。此刻,他正在路边等候母子的消息呢!董必武和侯政连忙上去。毛泽东见到董必武和侯政,说:"你们两个都来了。"

董老忙上前对毛泽东说:"我们来向主席请罪了,贺子珍同志生了孩子,孩子留在……"

接着,董必武把孩子送人的事也报告了毛主席。

毛泽东说:"你们处理得对。行军路上一律不准带孩子,这是中央的决定,要执行好。"

毛泽东说完,就向他们二人挥挥手,示意他们先走。一会儿,贺子珍被小吴和另一同志抬来了。毛泽东走上前,看到贺子珍的眼角还淌着泪水,愣了一下,他刚毅地说:

"革命的后代,就让她留在人民当中吧。孩子将来要是参加革命,我们日后可能相见;如果不参加革命,就让她留在人民中间,做个老百姓吧!"

虚弱的贺子珍点了点头,她又被抬着上路,追赶部队去了。

5."你这个人,是与休息有仇的人"

1935年2月18日下午2时,红二师控制了赤水河渡口。19日和20日,中央红军全部渡过了赤水河,重新来到了黔北地区。蒋介石企图在滇东北地区把中央红军一鼓荡平的计划落空了。

中央红军重返黔北,完全出乎蒋介石的意料!

进入黔北后,毛泽东进军的主要目标就是桐梓和遵义。2月21日,军委规定:"现我野战军任务主要是迅速脱离川敌,进攻桐梓,遭遇黔敌,对追我之敌则侦察戒备并掩护,在有利条件下则准备回击,消灭其一部。因此为争取先机,我一、三军才应日行七十里左右,用四天行程逼近桐梓,期于25日会攻桐梓,并准备沿途遭遇黔敌。"

红一、三军团由红一军团林彪、聂荣臻指挥,于 24 日会攻桐梓。红一军团以一师一团为前卫,于 24 日晚抵达桐梓,随即攻城。战斗不到两小时,守敌两个连即弃城仓皇向松坎方向逃窜。红一团进攻桐梓,切断了黔军的南北联系。

红军攻下桐梓,黔军王家烈慌了手脚。25 日,他致电薛岳告急求援,说:"遵义只驻第一团全部,担任卫戍,请飞令各师,兼程到遵增援,以收歼灭之效。"红军的行动也使滇军孙渡吓得要死,他深恐落到黔军同样命运,于 27 日致电王家烈联络,要求帮忙,这时王家烈自身都难保,哪顾得上他?蒋介石担心遵义有失,急令薛岳派兵增援,薛岳立即派两师人马速渡乌江,增援遵义。

这正适合毛泽东在运动中打援的要求。

毛泽东早已设计了第二仗,攻占娄山关。

娄山关,雄踞大娄山脉中断,海拔 1400 多米,关口 1280 米。中间公路十步一弯,八步一拐,地势险要,周围是崇山峻岭,悬崖峭壁,有"一夫当关,万夫莫开"之称。娄山关是川黔两省交通要道,是黔北门户,遵义屏障,自古以来就是兵家必争之地。

25 日夜,细雨寒风,道路泥泞。红十二团于午夜 12 时从桐梓城出发,向娄山关疾进。红十团、红十一团连夜从东侧迂回。红一军团第一团抢占了石炭关。

"飞将军自重宵入。"团长邓国清、政委张爱萍率领下的红十一团,经过一夜急行军,于 26 日拂晓突然出现在板桥附近,迅猛地向镇里发动冲击,敌人惊慌失措,伤亡惨重,仓皇逃窜。

26 日,娄山关南坡守敌第六团连续组织反扑。红十三团连续击退了敌人的多次反扑,牢牢控制了娄山关口。红十二团接替十三团后,又连续击退了敌人的反扑,并组织突击队冲破敌人的防线。突击队二营五连连续突破了敌人沿公路设置的八九道障碍,把敌人赶到了娄山关下面的黑神庙。战斗进行中,红十二团政委钟赤兵腿部负伤,由苏振华继任,参谋长孔权亦负伤。

战斗进行至晚上 8 时,王家烈驻守在娄山关、板桥一带的四个团大部被歼,残敌向遵义逃跑。娄山关再度为红军占领,这为红军回师遵义打开

了通路。

毛泽东在战斗最紧张、最激烈的时刻,几乎是彻夜不眠。

警卫员看着毛泽东熬红了的双眼,熬瘦了的面孔,怕把他的身体累坏了,但他们劝又劝不动,因为毛泽东口上答应,行动上却不做。警卫员无奈只得去找贺子珍,因为贺子珍总能想出办法说服毛泽东休息。

开始,贺子珍劝毛泽东休息,毛泽东也不听,贺子珍就想了一个办法。她来到毛泽东身边,对他说:"润之,你先休息一会儿,我看灯没油了,去续一点。"贺子珍说着拿起煤油灯对毛泽东说:"灯没油了,先歇一歇再干吧!"

"不行呀。"毛泽东回答说,"我有急事,正等着前方的电话呢。没有油,我先摸黑等一会儿吧。"

"你不就是为了等电话吗?那好吧,我来替你守电话,你先去睡一会儿。电话一来,我就喊你。"贺子珍机智地说。

毛泽东同意了,但他却说什么也不同意在床上躺一会儿,怕误了大事,只是说:"我就靠着椅子闭一会儿眼,这种休息是最让人放松的。"

贺子珍看到毛泽东说话语气坚决,知道劝也没用,只好答应了,但是,毛泽东虽然嘴上说休息,但是他却没有真睡,电话铃一响,他比贺子珍还积极,一跃而起去接电话。接完电话,他看到贺子珍不满地看着他,就不好意思地说:

"我嘛,休息和工作一样,爱分心。"

贺子珍看他那个样子,有气也消了,说:

"我看呀,你是工作太投入了,而休息太……你这个人,是与休息有仇的人。"

毛泽东不再说话,而是又坐在油灯旁。

贺子珍只好任由他继续工作。过了一会儿,毛泽东突然说:"子珍,灯没续油吗?怎么火苗小了。灯芯也好好的呀!"

贺子珍听了,还真以为灯没油了,因为她说灯里没油是她骗毛泽东去休息的,所以,她说:"有呀!我刚才是为了骗你休息才说灯没油的。"

"有油你还在这儿干什么,你快去休息吧!"毛泽东笑哈哈地说。贺子珍这才知道上了"当",她又气又急。

"子珍,你明天还要行军,别陪我在这熬夜了。"

贺子珍听到这话,心酸酸的,固执地说:"不,我要在这儿陪你一会儿。"

毛泽东拗不过她,只得说:"好,我这就睡。"

毛泽东答应了,但他仍是靠在椅子上闭上了眼睛。贺子珍见状,也就半躺在床上睡着了,她实在是太困了。

过了一会儿,朦朦入睡的贺子珍闻到一股东西烧糊的味道,她赶忙跑过来一看,原来是毛泽东又起床工作了,他披着的毯子已经烧着了,屋子里满是黑烟。她喊了起来,毛泽东仍在灯下批文件,听到贺子珍的叫声这才注意到毯子烤着了,连他靠近火盆的那条裤腿也烤糊了!

贺子珍真想抱怨毛泽东一顿,可一想他工作总是这个样子,到了嘴边的话又咽了回去。她默默地找来块布,把毯子烧的窟窿补上了。后来,毛泽东就盖着这条毯子,走完了长征的路。到了陕北后,他们舍不得把这条破毯子丢掉,贺子珍又求人用土羊毛把窟窿织补起来。

很快,娄山关就被红军打下来了。途经娄山关时,贺子珍向身边的警卫员吴吉清说:"这娄山关像是贵州的大门,一直是兵家必争之地。"她为胜利的喜悦所激动,全然忘记了烧毯子之事。

以后,毛泽东又重占遵义,三渡赤水,四渡赤水,巧施神来之笔。蒋介石几十万大军的围、追、堵都无济于事,急得脚直跳。

6.摆脱重围,贺子珍也笑语不断

毛泽东四渡赤水后,蒋介石拼命围、追、堵,不但没围住毛泽东,反而被弄得晕头转向。

1935年3月29日晚,毛泽东兴奋地告诉贺子珍:"红一军团先遣团第一师三团夺取了乌江渡口,消灭守敌一个连,在行进中又消灭援敌一个营

的大部。"

3月30日和31日,毛泽东又告诉贺子珍:"红军主力除红九军团外,分别从大塘、江口、梯子岩南渡乌江,进到了息烽西北的黄冈、牛场、蔡家寨地域。"

"我们又一次跳出了蒋介石精心布置的围堵圈?"

"是呀,我们一下子把老蒋围堵红军的各路大军甩在乌江以北地区。"

这几下行动,使红军赢得了主动,蒋介石顿时陷入了十分被动的地位。

红军南渡乌江后,没有遇到强有力抵抗,毛泽东即指挥红军经息烽以南的潮水场、九庄、石洞、底寨等地,于4月4日占领扎佐,逼近贵阳。一路上,红军虚张声势,并扬言要攻打贵阳,到处书写"拿下贵阳城,活捉蒋介石"的标语。同时,毛泽东又派出部分兵力东进,佯攻瓮安、黄平,摆出要东去湘西与红二、六军团会合的架势,"示形"于东,迷惑敌人。

此时贵阳兵力只有郭思演的九十九师所辖四个团兵力,但这四个团大部在外围担任守备,城内兵力包括宪兵在内不足两个团,这一下把亲临贵阳城内指挥围堵的蒋介石急得要死。

从3月31日开始,他每天发"限即刻到"的万万火急的电报给孙渡,命令他速率所部向清镇前进,以保卫清镇机场的安全,防止红军夺取机场,断了他逃跑的退路。蒋介石内心紧张,表面镇静。4月2日,他召集陈诚、薛岳、何成浚等高级将领,讨论红军行动的企图及应采取的对策。在会上,他"集思广益",最后指出:"红军行动的企图可能有两个:一是乘虚袭占贵阳;二是仍图东进与湘西红军会合。两者中间以后者可能较大,但两者都威胁贵阳安全,当前应以确保贵阳为急。"紧接着,他命令诸将速率所部前来贵阳,保卫贵阳。

4月5日夜间,突然亲信报告:贵阳外围有红军游击队活动的消息!蒋介石一听,心绪不宁,亲自打电话询问贵阳周围黔灵山、东山、螺丝山、照壁山、图云关等处工事和城防守备情况;并且,特别关切地询问了清镇飞机场的守备情况。这一夜,是他备受煎熬的一夜,他辗转反侧,彻夜难眠;同行的夫人宋美龄也伤风发烧,忧心如焚。第二天清晨,蒋介石大骂侍从副官蒋孝镇,责怪不该让他住透风的房子。蒋孝镇心里不服,私下发牢骚

说:"他受了惊,怪房子。"

红军在贵阳附近积极活动的时刻,蒋介石好似热锅上的蚂蚁,他时刻关心战局的发展,每分每秒都在盼望滇军的到来。滇军尽管全速前进,蒋介石总嫌他们行动不快。一天上午,他正在办公室与贵阳警备司令王天锡谈话,顾祝同进来向蒋介石报告说:"敌人已过水田坝,快到天星寨了。"

蒋介石急问王天锡:"水田坝距离贵阳有多少路程,在哪个方向?"

王天锡回答说:"在东北角,距贵阳大约30华里。"

蒋又问:"距清镇飞机场多远?"

王尚未回答,陈诚又来报告说:"乌当来电话,敌人已过乌当。清镇也来了电话,据报飞机场附近发现敌人便衣队。"

蒋介石听罢大吃一惊,准备"三十六计,走为上计",绕开清镇向安顺逃跑,他立即命令王天锡:

"挑选20名忠实可靠的向导,预备12匹好马、两乘小轿到行营听用,越快越好。"

王天锡迅速地组织好逃跑马队,并向蒋介石报告。

与此同时,毛泽东仍抓紧"示形"活动。军委命令红一军团二师六团为伪装红军主力东进,在清水江上架设浮桥;命令红三军团佯攻龙里,以"催促"蒋介石继续调动滇军东进。

在毛泽东的"指挥"下,蒋介石通过一个个手令,把滇军部队一支支地调到贵阳来了。孙渡率部刚到清镇,蒋介石立即用汽车把他接来贵阳,并立即召见,嘉奖滇军行动迅速,作战勇敢,并犒赏孙渡纵队部2万元,其他到贵阳的各旅各1万元。

这时,蒋介石又获悉红军由乌当过洗马河向龙里、贵定方向前进的消息,他长长地松了一口气,几天布满愁容的脸上露出了喜色。他判断红军"必然出马场坪东下镇远出湘西回江西"。立刻,他命令刚到贵阳的孙渡立即率部向龙里方向跟踪追击,说:"现据飞机侦察报告,共军已转到清水江附近一带,并在清水江上架有浮桥两座,队伍正在纷纷过江,向东前进,似有向黄平、施秉、镇远一带回转模样。第三纵队应先开赴黄平、施秉附近防堵,如该处无共军到达,应继续赶到镇远附近迎头阻击。"

孙渡立即指挥部队向龙里、贵定方向前进。蒋介石还命令吴奇伟纵队

向红军尾追,湘军到黔东、桂军到平越线防堵。

兵不厌诈。调出滇军的目的已经达到,毛泽东审时度势,决定抓住有利时机,从"声东"迅速转而"击西"。4月7日晚,他命令各军团从贵阳、龙里之间南进,然后长驱西进,直插云南。8日,红军先头部队控制贵阳、龙里间公路黄泥哨至观音山段,掩护主力南移,红三军团以一个团占领贵阳以东梨儿关、黄泥哨有利地形,积极佯攻贵阳。蒋介石听到炮声隆隆,立即命令守城部队加强防守,并亲自派飞机侦察轰炸。4月9日,中央红军主力在贵阳至龙里间约30里宽的地段上迅速南移,全部通过了湘黔公路。一过湘赣公路,红军就甩开了敌人,像长了翅膀似的每天以120里的速度向云南疾进。

继四渡赤水之后,威逼贵阳之战是中央红军长征中变被动为主动的决定性战役。这是一场出色的机动灵活的运动战。红军在毛泽东指挥下,声东击西,忽南忽北,大踏步进退,不断地调动敌人,打得赢就打,打不赢就走,奇谋迭出,精彩纷呈,是战争史上的奇观。

在疾进云南的路上,贺子珍、钱希钧和战士们边跑边对此番毛泽东调兵之计议论纷纷。

"我们忽进忽退,一再回旋,蒋介石迷离徜徉,摸不着我们的企图所在。"一位战士说,"他这脑袋真聪明!"

"蒋介石不是说红军盘旋于川黔边境'大有徘徊不去之势'吗?这话却没说错呢!"贺子珍笑着说。

"哪知道我们乘机乘隙,渡过乌江,径扑贵阳了!这一下他的鼻子却被我们牵住了!"

"红军采取了前所未有的声东击西,迷惑敌人的战术。"贺子珍笑笑,"毛泽东的战略奏效了。"

"毛泽东的高明计谋获得成功。"

"兵不厌诈——毛泽东计胜一筹。"

"事实上,毛泽东就是诸葛亮。"

战士们议论纷纷,贺子珍觉得很开心。

7. 抢救伤员：全身17处中弹

然而，长征的路上，部队的每一步都充满了艰难险阻。为了消灭红军，蒋介石除了在地面上派重兵追踪、截击外，还出动了空军，在天空中搜索、侦察，寻找红军的去向。

红军从贵阳附近南进后，突然一折向西，直向云南奔去，蒋介石马上判断红军一定从清镇与安顺之间平坝附近通过，"再窜织金、黔西、大定一带"；"或是由织金直趋威宁，再窜云南东北边境"；"再不然就是向西南窜到盘江"。并且，他认为第一种可能最大，于是又连夜制定了"再一节一节的突击"的计策，他命令周浑元、吴奇伟纵队，滇军和湘军十五师、五十三师、六十三师迅速西进，在清镇、安顺以北地区夹击红军。

然而，聪明的蒋介石又一次打错了算盘！毛泽东率领的红军没有走他安排的道路，而是迅速渡过盘江，直插云南。在西进道路上，红军连克定番、长寨、紫云和广顺，安龙、兴义、兴仁和安姑，来到了云南的大门口，直接威胁昆明。蒋介石闻讯，大吃一惊，马上派飞机连日轰炸红军。

一天，干部休养连到达贵州盘县猪场，大家吃过中午饭后正在休息。突然，天际响起了嗡嗡声，敌机来了！司号员急忙吹起军号，通知部队立即分散隐蔽。

休养连连长侯政、指导员李坚真连忙照顾老同志和大姐们防空。敌机越来越近，刹那间钻出了云层，数架敌机向休养连隐蔽的地方俯冲而来。

警卫员吴吉清急忙对贺子珍说："快到路边的林子里隐蔽。"

"不行，还有伤员！"

贺子珍不顾个人安危，立即跑上前去，帮助伤病员隐蔽，敌机快速俯冲而来，吴吉清急得拉着贺子珍往路边跑。敌机先是用机关枪扫射，随后投下了几枚炸弹，转了一圈，就飞跑了。

贺子珍、吴吉清的周围弥漫着巨大的烟尘，硝烟消散一点以后，他们马上从地上抬起头。贺子珍还没有看清面前的东西，就听到了有人在呻

吟,她顺着呻吟声一看,前面有一个担架,担架上的伤员正挣扎着要爬起来。贺子珍立即扑过去,她看到那伤员身上全是血,立即背起他去隐蔽。这时敌机又飞回来了,原来狡猾的敌机并没有真正离开,转了一圈又飞回来了,一枚枚炸弹像雨一样落下来。许多人见状都大声喊着:"贺子珍隐蔽!"就在她要背着伤员躲藏时,另一架敌机朝这个方向俯冲下来,接着是一阵猛烈的机关枪声和炸弹的爆炸声。隐蔽已经来不及了,贺子珍此时忘记了一切,她奋不顾身地向伤员的身上扑去。随即,她只感到浑身一阵剧烈的疼痛,便失去了知觉,栽倒在血泊中。

吴吉清大喊着冲过来,急忙背起贺子珍,轻轻地放在担架上,此时贺子珍已经昏迷过去了,鲜血染红了军装。

李医生闻讯赶来,给贺子珍打了止血针,然后进行检查,发现贺子珍头部、上身、四肢共17处中弹。因没有麻醉药,只服了几片止痛片,取出了浅表弹片,深入体内的弹片因没有手术条件不敢动手,没有取出。这些弹片镶嵌在贺子珍的身上。

据说,贺子珍这次抢救的伤员就是在娄山关战斗中英勇负伤的师政委钟赤兵。

过了好一会儿,贺子珍才苏醒过来。

部队就要出发了,然而贺子珍的伤很重,怎么办?侯政连长和其他负责同志考虑长途行军,生活很不安定,于是,打算把贺子珍安置在一个老乡家里,便于养伤。

贺子珍考虑自己伤重,得很长时间要在担架上行军,怕增加组织上和同志们的负担,也主动向连里提出:"就把我留在当地老乡家里吧!"

她的意见和连里的想法不谋而合。

这时,恰好中华苏维埃中央政府银行行长、毛泽东的弟弟毛泽民和钱希钧来到了,听说贺子珍负伤了,马上来到她的担架旁。贺子珍吃力地睁开双眼,说:"泽民、希钧,我大概不能和你们共同北上抗日,请你们暂时不要告诉润之。他在前线指挥责任大,不要让他分心。请你们把我寄放在附近老百姓家,再见面!"

贺子珍知道此一留下,可能就是生死之别了,心情非常难过,但却还是十分刚强。

毛泽民的心一紧,说道:"这怎么行?丢在这里,敌人知道你是大哥的妻子,肯定没命的。"

"我们马上电告大哥!"钱希钧说。

"大嫂,你放心,只要有我们在,就一定把你带着走!"毛泽民说道。

此时,毛泽东正在开会研究红军巧渡金沙江的军事行动,脱身不得。得讯后,马上回了个电话,说:

"不能把贺子珍留在老百姓家,一是无医无药,无法治疗,二是安全没有保证,就是要死也要把她抬着走。"

他立即派傅连暲医生到休养连去,协助连队医生进行抢救。同时,他又把自己的担架调了来,帮助抬贺子珍。

连里的领导正在发愁,把贺子珍留到老百姓家,拿什么作她的生活费和养伤费。连里一点钱都没有,只有打土豪时缴获来的一点鸦片,还值一点钱。他们正商量着是否用鸦片换点钱来安置贺子珍时,接到了毛泽东的电话,于是,放弃了把她留在老百姓家的计划。

就这样,贺子珍在担架上时而昏迷时而清醒,又被抬着上路了。

第二天晚上,毛泽东和3名警卫员提着马灯急急地朝贺子珍宿营地走来。一进屋,毛泽东亲自提着马灯走近贺子珍躺着的担架,俯下身去,只见贺子珍闭着双眼,清秀的面孔白得像张纸,没有一点血色,气息微弱。毛泽东深情地望着这个与自己相濡以沫、患难与共的妻子,鼻子一酸,这位在敌人面前如猛虎一样的英雄,此时流下了眼泪。他抚摸着她微弱的脉搏,轻轻地叫道:

"子珍,你感觉怎样呀,我来看你了。"

这是多么熟悉的声音,这是爱人关切的叫声,几年来,贺子珍醉心于这种声音啊!贺子珍醒了,她的心异常激动,眼角湿润,亲切而又温柔地注视着毛泽东,声音微弱而又沙哑地说:"润之,你们,继续,前进吧,我不能连累你们的。"

毛泽东很感动,他坚定地说:"我和同志们都不会把你一个人留在这里的……"他背过脸去擦拭眼角,心情十分沉重。

贺子珍又昏迷过去了。傅连暲与几位医生奋力抢救,毛泽东守候在旁边,并对胞弟毛泽民说:"贺子珍是为抢救伤员而身负重伤的,不能用8块

银元把她留在老百姓家,决不能把子珍留下来,一定要把她抬着,跟着队伍走。"

此时,前方战事紧急,毛泽东连夜赶回了总指挥部。回到前方后,毛泽东又给担架班长丁良祥写了便条,便条是这样写的:

老丁同志:

  我派你明天去抬贺子珍同志,昨天下午敌机轰炸,她受了重伤,带了十几处花,不能走路。

毛泽东
即日

毛泽东还让勤务员把自己的那匹小黄马也牵去,他对勤务员说:"等子珍伤势好一点时,让她骑马免得战士们老抬着。不然,她会很不安的。"

长征中的这一段经历,深深地铭刻在贺子珍的记忆中。解放后当她回顾这一段往事时,她一往情深地说:"是毛泽东救了我的命。我当时昏迷着,不知道连里曾经决定把我留下,放在老乡的家里。

当然,连里这样决定也是一片好心。但如果那时候毛泽东同意了,我就没命了。我的伤势那么重,农村又没有医疗条件,不要说碰到敌人了,就是光躺着也要死的。"

8."你们给我一枪,把我打死吧"

部队继续北上,贺子珍躺在担架上随军前进。毛泽东多次同警卫员赶很远的路程看望贺子珍,给她带来一点自己节省下来的食品。毛泽东真情的关怀,使贺子珍感到一种透心的温暖。可是,由于伤势太重,她处在时而昏迷、时而清醒的状态中。当她醒过来时,钻心的剧痛使她头上、身上一阵阵地冒虚汗。为了不使呻吟的声音叫出来,她紧咬嘴唇,把嘴唇都咬破了。

医生了解她的痛苦,给她注射吗啡,来减轻疼痛。然而,一针吗啡只能维持几个小时,当药性过去后,她又陷入难以忍受的剧痛之中。

同志们看到她太痛苦了,就说:"你身上疼不好受,就大声喊一喊吧,喊了可能好受一点。"

贺子珍不肯喊,她竭力忍受着。到后来,她再也忍受不下去了,就哀求身边的同志说:

"我拖累了大家,你们给我一枪,把我打死吧!"

一番话,把大家说得伤心落泪。同志们劝她说:"你不要乱想,你会好起来的,我们说什么也要把你抬着走。"

一次,贺子珍从昏迷中醒来,看到吴吉清在照顾自己,她微笑着开口了:"小吴,我和邓颖超同志介绍你入党后,你进步很快,我们都很高兴。希望你今后多照顾主席。"

"我会的。"吴吉清点点头。

停了一会儿,她强忍悲痛说:"前面的道路是曲折漫长的,但胜利一定会来,很可惜,我大概不能和你们一起走了。"

"为什么?"小吴问。

"因为那样会拖累你们。你去告诉连长,把我寄放在老乡家里吧,不要继续抬着我走了。"

原来,贺子珍思忖着休养连老同志和伤病员多,担架和马匹少,自己躺在担架行军,对部队拖累太大,因而一再向组织上提出把她留在当地老百姓家里的要求。小吴没有做声。"将来革命胜利了,如果我为革命牺牲了,要把小毛他们找到。你是知道的,主席特别喜欢儿子。如果将来小毛找到了,你告诉他:他的母亲为了无产阶级的革命事业,在长征路上,献出了自己的生命。要小毛继承母亲的遗愿,为崇高的共产主义理想而奋斗!"

每一次提出这样的要求,贺子珍在思想上都产生感情的波澜,她牵挂着毛泽东,感情上难以离开毛泽东,正像她后来说过的那样:"我一生只爱一个人,我已经把我的感情给了毛泽东。"但她又是一个坚强的战士,是一个以革命利益为重的人,她不愿拖累部队。

这一番话语令人泪下。吴吉清禁不住热泪直流,哽咽着说:"贺大姐,怎么也不能把您一个人留在这里。只要我们还有一口气,一定要抬着您

走！"

战友们是这样说，也是这样做的。开始，他们用担架轮流抬着她；遇到担架过不去的地方，就用骡马驮着她走；当骡马也走不过去时，他们又轮流背着她前进。

贺子珍在担架上躺了两三个月。在这段时间里，毛泽东的关怀，战友们的关心，医生的精心治疗，自己的顽强意志，终于，使得贺子珍的弹伤竟奇迹般地开始好起来。几个月后，她走下担架，迈开自己的双腿，拄着木棍自己走。

她伤口刚刚稍好，就下地走路，战友们担心她吃不消，坚持要用担架抬，她说什么也不让别人抬着了，战友们只好轮流搀扶她。贺子珍就这样拄着棍子，一步步向前进。

9. 小妹被敌人杀害，小弟被红军枪决

1935年7月底，毛泽东和红军总部来到了毛儿盖地区。

为了实现北上建立川陕甘根据地的方针，8月4日至6日，中央政治局在毛儿盖召开扩大会议。出席会议的有洛甫、毛泽东、周恩来、博古、朱德、张国焘、王稼祥、陈昌浩、凯丰、邓发，还有李富春、徐向前、林彪、聂荣臻、李先念等。会议集中讨论战略方针和夏洮战役的作战行动问题。

早在6月25日，毛泽东与红一方面军到达懋功县两河口，与张国焘率领的红四方面军会合。在两河口会议上，中央决定改原定在川西建立根据地的方针为北上建立川陕甘根据地。为了创建陕川根据地，会议决定集中主力向北进攻，发动松潘战役，以集中主力消灭与打击胡宗南军，夺取松潘后，红军主力向甘南前进。但是，张国焘原以为中央红军有30万人马，会合后发现毛泽东他们已不足2万人，自恃兵强马壮，瞧不起中央红军，野心膨胀，阴谋分裂红军。两军会合后，他阳奉阴违，大耍两面派手法，反

张国焘

对中央北上政策，向中央争权，毛泽东等人被迫让他担任了红军总政委。张国焘担任了红军总政委后，仍不满足，继续分裂红军。由于张国焘的拖延，红四方面军主力迟迟未能北上，耽误了一个多月时间。7月中旬，蒋介石在成都召开薛岳部师长以上将领的军事会议，调兵遣将，部署新的围堵计划。这样毛泽东等人原定的松潘战役的计划就很难执行了，因此，毛泽东等人转而准备发动夏洮战役。然而，张国焘却提出红军西出阿坝，北占夏河，向青海、甘肃边远地区西进，其主要的目的是拖延红军主力的北上行动。

毛儿盖会议就是在这样的情况下召开的。此时，发生了贺子珍的小弟贺敏仁被杀事件。

长征出发后，贺敏仁一直在部队当司号兵。他在家中是最小，从小备受父母和兄姐的关爱，十五六岁就参加了红军。由于姐姐、姐夫和哥哥都在红军中担任重要职务，他年纪小，自恃姐夫和兄姐们都是"大官"，平时自由散漫，政治觉悟比较低。在长征路上他忍受不了艰苦的生活，肚子饿时，爱发牢骚，并且与周围战友关系也不好。部队到达藏民居住地区毛儿盖后，再三明令要遵守三大纪律八项注意，严守民族政策。

可是，一天，忽然有人报告说："贺敏仁违反纪律，擅自进入喇嘛庙，私自拿去了1000多个花边银钱。"

情况反映到了师部。师部马上派人把他五花大绑起来，要枪毙他。贺敏仁说："这是冤枉，我只拿了百十个铜板。"

但是贺敏仁违背了纪律是事实，师部仍要严肃处理，要枪毙他。贺敏

仁只好恳求同他一起参军的一个永新老乡："替我写封信给姐姐贺子珍,反映这个情况,救我一命!"

但是,这永新老乡也不识几个字,琢磨了大半天,也写不出一封信,最后,他索性对此事不问不管了。

贺敏仁被抓起来后,贺敏仁所在团的团长和政委商量:"给毛泽东发个电报,报告这件事。等批复后再执行。"

然而,这时发份电报很麻烦,要先给电池充上电才能发报,有时候充电不足还发不出去。结果,发这份电报,又延误了些时间。

此时,师部政委认为应该维护红军铁的纪律,一定要马上枪决。

结果,等军委的电报回来,指示要缓期执行时,人已经被枪毙了。

对于这件事,红军中一时传说纷纷。有人认为是对的,应该严肃军纪,不徇私情;有人认为这是有意的陷害,故意打击贺子珍和毛泽东。

这时伤口还未痊愈的贺子珍知道这件事后,很伤心。她想,是不是有人故意同她和毛泽东过不去,拿自己的弟弟开刀呢?但是,她控制住自己,客观地对这件事情作了调查。

她了解到,弟弟贺敏仁的错误是严重的,但的确没有拿那么多钱,也不可能拿那么多钱。因为,一个最壮的挑夫,最多也只能挑七八百块银元,他根本拿不走1000多银元。况且,他随身就是一个小背包,一条小军毯,真有那么多银元也没处放。同他一起的战士反映,他是拿了一两块钱。因为拿的是铜板,100个铜板也就值1元钱。结果,他一拿钱,平时对他有意见的人就故意夸大事实,而领导也没有作任何的调查,不等中央批复,就采取了行动。贺敏仁也因此命丧黄泉了。

贺子珍调查之后,把了解的情况,如实向军委和毛泽东反映了。

此时,毛儿盖会议正在紧张地进行,与张国焘的斗争很激烈。会议再次强调两河口会议确定的北上战略方针,批评了张国焘的错误主张。会议决定恢复红一方面军总部,由周恩来担任司令员兼政治委员。会议通过的《中央关于一、四方面军会合后的政治形势的决议》,重申强调创造川陕甘根据地是当前红一、四方面军面临的历史任务。为此,必须加强党对红军的绝对领导,维护两个方面军的团结。决议指出,在红军中必须纠正对革命前途悲观失望的右倾错误。毛泽东天天忙于说服张国焘等人,常常是半

夜才回到住处。

毛泽东听了贺子珍的反映后,没有做任何表态。

事后,贺子珍也没有干预这件事的处理,更没有利用自己的地位,采取任何报复性的行动。若干年后,她见到自己的兄妹,谈到这件事的时候,贺子珍态度很平静,她说道:

"我们一家革命,小妹先圆被敌人杀害了,没想到小弟敏仁竟死于自己人之手。如果这件事发生在平时,当然可以争个是非曲直,但当时是战争,是红军生死存亡的紧要关头,一切都要服从这个大局,不能干扰毛泽东对军队指挥工作的进行。即使是有人有意的陷害,我也要用红军的纪律约束自己,也要用红军的纪律严格要求自己的亲人。"

10. 毛泽东说:"我的'聚宝盆'是'借'了你的光啊"

1935年,毛儿盖会议之后,毛泽东和贺子珍于8月21日与右路军一起踏上了人迹罕至的川西北草原。

川西北大草原,实际上是一片大沼泽。经年的水草盘根错节,结络而成的片片草甸覆盖在沼泽之上,鲜花盛开,但鲜花下面的水草地却处处是危险。稍不留神陷入沼泽,只需几分钟就能把整个人吞噬。这里的气候也极为恶劣,时而烈日炎炎,时而电闪雷鸣,狂风暴雨。这样险恶的自然条件自然使人类的脚步很少光顾此间。因而蒋介石在预测红军的行动路线时,把草地排除在外。薛岳在《剿"匪"纪实》中说,红军若想走此路,"势有不能"。然而,毛泽东又是出其不意,指挥红军向草地进军。

在红四团探寻出一条经草地北上的路线后,主力部队就开始踏上了茫茫草地。

贺子珍和中央纵队也向着处处隐藏着死亡危险的草地而来了!有一天,当部队行至草地边缘时,一条小河挡住了去路。河虽不很宽,约十来

米,水深也只有一米多,但流速很急,这对干部连的同志来说,步行过去都有一定困难。他们尤其担心贺子珍身体太虚弱而过不了河,侯政连长嘱咐担架员抬她过河,贺子珍不答应,说:"我自己能过。"

这时工兵连的战士找来了一根粗麻绳横拉在河中当扶手,面对这种过河的办法,别说贺子珍这样全身负伤的女伤员,就是健康的人过河都有一定的难度,但是,贺子珍咬着牙,挽着战友的胳膊,毅然跨入河水中。这条河经过长年水流的冲击,河底全是石子,这些石子圆圆的,像馒头那么大,踩在上面滑溜溜的。贺子珍一脚一滑,艰难地行进着。冰冷的河水使她全身发凉,身上的伤口被泡得阵阵作痛。走到河中心时,水浸过裤脚,没过了她的腰。她的心突突地狂跳着,头感到一阵阵的晕眩,身子不由得摇晃起来。她竭力使自己镇静下来,紧紧地拉着粗麻绳,不让身子倒下去,终于在河中心站住了。她向对岸望去,见毛泽东正关切地注视着她,目光中含有赞许、鼓励和期望。他同周恩来并肩站着,向过河的同志们高喊着:

"同志们坚持呀!坚持就是胜利!"

"坚持过了草地,我们就胜利了!"

这喊声给贺子珍增添了勇气和力量。她迈着坚定的步伐,继续向前走去。她回过头来,看着后面陆续过河的战友,满怀激情地喊着毛泽东刚喊过的话:

"同志们坚持呀!坚持就是胜利!"

这时,40多米宽的河床上,站满了过河的红军。他们的情绪沸腾了,互相拉着手,欢笑着,勇敢地向河的对岸走去。贺子珍和战友们一起,安全地过了河。

然而,最艰难的还是下一程过草地。

草地的8月,阴雨连绵,地面又粘又软,极其难走,稍停一会儿或脚抬慢了,脚底就冒出一股股黑水。有些战士不小心踏进了沼泽中,身子就往下陷,越陷越深,不能自拔。贺子珍拄着棍子,走几步路,喘一口气,又继续行走。最要命的是,贺子珍全身被雨水、汗水浸得透湿,身体受伤的部位钻心一样疼痛,但她不顾肉体的痛苦,始终艰难地往前走。有时,她脚发软,跌到泥水中,在战友们搀扶下,她爬起来,又继续前进。

战士们见她这个样子,都忍不住说道:"贺大姐呀,你哪来的毅力呀?"

贺子珍笑了，她说："要是我这也叫毅力的话，那么同志们在这么艰难的行军中照顾我，就更让人佩服你们的毅力！"

在草地中没有村庄，没有房屋，只是偶而碰到几棵小树，一片沼泽，人一不小心走离大路，就可能踏入大沼泽，但是，贺子珍他们小心翼翼地沿着前头人马走过的泥泞路走，危险少了许多。但是，他们又面临着另一个威胁——饥饿。在准备过草地时，红军从藏民的地里收割了一些青稞和萝卜之类的蔬菜。但是，这些青稞粉并没有维持多久。

部队踏上大草地时，一连好几天，红军战士只能分到一点没有长成熟的青稞。青稞是熟了以后才能吃的，没有长成熟的青稞，往往是怎么吃进去，还怎么排泄出来，非常不容易让人的身体吸收；但是，半生半熟的青稞，每个人还是少得可怜，根本不够填饱肚子。一天，贺子珍同毛泽东坐在一起吃半熟的青稞。

毛泽东有一个习惯：边吃饭边看文件。

吃饭时，毛泽东看着一份急需处理的文件。贺子珍看到他入迷的样子，又瞧瞧他的碗里，他碗里的青稞很快就吃完了，嘴还"吧嗒吧嗒"的，就知道他根本没吃饱，于是，就趁他不注意把自己碗里的青稞倒在他碗里。毛泽东吃一口看一会儿，等他把文件看完了，青稞却还有半碗。他四处看看问贺子珍：

"怪，我的碗和你的碗一样，怎么像聚宝盆一样，老也吃不完呢？"

贺子珍听了，笑着说："吃不完就吃，多吃几口，还不完吗？我也想让自己碗里的青稞吃不完呢。"

毛泽东听了贺子珍的话，点点头说："嗯，你说的也是。"突然他像想起了什么一样，望了一眼贺子珍和她那个空碗，说：

"子珍，我的'聚宝盆'是'借'了你的光啊！"

最后，半生不熟的青稞也吃完了。贺子珍他们只好挖野菜，甚至吃牛皮带、枪皮带、旧牛皮鞋。

一次，队伍终于发现了一户人家，走进去后，贺子珍发现，主人家的床上铺的都是麦糠，贺子珍马上想起了麦糠可以做饼子来吃！于是，她就把她的想法说给几个女同志听，女同志一听，觉得是个不错的办法。她们找来了石磨和铁锅，动手把麦糠磨成细粉，然后做成了贴饼子，每人分到几

个。贺子珍舍不得吃,全给毛泽东。毛泽东也舍不得都吃了,又给贺子珍留了一个。

茫茫的大草原一望无边,如胶如漆的烂泥也似乎总是走不完,经过七天六夜的艰苦跋涉,贺子珍和战友才走出荒无人烟的草地。

当贺子珍胜利地走出了草地,赤着双脚踏上坚实的土地的时候,她禁不住两行热泪顺着双颊流了下来。这是欢乐的眼泪,她和她的战友们,终于战胜了草地。这时,前面传来了消息,红军先头部队已经消灭了胡宗南的部队,队伍再往前走,就是班佑,就可以补充到粮食,并且有宿营地了。贺子珍高兴得同战友们抱在一起,热烈地跳起来。

在班佑,贺子珍痛痛快快地洗了个澡,把身上、头上的泥垢洗了个一干二净,把头发也剪短了,人显得利索多了。由于先头部队缴获了布匹,红军发动当地居民赶制了一批军衣,分给了各个连队。军衣数量很少,只能够发给最需要的少数人。休养连的同志们看到贺子珍的衣服实在太破烂了,就分给她一套。贺子珍坚决不肯收下,而把原来的衣服补了补,洗干净,又穿上了。她说:"同志们也都很困难,让别人先换吧,我还可以凑合再穿一段儿。"

后来,直到休养连的同志陆续都换上了新军衣以后,贺子珍才脱下她那补丁摞补丁的衣衫。这是后话。

休养连在班佑做了短暂的休整后,贺子珍和战友们马上又跟着军委纵队出发,踏上了征途。

11. 到达吴起镇:"这是个伟大的胜利!"

1935年9月17日,毛泽东和贺子珍随着滚滚铁流般的红军队伍穿过于腊子口,来到了大刺山。

这是岷山山脉向北延伸的最后一座高山,也是红军长征途中翻越的最

后一座雪山。连日来，毛泽东的心情甚好。此前，他们粉碎了张国焘企图分裂和危害党中央的行动，并于9月12日的俄界会议上通过了《关于张国焘同志的错误的决定》，并且对红一军、红三军和军委纵队进行合编，组成了中国工农红军陕甘支队。现在，毛泽东又登上了山顶。他回首遥看千里岷山，只见白雪皑皑，层峦叠嶂；俯首前看，却见无边田野，黄绿相间，丰收在即。他想起近一年前，红军离开瑞金，跨过于都河时，也是秋收时节，心中颇多感慨。

万里长征，千回百折，顺利少于困难，贺子珍的心情也是沉郁。这一次过了岷山，她也和毛泽东一样心情豁然开朗，在山顶上她兴奋地喊道："过岷山了！过岷山了！"

红军千里转战，战胜了来自敌人的、大自然的、党内的无数艰难险阻，现在终于越过了岷山。岷山一过，蒋介石企图将红军困死于雪山草地的幻想就彻底被击碎了！毛泽东也情不自禁地说道："长征胜利在即，真正是柳暗花明了。"

毛泽东这种久已不见的喜悦心情化作一股诗情。他在越过岷山不久便写下了一首著名的《七律·长征》，豪迈地说："更喜岷山千里雪，三军过后尽开颜。"

在一个晴朗的日子里，红军的先头部队到达了甘肃南部小镇哈达铺。

在部队进击哈达铺之前，一军团政委聂荣臻曾向军团直属侦察连连长和指导员布置任务，要他们到哈达铺侦察敌情，筹集粮食和物资。毛泽东这时也在场，他说："我补充一点，指导员你注意，给我找点'精神食粮'来。国民党的报纸、杂志只要近期和比较近期，各种都给搞几份来。"

毛泽东一生酷爱看书报，但在雪山草地却无法搞到报纸。当走出草地之后，他想方设法要弄些书报来看。他的期望没有落空。战士们搞到了载有阎锡山的部队进攻陕北红军刘志丹部的消息的报纸。聂荣臻看后赶紧派骑兵通信员把这张报纸给毛泽东送去。

陕北还有一个根据地哩！这真是天大的喜讯。

毛泽东看了报纸后，满脸笑容地说："好了！好了！我们快要到陕北根据地了。"

一年来红军一直在为寻找新的落脚点而奔波。在两河口会议上，毛泽

东提出到陕甘建立根据地,但这个根据地具体立在什么地方,就连他自己也并不清楚。而现在国民党的报纸终于使他找到了具体的地点——陕北。

红军来到哈达铺后,毛泽东和贺子珍住在一家中药铺子里。部队在哈达铺进行休整,整编为3个纵队,共8000多人。9月22日,在哈达铺的一座关帝庙里,毛泽东召集一、三军团和中央军委纵队团以上干部开会。在会上,毛泽东向大家大声宣布:

> 同志们,胜利前进吧,到陕北只有七八百里了,那里就是我们的目的地,就是我们的抗日前进阵地!

毛泽东鼓舞人心的讲话,就是中央的决定。

第二天,陕甘支队就离开了哈达铺,向黄土高原行进。部队渡过了渭河,又攻占了渭河之滨的陇西。一天,部队正在继续前进,忽听前方传来了机枪声。这时毛泽东和中央直属纵队的同志赶来了。毛泽东看看远方,又仔细听了听远处传来的枪声。不一会儿,在急骤的枪炮声中,可以听出哪是步枪、机枪声,哪是手榴弹、迫击炮弹的爆炸声了。毛泽东十分镇静,仿佛登临一个风景点,正在欣赏周围的山山水水。一会儿,彭德怀走了过去,问道:"主席,你看怎么样?"

毛泽东笑笑,说:"我看不是敌人的主力,随便派两个连出去,放几枪,吓吓他们,他们不敢怎么样的。"

果然,不出毛泽东所料,红军的小部队才放几枪,敌人的枪炮声顿时停住了,两翼刚才"噼噼啪啪"打得正起劲的声音,几乎同时哑了。

"毛主席真是料敌如神啊!"战士们一边走着,一边称赞着。

摆脱敌人后,陕甘支队于9月27日占领榜罗镇。在这里,红军得到了许多报刊,毛泽东等人进一步了解了日本帝国主义在中国北方侵略的罪行材料,并获悉了更多的陕北红军的具体情况。根据这些情况,党中央在榜罗镇召开了政治局常委会议,再次讨论了红军的战略方针问题。会议决定,把党中央和中央红军的落脚点放在陕北,以陕北根据地作为领导中国革命的大本营。

会后,各部队把中央的决定和毛泽东的讲话精神迅速传达到全体战士中。经过短暂的休整和动员,陕甘支队于9月29日离开榜罗镇,向陕北方向前进。贺子珍和休养连也一直与毛泽东他们所在的中央直属纵队(第一纵队)行动。10月初,部队穿过西兰公路,随后又通过了平(凉)、固(原)公路,来到六盘山脚下。

六盘山山脉地跨宁夏、陕西两省,南连秦岭,北濒大河,绵延200里,陡峭峥嵘。西兰公路沿六盘山盘旋而上。六盘山是六盘山山脉的主峰,是红军到陕北前攀登的最后一座高山险峰。进入六盘山地界,风土民情便不同,到处是连成片的黄土。这里的沟沟壑壑,山川河流,无一不是黄色的。惟有六盘山上长满了青草。此后,黄土高原便成为毛泽东指挥中国革命的基地。

毛泽东和他的警卫战士一起翻越六盘山。

一天,毛泽东和战士们一起在一座土山上休息,突然发现山下小路上几匹战马由远而近飞奔而来。原来是陕北红军派来给毛泽东送信的。毛泽东看完信,立刻向他们走来,并笑着说:"同志们辛苦了。"

这时,山上山下集中了不少的部队临时在这里休息。毛泽东大步走到战士中间,举起手兴奋地大声说:"同志们!我们就要到陕北根据地了!我们的红二十五军和二十六军派同志接我们来了!"

刹那间,掌声、笑声、喊声震撼了山川。

10月17日,毛泽东随同部队行进到了陕甘宁三省交界的老爷山。因为老爷山上的鸡鸣陕甘宁三省都能听到,所以当地人又称之为"鸡鸣三省"的山。下山后,到达陕甘交界的子午岭。岭上有一块高大的界碑,正面刻着"分水岭"三个大字,作为甘肃、陕西两省的分界线。毛泽东一面看碑后边的文字,一面兴奋地对身边的同志说:"从你们江西算起到现在,我们已经走过了10个省,走下山去,就进入第11个省——陕西省了。那里就是我们的根据地——我们的'家'啦!"

这时,贺子珍接上口说:"去年10月18日,我们离开瑞金,过了于都河,至今正好整整一年了。一年来,我们走了两万多里路,打破了敌人无数次的追、堵、围、剿。尽管天上还有飞机,蒋介石连做梦也想消灭我们,但是我们过来了,过了江西、湖南、广西、贵州、云南、四川,过了金沙江、大渡河、雪山、草地,过了腊子口、岷山、六盘山。这是个伟大的胜利!"

贺子珍的话,使周围响起了热烈的掌声。

其实,这些话是毛泽东昨晚与她谈话时说的。然而,漫漫长征,每走过一步,都在她心中留下了难以磨灭的记忆,这些省份、这些大山、这些长河,她都是多么地熟悉和难忘啊。

10月19日下午,毛泽东、周恩来、张闻天、博古等中央领导人终于跨进了家门,来到了吴起镇。

12. "对革命者来说,坐牢也是一种休息"

1935年10月,中央红军历经千难万险,经过万里长征终于到达陕北,找到了落脚点,安下了新"家"。

毛泽东、贺子珍等人也住进了镇东北面半山坡上的新窑院里。

22日,党中央在吴起镇召开政治局会议,毛泽东在会上作了关于目前行动方针的报告和结论。

在会议上,他指出:"陕甘支队自俄界出发已经走2000里,到达这一地区的任务已完成了,敌人对我们围追堵截不得不告一段落。我们的任务是保卫和扩大陕甘苏区,以陕甘苏区领导全国的革命,陕、甘、晋三省是发展的主要区域。"

陕甘苏区就是陕甘宁革命根据地,是在刘志丹、谢子长等领导下经过极其艰苦复杂的斗争在陕甘边、陕北创立的两块根据地发展而形成的。它包括延长、延川、安定、安塞、靖边、保安等6座县城,游击区扩大到陕北、陕甘宁的17个县;主力红军红十五军团发展为5000人,游击队发展到4000人。

为了迎接党中央,打破敌人的战略计划,红十五军团于劳山战役之后,又于10月12日在甘泉和富县之间的榆林桥消灭敌人一个团,活捉团长高福源,为迎接中央到达陕北送上了见面礼。

但是，中央红军长征到达陕北时，陕北根据地正处于危机之中。中共北方局派驻的西北代表团，还在陕北推行王明"左"倾错误，他们从1935年7月开始搞"肃反"运动，到9月时，刘志丹、习仲勋、张秀山、郭宝珊、高岗等原陕甘边和陕北工农民主政府的主要负责人几乎全部都被他们逮捕，关进了监狱。并且，西北代表团又在土地革命和军事策略等重大问题上也大搞"左"的一套！陕北根据地受到严重危害。这种错误如不制止，陕北根据地将会出现严重危机。这种危机早在一年多以前在中央苏区就出现过，其结局便是使红军被迫进行长达一年之久的艰苦卓绝的战略大转移。当这种大转移最终落脚于陕北时，毛泽东等人却又遇到了在中央苏区早已出现过的情况。他们一个个始料未及！

谢子长

毛泽东到达吴起镇后，和张闻天、刘少奇、杨尚昆等详细地听取了赤安县游击队负责人张明科和陕甘边特委龚逢春的汇报。张明科和龚逢春向毛泽东汇报了陕甘边和陕北根据地红军的发展以及开展土地革命的情况，也专门讲了"肃反"和逮捕刘志丹、习仲勋、张秀山、郭宝珊、高岗等人的情况。最后，张明科恳切地说："我们希望对刘志丹等人的事情进行复查，解决好这个问题！"

毛泽东说："我们刚到陕北，仅了解到一些情况，但我们看到人民群众的政治觉悟很高，懂得许多革命道理，陕北红军游击队的战斗力很强。革命政权是巩固的。

我们相信创造这块根据地的同志是党的好干部。你们放心，中央会处理好这个问题的。"

张、龚走后,毛泽东立即决定,派人先行到陕甘边工农民主政府驻地下寺湾,进一步了解"肃反"情况,制止"左"倾错误进一步发展。随后,贾拓夫、中央组织部长李维汉作为先遣队去寻找刘志丹与陕北红军。在甘泉下寺湾,贾、李遇到了西北代表团、陕甘晋省委从瓦窑堡派来迎接党中央的陕甘晋省委副书记郭洪涛等人。李维汉向郭洪涛等人详细询问了陕北"肃反"以及逮捕刘志丹等人的情况,证实了在吴起镇了解的情况,当即电告党中央、毛泽东。

毛泽东立即下令:"停止逮捕,停止审查,停止杀人。一切听候中央派人来解决。"

这时毛泽东正忙于组织直罗镇战役,但是他还是极为重视刘志丹等人被关押这一问题。10月24日,中央到达下寺湾后,立即召开工作会议,决定采取一系列组织措施,撤销西北代表团和西北军事委员会,成立中央军委西北办事处;撤销陕甘晋省委,成立陕北省委、陕甘边省委,成立中央民主政府驻西北办事处;承认陕甘边和陕北工农民主政府等等。同时,决定瓦窑堡为中共中央所在地。这些措施为纠正"左"倾错误提供了组织上的保证。

为防止事态进一步恶化,毛泽东又派王首道、刘向三、贾拓夫3人带1部电台和1个排的兵力,先期到瓦窑堡接管西北保卫局。行前,毛泽东语重心长地对曾是广州农讲所的学员、当时任国家保卫局长的王首道说:"杀头不像割韭菜,韭菜割了还可以长起来,人头落地就合不拢了。如果我们杀错了人,杀了革命同志,那就是犯罪行为,大家切记这一点,要慎重,要做好调查研究。"

随后,以董必武为首的解决"肃反"问题的五人小组又前往瓦窑堡。董必武和王首道等人在经过全面调查研究之后,推倒了强加给刘志丹等人的莫须有的罪名,释放了被关押的干部。11月11日,为这些同志召开了平反昭雪大会。广大军民奔走相告,欢欣鼓舞,热烈欢呼:"刘志丹同志得救了!""陕北得救了!"

刘志丹出狱后,周恩来领着他来到毛泽东住的院子。刘志丹见毛泽东从窑洞走出来,举手敬礼。毛泽东笑着上前和刘志丹握手,然后摸了摸刘志丹的衣服说:"冷吧,快进窑洞里坐,里面有火。"

回到窑洞坐下后,毛泽东诙谐地说:"对革命者来说,坐牢也是一种休息。"

此一席话,说得几个人都爽朗地笑了。

这时,贺子珍已经泡了几碗热腾腾的茶水来了。出身于陕北没有喝茶习惯的刘志丹也喝着茶,和毛泽东等人交谈起来了。

这次交谈后,刘志丹又时常与妻子同桂荣同来毛泽东的窑洞,贺子珍与同桂荣也认识了,并成为了好友。

12月13日,毛泽东和贺子珍顺利抵达瓦窑堡。此后,他在这里居住了6个多月,为建立抗日民族统一战线而导演了政治的、军事的一幕幕精彩话剧。

贺子珍
He Zizhen

第六章 心的困境

贺子珍

1. 当了银行发行科长，忙得晚上都不回家

瓦窑堡，是陕北根据地陕甘晋省委的驻地，在陕北算得上是少见的一座漂亮镇子。

镇上，孔孔窑洞错落有致，有里外三道城墙，约 2000 户人家。1935 年 10 月，张闻天、博古等率中央机关先期到达瓦窑堡后，这里便成为红色政权的临时"首都"。

毛泽东和贺子珍来到瓦窑堡后，住在临中山街的一个后院里。这是陕北边区银行的院子，院内有四孔砖窑洞。本来，有关部门安排毛泽东夫妇住在银行经理的房子里，但是，银行经理下乡还没回来。毛泽东看了一下，就对警卫员说："随便打扫一下，住哪间都行。"于是，贺子珍和警卫员打扫了西南角坐西朝东的两孔窑洞，一孔作办公室，一孔作宿舍。

贺子珍和毛泽东就这样在瓦窑堡住下来了。

在进驻瓦窑堡之前，毛泽东曾与林彪在直罗镇重重地击了蒋介石的脑袋一下。

10 月上旬，蒋介石一看中央红军有和陕甘红军会师的可能，立即重新调整兵力部署，调集东北军五个师的兵力组织新的"围剿"：在西边，以第五十七军四个师由陇东沿葫芦河向陕西鄜县东进；在东边，由第六十七军第一一七师沿洛川、鄜县大道北上，企图围歼红军于洛河以西、葫芦河以北地区，摧毁陕甘革命根据地。

局势看起来十分危急，毛泽东却指挥若定。他和周恩来、彭德怀决定：集中兵力，向南作战，先在鄜县的直罗镇打一次歼灭战，消灭沿葫芦河东进的敌军一至两个师，再视情况转移兵力，各个歼敌以打破这次"围剿"。

11月18日,在直罗镇以东的东村,毛泽东主持召开西北军事委员会会议,作关于战略计划的报告。他指出:大量消灭敌人,猛烈扩大红军,扩大苏区,是三位一体的任务;战略方针是攻势防御。并建议将红军主力集中南线。会议通过毛泽东这个报告,要求两个军团分别付诸实施。

第二天,毛泽东和彭德怀致电第一军团军团长林彪、政治委员聂

长征到达陕北后的毛泽东和贺子珍

荣臻,指出东北军第一〇九师明日有到直罗镇的可能,我军应准备后日作战。在发起进攻前,林彪和聂荣臻带领红一军团和红十五军团的团以上干部到直罗镇周围,察看地形,研究具体作战部署。

直罗镇是一个不过百户人家的小镇,三面环山,一条从西而来的大道穿镇而过,北边是一条小河。干部们看过后兴奋地说:"这一带的地形,对我们太有利了!"

林彪决定在直罗镇摆下一个口袋阵。这得到了毛泽东的同意。

20日下午,东北军第一〇九师在飞机掩护下孤军深入,沿葫芦河进入直罗镇。当晚,毛泽东下达命令,按原定部署,红一军团从北向南,红十五军团从南向北,在拂晓前包围直罗镇。毛泽东亲临战场,把指挥所设在距直罗镇不远的一个山坡上。战斗打响前,他在下达作战命令时斩钉截铁地说:"这个仗,一定要打好!"

说完,他又补充道:"我们要的是歼灭战,不是击溃战!"

21日拂晓,红军突然从南北山上向直罗镇猛扑下去。第一〇九师仓促

应战,激战至下午 2 时,大部被歼。红军在打援中又歼灭援军第一〇六师的一个团。到 24 日,第一〇九师残部在突围中被红军全歼。直罗镇战役打了个不折不扣的歼灭战!这一胜利打破了蒋介石对陕甘根据地的"围剿",毛泽东高兴地说:"给党中央把全国革命大本营放在西北,举行了一个奠基礼。"

直罗镇战役胜利结束后,一些红军将领猜想毛泽东的下一步部署可能要集中兵力把在陕北地区的国民党全部赶出去了。但是,并未见毛泽东下一步行动。

一天,毛泽东告诉贺子珍:"我要到瓦窑堡去开会。"

这时,从东村到瓦窑堡这一路并不完全都是根据地。而毛泽东出发时只带了他的警卫、勤杂人员。贺子珍对此心里很不踏实:"这一带情况不熟,你多带几个人去啊!"

毛泽东笑着说:"够了,不会出什么事的!"

看着他满有把握的样子,贺子珍也不再多说什么了,但是心里还是很不踏实,像揣了个兔子似的。幸好毛泽东说:"你和我同行吧。"

贺子珍答应了,自己同去,就可以照顾他,关键时刻可以为他挡危险。于是,她心稍微放下了一些,开始收拾简单得不能再简单的几件行李了。

毛泽东、贺子珍一行经富县、道左铺、高桥,绕过还被东北军占着的延安,来到了安塞县。

安塞虽然是根据地,但离延安比较近。一进城,县苏维埃军事部和安塞独立营的同志就一再坚持毛泽东不能住城内,理由是驻延安的东北军可能出来扰乱,安全没有保证。他们的态度很恳切,也很严肃,于是,警卫战士们也劝毛泽东离开城里。结果,晚上毛泽东和贺子珍听从大家的劝告,宿在了离安塞城八九里地的一个小村子里。

住下之后,毛泽东对贺子珍说:"安塞的同志很认真,很负责。其实,这一带是东北军,张学良的队伍是不会出来的。"

"张学良的队伍为什么不出来呢?"这对贺子珍来说是一个谜,她忍不住问道。

这时毛泽东侃侃而谈:"1935 年以来,中国整个局势发生巨大变动,日本加快了独占中国的步伐,不断扩大对中国的侵略,矛头已指向华北,民族矛盾急遽上升了。今年,国民党政府先后同日本签订了丧权辱国的《塘沽协定》、《何梅协定》,把河北、察哈尔两省的大量主权拱手让给日本。但日本帝国主义并不罢手,得寸进尺,又发动'华北自治运动',企图将河北、山东、山西、察哈尔、绥远五省和北平、天津、青岛脱离中国管辖,由它直接控制。集结在陕甘苏区周围的国民党军队虽然很多,但一半以上不是蒋介石的嫡系。其中,第十七路军20个团是杨虎城指挥的,他是要求抗日的,过去同共产党和一些党员有过友好关系。"

"除了杨虎城外,东北军60个团才是'围剿'军的主力呀!"贺子珍忍不住说道。

"对,但是他们在东北沦陷后背井离乡,流亡关内,不愿意再打内战,而是强烈地要求抗日收复故土;东北军领袖张学良,同日本侵略者有着家仇国恨,势不两立。现在,民族危亡已经严重地威胁着全国人民的生存,全中国不愿作亡国奴,各阶层人民都要抗日。因此具有民族爱国心的张学良和杨虎城不会对我们太不友好的。"

"啊!原来是这样!"贺子珍恍然大悟。

第二天,毛泽东和贺子珍从安塞到达了瓦窑堡。毛泽东到达瓦窑堡以后,征尘未洗,就立即投入到制定抗日民族统一战线新策略的工作中去。

瓦窑堡里里外外三道城墙,是一个将近2000户人家的大镇子。

陕北苏维埃政府就设在这里,中央机关和军委机关也在这里。毛泽东和贺子珍住的那个院子里有两棵枣树,周恩来住在离毛泽东不远的地方。

红军历尽千辛万苦终于来到了陕北,这个时候,走过了两万五千里长征的红军战士,没有被胜利冲昏头脑,而是怀着对生活对工作的热情,投入到更紧张的生活中去了。

生活上暂时有了安定,此时,贺子珍更是踌躇满志,她不满足于在毛泽东身边做点秘书工作,希望得到更多的锻炼机会,做更多的工作。她一次又一次地向组织上提出工作的要求。组织上深知贺子珍的个性,没有再安排她在毛泽东身边当秘书,把她分配到苏维埃国家银行发行科当科长。贺子珍二话没说,就走马上任了。

发行科的任务是监督、印刷在根据地通行的苏维埃纸币。

苏维埃国家银行也设在瓦窑堡镇上。贺子珍以极大的热情从事这项

工作。她带着十几个人,白天印钞票,晚上检查印刷的数量和质量,白天晚上都不肯离开自己的岗位。尽管毛泽东也在瓦窑堡,贺子珍忙得连家也很少回。银行的旁边有几间房屋,她就在西边的一间屋里住了下来。

贺子珍忙得连晚上都不回家,毛泽东常常在晚上办完公事后,散步时来这儿看望她。

2.迎接抗战高潮的前夜

毛泽东到达瓦窑堡时,中共驻共产国际代表团成员张浩(林育英)从苏联回到陕北,向中共中央口头传达了共产国际七大关于建立反法西斯统一人民阵线的决议精神。毛泽东、朱德分别以中华苏维埃共和国中央政府主席和中国工农红军革命军事委员会主席的名义发表《抗日救国宣言》,提出愿同一切抗日反蒋者订立停战协定,进而组织抗日联军和国防政府。

1935年12月9日,在北方党组织的推动下,北平爆发了一二九学生爱国反日运动。运动迅速席卷全国各大中城市,学生们还下乡进行救亡宣传。以毛泽东为首的中国共产党提出的"停止内战,一致抗日"的主张,促进了全国抗日救亡运动的新发展。

在这种新形势下,中共中央有必要对整个形势作出科学的分析,制定出适合新情况的政治路线和战略方针。

12月17日,党中央在陕北瓦窑堡镇张闻天住的窑洞里,举行了政治局扩大会议。会议由张闻天主持。

毛泽东、张闻天、周恩来、博古、王稼祥、刘少奇、张浩、邓发、凯丰、李维汉、郭洪涛等人出席会议。

会议通过了两个重要决议,即《关于目前政治形势与党的任务的决议》和《关于军事战略问题的决议》,提出了党的抗日民族统一战线的策略

方针及把国内战争同民族战争结合起来,准备直接对日作战的方针。

12月27日,在党的活动分子会议上,毛泽东作了《论反对日本帝国主义的策略》的报告。

瓦窑堡会议后,毛泽东开始筹划出兵山西和绥远的决策,准备红军与日本侵略军直接作战。首先,成立了以刘志丹为总指挥的北征军。由红二十八军第七十八师和军委骑兵团组成,扩充兵员,加强训练,沿黄河东岸北上神府地区,保卫河防。其次,组织以周恩来为首的后方工作委员

张闻天

会,主要任务是巩固苏区,征集兵员,做好支前工作。其三,做东北军和西北军的统战工作,向张学良和杨虎城主动提出:全部停战,全力抗日讨蒋,原防互不进攻,互派代表商讨停战办法,建议成立国防政府和抗日联军,互相交换密电码,建立联络关系;并且派出西北中央联络局局长李克农携同在榆林桥战役中被俘的东北军团长高福原,到洛川与东北军将领第六十七军军长王以哲进行联络谈判。

就在准备抗战,建立民族统一战线的紧张工作中,1936年就悄悄地来临了。毛泽东为抗战日夜作准备,贺子珍也在她的科长任上没日没夜地工作着。

红军到达陕北后,因人稀地贫,加之国民党军队的封锁,部队供给成了大问题。

毛泽东决定召开一次高级军事会议,专门讨论红军的发展和如何解决中央红军及红军官兵的给养问题。

1936年1月31日,会议在陕北延长县召开。

会上,几种不同意见争论十分激烈,有的建议向北发展,有的主张打

到西部的宁夏去。

毛泽东认为,解决红军的困难,最好是东渡黄河,打到山西去,其理由是:东征可以把抗日主张发展到华北去,可以解决给养问题,补充兵员问题,以及筹款和其他物资问题,因为山西汾河流域较富庶,筹款、扩兵较容易,并且阎锡山的部队物资充足,消灭一批敌人就可缴获一大批物资。

毛泽东的意见,得到与会人员的一致赞同。

2月18日,毛泽东正式下达了《关于东征的作战命令》,要求林彪、罗荣桓率领红一军团,徐海东、程子华、刘志丹率领红十五军团,务必在2月21日晚8时开始,在黄河西岸沟口、河口附近同时秘密渡河。

黄河以东是山西"土皇帝"阎锡山的天下。阎锡山把山西视作自家花园,连一只野兔也不愿放进。此时他拥有8万部队,有自己的兵工厂,甚至山西的铁路都是窄轨的,一般火车根本进不去。为此,他和蒋介石、冯玉祥等人曾经大打出手,混战中原,尸横遍野,流血漂橹。最后连蒋介石也奈何不得这个"阎老西"!

阎锡山对红军渡河作战已有防范,除在黄河东岸沿线的20余个县布防重兵外,还修筑了无数明碉暗堡。

阎锡山以为,凭仗黄河天险和坚固的工事,红军纵使插翅也难飞渡。

东征前,林彪奉毛泽东之命来到黄河西岸,对东岸敌军的工事设施、兵力配备、火力配备进行了观察,选定红一军团和红十五军团的渡河点。

起先,他们计划从冰上渡河,不料,1936年的春天来得特别早。回暖提前,才2月份,黄河就开始解冻,冰河融化,白天黑夜,黄河上下到处可听见"咯吱咯吱"的冰块崩裂之声。

林彪临时决定:用船渡河。

20日夜,林彪、聂荣臻向部队下达了渡河命令。

晚8时,一支由24人组成的先遣突击队在夜幕的掩护下,迅速向河东划去。

船抵江心,河水的咆哮声、木船与冰块的撞击声,打破了黄河的寂静。

敌人发觉了渡船上的红军。

霎时,枪声大作,密集的子弹飞向河中。

突击队战士们冒着弹雨,越过惊涛,全力划向河东。

船靠岸了,突击队员们飞身跃上河岸,奋力冲锋,突破了敌人的防线。第二天天刚亮,各路突击队上了岸。

阎锡山苦心经营的、自吹自擂为"固若金汤"的河东防线,一夜之间土崩瓦解了。

两天后,红一军团和红十五军团全部渡过黄河。

25日,林彪率红一军团进至中阳县关上村时,发现了一股敌人。经侦察,该敌是晋军独立第二旅第四团和一个炮兵连。

林彪发现这里是一条大川,如果利用有利地形,将敌人圈围在川里,敌人一个也休想跑掉。他决定迅速消灭这股敌人。

林彪马上同聂荣臻磋商,制订了作战计划,一师由西北向南打,二师由南向北攻,两面夹击敌人。

晋军独二旅是阎锡山的王牌部队。过去阎锡山打仗,哪里吃紧就把这张王牌打在哪里。晋军称独二旅为"满天飞"。阎锡山逢人就吹嘘"我有独二旅,任何部队都不怕"。然而,此时阎锡山做梦也没想到,他的独二旅这次撞上了更强的"天敌"。

夜幕降临。

林彪看准攻击时机,一声令下,一师、二师发动了攻击。

敌人发现前后都有红军,感到大势不妙,于是拼命突围。红军则利用有利地形,奋力杀敌。

阎锡山的"满天飞"独二旅,这次被林彪杀得人仰马翻,鸡飞狗跳,真是满天飞。

战至深夜,敌人全部被歼。这次战斗,红军缴获敌军枪支200余条,山炮3门,生俘400余人。

关上村一战,晋军元气大伤。红军兵锋所向,敌人闻风丧胆。阎锡山企图将红军阻止在吕梁山以西的计划宣布破产。

3月初,林彪、聂荣臻率领红一军团继续东进,连续攻占孝义,总九峪,并逼近战略要地同蒲路。

阎锡山见红军长驱直入,心里十分着急。他一面向蒋介石发电报请求援兵,一面调集3个步兵师、1个炮兵旅向红一军团驻地总儿峪进攻。

林彪起初以为晋军只有几个团的兵力,决定在总九峪将其全歼。3月

10日晨，林彪、聂荣臻下令向敌人发起攻击。敌人的第一道防线被冲破，两军随即展开激战。晋军利用山边窑洞，不断炮击红军阵地。打到晚上，红军才发现，敌人不是几个团，而是14个团。地形对红军不利，加之敌兵力较多，林彪感到这是一股锐敌。他一思忖，一下子消灭这股敌人不大可能，立即同聂荣臻商量，决定致电毛泽东，请示撤出战斗，另寻机会歼敌。毛泽东回电，同意部队后撤。

总九峪战斗中，林彪率部共消灭晋军两个团，缴获一批军用物资和粮食。

阎锡山被林彪红一军团吃掉一部分兵力后，再不敢同红军大打了。他的战略方针是：力保地盘和交通线。为阻止红军再东进，他组织一批地方武装，诸如"防共保卫团""公道团"等，配合其主力，沿汾河、同蒲路设防。

刘志丹

毛泽东根据晋军的变化，迅速制定了新的作战方案：林彪、聂荣臻率红一军团南下，徐海东、程子华、刘志丹率红十五军团北上，使晋军首尾不能兼顾。

这一着，打乱了阎锡山的防守部署。

3月中旬，红十五军团打到了太原市郊。

然而，在东征作战中，红二十八军军长刘志丹不幸牺牲。

5月5日，东征红军回师河西；毛泽东于5月21日重新回到瓦窑堡。不久，东北军在蒋介石的一再严令之下，分三路向瓦窑堡进攻，国民党驻陕北高双成的部队也乘机入侵。此时周恩来与张学良等人经过延安谈判，中共同东北军、十七路军完全同意停止内战、一致抗日的协议。为了更好地直接领导和巩固新的更大的西北根据地，更易争取东北军和西北军，中央决定迁都保安，将瓦窑堡让给东北军。

6月21日，毛泽东、周恩来、张闻天等率中央党政军机关安全撤出瓦窑堡，经安塞县境，于7月11日抵达保安县城定都。贺子珍和苏维埃银行也随中央机关迁往了保安。

3. "像母鸡下蛋，生了个大鸡蛋"

毛泽东到达保安的第二天，即1936年7月13日傍晚，步行到外交部的小房间里，看望了当天抵达保安的美国记者埃德加·斯诺及美籍黎巴嫩医生马海德。

保安是陕北高原上的深山区小城，城内沟壑纵横，黄土茫茫，屏障天然。中华民族的始祖黄帝及其部落就在这片土地上繁衍。这里生活条件虽然恶劣，但却是红军防御和休养生息的理想之处。来到保安后，毛泽东和贺子珍住在大山脚下石崖上挖出的窑洞里。刘志丹牺牲后，他的妻子同桂荣倍受打击，贺子珍和毛泽东把她及其儿女当作亲人，特地让他们与自己住在一起，给以关照。

在保安的日子，虽然吃的是黑豆，几乎见不到细粮、蔬菜，住的是四壁简陋、空无所有、只挂了一些地图的窑洞，但是毕竟环境相对安定。毛泽东和贺子珍住的小窑洞十分简陋，警卫员盘了一个土炕，用三块砖支起水壶，就是一个简单的灶。

在这个简陋的窑洞里，毛泽东与斯诺交谈过多次，有时从晚上谈至清晨。在这种交谈中，毛泽东既从斯诺那里了解到了世界上的许多事情，又向斯诺介绍了鲜为人知的他的童年和青年时代，他还把中国共产党和红军的产生、发展、壮大，以及许多曲折的经历和长征中的秘闻，全部作了阐述。早在瓦窑堡时，贺子珍已第五次怀孕了，来到保安后，她较多地与毛泽东在一起，当毛泽东和斯诺交谈时，贺子珍时常坐在他们旁边。毛泽东常常是盘膝而坐，背靠在两只公文箱上，点燃一支纸烟，娓娓而谈。当毛泽东

刘志丹夫人同桂荣、女儿刘力贞在保安

讲述他的童年和青年生活时,贺子珍和斯诺一样感兴趣,对于毛泽东的情况和党内一些斗争、发展情况,有许多是她从来没有听说过的。

斯诺在延安,还访问了不少党和红军的领导人,后来,他写出不朽之作《西行漫记》,该书是毛泽东第一次向全中国和全世界发表谈话,它使国民党长期以来诬蔑共产党和红军是堕落、愚昧、共产、共妻、杀人、放火、掳掠的一伙"土匪"的欺骗宣传彻底地粉碎了,还了中国共产党人的本来面目。在保安的时候,中国又发生了一件震惊中外的事情。

12月12日,毛泽东因为昨晚工作了一夜还在睡觉,贺子珍正在吃早餐,突然周恩来拿着一份电报急急地向窑洞走进来:"快!快!唤醒主席!"

在一般情况下,周恩来决不会打扰休息中的毛泽东,此刻毛泽东工作了一晚才睡下,他这么急地叫喊毛泽东,定是有十万火急的事情,贺子珍赶忙叫醒毛泽东。毛泽东一边穿衣服,睡意还未醒:"什么事呀,这么吵。"

"恩来有急事找你。"

毛泽东穿衣出来,周恩来快步迎上去,把一份电报递给他,毛泽东一看,满脸惊讶,睡意全消:"快,快,请政治局成员来开会。"

原来,在日本军一再入侵中国的国难之时,蒋介石却认为红军的处境已难以为继,又变本加厉地调集30万军队准备"围剿"红军,以蒋鼎文为西北"剿总"前敌总司令,卫立煌为陕甘绥宁边区总指挥,由军政部次长陈诚驻前方"督剿"。12月4日,蒋介石带着这批人和其他军政要员飞抵西安,给张学良、杨虎城施加压力。蒋介石住在临潼华清池附近的临时行辕里,召见张学良、杨虎城,向他们提出最后通牒式的两个方案:一、服从"剿共"命令,将东北军、第十七路军全部开到陕甘前线作战;二、如不愿"剿

共"，就将东北军调往福建，第十七路军调往安徽，让出陕甘，由中央军"剿共"。张学良无法接受这两个方案，痛哭流涕地向蒋介石苦谏，反又遭到蒋介石的严厉训斥。这就把张、杨逼到了绝境，加上西安各界抗日救亡运动高涨的推动，终于驱使张、杨下定决心，采取非常手段，实行兵谏。

12月12日凌晨，张学良、杨虎城在西安扣留了蒋介石和陈诚、卫立煌、蒋鼎文等十多名军政要员，通电全国，提出改组南京政府，停止内战，立即释放上海被捕的爱国领袖沈钧儒、邹韬奋等，释放全国一切政治犯，召开救国会议等八项主张。这就是震惊中外的西安事变。

中国共产党事先并不知道西安事变将要发生。事变发生的当天清晨，张学良致电毛泽东、周恩来说："吾等为中华民族及抗日前途利益计，不顾一切，今已将蒋及重要将领陈诚、朱绍良、蒋鼎文、卫立煌等扣留，迫其释放爱国分子，改组联合政府。兄等有何高见，速复。"稍后，张学良、杨虎城又联名电邀中共中央派人来西安共商大计。

周恩来接到张学良电报后，立即寻找毛泽东。

随即，周恩来、张闻天、博古、朱德、张国焘等在毛泽东住的窑洞里开会，商量处理西安事变的方针政策。会后，中共复电张学良：

"提议立即将东北军主力调集西安、平凉线，十七路军主力调集西安、潼关线。……红军担任钳制胡（宗南）、曾（万钟）、毛（炳文）、关（麟征）、李仙洲各军。……恩来拟来兄处协商大计，如何盼复。"

12月13日，中共中央举行政治局会议。因为西安事变的发生很突然，情况还不很清楚，有待进一步了解和观察，会上对许多重大问题只是交换意见。

17日，周恩来等人到达西安，同张学良面谈。

18日，中共中央公开发表《关于西安事变致国民党中央电》，表示"为国家民族计，为蒋氏个人计"，要求国民党："召集全国各党、各派、各界、各军的抗日救国代表大会，决定对日抗战，组织国防政府抗日联军。""停止一切内战，一致抗日。""开放人民抗日救国运动，实行言论集会结社的民主权利，释放一切政治犯及上海爱国领袖。"并表示："本党相信，如贵党能实现上项全国人民的迫切要求，不但国家民族从此得救，即蒋氏的安全自由当亦不成问题，否则糜烂横政，民族生存与贵党生命均将为贵党错误的

周恩来、叶剑英与国民党谈判代表张冲在红军驻西安联络处合影

政策而断送干净也。"

在西安极为复杂的环境中,周恩来机智地执行党中央的方针,进行了卓有成效的工作。23日上午,谈判开始,南京方面出席的有宋子文,后来又加上宋美龄;西安方面出席的有张学良、杨虎城、周恩来。张、杨重申他们在通电中提出的八项主张,周恩来也说明中共的六项主张。经过两天谈判,宋美龄和宋子文对谈判的一些问题都作了明确的承诺。

谈判结束后,周恩来由宋氏兄妹陪同去见蒋介石。蒋介石当面向他作了表示。结果就是周恩来向中共中央所报告的:

> 子、停止剿共,联红抗日,统一中国,受他指挥。丑、由宋、宋、张全权代表他与我解决一切(所谈如前)。寅、他回南京后,我可直接去谈判。

张学良以为蒋介石已经承诺了和谈条件,又怕时间久了在内部会横生枝节,经宋子文请求,就在12月25日同意蒋介石离开西安,并陪送蒋介石回南京。

蒋介石在西安时虽然对停止内战、合作抗日作出了重大承诺,但他回到南京后,态度又有变化,时局的发展又出现一些曲折。

1937年元旦,毛泽东致电周恩来、博古并告彭德怀、任弼时,指出:南京内部斗争甚烈,亲日派不甘心下台,有最后挣扎、扣留张学良、进攻西安的危险。并作如下处置:与杨虎城、王以哲等商议团结对敌,秘密通令东北军、西北军紧急动员,防御亲日派进攻,红军准备进至兴平、扶风策应,加

紧晋、绥、川、桂、直、鲁的活动,反对内战。

第二天,毛泽东针对南京政府扣留张学良后又向西安进兵、西安内部群情激愤的事实,召开政治局会议,并做了发言。

正在毛泽东等人与蒋介石力争国内和平,共同抗日的时候,贺子珍生产了。

一天早上,毛泽东的警卫员气喘吁吁地跑到隔壁,对刘志丹的妻子同桂荣说:

"快!快!贺大姐要生孩子啦,毛主席叫你快去!"

同桂荣前些日子就为贺子珍生产准备好了小被子、小衣服,一听贺子珍要生产了,马上一把拿起这些小被子和衣服跑到毛泽东住的地方。她老远,就听见贺子珍在院外的岗楼里喊叫。

毛泽东见同桂荣来了,说:"刘嫂子,快来呀!"

同桂荣走进岗楼,见贺子珍面色蜡黄,消瘦的身子躺在地铺上,冷得直打哆嗦。

岗楼的墙是石头垒起来的,顶子是用高粱杆子抹着泥巴搭起来的。这时正值寒冬腊月,外面北风呼啸,岗楼里四面透风。同桂荣很生气地埋怨他们:"怎么能挑选这地方生娃呀!"

毛泽东说:"石窑里太潮了,是子珍自己跑到这里来的。"

随即,毛泽东焦虑地问同桂荣:"怎么办?"

同桂荣说:"来不及了,就在这吧!"

同桂荣先让贺子珍喝了半碗开水,让她的身子暖和些,然后,扶住她,替她按摩腹部,使她减少些痛苦。不一会儿,孩子生下来了,是个女娃。这时,医生也闻讯赶来了,大家一起七手八脚地为娃娃扎了脐带,将贺子珍抬回窑洞。

同桂荣用半盆热水洗了娃娃的身子,裹起来抱进石窑洞。毛泽东待同桂荣将娃娃包裹好,就抱过女儿细细端详。经历初生的挣扎,襁褓中的娇娇安安稳稳地躺在毛泽东宽大温暖的怀抱里,甜甜入梦。

毛泽东告诉贺子珍,女儿与她一样清秀、文静。贺子珍看着他们父女俩,秀美的脸庞露出疲惫的微笑。

同桂荣见状,就跑向北山坡家里,去取前几天就准备好的鸡蛋。

刘志丹的牺牲，使同桂荣的脑子受到很大刺激，影响了她的记忆。结果，同桂荣一回到家里，怎么也想不起把鸡蛋放在哪里了，一直翻到中午才找到。当她推开毛泽东的房门时，见贺子珍正在吃鸡蛋，不知道是谁送来的。

新生的女婴又瘦又小，一对小眼睛睁开看人，真叫人心痛。

此刻，贺子珍生孩子的消息马上传开了，许多人赶来贺喜。

"子珍生了吗？都平安吧？"康克清、邓颖超她们人还未进窑洞就急切地询问起来。

"生了，生了，像母鸡下蛋一样，生了个大鸡蛋。"毛泽东形象的回答是由衷的喜悦。算起来，这孩子是毛泽东和贺子珍的第五个孩子了，她前面的两个哥哥、两个姐姐都在战争环境中夭折或送人了。

邓颖超抱起细细嫩嫩的娇娇怜爱地左右看着，她痛惜地说："真是个小娇娃，一个小娇娇。"

还没来得及给女儿起名字的毛泽东听了顿有感悟，他一锤定音地说："对，就叫娇娇！"贺子珍也觉得这名字非常适合女孩子。

于是，娇娇有了一个平平常常、清清亮亮的名字。

这年，毛泽东43岁，贺子珍28岁。

然而，娇娇一生下来，父母就要离开保安了。

4. "我现在太矛盾了，以后怎么工作呢？"

1936年12月中下旬，西安事变还没有最终解决，但种种迹象表明，以和平方式最终解决只是时间问题了。蒋介石已被迫放弃以重兵"围剿"陕北红军的计划，内战危机不再存在，全国性的抗日民族统一战线正在形成。党中央即将面临着指挥全国各抗日根据地的抗日战争。为此，必须将中央机关移往一个离抗日前线更近一些、交通及通讯更便利一些、群众更集中一些的地方去!

保安这地方太偏僻了,与外界联系十分不便。周恩来去解决西安事变的问题,本来说从保安乘飞机去的,张学良派来接周恩来的飞机怎么也没法降落下来,他们只得骑马到延安,从延安起飞。西安事变后,原来在延安的东北军就撤向西安一带集中。根据双方达成的协议,由红军接管延安。于是,毛泽东和中共中央决定把中共中央机关从保安迁往延安。

这一次搬家是中共中央的又一次迁移。

毛泽东和贺子珍在1937年1月13日一起来到延安。在路上,他们带着孩子走了4天时间。

延安,地处陕北的黄土高原上,尽管它是一座建于3000多年前的古城,但它却没有特别考究的历史,只是陕北一座偏僻的、默默无闻的边镇。它坐落在一眼望不到尽头的黄土大山中,是一座以一排排、一幢幢窑洞和一簇簇杨树、榆树相间而构成的城堡,在城堡的东侧延河水日夜不停地哗哗地流淌着,在城东侧延河岸边的山上,有一座9层高的八角形宝塔,加上塔顶总共10层,巍巍耸立在高高的山顶上。因为中共中央进驻延安,这座宝塔从此就成了延安革命圣地的象征。

毛泽东和贺子珍来到延安后,被安置在北门内凤凰山脚下的一排四间相通的宽敞的窑洞里住下来了。

一安顿下来,毛泽东就开始了紧张的工作。

1月18日,毛泽东与洛甫致电与南京政府已展开谈判的周恩来、博古,要他们准备向即将

毛泽东和贺子珍在延安

召开的国民党第五届三中全会提出建议书和处理西安善后问题的条件,在力求和平的总方针下要求张学良回陕。

在此期间,东北军仍滞留在陕西,由于失去了他们的最高统帅张学良,军心涣散,军队中的左、中、右三派矛盾加剧,左派力量喊出了要"打出陕西去找少帅"的口号!毛泽东闻讯后,1月27日,又致电周恩来、博古,请他们设法说服东北军中的左派,应以大局为重立即撤兵。同时,毛泽东还致电潘汉年,告之东北军大多数师团干部要求见张学良一面后才撤兵,否则要打,请蒋介石让张学良来陕一次。但是,东北军因蒋介石背信弃义、扣留张学良还是情绪激昂,三天后,毛泽东又与朱德、张国焘联名致电周恩来、博古等人,明确提出了红军与东北军、西北军应"同进同退"的方针。同时,毛泽东还致电周恩来和博古,指示应提醒杨虎城对整个政治前途的自信心。东北军和西北军在毛泽东多方工作之下渐渐安定下来。

随即春节将近了,延安城里城外的乡亲们也纷纷忙碌起来,他们打扫窑洞,置办年货;偶尔,长满了枣树的黄土坡上,会传来铿然有力、荡气回肠的"信天游"的歌声,歌声传得很远很远,在黄土高原上久久回响……

2月10日是农历的大年三十。这一天,延安军民一派团结抗日的崭新气象。

就在这一天,中共中央致电即将召开的国民党第五届三中全会,提出了实现国共合作抗日停止一切内战,集中国力,一致对外的五项要求和四项保证。之后又在实际工作中采取了一系列的具体措施:停止了反对国民党的活动,停止了没收地主的土地,准备改红军为国民革命军,准备在苏区用民选的政府代替苏维埃制度等。南京方面,也作出积极的反应:停止对红军的进攻,取消对边区的经济封锁,而且拨发红军作为国民革命军部队应得的饷金3/5,即30万元。

为了使国民党的政策进一步转变,从2月份起,周恩来等先后在西安、杭州、庐山三地同国民党代表进行谈判。

这样,中国人民反抗外敌侵略、同仇敌忾的大环境即将形成。

然而,此时的贺子珍却并不快乐,整日一副忧心忡忡的样子,她对战友们说:"我现在太矛盾了,以后怎么工作呢?现在党正需要人。"

原来,娇娇出生后,形势急剧发展,一日千里,贺子的心早就飞向了火

热的工作,渴望自己在中国革命的新高潮中大干一场。然而,这一次生产使她本来就虚弱的身体更虚弱了,加上长征路上受伤的弹片还在身上,一个多月都恢复不了元气;身体不争气还不说,娇娇一出生,她又要尽母亲之责,又多了一个累赘!看到战友们每天忙得不可开交,她更是着急得心如火燎。

战友们听了她的话,都劝她先不要急着工作,先把身体养好再说,可贺子珍却不想这样,说:"你们都天天忙得跑着走路,我怎么能闲下来啊!"

于是,在女儿刚满一个月时,贺子珍就四处托人找奶妈。几天后,警卫员给她找到一个奶妈。她不顾毛泽东和战友们的劝说,就把孩子送到老乡家去了。

不久,贺子珍产生了要到延安红军大学学习的念头。原因是她感到自己与毛泽东在学识上有了越来越大的差距。以前忙于打仗,她还没感觉到,现在生活稍稍安定后,与毛泽东偶尔说话时,因为一句话说错了或者不合毛泽东的心意,毛泽东就会生气,说她:"你学的知识太少了,我们之间简直无法交流。"

贺子珍听了这话,自尊心大大地被伤害了。因此,她决心到延安抗日军政大学去系统地学习,进一步提高自己的思想文化水平。

5.越想努力做好一切,越感到体力不支

一天晚上,贺子珍来到了朱德住的窑洞,和朱德的妻子康克清闲谈。

在闲聊之中,贺子珍忧忧地说:"润之总是忙工作,他不是看书就是写东西,要么就是去抗大讲课或者开会……"

康克清似乎发现了点什么,笑着问道:"子珍姐,你怕是有什么心事吧?可不可以告诉我?"

贺子珍憋不住地说:"他总是不在家,天天忙得不可开交,我想去工作

都不行……"

康克清一听,马上明白了她的意思,开导说:"毛主席现在是我们党、我们军队的领袖,党和军队的许多大事,都得靠他作主呢!他忙于工作,也很正常,你别多想啊!"

贺子珍依然似有心事地说:"过去,我除了打仗就是打仗,长征路上又受了伤,身体垮了,现在……"

康克清安慰说:"子珍姐,你想得太多了!红军中谁不知道你是女英雄!你是我们女红军中的榜样,是我们的骄傲!你是我们领袖的夫人,当然牺牲要比别人大,你要心胸宽似海、度量大如天才对。"

贺子珍无可奈何地淡淡一笑:"我已经生了5个小孩,肚量还不大么?"

贺子珍(左)与康克清

"子珍姐,瞧你说的,"康克清也笑了,"明天我们一起去看娇娇,老总还让人从西安买了奶粉来呢!"

这时,贺子珍对她说:"干脆,我和你到抗大学习去吧,怎么样?"

"去抗大?"康克清高兴地说,"我也正想去学习!"又问:"你去学习,娇娇怎么办?"

贺子珍说:"我想好了,全交给奶妈带!"

贺子珍的主意正合文化水平也不高的康克清的心意。两个人商量好以后,第二天便分别向毛泽东、朱德提出了去抗大学习的要求,这一要求马上得到了毛泽东和朱德的一致赞同和支持。

两天后,贺子珍和康克清要去抗大报到了;临行前,两个人戴好了八角军帽,穿了军装,扎了皮带,打了绑腿,背了背包,挎了水壶,像出征的战士一样向毛泽东和朱德告别。

凤凰山麓的窑洞距离抗大的校址不远,也就一二里路,用不着骑马;

毛泽东和朱德一起站在窑洞外，看着她们英姿飒爽地上路，互相满意而舒心地笑了。

1937年2月15日，国民党召开五届三中全会。会上，宋庆龄、何香凝、冯玉祥等14人向大会提出恢复孙中山联俄、联共、扶助农工三大政策。杨虎城和东北军将领于学忠代表西安方面，提出了抗日救国八项主张的提案。宋庆龄在会上作了《实行孙中山的遗嘱》的讲演，提出共产党提出的"五项要求"是正确的，批判了汪精卫关于继续"剿共"的提案。经过激烈斗争，国民党五届三中全会通过了一个实际上接受中共中央关于国共合作、团结抗日的决议案。至此，国共合作的抗日民族统一战线初步形成。

这时在抗大，贺子珍和另外9名女红军被编在由红军干部组成的第一大队里，第一大队全是参加过长征的老资格干部。抗大共有12个大队，每个大队大约100人。其他大队有不少来自大中城市的工人领袖，也有参加过北平一二九学生运动的大学生，还有失去家园的东北流亡学生。

贺子珍过去在部队行军、打仗，过的是军号声声、战马嘶叫和枪炮轰鸣的战地生活，如今，一来到学校，每天早晨5点半钟就按军号起床、叠被子、戴军帽、扎皮带、裹绑腿，5分钟后要集合好，列队整齐报数，然后跑步30分钟，或者做集体体操，或者开简短的班务会、进行点评……早饭后上课，午饭后还是上课，课后有一个半小时的军事训练，接下来又要开一个半小时的班务会或支部会，进行学习讲评，或进行批评与自我批评，直到晚上9点半钟，才上炕睡觉。

新的生活既紧张又有规律，贺子珍信心百倍，满面春风。虽然，这时天气乍暖还寒，她长征路上留在肉体深处的炸弹碎片时常疼痛，但她强咬着牙关忍着，在新的希望的鼓舞下，她仿佛又回到了井冈山的欢乐时光。

每当周末，贺子珍和康克清一起离校回家。回到家里，贺子珍先要把娇娇接回来；孩子的笑声、哭闹声，给一家人带来无限的乐趣，窑洞里充满了欢快的气息。

这时，毛泽东正在反复思考着西安事变后的时局变化和如何促成抗日统一战线，晚上，他抓紧时间，争分夺秒地写作着有关中国革命战争的书稿；但是，即使再忙，他也偶尔放下毛笔，走出那间作为办公室和书房的窑洞，和妻子一起逗逗孩子，问问贺子珍的学习情况。

周末相聚,贺子珍虽然不能像往常那样为毛泽东查找资料或抄写文稿,但她尽心尽意地照看女儿,想办法做些可口的饭菜,一家人和和睦睦地生活在这充满了革命气息的延安窑洞里。

周日下午,她送走孩子,傍晚和康克清两个人结伴返校。

这时的延安不仅有当地的老百姓和从长征路上走过来的红军,还有许多从全国各地涌来的满怀革命激情的热血青年。在这些青年中,有从北平来的,有从上海来的,有从南京来的,也有从广州、武汉来的,还有从香港、台湾和海外来的。在这些人当中,有女大学生,也有大学教授。

在抗日军政大学里,大家来自五湖四海。有的怀有一技之长,有的懂外语,有的原来就是红军,虽然每个人之间的经历各不相同,原来的工作各异,但大家同心抗日,都如饥似渴地学习着革命理论和抗日的道理及军事知识。

渐渐地,贺子珍感到了一种压力。这种压力来自她所面对的众多有知识、有文化的青年;他们有文化,有知识,热情洋溢,学习接受快,各项活动表现突出。尽管他们对红军充满了敬意,对贺子珍交口称赞,倍加尊重,但是,对贺子珍来说,那种无形的挑战的压力丝毫不减,为此,要强的她不愿意别人知道她是毛泽东的夫人,或者知道她是"贺子珍"。她努力地学习着功课,力求用自己的实际成绩赢得众人的承认。

可是,事与愿违。贺子珍越是想努力做好一切,却越感到体力不支。开始时,她朝气蓬勃,显得虎虎有生气,出操训练斗志昂扬,排队报数声音响亮;但是,时间一长,她虚弱的身体却难以适应紧张的生活。一参加训练,她就脸色苍白,时而气短头晕、体倦无力,时而腰酸腿软,心慌不支。她不明白这是为什么,以为是自己还没适应集体生活,坚持着,咬着牙关,照常参加所有的课程和活动。

一天上军事课,练习跑步卧倒、匍匐前进,做到第三遍,她突然脸色大变,心跳气短。

教官见状急忙让她到一边休息观操。十几分钟过后,她感到好些了,便上前喊"报告",要求入列重新投入训练,教官允许了。但当她跑步卧倒又做到第三遍时,卧倒后便再也起不来了。在半昏迷状态中,她被康克清等人扶持着回到宿舍休息;校医检查后,让她停课两周。

毛泽东得到消息,立刻骑马赶到抗大来看她。没完成学业就做了逃兵,贺子珍满肚子的不高兴,唉声叹气。毛泽东便搬了把木椅子坐到她的炕头前,给她讲起了一个故事:"当年江西有一个女人,丈夫受冤坐牢了,为换银钱去赎受冤坐牢的丈夫回家,她把家产全卖光了。有人说她傻,她说:'留得青山在,不怕没柴烧。'最后,她终于把自己的丈夫赎了出来,夫妇俩借钱,开了一家茶馆,生意很好,一个新家又建立起来了。后来,这个女人的女儿也用这句话来劝说自己被罢了官的病得很重的丈夫……"

毛泽东讲完故事后,又说:"这个病丈夫就是鄙人毛润之,那个女人的女儿呢,就是桂圆贺子珍。留得青山在,不怕没柴烧啊!"

贺子珍见丈夫提起了在瑞金的往事,也深受感动,于是装出了一副安心养病的样子,不让丈夫分心。这时,毛泽东正在写哲学讲稿,准备到抗大去讲《实践论》。一提到哲学,她总感到有些神秘,很想去听毛泽东讲解"神秘"的学问。

在春夏之交的日子里,贺子珍慢慢地恢复了健康,再次来到了抗大学习,并且去听丈夫讲那神秘的哲学大课。

6.争吵

夫妻之间,吵架总是难免的。

这时候,虽然情况有所好转,但生活还是很艰苦的。毛泽东爱吃辣椒,一天,贺子珍到外面给毛泽东买来了一些辣椒,然后,她依着毛泽东的口味,为他炒了一碗辣椒。

中午,毛泽东回家吃饭,见到辣椒,非常高兴,马上盛饭吃了起来。作为永新人,贺子珍也是好吃辣的,但是,她忍住不动筷子,最后,在毛泽东"吃,你也吃啊"的喊声中,她才用筷子点了一下。

因为珍贵,毛泽东也更珍惜它,结果吃了好几顿,仍舍不得吃光,还剩

下大半碗。

这时正是夏天最热的时候,辣椒渐渐变味了。这天吃午饭前,贺子珍一闻那碗辣椒,有些变味,她怕毛泽东吃坏肚子,便把剩下的那点儿倒掉了。

中午,毛泽东回家吃饭,见桌上那碗辣椒没有了,他一面洗脸,一面问贺子珍:

"子珍,我怎么没看到你给我炒的辣椒啊!那碗辣椒到哪里去了?"

"倒掉了。"贺子珍只顾忙着干别的事,随口答道。

毛泽东一听此话,一下子火就上来,一把把洗脸盆里面的水全泼到地

毛泽东和贺子珍

上了,说道:"谁让你把辣椒倒掉了,你太不珍惜东西了!"

贺子珍一看毛泽东发这么大的火,心想:辣椒已经坏了,你本来身体又不好,我还不是怕你吃坏了身体,难道身体远不如那碗变了质的辣椒重要吗?她这么一想,心里就也来气了,一赌气,她也不与他争,跑出屋,到晚上才回来。

毛泽东与贺子珍之间也与平常百姓一样,会为一些小事吵架,但吵过后,俩人隔不了半晌就消了气。这时毛泽东的气早已消了,他听了贺子珍的解释,很后悔当时鲁莽。

贺子珍看着毛泽东消瘦的脸,心疼地说:"润之,你身体本来不好,吃变了质的食物容易中毒啊!"

但是,毛泽东对倒掉的辣椒,仍然觉得惋惜:

"把它再煮一下,是不是吃了不要紧啊?"

毛泽东这一孩子气的问话,让贺子珍哭笑不得。

这时,贺子珍与毛泽东结婚已经整整十年了,十年的夫妻生活难免两人有意见不一致、磕磕碰碰的时候,但是两个人没有什么原则性的大问题,所争吵的也是生活中小小的事情。吵起来时,贺子珍常常也很容易激动,在吵过后,她心里会开始想,最后也是自我检讨,气呢,烟消云散而去,两人又和好如初。

7."老革命"对毛泽东跳交谊舞很讨厌

自从毛泽东到达延安后,延安便成为闪耀着真理的光辉城堡,成为苦难深重的中国的灯塔和新时代的标志。它像磁铁一般吸引着大批的有志青年冲破重重封锁,来到延安圣地,投奔中国革命。其中,也包括一些民主人士和同情中国革命的外国朋友。

毛泽东也是位好客的人。他喜欢与人交往,在交往中,获取新信息,吸

收新文化,开阔新视野,增长自己的知识和才干。因此,别人慕名而来,他也乐于应酬,与他们交谈。

1937年1月底,艾格妮丝·史沫特莱继斯诺之后来到了延安,作为期7个多月的采访。

史沫特莱是美国人,是《法兰克福日报》的记者。她的翻译兼秘书,叫吴莉莉,也叫吴光伟。吴莉莉年轻漂亮,长发披肩,大学毕业后写过诗,演过电影,与史沫特莱形影不离。平时偶尔和她们一起出现的还有浓眉大眼、最早奔赴陕北,被称为文艺明星的丁玲。

史沫特莱和吴莉莉来到延安时,在革命队伍里一直盛行着的娱乐节目是集体唱歌和相互"拉歌"。史沫特莱不擅长唱歌,却能跳舞。结果,她在延安掀起了一场交谊舞热潮。

对此,她后来回忆说:

> 在延安召开的一次高级军事干部会议期间,我试着教他们一些人如何跳舞,他们勤奋好学,每事必问,不怕丢面子。朱德同我破除迷信,揭开了交际舞的场面。周恩来接着也跳了起来,不过他跳舞像一个人在演算一道数学习题似的。彭德怀喜欢作壁上观,但不肯下来跳一次舞。贺龙在青砖铺的地上随音乐旋律一起欢跳,他是身上惟一有节奏感的舞师。

这就是延安早期的交谊舞,多是在高级干部聚会的娱乐性晚会上作表演性节目。范围不大,半隐蔽半公开。但是,交谊舞带有浓厚的西方色彩,虽是表演节目却非常具有示范性。很快,在凤凰山下史沫特莱的住处,就出现了私人性质的交谊舞晚会。慢慢地,交际舞逐渐出现在延安公开举行的晚会中了。

结果,越来越多的人对交谊舞感兴趣,学跳交谊舞的人也越来越多,终于交谊舞会开始在延安兴起来。每到周末和节假日的晚上,中共中央办公厅大礼堂、鲁艺大礼堂、自然科学院礼堂、王家坪八路军总部大礼堂、女子大学礼堂、马列学院大礼堂,几乎都有文艺晚会或交谊舞会。

交谊舞当然少不了音乐和伴奏。各个舞会的音乐伴奏很简单,多是些现场乐器演奏。什么口琴、风琴、手风琴、小提琴,什么竹笛、二胡,全都用

上了,其中多数乐器都是临时手工制作的;一部分人吹打弹唱,大多数人在黄泥土的地上翩翩起舞。

交谊舞给生活在黄土高原上的人们带来了一股新气息,具有强大的吸引力。在舞场上,在灰色一片的制服中间,那些从大城市新近来到的女同志们将上衣腰身收紧,扎上皮带,显露出优美的身材曲线;有的甚至把津贴节约出来,买一块白布或蓝布,做成短袖衬衫,衣襟上还绣上一朵小花,显得更加

史沫特莱

别致。人们都把交谊舞会看成了时尚和社交的十分重要的场所。

在延安所有的舞场里,王家坪和中央大礼堂舞场是政治级别最高的,经常有军政首长光顾。

开始时,贺子珍和一些首长夫人对交谊舞感到新鲜,也去光顾。跳了几次后,很快,她们发觉不对劲了,在她们看来,把头发梳理得漂漂亮亮是一种小资产阶级情调的表现;并且因为跳舞,舞场时常演绎出许多爱情佳话,不时传出"××"和"××"恋爱了的消息。渐渐,这些"老革命"把交际舞看作是外国的"一种恶习",大有上当的感觉,于是集体抵制跳舞风。

但是,毛泽东在工作之余,也是舞场中的常客。对此,毛泽东后来曾风趣地回忆说:"在延安我们也经常举办舞会,我也算是舞场中的常客了。那时候,不仅我喜欢跳舞,恩来、弼时也都喜欢跳呀,连朱老总也去下几盘操(形容朱德的舞步像出操的步伐一样)。但是我那贵夫人贺子珍就对跳舞不喜欢,她尤其对我跳舞这件事很讨厌……"

毛泽东的舞伴,多是史沫特莱的女翻译吴莉莉。

8. "你听我讲，你最好不要走"

在延安的日子，贺子珍想拼命工作、学习，可是身体太不争气了，身体里那些该死的弹片，让她经常处于难以忍受的痛苦之中。这种痛苦常让她有一种冲动，那就是，只要能把这些弹片取出来，让她怎么做都行！她多么怀念以前身体健康的少女时代啊！

这么想倔脾气又上来了，她想："不把弹片取出来，以后如何能投入地工作和学习呢？"她询问延安的名医，医生们都不敢为她动这个手术。后来，她打听到上海的大医院能做这种手术，于是，她决定到西安去，从那里转赴上海，取出弹片。

然而，就是在这个时候，她发现自己又一次怀孕了。她与毛泽东共同生活了十年，怀孕、生育了六次，这十年当中，她几乎是处在不断地怀孕、生育的过程中，她自己说："我生孩子都生怕了。"过密的生育影响了她的健康，影响她的学习和进步。这一次怀孕更坚定了她要走的决心：她要离开毛泽东一个时期，把身子调养好，读一些书。

可以说，这一段时间贺子珍是痛苦的！尤其让她感到痛苦的是毛泽东对她似乎不太理解。此时，日军大举入侵中国，毛泽东作为党的主要领导者，全副精力转向已开始的抗日战争，他把全部的心思用在了革命事业上。

本来，夫妻间产生一些误会是很正常的事，只要两人坐下来，冷静地面对现实，把事情讲清楚，没有解决不了的问题。可是，贺子珍过于倔强的性格使她宁可把痛苦埋在心底，也不愿意说出来。而毛泽东更是日理万机，部署民族抗战的大事，没有时间来聆听贺子珍的倾诉。

这样就更直接导致了贺子珍内心的痛苦。

依照贺子珍的性格，她决心要去做的事情就一定要去做到的。

1937年11月20日，国民党政府在南京受日军三路逼近，宣布迁都大后方重庆。

12月上旬，南京处于日军的三面包围之中。

这时在延安,天冷了,贺子珍体内的伤痛阵阵发作,她终日心绪不宁,心情郁闷;而这时毛泽东的工作更忙,更没有闲下来的时候了,每天半夜才回来,他也没有去细心体谅妻子内心的种种苦衷。

一天,毛泽东又去抗大与新来的学员们讲话了。贺子珍独坐家中,悄悄写了要求去西安治伤的报告。毛泽东从抗大讲课回来得到消息大吃一惊。

其实,早在10月份贺子珍就向他透了风,只是毛泽东没有在意而已。

那时,贺子珍试探性地对毛泽东说:"我……我想走……"

毛泽东一听,问道:"你走哪里去么?"

贺子珍说:"我到西安、到上海治伤去。"

这时,警卫员小贺在门外喊"报告",毛泽东只得停下了他想说的话,对门外应道:"进来!"

小贺一走进窑洞后,贺子珍就起身离开了。

接着,机要秘书叶子龙又来请示毛泽东:"主席,抗大来电话,说新班又来了200多人,请示主席什么时候接见他们?"

毛泽东手执毛笔坐在桌前,翻看了一下台历说:"后天下午3点吧!"

叶子龙退出后,贺子珍又走回了作为毛泽东书房的窑洞。毛泽东放下手中的毛笔,站起身来对她说:"抗大又新到了一批青年,要我去接见。"

贺子珍心绪忧忧地说:"你可真忙!一有时间你就消耗掉,不是开会就是写书,再不就是看文件、接见什么人……"

毛泽东解释:"我忙的是工作,现在正是抗战时期,形势变化一日千里,我们不去研究不行啊!"继而,他耐心地说:"桂圆,现在局势发展了,我们应该和这些来延安的人多交往,多谈心;还有这些从四面八方来的非党群众、爱国青年,很需要我们给他们讲一讲革命的道理,这也是调查研究,是眼睛向下联系群众的政治工作,为什么不做呢?"

贺子珍一时语塞,只是说:"你的感情太复杂了……"

毛泽东笑慰道:"革命的感情是第一位的么!"

贺子珍表情怏怏的,但是再也没有说什么。

第三天,毛泽东如期到抗大去接见了新来的200多名学员。

面对一心忙于工作的丈夫,贺子珍为自己的身体状况而烦恼,更为自

己终日守在房中不能进行工作、不能投入延安火热的生活而痛苦;她在战争的环境中生活惯了,不习惯过"平淡"的日子,因此,她下决心要离开延安,先去找个地方治好了身上的伤,再来进行工作。

这时中国命运正处在变化的关键时期,毛泽东需要考虑的大事太多了,他整日整夜地工作着,根本没有留意到妻子感情上的复杂变化。此刻,他看到贺子珍要走的报告,面对怀着身孕执意要离自己而去的贺子珍,毛泽东对她说:

"桂圆,你听我讲,你最好不要走。我们之间有些误会,是能在宽容之下消除的。你晓得,我这个人平时不爱掉眼泪,但是我一听不得穷苦老百姓们的哭声,看到他们受苦,我忍不住要掉泪;二是……"

贺子珍强调说:"我身上的伤痛得越来越厉害,我要去治伤。"

毛泽东走向前来,深情地对贺子珍说:"二是跟过我的通讯员,我舍不得他们离开,有的通讯员、警卫员牺牲了,我难过得掉了泪;我这个人就是这样,骑过的马老了、死了,用过的钢笔旧了都舍不得。"

贺子珍听不进毛泽东的话:"你现在跟我讲这些做什么?"

毛泽东接着说:"三是在贵州,最艰苦的时候听说你为了救人负了伤,要不行了,我掉了泪。"

贺子珍打断了毛泽东的话:"我已经向组织上提出了申请,我要走!"

说完,贺子珍走回到她里间的窑洞休息,毛泽东随脚跟过来,继续劝说她,但是,这时贺子珍拿定了主意一定要离开延安,对毛泽东的劝说根本听不进去。

毛泽东是个感情丰富的人,也极易动感情。他劝慰妻子:"桂圆,你听我说,我现在的情况,与在王明路线时期不同了,那时候我没得发言权,受打击、受迫害;现在,我有发言权了,多少干部和青年希望见到我,和我谈论党事国事,你应该高兴呀!为什么你总要和我格格不入呢?桂圆,不要生误会了,我们在战争中受尽折磨,以后不会再让你像过去那样,跟着我受那么多苦了。"

"反正我要走!"贺子珍最后表示,"我必须去治我身上的伤!"

9. 贺子珍给毛泽东写了一封信,飞往苏联

1937年底,贺子珍终于把娇娇托付给保姆,收拾起简单的行李,匆匆地离开了延安,奔赴西安。她打算去上海治病。

在西安,贺子珍先是碰到了来八路军办事处的张国焘的夫人杨子烈。杨子烈要去延安找张国焘,她见贺子珍已经怀有身孕,便劝她同自己一起返回延安去。但是,贺子珍拒绝了。

然而,好像是老天也不想让贺子珍离开毛泽东一样,当贺子珍到达西安时,上海已沦陷于日本帝国主义之手,贺子珍去上海去不成了。怎么办呢?还是不愿回去,结果只好继续住在中共驻西安办事处。

此时,毛泽东再次托人捎来口信,请贺子珍回延安去。但是,贺子珍仍然固执己见。几天后,贺子珍又碰上了老熟人刘英。

刘英染上了肺病,要去苏联治疗,同行的还有在战争中丢掉了一条胳膊的蔡树藩、断了一条腿的钟赤兵;贺子珍正愁无去处,一看他们去苏联,马上得到启发,上海去不成,可以到苏联去!到那里,不但可以取出弹片,养好身体,还可以获得学习的机会。于是,给延安的毛泽东写去一封信,要求与刘英等人同行到苏联去治伤。

毛泽东接到贺子珍的这封信后,一时间心中忐忑不安。

他很清楚,贺子珍正有孕在身,这样负气离开自己离开延安,不是时候,孑然一身投奔到

贺子珍暂居西安时与战友在一起

异国他乡也是很不妥的。

因为这些担忧,毛泽东心急如焚。他在经过深思熟虑之后,想了两条办法来阻止贺子珍:一方面,他跟洛甫商量,给八路军西安办事处拍发了电报,表面上同意在第一批赴苏联治病的行列里,添上贺子珍的名字,免得她节外再生别枝;另一方面,毛泽东又接连给八路军西安办事处、兰州办事处、迪化办事处的有关同志发了电报,希望这三处的同志们能够好言劝慰贺子珍,使她放弃这次去苏联的想法。

这时,贺子珍已从西安乘汽车到了兰州。在兰州,她住在八路军驻兰州办事处,办事处主任是谢觉哉。他在贺子珍到达前已接到毛泽东要他做贺子珍工作的电报。

谢觉哉是一位德高望重的老共产党员,又是毛泽东的老师。他亲自来到贺子珍的住处,找贺子珍谈心,希望她改变初衷回到延安去,并诚恳地说道:"你与润之已是十年的夫妻了,有什么解不开的结呢?夫妻发生矛盾,说开了不就好了?"

但是,贺子珍还是没有听谢老的劝告。

谢觉哉又请此时正在兰州办事处工作的陈正人和彭儒夫妇,劝贺子珍回去。陈正人和彭儒在井冈山时就与贺子珍相熟,相处比较好。但是执拗的贺子珍还是不为所动。

几天之后,她又到了新疆,住在迪化中共新疆办事处。

在她等待去苏联的飞机的时候,驻新疆办事处主任王定国收到中央的一份电报,要求所有在新疆候机去苏联的同志全部返回延安。这又是一个让她返回延安的好机会。其他在新疆等候出国的同志都回延安了,可是贺子珍没有回去。她最终把返回延安的机会错过了。

在西安、兰州、新疆等地,林伯渠、谢觉哉、王定国等人费尽了心机、苦口婆心地劝慰贺子珍回心转意,但都没能将贺子珍挽留下来。

终于,她和王稼祥等人登上了前往苏联的飞机,去了苏联。

贺子珍
He Zizhen

第七章 身在异国

1. 身上的弹片已经和肉长在一起

1938年1月,贺子珍终于到达了莫斯科。

莫斯科是苏联一个美丽的城市,在30年代,苏联是世界上很有影响的大国,科学技术以及经济文化都是一流的。并且,它作为第一个社会主义国家,是世界无产阶级和共产党人的圣地,对于中国共产党人来说,它既是引路人,又是老大哥,具有十分崇高的地位。贺子珍是带着一种朝圣的心情来到莫斯科的。

贺子珍她们一下飞机,共产国际东方部的同志就前来迎接。当汽车奔驰在宽阔平坦的大道上时,贺子珍第一次见到这么宽广的大街和整齐高耸的建筑,有一种耳目一新的感觉。

莫斯科是一个国际大都市,俨然不同于贺子珍所见过的所有城镇。此时,贺子珍已经28岁了,但是,对于她来说,长期生活在僻远的山村和落后的农村,连南昌都没去过,城市对于她来说,可以说是一个陌生的概念,这一次宏伟的莫斯科——这个俄罗斯的大都市的街道、建筑及异国风光让她大开了眼界。

带着新奇、欣喜,和一种很陌生的感觉,贺子珍住进了共产国际东方部安排的一家宾馆。

尽管此时东方许多国家领导人的妻子儿女都在莫斯科,但是,苏共领导人斯大林还是对贺子珍的到来相当重视。贺子珍安顿下来后,在有关部门安排下,参观了重型机械工厂、军事学校、红场、列宁墓和克里姆林宫。在一系列的参观过程中,她似乎走进了一个幻梦中的美妙世界。这些,在书本上曾经多次读到过,如今竟一一展现在她的面前。她不禁想起了延安

那只有几间旧房屋的国家银行,那没有课桌的抗大,和凤凰山下自己那个简陋的家。

贺子珍很激动地看着这个美丽的城市里的一切,然而,与此同时,她却更想起了自己的国家,异国的繁华和祖国的贫困不由得使她在心里感慨万千。晚上,贺子珍一回到住处,就拿起笔,给她最想念的爱人写信,她在信中写道:

"润之,我已平安到达了莫斯科,在这里,我看到了我以前没有见到的东西,莫斯科太美丽了,这里发生的一切都令我感慨不已,我要在这里养好身体后好好学习,将来报效祖国……我相信,我们的中国在你领导下,她在不久的将来,也会像苏联这样美丽富强。润之,我为自己在这里定下了学习计划,决心在两年的学习期间,要多学些东西,充实自己,再把身体搞好。……"

这就是贺子珍,她的信像她的人一样质朴单纯,她对祖国,对毛泽东是无限的深情。在信中,贺子珍没有提及与毛泽东闹别扭的事,一切都好像没有发生过。随后,贺子珍以全新的生活姿态投入了东方大学学习。这是苏共为培养亚洲革命者而开办的,贺子珍被编入八部学习,她被安排住在共产国际办公楼中的一间房内。

东方大学的学习是紧张的。贺子珍忙里偷闲地,匆匆忙忙地跑到苏联各家有名的医院,希望找一家医院动手术取出身上和头上的所有弹片。最后,在莫斯科最大的皇宫医院作检查,医生仔细地查过后,发现深嵌在她的头部、背部和肺部的弹片,已经被头骨、肌肉和肺叶包住,长在一起。这对于贺子珍来说,意味着弹片已经成为她身体的一部分了,医生对她说:

"你身上的弹片已经与你合成一体了。动手术已经很难了。"

贺子珍一听,心中很难过,但仍不死心:"没有别的办法取出来吗?"

"你身上的弹片和你的肉一样已经是你身体里不可分割的一部分了,接受这个事实吧!"事已至此,贺子珍只好按医生说的那样接受事实。

贺子珍来苏联的主要目的是要取出嵌在身体内的弹片,但是,现在却不可能了,这使得一度兴冲冲的她有些沮丧,但是情绪低落几天之后,她没有消沉下去,马上又振作起来了。

当时,毛泽东收到了她的信,并给她发来了电报,仍坚持请贺子珍回到延安。正一心扑在学习上的贺子珍,舍不得放弃这来之不易的进修机会,她函复丈夫六个字:两年学成即归。

2.把岸英兄弟当作自己的儿子

贺子珍在来苏联前,就知道毛泽东与杨开慧所生的两个儿子毛岸英、毛岸青已在莫斯科的国际儿童院学习。贺子珍接到毛泽东的电报后,在一个黄昏,她专程坐车来到莫斯科市郊的莫尼诺第二国际儿童院,看望岸英、岸青二兄弟。

1930年11月14日,杨开慧牺牲后,毛岸英和孙嫂由亲友保释出狱,回到板仓跟外婆、舅舅生活。这时敌人到处抓捕共产党人和进步群众,外婆向振熙时刻担心三个外孙的安全。

杨家决定春节后由舅妈李崇德护送三个孩子去上海。因为李崇德的姐姐李崇善在上海一家保育院工作,去后有人照应。

1931年春节前的一天,一个商人打扮的中年男子,穿着黑羊皮长袍,头戴浅蓝呢帽,用一条羊毛围巾把脖颈和大半个脸裹得严严的,叫开了板仓杨家的大门,朝杨母行了三鞠躬礼,对开慧烈士的牺牲表示哀悼。随后,他从怀里掏出一封短信和几十元钱。

杨母仿佛见过这个商人,一边闲聊,一边要开智、开英看这封信。从笔迹看,开智、开英认识这是毛泽民写来的,信中嘱咐:将岸英、岸青、岸龙护送到上海去。商人还交代,起程日期确定后,告诉长沙的一家商号,到达上海后会有人来接。

杨开智、杨开英、李崇德带着三个孩子,来到开慧的坟上,让孩子们给母亲叩头拜别。三个孩子扑在坟上放声大哭。舅舅、舅母和英姨,也陪着落泪。临行前,杨母看着自己一手养大的外孙,就要远走高飞,老泪横流,泣不成声。开慧的死,对向振熙来说是个沉重的打击,她瘦了,也衰老多了。

岸英、岸青抱着外婆,一边哭一边说:

"外婆外婆,我们一定会回来看你老人家。你不要哭!"

三兄弟除了岸龙4岁,还不懂事,8岁的岸英和6岁的岸青都明白,这次去上海,是爸爸、叔叔的安排。他们舍不得外婆、舅舅等亲人,但又多么渴望早日见到自己的父亲,还是告别外婆启程了。

他们乘火车到汉口,然后改乘轮船到上海。抵达码头,一个拉洋车的工人走上前,对上暗号,然后说:"跟我来,孩子的叔叔正等着他们。"当晚,他们被安排住在泰安旅馆。见到了叔叔毛泽民,岸英三兄弟紧紧抱住叔叔,大哭了起来。岸英说:

"叔叔,妈妈被抓走之前,还常对我说:要把我们托付给你!如今妈妈被狗强盗杀死啦!"

"我知道,我知道。这次接你们出来,是你们爸爸安排的。你们在这里暂住,我设法送你们进幼稚院读书。"

随后,在周恩来的决定下,岸英、岸青、岸龙被送到了地下党组织办的大同幼稚园抚养。然而不久,岸龙突然患禁口痢,医治无效夭折。

由于临时中央在上海大搞飞行集会,强行暴动,上海地下党机关遭

刚到苏联时的毛岸英和毛岸青

受极大破坏。为了师生们的安全,1932年初,地下党决定解散大同幼稚园。因此时毛泽民夫妇已离上海赴苏区,岸英、岸青被安排在董健吾家。后来,董健吾又去武汉工作,岸英兄弟生活无着落,开始流浪街头。岸英、岸青曾在烧饼铺当学徒,挨打挨骂,受尽折磨。逃出店铺后,两人靠卖报纸、拾破烂、拣烟头、帮助推人力车来维持生活。

在上海,两兄弟过了4年流浪生活,历尽艰苦。

在流浪生活中,岸青被洋巡捕打成脑震荡,耳朵也被打坏。

1936年,上海地下党找到了岸英、岸青,两个流浪儿见到亲人,倾诉一

肚子委屈，伤心地哭了。随后，党组织通过在白区的统战关系，由张学良介绍，决定由东北义勇军司令李杜将军乘去西欧考察的机会，带岸英、岸青和董健吾的儿子董寿琪一同出国。6月底，李杜将军一行从上海动身，乘船经香港、西贡、孟买、苏伊士、地中海，于7月底到达法国马赛港。然后改乘火车到巴黎，在那里停留了半年，然后进入苏联。

此时，岸英15岁，岸青13岁。

岸英兄弟比贺子珍早来苏联一年多，贺子珍对这两个从小失去母亲、离开父亲，这么小的年纪却遭受过多磨难的孩子，从内心生出一种自然的母爱来。她到达莫斯科稍稍安定，就打听他们的情况。

这时，王稼祥正担任共产国际东方部的部长，东方部负责指导和管理东方地区的共产党，贺子珍与王稼祥在中央苏区时就相熟，一天闲谈中，贺子珍问道："润之的两个孩子在哪里？你能不能告诉我？"

"他们现在莫尼诺第二国际儿童院。"

贺子珍从王稼祥那里知道岸英、岸青兄弟的具体地址后，便跑去儿童院看望他们。

贺子珍去莫尼诺第二国际儿童院时，买了一大堆水果和食品。毛岸英和毛岸青两兄弟也早已听说贺子珍的情况，见面时，毛岸英和岸青都很紧张，贺子珍也有些紧张，一时间大家不知说什么好。还是贺子珍先打破僵局，她说：

"我是贺子珍，你们的爸爸可想你们啦！"

"……"

两兄弟心里有些隔阂，不知道说什么。可贺子珍完全不介意。她又温和地告诉小哥俩说："你们的父亲身体很好，只是工作很忙。他还常常念着你们呢！"

两兄弟还是拘谨地坐在那里，不知道如何回答，沉默以对。

这时，贺子珍看见岸英和岸青的宿舍又脏又乱，于是，麻利地为他们收拾起来。她掀开他们的被子，一股臭味扑鼻而来，于是，抱着这些被子拿到太阳底下晒，回来后又为他们整理床铺，还把兄弟俩床底下的"杂货摊"清理好，随后，又把他们的脏衣服拿到河边去洗干净，晾起来。其他宿舍的孩子不明就里，看到贺子珍为岸英兄弟忙上忙下的，以为要检查卫生了，

赶紧也都清扫起来。

房间打扫干净了,贺子珍把带来的水果削给岸英和岸青吃。这时,贺子珍的行动消去了岸英两兄弟的警戒,他们赶忙泡了杯热茶端到贺子珍面前。大家话虽不多,但彼此都感觉到了对方的真诚和善意。临走时,贺子珍把她东方大学的地址留给岸英和岸青,请他们有空去玩。

但是,岸英和岸青并没有去。

以后每到周末或节假日,贺子珍总是带些物品或水果来看他们。这时像贺子珍那样的红军干部,国际部每月会发给70卢布的生活费,贺子珍除了自己必需的开支外,剩余的钱基本都花在岸英和岸青兄弟俩身上。

但是,两兄弟却都是"有个性"的孩子,性格刚烈也有沉稳的一面。在很长一段时间里,他们觉得喊"贺妈妈"不自然,也不情愿,在他们的意识里,妈妈只有一个,那就是他们已经死去的妈妈杨开慧。但是,两兄弟却从没有给过"贺妈妈"难堪,贺妈妈来看他们,他们很客气。贺妈妈帮他们洗衣服,他们会连声说:"谢谢。"

贺子珍主动去关心和照顾两个孩子的生活,除了她与毛泽东的那层关系外,还有着对已经牺牲了的杨开慧的敬重。

在儿童院里,贺子珍发现,岸英比较成熟,生活自理能力比较强,自己的用具衣物整理有序,岸青则差一些,衣服脏了也不知道换洗,有时脱下来随便乱丢乱放,因他在上海流浪时挨过打受过刺激,听别人讲话有点耳背,但他人很乖。每隔几天,贺子珍就去看望他们,把他们的脏衣服找出来,拿回宿舍洗净、晾干、叠好,又给送回来。杨开慧牺牲后,毛岸英、岸青两兄弟就失去了母亲。现在有贺子珍的关爱,他们再也不是没有母亲的孩子了!真诚花开,原来心中的结慢慢地解开。

一次,毛岸英到莫斯科红军长征干部休养所去搜集革命故事。有位阿姨告诉他,你贺妈妈很早就参加了革命,是个传奇的红军女英雄,至今身上还有十几块弹片,她的革命故事可多了。毛岸英这才知道原来贺妈妈与自己的母亲一样,都是了不起的英雄。他的敬佩油然而生。

由此,他们更加走近了,并且开始称呼她"贺妈妈"。

毛岸英和毛岸青在感情上接受了这个"妈妈",关系处得越来越融洽,相互来往越来越密切。小哥儿俩甚至几天里见不到他们的贺妈妈,便要跑

去共产国际办公楼看望她。每当这时,贺子珍不再感到孤独,毛岸青和毛岸英也感受到了家庭的温暖和被母亲关怀着的亲情……贺子珍的小屋里有了生气,有了欢歌笑语声,乐融融的气氛弥漫在整个空间,在异国他乡,母子三人原来孤独的心不再孤独了。

3."我生了一个男孩儿,长得很像你"

1938年6月,贺子珍生下一个男婴。

尽管东方大学不提倡生孩子,但是对贺子珍和孩子还是作了特殊安排,专门派了一位保姆负责照料,帮助她管孩子,洗尿布。不久,王稼祥对贺子珍说:"八部那里有托儿所,还可以学习,你到八部去吧。"

于是,贺子珍和孩子搬到了八部,把孩子放进托儿所后,她又回东方大学继续学习。此时,张闻天的夫人刘英也生下一个孩子,她也与贺子珍作了一样安排。

好长一段时间,贺子珍没有来莫尼诺儿童院了。一天岸英一问,听人说她住院了,两兄弟不知她得了什么病,很焦急地跑过去探望,走进门口,听到贺妈妈的房间里传来婴儿的哭声,他们这才知道贺妈妈的"病"是生小孩坐月子。

小弟弟长得手长脚长,蹬着手脚,一会儿哭一会儿乐。毛岸青对这个新生小弟弟好新奇,看着看着,他不禁失声叫了起来,"贺妈妈,这个小弟弟太像我爸爸啦,太像啦!"

贺子珍笑了:"是呀,他和你们都是一个爸爸呀,都姓毛哩!"

毛岸英开心地问道:"贺妈妈,我们给他起个名字吧,他姓毛,叫毛什么呀……"

贺子珍赞同地说:"岸英说得对,我们该给小弟弟起一个名字,起一个好听的名字。"

"贺妈妈,我们干脆给他取个苏联名字吧。"毛岸青抢先说。

"好啊,取个什么名字呢?"

"哥哥现在叫谢辽沙,我叫戈勒,小弟弟就叫卡秋莎吧!"毛岸青说。

"什么呀……"毛岸英反对弟弟的提议,"卡秋莎,卡秋莎,别听别人挂在嘴边,你就搬过来给小弟弟当名字用。你知道卡秋莎的意思吗?它是火箭炮的名字,是女孩子的名字,不能用。"

贺子珍看到这情景,不禁"扑哧"一声笑了,她笑得那么开心,那么酣畅,她觉得这哥儿俩争论得挺有意思,也很机智。此时,她来苏联时间不长,又因为身体状态不好,俄语还没过关,孩子的俄语名字她起不了,一下子也说不顺利,她思考了片刻,才说出口:"叫'柳瓦',今后我们就管小弟弟叫柳瓦。"

"好啊!"两兄弟都很赞同。

贺子珍的身边一下子有了三个儿子,她情绪乐观,甚至感觉连一年多来久久郁积在心底无法排遣掉的烦闷都烟消云散了。

重新回到东方大学开始学习后,贺子珍怀着激动的心情给毛泽东写了一封长信。信中写了她紧张的学习生活,写了她做母亲的欢乐心情。另外,她说,她到医院作过检查,医生说,嵌入她身体的弹片埋得很深,同她的肉已经长到一起,没有必要也没有可能取出来了。然后,她在信中写道:

"我生了一个男孩儿,长得很像你。"最后,她嘱咐毛泽东在家要好好地照顾娇娇,并且向丈夫表态,自己要努力学习,报效祖国。

贺子珍把信很认真地叠好,又选了一张她出国前在兰州时拍的照片,一起托回国的同志给毛泽东捎了去。

4.小儿夭折,贺子珍吃不下饭

这一段时间,是贺子珍一生中最快乐的日子。

　　生了孩子,贺子珍的学习劲头并没有减,依然全力以赴地学习。白天,她上课,晚上,她把孩子从托儿所接回家。贺子珍前后怀孕生育过六次,小柳瓦是惟一出生后享受到母爱的孩子。对于这个孩子,贺子珍十分喜爱,看着孩子,她的心里洋溢着一个母亲无限的暖意。她摸着孩子那稚嫩的小脸和软软的小手时,会更加思念她的爱人毛泽东。

　　爱因为思念更深,爱也因为遥远的距离更美好!

　　她就在浓浓的爱意中一边学习一边抚育着婴儿。

　　在莫斯科,东方大学八部的托儿所是相当好的。白白的小床整齐地排列着,一色的白床单、白被子,连小孩用的尿布也是白白的,给人一种洁净、卫生的感觉。托儿所里还配有专职的医生、护士,他们同保育员一起照料孩子。由于学习紧张,贺子珍几个月后,把小柳瓦办了全托,只是到了周末才把小柳瓦接回家。

　　转眼之间,就进入了冬季。连续几天寒风呼啸,太阳终日隐在浓浓的冬雾中,天幕像灰白的幔帐笼罩,迷迷蒙蒙,气温骤然下降,寒潮袭来。

　　小柳瓦所在的托儿所,卫生条件一流,医疗的水平却差得很,对传染性疾病的控制能力很低。随着寒潮,伤寒流感袭来,托儿所几十个孩子全部交叉感染,贺子珍的小柳瓦也传上了,不幸的是不久即转为肺炎。这时,对于肺炎,没有什么特效的消炎药,孩子没有药服,托儿所里只能给他喝一些盐水,出生才几个月的孩子终于敌不过疾病,不久就死了。小柳瓦还不满周岁,还没学会叫妈妈,叫哥哥,他连爸爸、姐姐都没见过,他的生命就如同一首极短极短的小诗,戛然而止。在这场流感中,刘英的那个新生的婴儿也夭折了。

　　当贺子珍得知孩子患病,匆匆赶到托儿所时,小儿子已悄无声息地匆匆离去。贺子珍看到的已是僵硬的身子了。她号啕大哭,哭干了眼泪,哭得自己的身体也在一点点地变冷,最后,她的眼泪凝固,她伤心至极,久久地抱着那个已经变冷、僵硬的小尸体,不愿放手,不让战友们把他埋掉。同贺子珍一起学习的贺诚、钟赤兵等人都来了,大家无论怎么劝都不行,最后,只得强行把死去的孩子从贺子珍手里抱走,埋在校园里。

　　对于孩子的离去,当母亲的哪能不悲痛?

　　但是贺子珍悲痛的程度却要比别人更强烈。她把孩子的照片放在床

头,日日夜夜都要看着他。几天里,贺子珍变了,她的乐观积极不见了,取而代之的是一张愁眉不展,时常泪痕斑斑的苍白的脸。"柳瓦,我的孩子,你怎么就离开了妈妈呢。"贺子珍嘴里喃喃地叫着,她从早上醒来看到孩子的照片时就叫,晚上回来,看见照片也这么说。

巨大的打击使贺子珍吃不下饭,有时,为了排遣思念的情绪,她来到校园,坐在长凳上,眼睁睁地望着埋葬了那个小生命的小土丘,她的泪水又涌了出来。长征路上因为条件不允许,她的孩子送人的送人,夭折的夭折,那是没有办法的事,现在条件好了,她要把眼前的孩子好好地抚养大,把她对她其他

毛岸英

孩子的亏欠都还给这个孩子,然而,老天爷却是这样不作美,存心与她作对!贺子珍不想则罢,想起来哪能不悲伤欲绝?

这天,毛岸英和毛岸青来贺妈妈处玩。然而,贺妈妈却像变了一个人似的,衣衫不整,头发凌乱,憔悴地和衣躺在床上。她刚从校园回来。

"小弟弟没有了……"贺子珍声音嘶哑,号啕着说。

岸英和岸青两兄弟闻言也控制不住自己的感情,泪如泉涌,一起哭了起来。毛岸英边哭边说:"贺妈妈,您别难过了,您要保重身体。小弟弟不在了,还有我们呢,我们也是您的儿子呀!"

毛岸英的话使贺子珍振作起精神,她坐了起来,一把将他俩紧紧搂在怀里:"儿呀!我的儿呀!你怎么就走了呀!"撕心裂肺的呼唤,无韵律地在生命的苍穹中震颤。

"妈妈!妈妈……"两个儿子也哭喊着。

他们三个抱着哭成一团——悲天意弄人,悲回天乏术,悲逝去的一个

个亲人。岸英和岸青一声声"妈妈"的呼喊,给悲痛欲绝的贺子珍无限安慰。她挣扎着爬起来,开始给他们做饭,做菜,她要把一个母亲的所有情怀给予岸英和岸青。

天黑前,岸英岸青兄弟回学校时,贺子珍再三嘱咐:"你们一定要注意身体!要注意伤寒啊!"

5."我们以后就是同志了"

到苏联去学习的中国同志在苏联的时间是有限的,一般是一年半载左右,这是党对派到苏联去学习的同志的要求,因为国内的斗争不允许他们在苏联呆太长的时间。

由于时间短促,这些同志考虑到如果花很多时间学习俄语,就上不了多少课了。因此,党派出去学习的干部,一般都不学习俄语,由翻译把老师讲的课翻译成中文,让大家了解课程的内容。对于苏联的报纸,中国的学员更看不懂了,学校为了让大家了解时事新闻,每周几次由翻译读报,把重要的新闻念给大家听。

这一天,贺子珍不知为何想起了与毛泽东在一起的日子,她特别想知道延安的情况,于是,她来到了读报室。

不一会儿,读报员来了,像往日一样,读报员读,学员们听。然而,突然一条消息把贺子珍和所有学员都震呆了:

塔斯社的记者在延安采访毛泽东,双方在窑洞里谈了很久。记者告别时已经是晚上了,毛泽东与他的妻子江青,踏着月色在窑洞外送行。

这条消息不仅把贺子珍震惊了,其他知道毛泽东与贺子珍关系的学员都大吃一惊!大家一听到此,都忍不住转头去看贺子珍。然而,此时的贺子珍却态度镇静,没有作出任何表示。随即,贺子珍离开了读报室。其实此

刻,她的心里早已是翻江倒海卷巨澜。

啊,毛泽东已经结婚了,润之,你真的结婚了吗?贺子珍呆呆地坐在寝室里,怔怔地抱着小柳瓦的衣服,不想说话。这打击的沉重与她失去小儿子的沉重交织着,她的精神变得恍恍惚惚,迷糊时脑袋一片晦暗,清醒时,她像祥林嫂般地,责备自己太大意,忘记了凶猛的西伯利亚寒流会伤人,责备自己不懂事,不知道孩子太小,冬天要格外保暖,责备自己太固执,忽略了事情的轻重缓急。

贺子珍本来就有失眠的毛病,现在更是几乎彻夜不眠。但是,她还是坚持上课,参加集体的活动。然而,贺子珍周围的战友却发现,她常常显得心神不定,上课时老走神。人坐在那里,却什么也没听进去。

此时,莫斯科与延安相隔千山万水,并非所有的消息都没有一点差错,于是,有的同

周恩来、邓颖超在苏联看望岸英、岸青兄弟时的合影

志劝她:"报上所公布的消息或许是误传,并不是真的。"这样一说,在贺子珍的内心,又生出了一丝希望,一点幻想。

但是,现实对于贺子珍来说却是残酷的,不久这个消息就得到了证实。

1939年周恩来和邓颖超一起到苏联治病,毛泽东托他们给贺子珍带去一封信,还有一箱书。毛泽东的信很简短,一开头称她贺子珍同志,而不是过去惯用的称呼子珍。毛泽东在信中写道:

> 你寄来的照片已经收到。我一切都好,勿念。希望你好好学习,政治上进步。我们以后就是同志了。

　　这封信实质上是毛泽东向贺子珍宣告：他们的夫妻关系从此结束了。

　　贺子珍收到这封信后，她最后的一丝幻想和希望完全破灭了，她流泪了。她的第一根精神支柱是小儿子，已经倒塌了；现在，丈夫这一根精神支柱也完全倒塌了，生活对她来说，太残酷了！儿子失去了，丈夫失去了，她刹那之间感到前途一片渺茫。

　　贺子珍陷入极度的痛苦之中，开始整夜整夜地失眠。她同毛泽东生活在一起时，因受到毛泽东的影响，养成了晚睡晚起的习惯；到苏联上学后，曾刻意改变这种生活习惯，遵守学校的作息制度。但是，在毛泽东已婚的消息得到确凿证实以后，彻夜难眠的她，早上再也起不了床了，后来，连上午第一堂课也不上了。同时，她的身体也急剧地衰弱下去。毛岸英和毛岸青来了，两兄弟想方设法使她开心起来。他们说故事，讲笑话，道中苏民俗的异同，谈国内外的大事小事，闭口不提大家都牵念的那个人——毛泽东。但是，他们所做的一切努力，都没有使贺子珍的痛苦有一丝的减轻。

　　贺子珍就是这样一个执著的人，甚至，她的执著带有一些偏狭，此时，只要她把心胸放宽些，勇敢地接受这个现实，或许她的痛苦可以减轻，或许她可以走出一条新路来。但是十年的夫妻之情，十年的风雨坎坷，早已使她把自己的一切与毛泽东紧紧地联系在一起了，没有了他，她不知如何生活下去，她不知道还有明天。

　　此时，贺子珍才30岁，遗憾的是，她走不出这个情感的围墙，也走不出一个潇洒的自我！

6."我当时太任性，太不懂事了"

　　贺子珍在痛苦的煎熬中苦撑日子，她每天都不敢用心想事，她害怕结束学业，因为她不知道自己以后的路怎么走。但是，时间仍然过得很快，

1940年快结束了。

这时,国际局势也急剧地发生变化,自从1934年苏联的邻国德国在希特勒上台后,扩军备战,时至现在,法西斯的魔影在整个欧洲乱窜,德国法西斯已经撕破了与苏联和平共处的协约,并伸出贪婪的铁爪,向苏联步步逼了过来。战争的阴影笼罩了莫斯科。

正在这时,按照预定的计划,中国党派到苏联去学习和治病的同志,在完成了学习和治疗的任务后,都一批一批地回国了。面对一个又一个回国欢送会,这时的贺子珍却显得很无助,不知何去何从。

因为毛泽东已经结婚,回到延安,她就是一个尴尬的第三者,于是,贺子珍不想像其他人那样回国去。然而,苏联却是别人的祖国,她只是这里的一位行人。正在她万般无奈、不知该怎么做时,同她一起在苏联学习的蹇先任来找她。

蹇先任原来是贺龙的妻子,此刻也经历了类似贺子珍的情感遭遇。但是她却在学成之后选择了回国。蹇先任对贺子珍说:

"子珍,我要回国了,你呢?"

"我还想在这里学习。"贺子珍犹犹豫豫地回答。

"唉,子珍,这终归是别人的国家,你在这里永远是作客,还是回去的好。"蹇先任劝她说。

其实,贺子珍来苏联这几年,虽然感受到苏联人民的友好情谊,但也感受到了当地风俗习惯的制约。贺子珍也知道留在苏联不如回国,可是,她一想到回国后要面对毛泽东和江青的婚姻关系,心里就十分伤感和痛心,她没有勇气去面对,也不愿意去面对,为此她宁愿选择流落异乡。现在蹇先任这样地劝她,她忙说:

"不,不,我不回国。"

蹇先任看着她,说道:

"子珍,你别固执了,你忘了那些痛苦的事吧!"

贺子珍没有做声。

蹇先任又接着说:"苏联也快打仗了。你的俄文不好,语言不通,连报纸都看不懂,在异国他乡,没有人了解你的心情和处境,回国了情况可能好些呢!"

贺子珍听了塞先任的话,沉默了一会儿,说:"好吧,我们一起回国。"

可是,第二天,塞先任去找她时,她又改变了主意,她说:"我还想在苏联一段时间,这样润之可能更安心些,他在国内的任务太重,分不得心!"

塞先任一听心里恍然大悟,原来,贺子珍还是不想面对让她心碎的现实。她说:"你想那么多干什么?你是共产党员,井冈山的女儿,是老革命了,毛主席怎么会不安心呢?"

贺子珍叹了口气,说:"先任,这都怪我不好,我当时太任性,太不懂事了。人们说,一失足成千古恨,我是一步走错终身遗恨。不过,我确实是想把身体养好后再好好学习,然后再回国去,这是我的真心话。先任,你理解我的心情吗?"

"同是天涯沦落人"的塞先任如何不明白?她于是点头不劝贺子珍了。

结果,许多同志回去了,贺子珍就这样留在了苏联。她在东方部教孩子们学中文。

7.心里只有毛泽东

昔日在一起的战友几乎都回国了,在异域的贺子珍显得更加寂寞了。为了排遣寂寞,贺子珍更加努力地学习,努力地工作。

为了使自己开始一种新生活,她决心把自己改换一下形象,一天,她来到理发店,把自己直直的秀发烫成了这时在苏联很流行的卷发。贺子珍本来就长得端庄娟秀,她这么一收拾,更显得风姿绰约,加上她在苏联这几年的文化熏陶,言谈举止间透出魅力女人的风姿,与以前的她简直判若两人。30岁的贺子珍焕发出的是一种健康的、成熟的女性美,尤其是她那满含忧伤的眸子,楚楚动人,让人一看就能感觉到她是一位有故事的女人,使她显得别具风韵,清丽妩媚。

此时,贺子珍与毛泽东分手在东方大学早已不是什么新闻了,许多人

都知道贺子珍是个离了婚的女人,一些男同志对这位有一种忧伤美的女人充满了爱慕之情,他们常常找借口向贺子珍示爱,甚至,有的人还当面向她表示爱意。可是,求爱者都被贺子珍婉转地拒绝了。

因为贺子珍心里仍然只有一个毛泽东。虽然他现在已成了别人的丈夫,但是,她依然牵挂着他,仍如一位分别在外的妻子一般挂牵、惦记着他,因为对毛泽东的这份挚爱,她的情感世界里容纳不下第二个人。

然而,越是这样,残酷的现实越发让她痛苦,她强支撑着,但是内心仍是支离破碎,痛苦不堪。

为了排遣寂寞和痛苦,原来最反对跳舞的她现在也开始学习跳舞。并且,偶尔也参加学校举办的舞会,她那轻盈的舞步,优美的舞姿,更吸引来中外留学生的好感。所以,每次舞会结束后,总有异性向她大献殷勤。

贺子珍烫了头发,又学习跳舞。在苏联留下来的同志中除她之外,无一人烫发,在人们的眼中,卷发是资产阶级的那一套,与无产阶级战士的身份是格格不入的。结果,贺子珍的表现又引来一些闲言碎语。

贺子珍
He Zizhen

第八章 伟大的母爱

1.娇娇来到了身边:"妈妈叫贺子珍"

贺子珍在苏联的做法显然传到了延安,作为相处了十年的毛泽东自然了解贺子珍,知道她的痛苦和寂寞,于是决定让女儿娇娇前去苏联,陪伴母亲。

贺子珍走后,娇娇先是被送到一对长征夫妻那里抚养,两岁的时候送进延安的洛杉矶托儿所,一直在那里生活。

贺子珍走时,她还是一个婴儿,现在她已是4岁的小姑娘了。和娇娇同去苏联的还有三个孩子,朱德的女儿朱敏、罗亦农和王一飞烈士的儿子罗西北和王继飞。毛泽东亲自把娇娇送到了延安机场。

在毛泽东的挥手告别下,飞机起飞了。娇娇他们从延安出发时乘坐的

娇娇(右五)在延安洛杉矶托儿所

是一架苏联的轰炸机,路线是从延安到新疆,然后再转机去苏联。从延安到新疆,行程3个多小时,轰炸机忽上忽下的,轰鸣声跟闷雷似的响个不停,孩子们在飞机上难受得要死,朱敏忍不住吐了,娇娇也肚子痛得不行。

上下颠簸了几个小时后,终于,迪化机场跑道展现在了他们的眼前。

可是,机场内没有马上转去苏联的飞机。迪化机场是由国民党军队控制的,几个孩子必须先混出国民党严密布防的机场,到新疆八路军办事处等候再去苏联的飞机。如果让国民党军队发现飞机上有四个共产党的孩子,其中两个还是朱毛的骨肉,后果可想而知。但是,机长别洛夫上校却有办法。

飞机开始下降,机长别洛夫上校走过来:"孩子们,赶快藏在机翼里!"

这是以防国民党人员上机检查。于是,几个孩子在他的引导下,听话地躲进了机翼。

飞机平安降落,没人上机检查,同机的人刚想松一口气,却见机长直揪他的黄头发,那双蓝眼睛盯着孩子们直转,原来他在想怎么解决下一个难题:如何安全地把他们送出机场。领航员脑瓜子灵,他想了个怪招:"正好几个小孩子个子也不大,很容易连头带脚卷起来。将孩子们卷进行李卷,当做行李扛下飞机。"

别洛夫上校一听,马上竖起大拇指说:"好主意!"然后转过头对四个孩子说:"只要你们不动弹,就不容易被发现。记住,在行李卷里一定要挺住,不能说话!"

尽管这办法有点不可思议,但是,苏共最高领袖斯大林早已对飞行员下达了绝对不能让孩子们出现任何意外的命令,把孩子们卷成行李卷倒是个很安全的办法,娇娇等几个孩子乖乖地听从了他们的安排。

不一会儿,四个活小人就变成了四个长形行李卷。一卷进行李卷,顿时像关进了黑洞里面,刹那间,几个孩子感到心胸憋闷,行李卷的气味直呛口鼻。谁都不敢大声喘气。所幸的是地勤人员很快就过来扛行李,谁也没有对行李产生疑问,"吭哧,吭哧"地把他们扛上肩头就走。

孩子们被人搬动着,一颠一颠的,没多久就被丢在了来接他们的汽车车厢里。等到汽车发动驶出机场,一个个紧张得快要跳出来的心才放了下来。

开始,大家都担心娇娇没法坚持住。因为她最小,又在闹病,如果她动弹或是发出点声音,这场瞒天过海的好戏,就会前功尽弃。

然而,险恶环境早已使年幼的娇娇过早懂事,她从被卷进行李卷到被摔上汽车,始终都没有出过一点儿声!

孩子们终于顺利出了机场,平安到达八路军办事处。

在办事处,娇娇见到了在新疆工作的叔叔毛泽民。长征到达陕北后,毛泽民任中华工农民主政府国民经济部长,1938年初,毛泽民因积劳成

毛泽民

疾,病情恶化,党中央决定让他去苏联治疗休养。行到新疆时,恰遇边界发生鼠疫,交通中断,他便停留在迪化。其后,为扩大抗日民族统一战线,党中央决定让他留在新疆工作。毛泽民根据党的指示,化名为周彬,先后任省财政厅副厅长、代理厅长、民政厅厅长等职。1939年1月,毛泽民担任了新疆商业银行理事会理事长。

毛泽民见到娇娇,十分喜欢,给她买了许多吃的东西。遗憾的是1942年,新疆军阀盛世才单方面撕毁国共合作协议书,杀害大批共产党人,毛泽民也被逮捕入狱,于1943年9月被匪徒们在监狱用绳索勒死,时年47岁。这是后话。

十几天后,去苏联的飞机有了,毛泽民送别娇娇,孩子们的行程继续着,终于在当天有惊无险地来到了此行的终点站——莫斯科。

贺子珍事先并不知道娇娇来苏一事,所以,她没有到飞机场去迎接。

这一天,贺子珍正像往日一样在工作,突然东方部一位老同志找到她,对她说:

"子珍,你的女儿娇娇到莫斯科找你来了。"

贺子珍听了笑着说:

"我知道你是在给我开玩笑,我不信。"

来人收住笑容,严肃地说:"子珍,我们没骗你,不信,你去看看。"

贺子珍看她说得很认真,就半信半疑地跟着跑去共产国际办公楼东方部看女儿。

谁知,贺子珍一进门,就见到一个4岁左右穿得挺神气的小姑娘,正静静地坐在小凳子上,她脸上带着甜甜的笑。贺子珍一见,就认出了女儿,飞奔过来,"娇娇,娇娇!"她边喊,边搂住娇娇不放,仿佛在沙漠里跋涉、干渴如烧的旅人忽然捧上一掬甘泉,生怕松开手便会不翼而飞似的,娇娇怯怯地让母亲不住地亲着,抚着自己的额头、脸颊……

朱敏和罗西北、王一飞他们是到苏联学习的,没有亲人在这里,只有娇娇是来找妈妈的,有母亲来接。一个个在旁边羡慕地见证着这温馨美好的时刻。

贺子珍顾不上与其他人细说,抱起女儿就回家。

离开延安时,娇娇还是个襁褓里的婴儿,阔别三年,孩子已经能和母亲对话了。

回到家,贺子珍仔细端详着女儿,突然,她一脸笑意,柔声问:"你是谁呀?来干什么呀?"

"我是娇娇,来找妈妈呀。"这问题太简单了,娇娇想。

"你妈妈叫什么名字呀?"贺子珍又问,她期待着。

"妈妈叫贺子珍。"娇娇准确说出了母亲的名字,这是父亲毛泽东告诉她的。

"那——你给妈妈带来了什么礼物呀?"贺子珍高兴地逗趣说。

"我给妈妈带来了娇娇。"

贺子珍陶醉地亲了女儿一下。她们俩纵情肆意地玩呀,闹啊,好不开心!稚气的女儿虽然还不能为母亲分担什么,但是娇娇的一颦一笑,天真可爱让贺子珍爱之不及,贺子珍感到由衷地高兴!

后来,贺子珍向周围的同志讲述这个经过时,总是满面笑容,带着夸耀的口气。她为女儿的聪明伶俐而感到万分地高兴。

但是，在娇娇的眼中，贺子珍是个什么印象呢？后来，长大的娇娇曾这么描叙她第一次见到妈妈的感受：

> 当时，我在看到妈妈的第一眼时，觉得她同延安的阿姨们不同。眼前的妈妈烫着一头卷发，身穿裙子，脚蹬窄窄的高跟鞋，而延安的阿姨们都是短发、军衣、布鞋，衣服上还打着补丁。当我看到这个妈妈时，就像第一次看到莫斯科的楼房、马路一样新鲜，充满着神奇的色彩。在延安的时候，我听到好多阿姨说过，我的妈妈怎样漂亮。但那时我还分不清什么是美，什么是丑。当时我看到妈妈的第一感觉是觉得眼前的妈妈脸色太白，几乎没有一丝血色，身体太瘦，只剩一把骨头，似乎风刮得大一点，都会把她吹倒。而且，当妈妈抱住我，我感觉到妈妈的怀抱是那么温暖，再看她的脸上，是带着泪痕的微笑的脸。我清楚地感觉到，妈妈爱我，凭她那热烈的拥抱和她充满了柔情的笑意，让我尝到了过去没有尝到过的母亲之爱。

2.和三个孩子相聚，其乐融融

娇娇的到来，使愁肠百结的贺子珍精神一振。

来到苏联以后，贺子珍几乎很少想到这个女儿，更没有料到她会来。现在女儿从天而降，这是她所剩的惟一的亲骨肉了。她那已经干涸的心田，似乎又注进了一股清流。她的生活中开始出现了生机。娇娇到来后，她不再感到自己是个可有可无的人，女儿需要她。娇娇成了她的新的精神支柱，使她的精神振作起来，贺子珍又把自己全部的爱，倾注在女儿的身上。

但是，贺子珍有自己的工作，她不可能整日带着自己的女儿，于是，她把刚刚4岁的女儿送到了莫尼诺国际儿童院的幼儿部。

小妹妹来到了莫斯科的消息很快传到了毛岸英和毛岸青两兄弟的耳朵里。

苏联莫尼诺儿童院

"哥哥,走,看娇娇妹妹去。"岸青首先忍不住了。

"好啊,周末就去。"

一到周末,岸英和岸青两兄弟就来了。

岸英、岸青和娇娇一相见,就没有一点拘谨或是陌生,几个人马上就成为无话不说的"好友"了。

娇娇刚到,没有其他孩子玩,有了两个哥哥高兴得不得了。两个哥哥更是喜欢这个天真活泼的小妹妹。三个孩子围着,叽叽喳喳地问着说着。

贺子珍也开心极了。她系上围裙,给他们做好吃的:土豆汤,烤面包。然后,一家四口,围坐一起,你给我盛汤,我给你切面包,热热闹闹地喝着热气腾腾的土豆汤。大家都快乐得很,笑声传出屋外。

以后,岸英和岸青兄弟每个周末都来看妹妹。在相处中,因为他们都比娇娇大很多,处处让着妹妹,想着妹妹。国际儿童院发了点儿什么好吃的东西,他们舍不得都吃了,总要留一些,给娇娇吃。这时,娇娇在国际儿童院,好吃的东西她也有一份。但她觉得两个哥哥送给她的这两份东西,远比她的这份要好吃得多,她逢人便说:"我还有两个哥哥,也在儿童院。"

对于贺子珍来说,这一段日子是她在苏联最美好的日子,她婚后从没同时拥有这么多的孩子,他们爱她,她也爱他们。每逢周末,岸英、岸青就

来到贺子珍的宿舍,同贺子珍、娇娇一起共度周末。相聚在一起时,四个人在一起玩纸牌,讲笑话,宿舍里充满了欢声笑语。孩子们的欢乐情绪感染了贺子珍,使她暂时忘记了忧伤,抑制了她的苦恼和彷徨。她常常用自己的津贴,买一些好吃的东西留着,等到周末孩子们回来时给他们吃。每当有了什么好吃的东西,她总是把它平均分成三份,一个孩子一份,而惟独不给自己留哪怕一点点吃的。

贺子珍的四口之家让与她共同留苏的战友感到由衷地高兴,他们对贺子珍说:"看着你们这四个人的经常聚会,真让我们嫉妒。"

四个人聚在一起,其乐融融,但是,谁都忌讳什么似的,从来不提把他们联系在一起的那个人:毛泽东。似乎在他们之中,从来不曾有过这个人的存在。

当然,岸英和岸青年纪大一些,懂事了,他们在贺妈妈面前,谈天说地,绝口不提爸爸,为的是免得贺子珍伤心。而贺子珍是一种什么心态呢?

在娇娇上国际儿童院时,贺子珍就反复地嘱咐她:"跟任何人都不要说你姓毛。别人问起你的爸爸是谁,你就说你没有爸爸。"这个要求对娇娇来说很容易做到,因为在她的记忆里自己从小就住在别人家,很少感受过爸爸的存在。贺子珍让娇娇跟着自己姓贺,小娇娇毫无问题地都办到了。

贺子珍为什么不让女儿提父亲,不让她说她姓毛?有人说可能是考虑到安全的原因,也有人说是贺子珍不愿意让伤心往事再让她有所回忆。对此,贺子珍后来解释说:"我不想让自己在异乡给毛泽东带来一些不必要的麻烦,让一些爱捕风捉影的人拿此大作文章。"

这就是贺子珍,一个处处为别人考虑的人。

3. 大轰炸

欢乐的时光,总是短暂的。

贺子珍 He Zizhen

1941年6月22日上午,东方大学静悄悄的。突然广播响了,一个惊人的消息在校园上空震荡:今天凌晨3时30分,希特勒德国不宣而战,向伟大的祖国发动了突然袭击!

这一消息像震耳欲聋的炸弹爆炸声响彻整个东方大学的上空,打破了夏日清晨的宁静。随后,贺子珍等人获悉了详细战况:凌晨3时30分德军数千架机翼下印有法西斯党徽标志的轰炸机,没有遇任何阻拦,对苏联西部地区的飞机场、军事要地、重要城市和交通枢纽进行狂轰滥炸。与此同时,数千门大炮对苏军的边防哨所、防御工事、通信枢纽和部队配置地域实施猛烈轰击。苏军指挥基本上陷于瘫痪,一片混乱。4时整,德军便出动大批坦克、摩托化部队和步兵部队在全线发起了进攻。

由于苏军疏于防备,西部66个机场遭到轰炸,半天之内,就损失了飞机1200架,其中有800架没来得及起飞就被炸毁在机场。同时,苏联的乌克兰、白俄罗斯、波罗的海沿岸地区和摩尔达维亚的城市——基辅、明斯克、里加、考纳斯、塞瓦斯托波尔、日托米尔等许多重要城市及通讯设施和交通枢纽受到严重破坏……

突如其来的战争消息,史无前例的突袭!

战争的消息使所有的苏联人都震惊了,身居异国他乡的贺子珍也是惊诧万分!

苏联初战失利,随即,宣布全国进入战争状态。

在斯大林和布尔什维克党的领导下,苏联全民迅速动员起来。6月30日,成立国防委员会;7月10日,成立了最高统帅部,集中党政军的统一领导,紧急动员和组建新的战略预备队,把整个国民经济转上战时轨道。

但是,由于德军在战略上和战术上都成功地取得突然袭击的效果,没有准备的苏军无法实施有效的抵抗。在入侵苏联头5个月的时间里,德军在希特勒合兵分兵又合兵的战略下,以迅猛的进攻速度长驱直入,在北起巴伦支海南至黑海4500公里的战线上,进抵坎达拉克沙、列宁格勒、莫斯科和罗斯托夫以西地区。在列宁格勒方向,德军推进了850公里,在莫斯科方向,推进了1000多公里,在罗斯托夫方向,推进了900—1250公里。德军占领了爱沙尼亚、拉脱维亚、立陶宛、白俄罗斯和摩尔多瓦的全部土地,还占领了乌克兰的大部和俄罗斯联邦西部各州,同时夺取了顿巴斯工业

区,封锁了列宁格勒,并使莫斯科受到严重威胁。

战场上苏军失利的消息不时传来,苏军折军丢地的败讯每日都有,贺子珍心中强大的苏联似乎不堪一击,她的心也越来越揪紧了。

以后,不时有大批的飞机前来莫斯科轰炸,贺子珍见过蒋介石的飞机,但是却从没见过如此多像蝗虫一样的德军轰炸机,德军扔下的炸弹的轰炸声与苏军防空的大炮声时而响起,半夜里,紧急的防空警报时常响起,贺子珍他们连外衣都来不及穿,单衣单衫地躲进防空洞,直到空袭过后才又回到住所。

9月初,莫斯科的形势更加危急了。根据希特勒的旨意,德军统帅部大本营制订了代号为"台风"的进攻莫斯科的计划,德军南、北两翼的坦克军团和其他兵力全部调往莫斯科方向。

10月初,德国中央集团军群集中了74.5个师,共180万人,火炮和迫击炮1.4万门、坦克1700辆、飞机1390架,在莫斯科方向发起进攻。

贺子珍与孩子们美好的时光早就被战争剥夺了,在德军合围莫斯科之前,莫斯科的机关、市民紧急疏散。东方大学已经停办,第一、第二国际儿童院合并,一起搬到伊万诺夫市去。贺子珍原在东方部教的孩子也并入国际儿童院,她也转入此工作。

这年,莫斯科的冬天来得很早,10月中旬已是大雪纷飞。

在儿童院撤离之前,莫斯科已遭受了多次的轰炸。德国的飞机像蝗虫一样一批接一批地轮番在莫斯科市的上空投掷炸弹,市内的高射炮不断地对空射击,炸弹、高射炮弹的爆炸声震耳欲聋,许多房屋的玻璃都震碎了。更可怕的是那尖利的防空警报声,日夜响个不停,弄得人精神紧张,无法安宁。

一次,一颗炸弹就在贺子珍住地附近爆炸了,与娇娇一起在儿童院的西班牙小弟弟住的楼房倒塌了,娇娇从此再也没有见到那个小朋友,一天,她忍不住问妈妈:"小弟弟怎么不见了呀?"

妈妈说:"他可能被炸死了。"

娇娇伤心了好长时间。

大轰炸之中,贺子珍带着三个孩子随国际儿童院来到伊万诺夫市。

4."至少让孩子们吃个半饱"

伊万诺夫市离莫斯科有300多公里。

这是一个冰天雪地的严寒的世界,常年冰雪不化,雪是下了一层又一层,一年中有大半年是在天寒地冻中度过,气温多在零下四五十度。在这样的环境中,空气似乎都冻成了硬块,沉重得像个大铅砣,连呼吸都很困难。这里的人们穿着又厚又长的皮大衣,戴着深深的大皮帽,可是一出门,寒气马上穿透皮袄,直刺筋骨,浑身透凉。在室外待的时间一长,就会手脚麻木,失去知觉。冻掉鼻子和耳朵,是常见的事情。

为战胜德国法西斯,苏共提出了一切为了前线,支援前线的口号。留在后方的苏联人民,包括居住在苏联的外国侨民的中心任务都变为以前线为中心。此时,贺子珍原来每月70卢布的津贴已经停发,一切生活用品的供给也已经停止,一天只能配给300克又粗又硬的黑面包,没有副食也没有油。300克的黑面包,才合中国的6两,只够一个人吃一餐,为此,贺子珍常常饿得发昏。

一天,到了分口粮的时候,贺子珍已经有好多天没吃过半顿饭,心里饿得十分难受。一领到口粮,本来她想把这些口粮带给孩子们吃的,可是,走出商店没有几步,鬼使神差,她竟然控制不住把这点口粮三口两口吃掉了。她吃完后,又后悔了。因为她想起了娇娇,还有她的两个正在长身体的哥哥。

缺吃的,饿肚子,这使得贺子珍忧郁、疲劳的神色中又增添了饥饿带来的青黄色。

贺子珍仿佛又置身于艰苦的长征年代,然而,此时她比那时心理压力更重,因为这时不止她一个人挨饿,还有三个孩子。于是,为了改善生活,她同其他留在苏联的中国同志,挣钱去买配给的口粮。这个时候,妇女的任务是打毛衣,定额是每个月打一件毛衣,每周打三双袜子。打毛线的活

是贺子珍的强项,她在老家永新的福音学校女部学习时,手工劳作课学过打毛活。这里发下来打毛衣、毛袜的线比较粗,应该是好打的,可是,因为数量多,要按时完成这些任务并不是很轻松的。

于是,贺子珍加班加点,熬夜打,结果,晚上娇娇一觉醒来,妈妈还坐在被窝里织袜子;再睡醒一觉,妈妈仍然坐着,织着。

贺子珍虽然常常因睡眠不足,累得疲惫不堪。但是,她乐意挣这个辛苦钱,她对人说:"虽然这些活儿很累,但这样至少能让孩子们吃个半饱。"

5. 贺子珍在异国开荒,种的萝卜像大拇指大小

苏联的战争一日比一日激烈,粮食也越来越紧缺。

别说贺子珍他们这些在后方的外国人,就连在前方作战的军队,都已是饥一餐饱一顿,贺子珍和孩子们的生活进入了空前的困境。于是,她开始自己开荒种菜。

贺子珍本来身体就不好,加上吃不饱饭,身体已是每况愈下,她拖着羸弱的身体,来到儿童院后面的山上开荒。精明的当地人懂得充分利用开出的土地套种间种,那样能吃上一茬接一茬的蔬菜。贺子珍虽然在国内也种过地,但是,那是和战友们一起,大班子大队伍地搞,作物的具体生长过程她并不清楚,只是随大家一起出力。而现在,她在异域,却不一样了,一切必须自己来。本不谙庄稼活的贺子珍,用锄头一点一点地刨开那像石头一样硬的土地,再把它打碎,堆成两个菜畦。岸英和岸青在课余和假日,也都来帮忙。第一年她把两个菜畦全种上胡萝卜。

然而,贺子珍不懂得间苗、除草,肥也施得不足,结果,收获时,长出来的胡萝卜,小得就像大人的大拇指。但是,正是这些长不大的胡萝卜,给娇娇的童年生活带来了好多甜蜜与欢乐。在战争的年代,白糖是极稀罕的奢侈品,又甜又脆的胡萝卜就是白糖的替代品。

有一次,娇娇同几个女孩子在屋外玩,玩着玩着,竟不小心跌进一个水坑里,浑身衣服湿透了,她哆嗦着回家。

贺子珍见状,赶忙用热水替她从头到脚地洗了洗,换上干净衣服,然后,让她睡到被窝里暖着。贺子珍又拿了几根胡萝卜,刨成丝,挤出汁,煮开,让娇娇趁热喝下。贺子珍虽然很爱女儿,但是从来不给她一些特殊的照顾。这是她第一次为女儿煮胡萝卜水。

娇娇第一次享受到喝胡萝卜水的待遇,特别珍惜。她舍不得一口把它喝光,她先是一小口一小口地吸着,让清甜的香味在嘴巴里多留一会儿。那么一小碗胡萝卜水,她竟然喝了一个下午,喝得全身热乎乎的,她一边喝着,一边得意洋洋地想:"哦,我这一跤摔得真值,喝了一碗胡萝卜水。"

贺子珍第一年种的胡萝卜全小得像大拇指。以后,她开始注意向当地人请教,不久,她又学着苏联人那样,在自留地里种上了苋菜、菠菜、土豆、黄豆。

这些自种的菜成为了她们生活的重要来源。胃口越来越大的娇娇,每天眼巴巴地盯着这块土地,盼着小苗出土、长大,变成可口的食物。岸英和岸青两个小伙子经常饿着肚子,来到贺妈妈的身边找吃的。这些自种的菜也成为他们填饥的美味。

终于到了收获黄豆的季节。

贺子珍把黄豆收割下后,在空地上晒干了。一天,岸英和岸青来了,她用铁锅炒黄豆给孩子们吃。

她炒黄豆,几个孩子围在铁锅边,锅里的黄豆受了热,散发着香味,发出卜卜的响声,在铁锅里跳着。娇娇眼馋地站在铁锅边等着吃。突然,几粒黄豆从锅里蹦了出来,落到了地上。娇娇赶忙趴到地上,满世界地寻找那几粒黄豆。当她把找回来的小蹦豆送到嘴里时,像含糖果一样含着,一颗也舍不得咽下去。

但是,这些黄豆,贺子珍只给他们炒过一次,以后就没炒了。因为他们不仅粮食缺乏,盐也缺乏。贺子珍煮土豆时,经常不放盐,用白水煮,结果,吃得时间长了,即使肚子饿,吃着也恶心。贺子珍用自己种的黄豆,换来一小袋盐,郑重地装到玻璃瓶里。

面对生活的巨大变故,贺子珍很快变成了一个地地道道的家庭主妇。

她把她生活中过日子的全部智慧,用来调节她和几个孩子的生活,在繁忙的工作之余,就是动脑筋,如何使几个孩子少饿肚子。也因为贺子珍,几个孩子比别人少了一些饥荒。

战火越烧越烈。20岁的岸英想去学习军事。他的请求得到了苏共驻共产国际代表曼努意尔斯基将军的特别批准。岸英立即到了苏联的一个士官学校,投入了紧张的军事学习生活。这样,他就基本没时间回家了。不久,岸青也到别处念书,学校也离贺子珍的住处很远。一个四口之家,就剩下贺子珍和女儿了。

毛岸英和毛岸青一走,虽然贺子珍的生存压力骤减了许多,但是,她在异国他乡的孤寂却又倍添起来。

6.女儿因为和男孩子玩而第一次挨打

环境改变着人。战争的环境越来越沉闷和窒息,没有战友,远离亲人,孤寂生活的艰苦和巨大的精神压力使贺子珍无处渲泄,这也使贺子珍的脾气变得越来越暴躁。

伊万诺夫的冬天是相当寒冷的,这个冬天又比以往冬天更冷。一天,下起了一场两尺多深的大雪,第二天却放晴了。娇娇同一帮和她差不多大小的孩子在雪地里玩。这群孩子中,大部分是女孩,有一两个男孩。他们堆雪人,滚雪球,接着玩起印雪印的游戏。

印雪印,就是孩子们在没有人踩踏过的雪地上,张开双手,张开双腿,平卧在雪上,在厚厚的积雪上印下自己的身子的印痕。印完之后,别的孩子拉着他的手直直地把他提起来。印雪印的要求是,印子要清晰,周边没有损坏。孩子们商量进行比赛,每人印一排,看谁印得漂亮、清晰。这个游戏新鲜、好玩,娇娇玩得高兴极了。

娇娇回家后,她玩乐的兴致还很高,于是,在妈妈的面前,滔滔不绝说

起来:"妈妈,今天我们在雪地里玩时,还有两位哥哥,他……"

"什么?你竟然和男孩子玩!"贺子珍停下手中的毛线活儿,望着女儿大声说。

娇娇害怕了。贺子珍继续说:"以后不许你同这些孩子玩,更不许玩雪印。一个女孩子同男孩子混在一起,躺在雪地上玩,成何体统?你不觉得害臊?"

娇娇一听,很不高兴地申辩说:"一起玩的大多是女孩子,只有一两个男孩子嘛。"

"一两个男孩子也不行,他们就不会使坏?"贺子珍见娇娇不服气,声音更大了。

"他们没有使坏。我们在门前玩。邻居的阿姨也在那里,在晾床单。"娇娇想用邻家阿姨的在场,证明妈妈的多心、自己的正确。谁知贺子珍听了这番话,更加激怒了,走过来,"啪!啪!"对娇娇就是两板屁股。

这是娇娇第一次挨打!她委屈极了,拉开嗓门大哭起来。她哭,不是疼,而是抗议。这一来更惹怒了贺子珍,又狠狠地抓住娇娇打起来,娇娇的哭声惊动了四邻,许多人前来劝解,贺子珍仍余怒未消。

但众人走后,贺子珍却忍不住又抱住女儿大哭起来。

原来,贺子珍对女儿的担心并非是空穴来风,前一阵附近就发生过一起凌辱幼女的事,饱经沧桑的她知道社会的复杂、人心的叵测,虽然问题并没有她想象的这么严重!但在她看来,万一这种现象降临到女儿的身上,她怎么对得起女儿,对得起千里迢迢把女儿送来的毛泽东呢?她的做法只有她自己才能理解,小小的女儿还不懂事,她哪能理解母亲的心呢?

此事之后,贺子珍对女儿管得越来越严了,对娇娇,少了笑容,同娇娇说话,面孔是板着的,口气是命令的,丝毫没有商量的余地。并且,她给娇娇规定:一放学,就得回家,不能在外面逗留。

放学后,娇娇回家做完作业后,就开始向往外面的生活了。她常常趴在窗口上,望着窗外欢蹦乱跳的小朋友们,她多么想跑出去同小朋友一起玩呀!对于妈妈的这种管法,娇娇一直想不通,有时候,委屈得流下了泪水。每当这时候,妈妈会走过来,给她讲那个她听过多遍的小女孩受欺侮的事。然而,娇娇的身边并没有发生过这样的事情。小娇娇哪听得进?并

且,同她一起玩的,多数是女孩子,那一两个小男孩,也只是同她一般大小的小孩,哪里有那么多心眼呢?娇娇这么想,心里很委屈,她觉得妈妈的话不符合事实。

可是,贺子珍不肯听她的解释,也不相信她的话,娇娇只能在心里难过。更让娇娇感到迷惑的是,自从上次妈妈打了她以后,后来又打过她好几次,于是在她幼小的心里,充满了恐惧,渐渐,娇娇觉得妈妈变得不爱她了。

然而,到了来年开春,娇娇在雪地里印不成雪印了,娇娇又获得了"自由",可以出去与小朋友玩了。

面对贺子珍如此过分的严厉的爱,年幼的娇娇并不能理解。事实上,贺子珍对她的深情与挚爱,却一点未减。有一次娇娇拿了邻居小姑娘的一个红皮球,邻居老奶奶找来,贺子珍忙让娇娇把皮球还给老奶奶。等老奶奶一走,娇娇准备着挨妈妈的打,可是,妈妈却没有拿棍子来,而是对她说:

"娇娇,别人家的东西我们怎么能随便拿呢?你如果喜欢它,想玩,可以向人家借,要征求人家意见,得到人家的同意,才可以取走别人的东西,并且要记住:玩了以后一定要还别人!"

贺子珍没有打娇娇!

事后,娇娇忍不住问妈妈:"妈妈,你又对我好了,啊!你原来是我的亲妈妈呀!"贺子珍听了娇娇这句话,她的心就像被人用刀子一下一下地剜一样难受,她仿佛看到自己的鲜血流了下来,一滴又一滴,此时,她才知道,因为自己被生活所困,把气撒在女儿身上,对女儿造成了多么大的伤害。贺子珍想着,一把抱住女儿,对她说:"娇娇,妈妈以后再不随便打你了。"

娇娇哪里知道,在异国他乡,在这样的战争年代,在贺子珍的心里,她是贺子珍的精神支柱,是贺子珍惟一的希望!白天,贺子珍见到娇娇,没有多少笑容;到了深夜,她无法入睡,就点起蜡烛,深情地、久久地注视着熟睡的女儿,仔细地察看她的眉毛、眼睛、鼻子、嘴巴和耳朵,寻找那熟悉的影子,就这样,她抚摸着女儿浓密的头发,眼泪一滴滴地落下来。

7.从太平间夺回女儿

由于天气太寒冷,德军没有长期作战准备,冬装供应不上,部队的战斗力在严寒中也耗到了尽头。严冬帮了苏军的大忙。苏军防御纵深较大,兵力又不断得到加强,德军再也无力前进了。两军转入了对峙状态。

为了打破战争僵局,苏共动员所有的人全力以赴支援前线,国际儿童院的孩子也被规定全部住宿了。贺子珍也全力投入支援战争的行动中去了!

凛冽的西伯利亚暴风雪又迅猛袭来,厚厚重重地压着树林,压着房顶。银雪、冰凌花,这些与堆雪人、拍照片联系的优美景色,此刻能把人冻僵。儿童院里供暖煤炭奇缺,孩子们因衣服不够冷得瑟瑟发抖。

谁知,就在这场暴风雪之后,娇娇由于严重的营养不良,加上先天的体质瘦弱,得了感冒。

这天,贺子珍正在忙着把织的毛衣交走时,有人跑来对她说:"娇娇在院里生病了,可能是感冒。"

贺子珍一听急坏了,她马上跑去医院。

然而,国际儿童院却规定:非节假日,不许家人探望。贺子珍被冷冷地拒于门外。

她的小柳瓦就是因为患了感冒,转为肺炎死去的。为此,贺子珍一直后悔着,责备自己忙于学习,没有尽到母亲的责任。现在她惟一的女儿也生病了,她害怕发生在儿子身上的这一幕,会在娇娇身上重演,心急如火燎!

就这样,贺子珍一直在儿童院外边等着,但是,对方就是不准进,贺子珍一再请求,院长严厉地说:"这是儿童院的规定!不能因为你的孩子病了,因为你而破坏规定!"

院方死活不通融,铁板一个,远在异国他乡,贺子珍一点办法都没有。

最后,无奈含泪而去。

然而,在医院里,娇娇的病情却一日重似一日,后来竟转为肺炎,并可能并发了脑炎,娇娇不仅不吃饭而且牙关紧咬,脸色铁青,还抽起风来,医生抢救、输液,都不见好转。

贺子珍左等右等,女儿没有消息。一天,院方突然通知她去探视女儿。她以为这是因为娇娇的病情有了转机,兴冲冲地赶去。谁知她赶到医院时,原来的病房却没看到娇娇。

"娇娇呢,娇娇呢,我的女儿在哪儿?"贺子珍一阵慌乱,她四处找,焦急地问。

"她被推到太平间副室了。无法医治了。"医生的话冰冷冷,却烧灼着贺子珍的心。她苦苦哀求医生:"救救,救救我的女儿!"

可是,面对贺子珍的含泪哀求,医生耸耸肩、摊摊手,表示已毫无办法。

贺子珍急了。她冲开医务人员的阻拦跑到太平间副室,昏迷不醒的女儿正躺在病床上,呼吸微弱,生命在弥留间。

"她活着!她还活着!我的孩子还活着……你们不能把我的女儿送到太平间啊!"发现娇娇还在呼吸,贺子珍愤而大喊。

和死神较量过的战士,会格外地珍惜生命。但是,以救死扶伤为天职的医生却不为所动:"没救了!就是救了,我们救不活!"

贺子珍一听这没有血性的话语,一把从病床上抱起女儿,冷静且不容分说地告诉医生:"孩子我带走,一切后果由我负责。出了事和你们没有关系!"

随即,她把纤小虚弱的娇娇裹在有着自己体温的大衣和围巾里,一脚雪,一脚泥,比救火还急地抱着女儿狂奔!贺子珍回到家里,把娇娇放在自己的小床上,盖上被子。

然后,贺子珍拿来分配的木柴和破旧板凳生火暖屋,用自己的衣服换来牛奶和糖,烧开热水,然后小心拨开女儿的嘴巴,一勺一勺地喂着糖水、牛奶。

娇娇依然昏迷不醒。

第二天,也许是贺子珍那颗真诚的充满了母爱的心打动了上帝,娇娇

终于睁开眼睛了:"妈妈……渴……"

贺子珍听到女儿那熟悉而又稚气的叫声,欣喜若狂,疲惫的脸上露出了笑容:"我的娇娇醒了,我的娇娇舍不得我啊!"

她说着,泪水流了下来。

娇娇从死亡的边缘回到这个世界上,是一个让人难以置信的奇迹!娇娇活过来了,仍然很虚弱。但是,伊万诺夫市仍是寒冷的,白天和夜晚一样,都是凉冰冰的。即使人整天捂在被窝里,仍然冷得把身子缩成一团。屋子里水杯里的水,放上一会儿,就全会结成冰。本来,房子里是装有暖气的,但在严峻的战争环境中,一切都极其缺乏。暖气形同虚设,室温常在零度以下。在这样寒冷的屋里,没有病的人都受不住,何况是病中的孩子呢?

如何把屋子弄得暖和些,这成了贺子珍急需解决的一个大难题。然而,战争时期燃料是军用物资,定量配给,不是随便可以买到的。贺子珍分的木柴已被她昨天一夜全烧光了,现在如何再弄些燃料成为了她急需解决的问题。贺子珍在生活上是个很独立的人,到苏联以后,一向朴素、自制,从来没有伸手向组织要过什么东西。现在,她因为病中的女儿娇娇,只得跑到国际儿童院去,要求给一些煤和柴。贺子珍近于哀求地说:

"我的情况比较特殊,女儿病了,而且刚刚是从最严重的时候度过来的,她现在……,我希望你们能照顾一下,特殊处理,多少给点煤和柴。"

可是,对方一点人情味都没有,用很硬的口气说:

"不行。"

"我女儿病成这样,实在不行了,请求……"

但是,她的要求还是被拒绝了,原因是没有多余的煤和柴。

对方是这么冷酷,贺子珍知道再哀求也是没用的,心里一酸,没再说什么,只是默默地走了出来。

但是,贺子珍没有停止想办法,因为娇娇在冰冷的房屋里要好起来很难,说不定哪天又会感冒。

"这样下去实在不行,"贺子珍终于想出了一个办法:"用电炉!"

然而,电炉却是很昂贵的东西,贺子珍为了买它,几乎倾其所有。但是,这只电炉几乎没有给娇娇带来多少温暖。伊万诺夫市白天停电,无法

使用,到了晚上,刚把插头插上,电灯一闪就灭了,保险丝烧断了。于是,就有人来查问是哪家用电炉了。贺子珍只好把电炉子藏了起来,不敢再用了。

不久,贺子珍又想出了一个新招:去买一个度数大的灯泡插上。灯泡的热度虽然低,但总能多少带来一点温暖。贺子珍没有料到,这也不行。她刚插上没一天,国际儿童院的一个人就走进屋来,发现了她的大灯泡,结果,二话不说,伸手就要摘那个大灯泡。贺子珍见状,她再也无法忍受了,她抢前一步,摘下了大灯泡,狠狠地往地下一摔。

尖锐、响亮的灯泡爆炸声把来人吓得像猴子似的往上一跳,随即,来的人嚷了起来:"你疯了!"

这是贺子珍第一次听到国际儿童院的人用"疯"字来形容她,她也大声回道:"疯什么啊?你这没人性的家伙才疯了呢!"

贺子珍
He Zizhen

第九章 遭受报复性迫害

1. "凭什么把我关进疯人院？"

正在贺子珍为女儿的寒冷愁肠百结的时候，新的麻烦又来了。

一天，国际儿童院的院长来了，找贺子珍谈话。

他是国际儿童院的绝对权威，整天板着脸，走路腆着肚子，俨然一副大官大员的派头，一年难见他有一个笑容，说话就是千篇一律的命令口气。他一见贺子珍，没有寒暄，也没问娇娇的病况，就说道：

"娇娇的病已经好了，可以回到集体中生活了。"

贺子珍一听急了，连忙解释说：

"不，娇娇的病还没有完全好，现在还不能回到儿童院去。"

"不行，你应该马上去干活，你的毛线活好久没交了。"院长冷冷地说。

"院长，我要照顾女儿，有些活暂时没法去做。"

院长听了贺子珍的话后，轻蔑地说：

"你不劳动，不干活，难道让我们来养活你们这些懒家伙吗？"

贺子珍一听，立即反驳说：

"我从来不偷懒，没少干事情。我的口粮都是自己用劳动挣来的，没有白吃饭。"

这时，为证明自己的话是对的，她向院长伸出她那双粗糙皲裂的手。

这时，院长无话可说，反过来质问她："谁给你权利带走孩子？"

"一个母亲的权利！你们太残忍了！"贺子珍据理力争。

"你是想呆在家里带孩子，不干活！你这个懒虫……当心我把你送到疯人院……"院长气势汹汹地威胁。

"你胡说，我靠自己的劳动来养活自己！"贺子珍理直气壮地大声回答

他,"我从来没懒过!"

"你这个女人,你有什么权利烤火,你算个什么人?"

在这位院长看来,贺子珍再也不是苏共兄弟党的领袖的夫人,而是一个被遗弃的女人!贺子珍的反抗更让他怒不可遏,歇斯底里了。

贺子珍十四五岁参加革命,是枪林弹雨、雪山草地走过来的红军战士,严守着人的尊严和不畏强权的秉性。她完全读出了话里的潜台词,但她怎么会向强权屈服?立即回答他:"我们有生存的权利。室内零下40多度,生重病的孩子怎么受得了!我是什么人?我是中国共产党党员,金子做的!"

贺子珍的回答更是惹恼了暴怒的院长。

他是国际儿童院绝对的权威,从来没有受到过别人,尤其是中国人的这种批评及冷嘲!他也不是省油的灯,马上用俄语叽哩咕噜说了一大堆的话,越说火气越大。他到底都说了些什么,贺子珍没有完全听懂,但最后两句话听懂了:

"你是不是发疯了,当心我把你送进疯人院。"

贺子珍听了她的话,自尊心受到了刺激,她的血顿时涌到了头上,苍白的脸一下变得通红。她再也控制不了自己了,这些日子来所受的委屈,所积累的不满,一下子爆发了。她的声音颤抖着,同他吵了起来。她逼视着院长,要他回答:"我怎么疯了?你有什么权利,凭什么把我关进疯人院?"

院长无话可说,只是恶狠狠地盯着贺子珍:"走着瞧吧!"说完,就撒手气呼呼地走了。

虽然双方说了一些难听的话,但是,事情过去了,贺子珍生了几天闷气,也就把它丢下了。

然而,她却万万没有想到,这场争吵竟然导致了最严重的后果!

一天,贺子珍正在拼命赶织毛衣,突然响起了敲门声。

她来到门口一听,来人边敲门边小声叫她的名字:"子珍,子珍,是我!"

贺子珍听出来人是一位与她要好的中国女人。这个女人之所以要留下来,也是因为她遇到了个人的感情问题,因此,同贺子珍一样,不愿意回国去,并且最后也随同国际儿童院迁到伊万诺夫城来。平时她跟贺子珍常有

贺子珍与李敏在苏联

来往,而且关系相当好,应该说,她是贺子珍在苏联时最好的朋友。

当贺子珍听出是好朋友的声音时,她很高兴,一边开门一边嗔怪地说:"是你啊!这么鬼鬼祟祟的干什么呀?"

然而,当她把门一拉开,那个叫门的女子一闪身竟然躲了出去,取而代之的是一群穿白大褂的彪形大汉。他们冲了进来,见到贺子珍,一句话不说,就抓住她的手臂往外拖。

贺子珍被这一幕惊呆了,她出于自我防卫,本能地挣扎着往屋里逃,嘴里一面说:

"你们是干什么的,凭什么来抓人?"

"精神病院的,让你去住院。"其中的一个大声说道。

贺子珍一听这话,大吃一惊,她马上想起前次与她争吵的国际儿童院

院长的话!

她拼命地反抗,大声说:"我不是疯子!我不是疯子!"

"疯子会说自己是疯子吗?"穿白大褂的人呵呵大笑,野蛮地拖着贺子珍往外走。

"我不是疯子!你们为什么要把一个正常人送到精神病院?我的女儿病还没好,我不能离开生病的女儿啊!"

贺子珍边说边想走到女儿的身边,把女儿抱在怀里,不让任何人把自己同女儿分开,但是,大汉们拽着她往外拖。她先是一把抓住了床把,想借助床的力量,留在屋里。但是,瘦弱的贺子珍怎么敌得过几条大汉。

她的手被粗暴地掰开。她硬是被拖出了房门,塞进了汽车。

娇娇被从梦中吓醒,惊惶失措地看着这场妈妈与精神病院工作人员惊心动魄的搏斗,她吓得大哭起来,喊着:"妈妈!妈妈!"从床上爬起来,想扑过去救妈妈。但是,她被这些穿白大褂的人一把推开了。接着,贺子珍被人架走,娇娇趁着混乱没有人理会她时,爬上了窗口,跳到了屋外。

她家住在楼的底层。然后,她越过了沟,躲进了小森林里,藏了起来。

但是,很快她就被人找到了,并被重新送回了国际儿童院。

2.逆境中的艰难自救:唯一能出手的人没有回音

贺子珍被抓进了精神病院后,第一天,就被剃光了头发。

贺子珍激烈地反抗着,大声地抗议说:"我没有精神病!你们这是践踏人权!"

但是,这里谁也不与她讲道理,一个个像聋子似的对贺子珍的抗议充耳不闻。最后,贺子珍没有办法,哽咽着说:

"我还有一个生病的女儿,她需要我来照顾,求求你们,把我放出去吧,我是一个正常的人呀!"

"这个精神病人说话还合情合理。"一个年轻的女医生忍不住说道。

"什么合理不合理?!不要乱说!"当官的人呵斥道。

就这样,贺子珍就整天与那些手舞足蹈、胡言乱语的疯子、癫狂者生活在一起了。

贺子珍被医生以精神病人对待,但她并不甘休,继续申辩,然而,对于她的申辩,医生们只当作是一个精神病人在说话,不予理睬。而且,她诉说得越多,反抗越激烈,医生们越发认为她脑子不正常,强迫她服用大剂量的镇静剂,强制给她注射针剂。结果,服用了这些药以后,贺子珍这个本来挺正常的人很快四肢无力,眼皮沉重,神智昏迷,没日没夜地睡觉。即使醒过来,脑子也是一片混沌。渐渐地,贺子珍饭也不想吃,话也不想说,人也不想动,甚至连女儿也懒得去想。

从此,贺子珍完全过起了精神病人的生活。每天,像其他病人一样,她被医生们按时喂药、注射,这些药物又让她处在神智不清的昏睡状态中。她就在这样的昏睡、清醒不断的往复中,过着日子,昏迷时,她不知道是何时走进了这个有着铁门、铁窗的牢笼,清醒时,她不知道自己还要在这里呆多久,而且不知道外面是什么年月。偶尔想起亲爱的娇娇时,她觉得像梦一样恍惚而遥远。

贺子珍毕竟是一个正常人,有着正常的思维和头脑,时间一长,她发现了一个问题,这就是医生给她服药有一个规律:当她表现出不服从,不听指挥,或者抗议、申诉时,那些穿着白大褂的"医生们",就强迫她服用大剂量的药,甚至捉住她按在地上进行静脉注射,这样,她昏睡的时间也长;当她静静地不说话时,他们注射和服用的药量就少。由此,贺子珍认识到,保存自己最好的办法就是:装出一副驯服、听话的样子,承认自己的确有病,医生护士怎么说就怎么办。

为了能像正常人一样生活,贺子珍决心"配合"医生。于是,在医生面前,她再也不提要出院,也不说要回家,而是老老实实地接受医生安排的各种治疗。果然,在以后的日子里,医生对她也改变了态度,他们对她说话和气多了。一天,贺子珍瞅准一个机会,对医生说:

"大夫,我天天睡眠很好,也不觉得心烦意乱,是不是光吃药就行了,不要打针了。"

贺子珍彬彬有礼,医生们点了点头,上报上去,上面很快同意把她的针药停掉。

贺子珍毕竟是正常人,而且还是一位很聪明的女子。她知道吃那镇静药对身体伤害极大,停止针药后,她的第二步就是想办法不吃药。但是,在医院里,护士要亲眼看到病人把药吞下去,并张开嘴检查过后才离开。贺子珍为了躲避吃药,她每次吃药时,一放进口里,就迅速把药放到舌头下面,或者把它留在面颊边,装作用开水送下去了。等护士走开,再把药吐出来。吐出来的药,她不敢随便扔,而是藏在身上,上厕所时,她悄悄地用水把它冲走。

不久,贺子珍向医生诉说她的腰疼、腿疼或胳膊疼。她这样做,一是给医生找点事情,二是让医生看到,她的知觉、感觉一切正常。为此,医生开出处方让她去做物理治疗。贺子珍三天两头要到理疗室去理疗,这样就被允许走出病房,于是,她活动的天地扩大了,她看到的东西也多了。

渐渐,她发现,自己是被关在"文疯子"的病院里,里面住着的人,有的是真有病,有的也是像她那样被诬陷为"疯子"强行关进来的。不远处是"武疯子"院,那里的"武疯子",就是动手动脚的,他们有的被用绳子捆在床上,有的绑在柱子上,不断嗷嗷地大叫,声音凄厉、刺耳,可怕极了。

贺子珍生活在这样恶劣的环境中,过着非人的生活,多么想早一日离开这个如同地狱一般的地方啊!

在异国他乡,受到这么不公平的待遇,贺子珍开始静下心来,反省自己的过去。她反省了自己的婚姻,反省了自己任性的出走,也反思了自己当初不听塞先任的劝告而留在苏联的抉择。在反省中,她对自己的婚姻选择无怨无悔,但是对自己当初任性的出走,有了认识,后悔自己缺乏冷静的考虑。现在,她一个活生生的正常人却因与院长争吵了几句,就被当成疯子关进精神病院,她认为这是身在异国他乡的缘故,如果在自己的国家,这种事情绝对不会发生。因此,今天走到这一步,主要是自己的错。这样一想,贺子珍觉得自己应该回国去。个人感情生活的不如意,重见到毛泽东后的别扭,这些都算不了什么了!

后来,贺子珍对王稼祥说:

"我没有白在精神病院呆着,至少,在这里的生活让我感到了自己国

家的安全和温暖,让我下了决心要回国了。"

为了实现这个目的,贺子珍采取了好多措施。她积极地配合医生和护士,服从治疗,安静本分,给他们留下了一个良好的印象。最后,这些医务工作者终于承认,贺子珍神智清楚,不像是精神病患者,或者是精神病已经治好,不再强迫她吃药,并且给了她更多的活动的自由。

接着,贺子珍为了争取得到医务人员的同情和理解,她又告诉他们:她不是个普通的老百姓,而是经历过二万五千里长征的女将,是中国的一个共产党员,她曾与毛泽东做过十年夫妻。这样,治疗她的医生也不敢对她任意而为了。

终于,有一天,一个医生来了。他对贺子珍说:"你的病已经好了,可以出院了。"

贺子珍听了医生的话,非常高兴。她可以出院,就有希望回国了。但是,这位医生又说:"不过,精神病院有规定,病人出院要有人接,有人担保。"

这对于贺子珍来说,又是个新的难题了,她到哪里去找担保她的人和接她的人呢?自从进了疯人院,她就与世隔绝了,没有人来看过她,她也不知道现在还有哪些中国同志留在苏联,他们现在住在哪里。并且,她身无分文,连买一张邮票的钱都没有。

但是,这些并没有难倒贺子珍。一天,她瞅准机会,对一位态度比较温和的女护士说:"护士小姐,我现在想给外面的朋友写一封信,可是,我身上没有钱,你能不能借给我一张邮票、一张信纸和一个信封,等我出院后,一定还你钱。"

护士小姐被贺子珍那诚挚的话打动了,她笑着说:"你太客气了,这点小东西,还还什么钱。"

第二天,她就把贺子珍需要的东西带来了。

贺子珍很快写好了信,但是,接下来她又为信寄给谁而发愁了。这一年多,贺子珍从没出过精神病院的门,大墙之外是个什么样子她完全不知。第二次世界大战结束了没有?中国的抗日战争胜利了没有?还有谁留在苏联?这一切的一切她都不得而知,也无法知道。她绞尽脑汁,想了几天几夜,但是,还是找不到一个人。

贺子珍所见到的最后一个中国人就是那个骗她开门、让精神病院把她抓走的女子。她想,别人都走了,她可能还会留在苏联。她现在何处?是否还在伊万诺夫市?种种疑问都不得而知,但是,最后,贺子珍决定收信人就写这个女人的名字,地址呢,写莫斯科共产国际的东方部。

贺子珍此举,是考虑再考虑的,因为把信寄到东方部,那里中国侨民比较多,认识她的人就可能把信交给她。另外,共产国际东方部如果还在活动,这样一封寄自精神病院的来信,定会引起他们的重视。如果找不到她,他们可能把信拆开,得到贺子珍的消息,就会把她接出去。

在这封信中,贺子珍没有流露出任何的个人恩怨和不满的情绪。她没有责备对方协助把她强制关进精神病院的行为。

她是用一种平静的口吻写这封信的。在信中,贺子珍写道:我的病已经好了,可以出院了,请你到医院来一次,接我出院。并且,在信中,贺子珍还提醒她:来的时候,请别忘了给我带几件衣服来。

信发出以后,贺子珍觉得生活重新有了希望,每天都在盼望中度过精神病院的时光。然而,每天她的希望都落了空,并没有人来接她,也没有人来探望她。她并不灰心,仍旧充满着信心,等待有人接她出院的这一天。

可是,不知是那个中国女人因为愧对自己良心而不敢面对贺子珍,还是她确实已经搬家了,她一直没有给贺子珍回信。

贺子珍仍在铁网和围墙筑成的精神病院中过着日子,任时光荏苒。

3. 王稼祥夫妇出面交涉,贺子珍出了疯人院

转眼之间,岁月流逝到了1946年。

夏天,王稼祥同他的妻子朱仲丽来到了莫斯科。

在贺子珍刚到苏联时,王稼祥是共产国际东方部的部长,负责照管从中国来苏学习和治病的同志。1938年5月,王稼祥因为国内工作需要回

国。回国以后,他的身体仍然不好,在抗战胜利以后,他担任国、共、美三方军调部顾问。这一次,他是偕夫人朱仲丽来莫斯科治病的。

王稼祥的妻子朱仲丽,就是杨开慧的父亲杨昌济的留日同学、原来湖南省立第一女子师范学校校长朱剑凡的女儿。1927年,朱仲丽的姐姐朱仲止经蔡畅介绍与北伐名将肖劲光结婚。1938年朱仲丽从上海东南医学院毕业后,奔赴延安,在边区医院当医生,在姐夫的促成下,第二年与王稼祥结婚。

王稼祥因是中共高级领导人,到莫斯科后,苏共专门为他派了一位联络员——尼古耐夫。在莫斯科,王稼祥见到了许多德苏战争后中国留苏的幸存者,了解在德苏战争中留苏的中国同志的遭遇与下落。严酷的战争、无情的饥荒,夺走了许多中国同志的生命,还使一些人下落不明。人们在谈及这场艰苦卓绝的战争时,不时提到贺子珍和她的女儿。王稼祥和贺子珍是亲密的战友,他们曾一起经历过长征,又一起在苏联工作过。于是王稼祥决定寻找她的下落。

一天,王稼祥对尼古耐夫说:"我们有一个中国同志叫贺子珍,还有她的女儿毛娇娇,现在还在苏联,请帮助打听关于她的下落,我希望见到她

王稼祥和朱仲丽在延安时的合影

本人。"

尼古耐夫答应帮助调查。几天后,他回复王稼祥说:"贺子珍至今下落不明。"

然而,王稼祥并没有放弃寻找贺子珍的努力。一次他无意中从留学生的谈话里获悉:久无音讯的贺子珍竟然被关进了伊万诺夫的精神病院,与世隔绝!他大吃一惊,一方面把这令人震惊的消息报告毛泽东,一方面立即与苏联有关方面进行交涉。王稼祥立即找到尼古耐夫,说:"贺子珍现在住在伊万诺夫市的精神病院。请你把她的详情告诉我。"

几天后,尼古耐夫回答说:"是有一个叫贺子珍的人住在伊万诺夫城精神病院,她神经不好,医生诊断为精神分裂症。她的女儿在她进了精神病院后去了国际儿童院上小学。"

"她的病很严重吗?"王稼祥听后,严肃地问道。

"是狂躁型的,生活不能自理。"尼古耐夫回答。

"请转告上级,我想把她接到莫斯科来见一面。"王稼祥说道。

尼古耐夫听了王稼祥的话答应转达。一周后,他回复说:"贺子珍不便来莫斯科。"

"为什么?"王稼祥问。

"……"

"那我们到伊万诺夫市去看她。"朱仲丽马上说。

"……"

"我们一定要见她一面,最好连小孩子一起见,一起送到莫斯科来。我有医生,我们要亲自检查她的病情。"王稼祥严肃地说。

尼古耐夫走了,十天以后回来,告诉王稼祥夫妇说现在不能见面。王稼祥仍然坚持自己的意见,一定要见贺子珍一面,并对尼古耐夫说:"如病情严重,见过面后仍然送她回疯人病院。如果不严重,我准备请示国内,把她送回国去。现在,我们东北的好几个大城市已经解放,有了好的医疗条件,我们可以继续给予治疗。"

在王稼祥夫妇的催促下,尼古耐夫只得又再次请示了上级,可能是有关方面已意识到了当年关押贺子珍是出于一种报复的迫害,因此仍没有给予答复。

王稼祥曾一度担任过中国共产党驻共产国际代表,与苏共高层人物熟悉,且能说一口流利的俄语,经过他的多方努力,苏联政府才同意让贺子珍离开精神病院,返回莫斯科。

这一天,贺子珍正躺在病床上,一个护士突然走进病房,把她领了出去。贺子珍莫名其妙地跟着她来到了一间房里,这里原来是一间更衣室!护士指着桌上的衣服,说:"换上吧。"

贺子珍一看,原来是自己来时所穿的衣服。旁边还有一只小箱子,里面放的是她过去的换洗衣服,还有那床她从延安带出来的当年在打娄山关时毛泽东烧坏的毛毯。

"这要去做什么?"贺子珍忍不住警觉地问道。

护士说:"有人要接你到莫斯科,穿好衣服就走,汽车在外面等你。"

贺子珍一听,简直不相信这是真的,忙对护士连连感谢。

就这样,贺子珍在进入疯人院两年多以后,终于走出了医院的大门。

贺子珍由一位苏联同志陪着上了汽车,汽车风驰电掣向莫斯科奔去,几个小时后,到达了共产国际大厦旅馆。这里已为她订好了房间。贺子珍一进房间,推开门,发现已经两年多没见面的女儿也在这里!顿时,贺子珍因为这突然的惊喜昏过去了。

她形容枯槁,一双失神的大眼睛迷茫地看着女儿,好一会儿,才吐了一口气,讷讷地低语一句:"是……娇娇吗?"

"妈妈!妈妈!我就是你的女儿!"娇娇喊着,扑过去。贺子珍摇晃了一下,紧紧搂住娇娇。

"我的女儿,妈妈想你呀,妈妈不想离开你呀!"在娇娇眼里,熬成灯草样的妈妈颤颤地叫着,泪水潸然而下。

母女俩悲喜交集。娇娇抓住贺子珍不放,任由她的眼泪纵横,洒落一肩!此情此景,连在场的苏联人也为之动容。

当母女两个的情绪平复下来以后,都久久地凝视着对方。贺子珍对女儿说:"娇娇,两年多不见,我的娇娇长大了。人长高了,长得也端正秀气多了啊!"

随后,她们被送到王稼祥夫妇的住处。

贺子珍牵着一个10岁的女儿踏进门,她见到了老熟人王稼祥,讷讷地

说道:"王同志,您好!"

王稼祥和朱仲丽一看,贺子珍头戴一顶法国式圆形无边帽,上身穿一件黑灰色薄呢子西装式短衣,下身是黑色裙子,半高跟圆头皮鞋。她看上去神智清醒,颜面有表情,眼神略迟钝,反应稍为缓慢。王稼祥夫妇赶忙起身也向她表示问候。

"我好!"贺子珍回答他们的问候。她面带笑容,眉尖微蹙,见到朱仲丽,又忙让娇娇叫阿姨。

双方坐下后,王稼祥问及她的近况,贺子珍表情淡漠,有些迟钝地回答说:"我睡得好,也吃得好。"

"你觉得哪里不舒服吗?"王稼祥见贺子珍口齿木讷,不知道这些年的疯人院生活已经把她折磨得没有了正常人的生活,她现在还没适应过来。

"我有些心烦。"贺子珍说。

"那,你们在这儿玩半天吧。"王稼祥关切地说。

这时,尼古耐夫说:"到5点钟,我派车接她们回旅馆。"

"我现在口齿不顺,好几年没讲中国话了。小孩子同我讲话,一半俄语,一半国语。我只能在生活方面讲几句简单的俄语。"

尼古耐夫走后,贺子珍的口齿和脑筋才慢慢地开始转向灵活,说话也开始多了。随即与王稼祥夫妇用久违的中国话交谈起来。从谈话中,贺子

王稼祥与夫人朱仲丽在莫斯科

珍得悉国内一片大好形势,思念祖国之情不可言喻,高兴得直点头。

晚饭前,尼古耐夫来接她。王稼祥对贺子珍说:"请你好好休息,把身体养好,一有机会,带你回国。"

尼古耐夫在旁,也对贺子珍说:"我如实向上级反映。你可以提出一些要求,愿到哪里去玩吗?我想你永远不会再入精神病院了。"

苏方经过几天对贺子珍的观察,同意了这个结论:贺子珍的神智完全正常。就这样,贺子珍不再重回精神病院了。她终于成了一个正常的自由人,得救了。

4. 走出梦魇般的日子

这时,王稼祥因病还需要在莫斯科停留一个时期,于是贺子珍同娇娇也在莫斯科先住了下来。几天后,在王稼祥夫妇的建议下,贺子珍同娇娇离开旅馆,也搬来同他们一起居住。

在莫斯科居住的中国的同志,听说贺子珍来到莫斯科,都纷纷前去探望她。他们在德苏战争时期留居莫斯科,经历过战争的洗礼,身心都经受了血与火的考验,劫后余生,他们同贺子珍重新聚首,都感慨万千,叹世事沧桑,惊人世莫测。他们陪着贺子珍和娇娇说话,陪她们上街去玩。

这时,正在莫斯科上中学的毛岸青得知贺子珍和娇娇来到莫斯科,也特别高兴,马上闻讯赶过来,他多么喜欢同娇娇妹妹一起玩呀。开始几天,他几乎是寸步不离地同他的贺妈妈和娇娇妹妹在一起,享受这久违的亲情的温暖。

朋友之情,亲人之爱,终于让贺子珍重新振作起来了,她变得开朗起来,笑声也多起来了。因为在精神病院时,贺子珍几乎不说话,所以她刚到莫斯科时,说话还有口齿不顺的现象。三四天后,她的语言变得流畅,思维也变得敏捷多了,那呆滞的眼神、迟缓的动作,几乎看不到了。

朱仲丽(前左一)看望在莫斯科读书的毛岸青(中立者)和朱敏(后右二)

王稼祥和朱仲丽夫妻俩也经常带着贺子珍、娇娇和岸青三人一起游玩,大戏院、歌剧院、公园是他们常常去的地方。

当他们看到贺子珍那容光焕发的样子,心里也暗暗地为她祝福。

一天,在莫斯科的蔡畅也来看望贺子珍。

她们与王稼祥夫妇坐在一起,王稼祥对贺子珍说:"子珍,你已经有了自由,有了选择自己生活的权利了,你今后打算怎么办?"

"回祖国去!"贺子珍这时没有一点犹豫,这句话几乎是脱口而出的。这是她早已深思熟虑的决定!

"你的决定很好。"王稼祥听了贺子珍的回答十分满意。他说:"那,我们一切还是经过组织手续来办吧。"

作为党的高级领导人,王稼祥考虑问题很全面,他对蔡畅说:"子珍回国是要先向党打声招呼的,因为这事关系到毛泽东的家庭问题,必须请示毛泽东。"

于是,他立即起草了一份电文,把贺子珍目前的情况以及她要求回国的意见,详细作了汇报。电报直接打给毛泽东,上面写了"请毛主席批示"的字样。

不久,毛泽东的复电来了,只有四个字:"完全同意。"

王稼祥收到回电后,立刻通知了贺子珍。贺子珍兴奋极了,她对王稼祥说:"谢谢毛主席给了我回国的机会。"

但是,当贺子珍与王稼祥商量回国之事时,她的心里不只是一个娇娇,她说:"要回国就一起回国,最好把岸青也带着走。"

这时岸英已经回国了,而岸青耳朵有点背,生活自理能力较差,将他一个人留在苏联,让她不大放心。

王稼祥同意了。

贺子珍马上找到岸青,向他说了回国一事。岸青一听,高兴地说:"只要能同贺妈妈、娇娇一起回国,比什么都好。"

原来自从哥哥岸英回国后,他一个人在莫斯科生活,也感到十分孤寂。在与贺子珍母女重逢以后,他才又有了家的温暖。他当然希望与她们长久地在一起。

娇娇此时是最高兴的,这时她的心中已经有了祖国的概念,她和岸青想到要见到自己在中国的岸英哥哥,两个人真想长上一双翅膀飞回去。回国在即,岸青干脆不上学了,他每天都来陪妹妹玩。兄妹俩都喜欢音乐,两个人打开收音机静静地听着。有时,岸青领着娇娇去公园看哈哈镜,把一个人照得怪模怪样的哈哈镜常常逗得娇娇咯咯咯地笑个不停,她总是看不够。

而贺子珍与她们不同,她更愿意同王稼祥夫妇住到一起。这不仅仅因为她与王稼祥是老熟人、老战友,重要的是,她有更多的机会向他们了解中国革命的情况。此时,贺子珍离开延安时已经爆发的抗日战争已经结束了,中国共产党已经空前强大了。

王稼祥告诉贺子珍:

"八年的抗日战争结束后,解放战争就打响了。现在,全国的解放区已连成了一片,东北靠近苏联边界的地方,如哈尔滨等周边的几个大城市已经解放。"

贺子珍听了很振奋。接着她又问了她所关心的几个问题。比如,她的兄妹们现在哪里?毛岸英回国后干什么?东北什么时候解放的?王稼祥一一都作了回答。

贺子珍听着国内的巨变,忍不住说:"时间过得太快了,转眼之间,我

离开中国已经9年了。革命的形势发展得很快,同我来时完全不一样了。中国发生这么翻天覆地的变化,真叫人欢喜、高兴啊!"

她渴望了解更多的国内情况,每天只要王稼祥有空,她就与他们坐在一起,聊国内的形势,聊过去的战友、同志,聊共同的战斗经历……聊新中国的未来。

这时,罗荣桓和夫人林月琴来苏联治病,一下飞机,他们就直奔贺子珍的住处,并且还带来了毛泽东的问候。贺子珍和罗荣桓是井冈山时期的老战友,感情比别人更深。两人见面更是一番感慨。贺子珍听到他介绍解放了的东北的情况,对未来的新生活更是充满了希望。

这一段时间贺子珍身心都得以放松了,她不再想太多的苦难的遭遇。与老战友在一起,她精神愉快,吃饭也香了,面颊也显得丰腴起来。

贺子珍
He Zizhen

第十章 建国前后

1. "贺子珍受了那么多的苦,却没有怎么变样"

1947年初秋,贺子珍、娇娇、毛岸青等一行人坐上莫斯科至哈尔滨的火车,踏上了回国之程。

火车启动后,风驰电掣地离开了莫斯科,然后,穿越田野、森林,穿越西伯利亚荒原,穿越贝加尔湖……穿越了苏联的大半部地区。娇娇和毛岸青贴着车窗往外看:深秋刮走了金黄的树叶,厚厚堆积着的树叶被横冲直撞的大风刮得漫天翻飞,越走人烟越稀少,北国冰天雪地的景象越浓,过了贝加尔湖后,只能偶尔见到一两只松鼠在褐黑的枯枝上跳来跳去,茫茫原野白雪一片……

苏联渐渐地远去了。

火车在路上走了八天八夜,岸青和娇娇在车厢里暖融融地说着、笑着,一会儿讲故事,一会儿学说简单的母语,只是贺子珍常常会不自觉地陷入沉思。祖国对她来说,有太多的回忆,太多的未知……

哈尔滨到了。贺子珍快步走下车,娇娇拉着她的手跟在后边小跑着。

前方站着几个接站的人,其

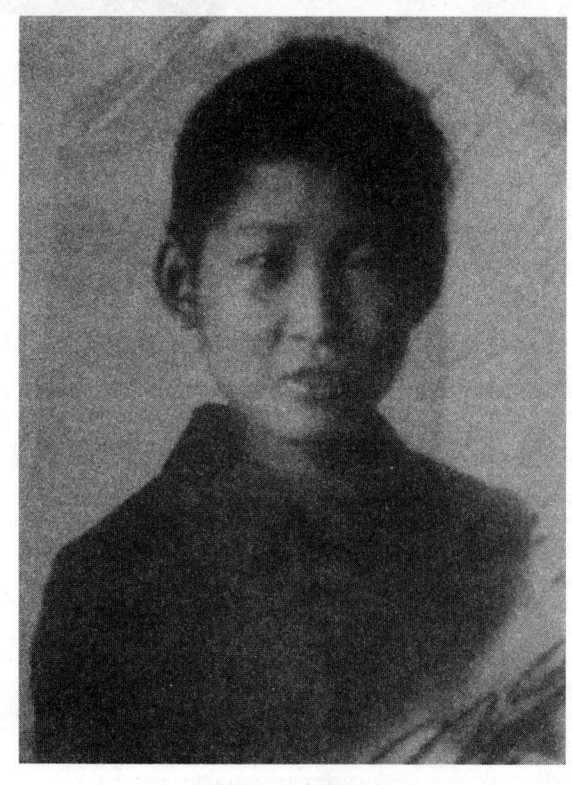

刚刚回国时的娇娇

中一个穿黄色日式大衣、戴黄色日式帽子的人大步向他们走来。娇娇迅速躲在贺子珍身后,用俄语小声告诉贺子珍:"日本鬼子……日本兵。"贺子珍却一点没听见,还加快步子走去与那人紧紧握手,然后转过身来让娇娇叫叔叔。娇娇这才知道,原来他是李富春叔叔,那身衣服是缴获的战利品。相比之下,毛岸青就比娇娇胆大多了,他一点儿也不害怕,和这个握握手,与那个打打招呼。

知道贺子珍他们归国,林彪、李富春、聂荣臻等东北局领导全来了车站迎接。他们同每位归来的同志握手,一面同贺子珍握手,一面问道:"子珍同志,一路上身体可好?"

"很好,谢谢。"贺子珍高兴地回答,与每个人握手。

"你路上辛苦了,回来了,好好休息!"林彪笑着对她说。

"我身体很好,不用休息,我不累。我请求组织上尽快安排我的工作,干什么都行。"此时,贺子珍刚下车,连口水都没喝,她就要求工作了。

"你的住处已经安排了,你生活上有什么需要,可以提出来,我们去办。"李富春似乎有意岔开话题,只谈生活。

"不,我个人生活没有什么要求。我只想早日工作。"贺子珍固执地重复了她的请求。

林彪点了点头:"我们会尽快考虑你的要求。"

然而,当贺子珍和娇娇、岸青等安顿下来后,东北局的同志发现,贺子珍此时最需要解决的不是工作,而是生活必需用品。这时哈尔滨已是秋天,金黄的树叶落了一地。而她们带回来的只有一只小小的衣箱,不仅没有过冬的衣裳,连日常换洗的衣服也缺少。娇娇穿的一双鞋,已经露出了脚趾。看到贺子珍的生活这么清贫,有关同志很是感动,鼻子酸酸的,马上向李富春报告:"子珍同志母女生活很艰苦,连件合身的衣服都没有。"

"东北局出钱尽快解决,不能让她们再受一点苦!"李富春像下命令似的安排。

于是,东北局的同志为贺子珍做了一套深色的列宁装,给娇娇买了一双皮鞋,做了一条带背带的裙子,以后又陆续给她们添置了一些冬装,并且,有关部门给她们安排了一套十分宽敞的住房。

贺子珍接到组织上送来的衣服,只接受了娇娇的鞋子和裙子,对于给

她自己的列宁装她却不要,她说:"我现在好多了,长征时才是最艰苦,在苏联时日子才难过,现在我一切都好了,我不用组织上再照顾了!"

"子珍同志,你受了那么多的苦,现在我们已经不是昨日,别说一件衣服,就是一万件、十万件衣服组织上也能马上做到。"

贺子珍还是坚持不要:"我有衣服呢!"谁知她这样一说,补丁就露了出来。来人眼泪都快流出来了:"子珍同志,你不换件像样的衣服,同志们都过意不去的,你看谁穿得像你这样寒碜呀?"

这样,贺子珍才接受下来。

她穿上了组织上为她做的、此时最时髦的列宁装,束上了腰带,身段依然苗条。她戴上了列宁帽,把重新长出的漆黑的头发塞在帽子里,更显得干净利落,神采奕奕。她的皮肤还是那样白皙细腻,她的眉毛仍然又弯又浓,微微蹙起,她那双美丽的眼睛饱含着热情,她的举止还像过去那样大方庄重,但是岁月使她苍老多了,她的心灵布满了太多的创伤。

在贺子珍的一再请求下,组织上给她安排了工作,在东北人民政府财政部担任机关党总支书,两个孩子娇娇和岸青也进入学校读书,她们在哈尔滨住下来了。

此时,贺子珍的一些井冈山的战友,如陈正人、彭儒等正在哈尔滨,他们闻讯,纷纷来看望贺子珍。

大家在一起述说过去的事情,讲着逝去的战友,离情别恨,不由得伤心落泪,但是,贺子珍的情绪总的还是乐观的,平稳的。苏联的岁月把她已铸造成了一位坚强的人。人们见了她之后,都说:"贺子珍虽然受了那么多的苦,却没有怎么变样。"

2.为教育女儿和岸青煞费苦心

贺子珍开始上班后,娇娇却又遇到了新问题。

原来,娇娇到了哈尔滨以后,按照她在苏联学习的程度,插班进入小学三年级。但是,学校里授课多是用中文。娇娇从小到了苏联,说的是俄语,对中文很陌生。回到国内后,她不仅不会讲中国话,而且连听懂中国话都是很费劲的事。她只能听懂一些简单的日常汉语会话,如吃饭、上学这些名词,但让她讲时却一句都讲不出来。当贺子珍和她在共产国际大厦再次重逢后,母女俩已经不能像过去那样用中文来对话了,而是用一种混杂的语言来交谈。娇娇能听懂一点妈妈说的中国话,但她只能用俄语同妈妈说话。贺子珍没有受过正规的俄语训练,说得不正规,也不流利,特别是她的思维方式仍然是中国式的,她是按照中文的意思,把它翻译成俄语,因而是中国式的俄语。贺子珍说着说着,碰到一个什么词说不下去了,就要用中文来帮忙。她与娇娇的对话经常出现这种情况:俄语夹着汉语,或者是说几句俄语再加上一句汉语。这种对话方式,也只有娇娇才能听得懂,但是却不能使娇娇对汉语有更深的理解。因此,她的汉语谈不上什么掌握。

为了使娇娇尽快提高中文水平,贺子珍答应了组织上给女儿请中文教员的要求。在上课之余,中文老师专门给娇娇补习汉语。但是,这对于娇娇来说,并不是件容易的事情,她要像孩子牙牙学语时学大人说话一样从头学起;结果,虽然老师很努力,娇娇的中文水平仍然让人失望。

为了让娇娇有更多的用汉语说话的机会,贺子珍根据小孩的特点,鼓励她去结交更多不懂俄语的小朋友,让她在平时的交往中学习汉语。周末,其他小朋友回家看妈妈,娇娇则轮流在蔡畅、陈正人等贺子珍的老战友家住宿。娇娇同他们生活在一起,和他们的小孩子交往,用汉语对话。

贺子珍的这一招使娇娇的语言能力有了比较大的突破。

渐渐,娇娇也能与小朋友讲中国话了。但是,写和读中文,却没这么容易。在回国之前,娇娇从未接触过方块字,可以说连个"一"字怎么写都不知道,而三年级的语文书已经是长篇课文了。老师们对娇娇不得不从"一二三四五"、"人口刀手尺"最简单的汉字教起。

贺子珍天生要强,又是一个急性子,她恨不得让娇娇一下子什么都学会,像中国孩子那样,讲一口流利的中国话,写一手通顺优美的好文章。为了能让娇娇的汉语水平尽快提高,她又给娇娇提出了新要求:写日记。

写日记是锻炼中文文字能力最好的方法。但是，这对娇娇来说，却是一件很为难的事。她连汉字都认不得几个，怎么写得出日记呢？因此，无论妈妈怎样催逼，她始终没能拿起笔写出一篇像样的"日记"来。贺子珍为此而感到很难过，后来，只好放弃了这一念头。

为了培养女儿，贺子珍为娇娇制订了一个庞大的学习计划，除了学习中文外，她还希望娇娇在学好中文的基础上不忘俄文。为了能让娇娇在学中文时提高俄文水平，她又为娇娇挑选俄文教员。

在哈尔滨，有不少在俄国十月革命后逃亡到中国的俄国贵族和他们的后裔，请这些人教娇娇是很容易的。但贺子珍考虑得很多，她怕给娇娇灌输了不好的思想而让女儿受到影响。结果，贺子珍左挑右找也没一个合适的。此计划又宣告失败！

这时，在哈尔滨，刮起了一阵父母让孩子学习钢琴的风，贺子珍也希望娇娇能弹一手好钢琴，她对女儿说："现在的女孩子同我们当年不同了，除了学文化外，还应有多方面的修养，你愿意学弹钢琴吗？"

娇娇从小喜欢音乐，以为练琴是很好玩的事，不知其中甘苦，马上表示乐意。于是，贺子珍用自己的津贴为娇娇请了一位钢琴教师。

此时，贺子珍也不忘教育岸青。平时，她让岸青同娇娇一起温习俄文，同意他们用俄语交谈。有时，机关放映俄文原版电影，贺子珍总带着岸青和娇娇去看。购买东西，她带岸青和娇娇到俄国人开设的秋林公司，让他们都用俄语同售货员对话。在沈阳时，贺子珍听说苏联的学者尤金正在沈阳访问，就带着娇娇和岸青去拜访他，让娇娇结识这位学者，有更多用俄语对话的机会。尤金后来被任命为苏联驻中国的第一任特命全权大使。

另外，贺子珍还让岸青和娇娇一起学画画。

为此，她特地给他们买了图画本和彩笔。娇娇画的画不是临摹静物，很多是根据自己的想象随意画出来的，很有儿童的情趣，贺子珍看后觉得怪有意思。岸青开始学画时觉得新鲜，但学着画过几次后，不管贺子珍如何劝，他就是不学了。

有一天，贺子珍对娇娇说："你画一张你自己的画给我看。"

不一会儿，娇娇就画完了。画面上是两个男孩子，中间是一个梳小辫子的小姑娘，两个男孩子画得又矮又小，女孩子却画得又高又大，三个人

手拉手地往前走。毛岸青一看就知道画的是他们兄妹三个人,便对娇娇说:

"我们三兄妹中你最小,你怎么把我和大哥画得那么小,你自己画得那么大呢?"

娇娇得意地说:"就该这样画,在这张画里,你们就是比我小。谁让你不学画画,你学了以后可以把我画小嘛。"

平时对娇娇很少露笑容的贺子珍,也忍不住笑了起来。

然后,贺子珍又笑着对岸青说:"岸青,你还是继续学画画吧,这样就能把她画小了。"

至于最后毛岸青到底学了画画没有,不得而知。

岸青和娇娇一起生活在贺子珍的身边,贺子珍对岸青像是对待自己的儿子,甚至比对娇娇更耐心。娇娇时不时要挨妈妈的打和骂,但贺子珍从来没有碰过岸青一个小指头。每次同岸青说话,她都是轻声细语,充满母爱的温情。这使岸青倍感温暖。

贺子珍教育孩子倾注心血,但是,她却完全是私人所为,于公家,她仍如长征时那样容不得半点私情。

娇娇在苏联生活了六七年,生活方式都已全部苏化,连穿衣、吃饭都完全与苏联人无二样。苏联的妇女一年四季都穿裙子,娇娇也养成了穿裙子的习惯。回国以后,组织上看她换洗衣服不够,给她做了一身衣服,下面是条裤子;娇娇没有穿惯长裤子,别扭极了,怎么穿怎么不舒服。组织上知道后,马上另外给她做了一条裙子。为这事,贺子珍十分生气,认为娇娇给组织上添了麻烦,把她数落了好几天。

在苏联居住期间,娇娇吃惯了黄油、果酱、面包,回国以后,这些都没有了,变成了馒头、粗粮、杂粮。开始的时候,娇娇不习惯,每次吃饭都没情绪,有时还哭着向贺子珍要黄油、面包。这时,贺子珍的气就上来了,她不断责备娇娇:"我们回国没做什么事,却给组织添了好多麻烦,你还好意思伸手要这要那。你吃不下就别吃,饿肚子去。"每当这时,娇娇只好硬着头皮吃她不爱吃的中国饭。

这种语言、生活方式的转变,是艰难的,贺子珍在使女儿尽力适应国内生活的同时,也努力促使自己完全中国化。她们的这一过程看似简单,

实际上是一种意志、耐力的考验,但是,在经历过种种磨难的母女俩面前,这些困难都不在话下,很快她们就适应了国内的生活。

3. 与曾志彻夜倾谈:"革命使我们女人付出太多了"

贺子珍,是中国革命前20年的传奇女性。她到达哈尔滨后,有关她回国的消息马上在她昔日的同志和战友中传开了。

一天,贺子珍一回家,突然"子珍"的喊声把她吓了一跳,她转过头一看,顿时惊呆了:"你不是曾志吗!"

"是我,子珍!"

两个人紧紧地抱在一起。

两个井冈山的战友一见面,格外地激动,相互端详着对方,岁月的年轮已经把当年的两个风风火火的姑娘变成了年近40的女人了,近20年的风雨历程将两人年轻的容颜消磨而去,两个人都已大变样了!过了好久,曾志才问:

"子珍,还记得我们是什么时候分手的吗?"

"怎么不记得呀!17年了啊!为了打破敌人的'会剿',红四军决定转战江西,1930年6月打回闽西,同一月,你就和老蔡去厦门,我们就天各一方,再也没见过面了啊!"

"是呀,想不到啊!一晃整整17年,快20年了呀!"

"是呀,是呀,曾志,老蔡呢?这些年你们是怎么过来的呢?"贺子珍性急地问起了老战友这些年的情况。

"唉,我呀,这些年过得好不容易啊!哈哈!"曾志做一副苦脸相,笑着对贺子珍说。

"是吗?好,先不说这,先一起做饭吃。"贺子珍招呼。

吃了晚饭,两个人同睡在一张床上,细细地谈起了别后的时光,重温

难忘的战斗过的岁月,像当年一样分享心中最深的情愫。

曾志开始讲述她与贺子珍分别后的情形:"1930年6月,我和蔡协民一道奉命前往厦门报到,开始了漫长而危险的白区战斗生活。刚到厦门不久,我就遇到了一个人。"

"谁呢?"贺子珍问道。

"他叫陶铸,湖南人。陶铸当时只有20来岁,却已是一个久经风雨的老革命了。他1925年参加了国民革命军,第二年在黄埔军校第五期学习,并且加入党组织。大革命失败后,他又参加了南昌起义和广州起义。1928年,他回到了老家湖南祁阳,从事兵运工作。1929年调到福建工作,历任中共漳州特委书记,福建省委组织部长、军委书记,福州中心市委书记等职。第二年5月,又成功组织了厦门劫狱,一时闻名遐迩。我和他是在福建省委代理书记罗明的住处相识的,罗明给我们互相介绍,我们二人都毫不掩饰地愣了片刻……"

曾志对此似乎记忆犹新,她回忆说:"陶铸个头不高,却很精干,微黑的面庞,青肋帮子,一头不驯的浓密硬发,粗黑的眉下目光炯炯。他上面穿一件咖啡色广东衫,下面是西裤、皮鞋。我觉得这人虽谈不上魁梧英俊,更谈不上潇洒儒雅,却自有一股逼人的英气。"

贺子珍听她讲了大半天陶铸长陶铸短的,问道:"你是不是被陶铸的这股英气慑服了呀?"

"可能是吧!"曾志承认说,"那一时期,连我自己也搞不清是什么原因,老是同蔡协民吵架。"

"蔡协民比你大11岁,如同对待小妹妹一样悉心爱护你,总怕爱不够,疼不足呢!"贺子珍对曾蔡当年的印象依然清晰。

"是的,他性格温柔有余刚毅不足,老蔡总担心我招人眼馋,对我的行动管束得很严,在厦门也还是这样。一次,省委秘书处长黄剑津到军委驻地来找我聊天,老蔡疑心重重地警告黄剑津:'我同曾志两人感情深厚,你不要从中插足。'搞得黄剑津尴尬得不得了。老蔡不分场合,不近人情,我们为此经常发生争吵,甚至我还生了与他分道扬镳的想法。"

"相处久了,人的感情是很容易发生变化的。"贺子珍深有感慨地说。

"1931年7月,福建省委撤消,设立厦门、福州中心市委,分别由王海

萍、蔡协民负责。我随老蔡到了福州。当时福州白色恐怖的气氛比厦门还浓,党组织活动也十分困难。11月,我在福州生下了第二个儿子,母亲知道后给我寄来了40块大洋,叮嘱我要带好她的孙子,并且把她孙子带回湖南老家抚养。我自然很不希望有违母愿,我收到母亲寄来的钱后,首先抽出20元交给了党组织,留20元哺养孩子。但是一回家便得知,厦门中心市委书记王海萍迫于组织经费紧缺,听说我生了儿子,便擅自作出了组织决定:将曾志之子卖给厦门一医生世家叶延环,预收100块大洋。革命利益高于一切!我只好用自己的血肉和生命为革命作贡献,强忍着宛如割肉般再次失去亲生骨肉的痛苦,将出生才两个月的又黑又壮又乖的'小铁牛'送给了别人!"

在厦门从事地下工作时的曾志

"你这样做也真对得起党了!"

"但是,孩子到了新家不久就染上天花病,夭折了。我们得知孩子夭折后,痛苦自责。平日不喝酒的老蔡竟然也喝起酒来,借酒消愁!可借酒消愁愁更愁,蔡协民愈发变得愁容满面,心绪不宁。有一次,喝过闷酒后,蔡协民竟然掏出我的照片撕得粉碎。谁知痛苦的事还在后头!没过多久,福建的党内出现了严重的'左'倾错误思想,王海萍同志牺牲后,由许包野任书记,他一上任,就开展了所谓的'反蔡协民路线',指责蔡协民是彻底的右倾机会主义,什么'保守主义'、'逃跑主义'、'慈悲主义'……帽子一大堆打过来,我和蔡协民与许包野据理力争,但无济于事。

最后,市委作出了《关于蔡协民在漳州工作错误的处分决定》,老蔡被撤职,留党察看三个月,我也被留党察看一个月,重新分配工作。我们心中自然不服气,也不想再呆在厦门,老蔡提出到上海请党中央另行分配工作。我也提出到福州去工作。"

"到福州就不会出问题？"贺子珍问。

"当时我的想法是，陶铸担任福州中心市委书记，至少他对蔡协民是信任的。厦门中心市委同意了我们的请求：蔡协民到上海，曾志到福州。这一走我们就可能真的分道扬镳了。我和蔡协民彻夜无眠，往事如烟似梦，可彼此却相视无语，形如陌路。最后还是我先开口说：'协民，我们还是就此分手吧。'老蔡喃喃地自言自语，还用手捶打自己的脑袋。我抽噎着不语，泪水湿润了眼睛，浸湿了衣衫……"

"你们就这样分手了？"

"没有，没有离婚。我到福州后因为痛苦加倍努力工作，一个月后，福州中心市委就撤消了对我的处分，还让我担任了市委秘书长一职。不久，因地下工作的需要，我和陶铸假扮成夫妻，出双入对以障人眼目。然而，好景不长。1932年秋天，秋风萧瑟，上海中央局通知福州市委，说蔡协民是'社会民主党'，要求凡是蔡协民工作过的地方，都应对他进行揭发批判，划清界限，肃清影响。而蔡协民还蒙在鼓里，并不知情，知情的我却想不通，陶铸也表示想不通。可想不通又能改变什么呢？中央有令啊。1933年年初，生活上穷困潦倒、在政治上忧郁伤悲的蔡协民突然回到了福州。因为老蔡还在被批判之中，没人愿意为他开组织介绍信，我想去见他，但按照党的纪律，又是不可相见的，倒是十分了解蔡协民的陶铸很同情我们，不但他自己去面见了老蔡，还批准我去见，但他同我说绝对不允许把中央的决定透露给蔡协民。可怜的是，老蔡一直被蒙在鼓里，不知道中央已'甩'了他。他在上海滩流浪时，忍饥挨饿，也没人关心过问，最后他在街头遇到地下交通员陈冷才，才在他的帮助下买了船票回到福州。老蔡把在上海的不幸遭遇告诉我时，两人相拥而泣抱头痛哭。末了，他打开脏乎乎的布包，小心翼翼地拿出一块布料，双手捧着递给我，声音低沉地说：'这是我用买船票仅剩的一点钱给你买的一身衣料，你拿去做件旗袍吧。'我万万不曾想到老蔡在他自己落魄无助朝不保夕的时刻，心里依然装着我，在双手接过布料的那一刻，也禁不住潸然泪下，我抽噎着把中央对他的处分告诉他。"

"想不到'左'倾错误这样害人！"贺子珍全然忘记了自己当年和毛泽东的遭遇，为蔡协民打抱不平。"后来呢？"接着，她又问道。

"后来,对老蔡透露了中央秘密,我觉得对党组织心存不安,便主动地如实地向组织作了汇报和检讨。陶铸非常生气,给我留党察看3个月的严厉处分。老蔡如梦方醒,可他一个文质彬彬的书生没有被这一打击摧垮,依然显得文质彬彬。因为他是一个真正的共产党员,他执著的是对党的忠诚和对共产主义的信念。最后,他听从了我的建议'在哪里出了问题,就回到哪里去'。回到了厦门。在厦门,他以干苦力维持生计,打石头、抬木料……即使在如此难以自我生存的恶劣环境下,他竟然仍不忘自己是一位共产党员,利用劳动间隙,开展革命宣传和工运斗争。

"厦门中心市委见他表现不错,于1933年7月调任他为安溪县委秘书。年底,罗明从中央苏区调回厦门主持新的福建省委工作,当他得知蔡协民的遭遇后,深表同情,严厉地批评了厦门中心市委的错误做法,决定调老蔡回厦门工作。蔡协民终于回到了党的温暖怀抱,可正当他踌躇满志准备重新放手大干一场的时候,厄运又降临到他的身上:1934年4月,因叛徒苏文波告密,他在厦门益安医院工作时,不幸被捕,遭严刑逼供威胁利诱,但他临危不惧,坚贞不屈,7月,在漳州英勇就义,当时他才33岁。"

"想不到蔡协民竟是这样的遭遇!"贺子珍也忍不住泪湿了眼眶。

"蔡协民被捕牺牲后,我和陶铸由假扮夫妻而自然演变为婚姻夫妻。我与陶铸婚后不久,怀上了一个孩子。将要分娩时,口袋空空,陶铸只好将他惟一的奢侈品——一条毛毡拿去当了3块大洋,花了2块大洋请来接生婆接生。我好不容易生下孩子,子宫受了感染,身体极度虚弱,因为无法哺养孩子,将出生才13天的孩子送给了别人,给了一个从湖北到福州落户的盐商遗孀。"

"那时候我们总认为革命工作是第一位的,带孩子会侵占革命工作的时间和精力,其实我们的牺牲太大了。"

"是呀,后来,可怜的孩子因为养母家的奶妈要喂养3个孩子,奶水不足,被饿得像一个猴子。我送走了孩子,拖着病弱的身子忘我地工作,可是陶铸却在此时接到党中央的通知:立赴上海,另行安排工作。"

"中央给他安排了什么工作?"贺子珍从曾志的讲解中,对陶铸的能力有了个认识。

"哪是安排什么工作呀!是解职。中央巡视员朱礼治一次来到福州,曾

试探陶铸对王明的看法，陶铸对王明这位吃洋面包的领导人不重视调查研究表示了不满，没想到朱礼治回到上海后就向王明报告。王明发了怒，一纸空文便将陶铸免了职。结果，陶铸到了上海后，被中央拒之门外。这样，陶铸也尝到了蔡协民当年曾领受的无奈和痛苦。后来，因叛徒告密，陶铸被捕入狱，被国民党军法处判处终生监禁，直到1937年国共合作后才被党组织营救出狱。"

"那你呢？你在福州还好吧？"

"在陶铸走后，我受组织派遣，奔赴闽东，与叶飞、任铁锋等人一起打游击、发展革命组织、建设苏维埃政权。在战斗中我与叶飞、任铁锋等同志互相配合，结下了深厚的革命友谊，但有些人却妒忌了，借题发挥，说我与任铁锋、叶飞关系不正常，搞多边恋爱，是'小资产阶级思想行为'，'在干部群众中造成很坏的影响，应当受到批评甚至处分'。9月，闽东特委作出一份组织决定：因曾志在恋爱问题上态度不严肃，影响团结和工作，特委决定撤销曾志福霞县委书记职务，留党察看4个月，调寿宁县做群众工作。我很不服气，但是又没有办法，只好去了寿宁。1935年2月，因国民党重兵'围剿'，闽东苏区沦陷，我因为重病在身，与党组织与红军失去联系，被迫离开闽东，辗转福州、广州、上海等地，苦苦追寻党的组织，直到1936年10月才在上海与党组织接上关系。但是，我到处找党组织，引起了

曾志与陶铸

国民党当局的注意,组织决定让我去延安。"

"1936年我在延安,怎么没见到你?"贺子珍问。

"我在路上耽误了。1937年9月我离开上海,途经南京八路军办事处时,意外听到了陶铸出狱在武汉工作的消息,于是,我心急火燎地赶到汉口的八路军办事处,迫不及待地给陶铸写了一张便条,请办事处主任李涛派人送到武昌。当晚8时许,陶铸突然出现在我的面前,喘着大气说:'真是没想到我们在这里重逢。上午收到你的信,恨不得马上要见到你,我下午开会都坐不住了,会一开完,立即赶到码头,因为大风,轮渡迟发,急得我要命。还好,我现在终于见到你了,谢天谢地!'我痴痴地听他倾诉,陶铸说罢,盯着我看,看得我有些不好意思。真的像做梦一样,陶铸则乐得像个天真的孩子,随后我们相约到一小饭馆里边吃边聊,直到夜深人静……由于陶铸的建议,我经组织批准,和在湖北省工委工作的陶铸一起留在武汉,并担任了省妇委书记。后来,陶铸主持开办了汤池训练班,我被任命为训练班的党支部书记。该训练班只办了3期,陶铸就被王明第二次免了职,他到鄂中大洪山去。我也被撤消职务,我选择去鄂西。我们又一次无奈地道别。此后不久,我因眼病在襄樊住院,巧的很,陶铸也到同一家医院来住院,于是我们又聚在了一块,于是两人干脆到襄樊50里外的黄龙档村住下来,陶铸悉心照顾我养病。半个月后,我要到宜昌去看医生,陶铸就回鄂中了。"

曾志夫妻俩相亲相爱的故事让贺子珍听得如痴如醉。

"1939年12月,我来到了朝思暮想的圣地延安,进马列学院学习。在延安,一打听,你去了苏联,于是我给毛主席写了信。主席很高兴,过两天就派人接我到杨家岭见面,他开门见山地说:'我一直都在打听你的消息,今天见到你,好高兴噢!'接着,他又关切地问:'这几年你们在哪里?蔡协民情况如何?你们还在一起吗?'当主席听了我的叙述,沉默无语。主席留我一起吃晚饭,江青也来了。吃完晚饭后,主席亲自送我到门外很远处。"

当曾志提到江青时,贺子珍抽搐了一下,但是她很快就恢复了常态,问道:"后来呢?"

"后来,1940年5月,陶铸由鄂中经重庆也来到了延安,不久,我们便有了爱情的果实,乐得陶铸整天合不拢嘴。但是,我怀孕7个月时从马背

上摔了下来,孩子没事,我自己被摔成脑震荡。孩子出生的时候,粗心的护士竟然没有接住,小孩掉到了产床下面的铁盆里,孩子命大,还是没事。这个女孩就是我的女儿陶斯亮。1945年,我参加完党的七大之后,响应毛主席的号召,告别延安,南下敌占区的两湖两广地区,可没到目的地,日本兵就投降了,我又接到中央命令,在河南就地接受日军投降。一日,陶铸接中央电,要求他火速赶往沈阳接受新任务。我和陶铸等十多个人立即动身,日夜兼程,赶到沈阳后接受新分配的工作。就这样我们也到了东北工作了。早几天听李富春说你回国了,所以我就赶过来看你了!"

听完曾志这长长的故事,贺子珍觉得她的人生遭遇也如自己的一样坎坷,无限感慨地说:"革命使我们女人付出太多了,希望下一代能记住他们的母亲所走过的路。"

曾志也笑笑:"谁叫我们上过井冈山呢?我们是井冈山的儿女。"

故人相聚,有着说不完的话语。贺子珍和曾志同床而眠,枕边倾心而谈,一直到天亮,仍然是说不尽的话儿。

4.寻找兄妹

回国以后,贺子珍见到了许多井冈山的战友。故人的相见,使她更加挂念自己的亲人,父母在哪里?兄长和妹妹在哪里?战火纷飞的9年过去了,他们是否一切都好?是否还健在?是否都平安?贺子珍万分惦念,但她打听不到他们的音讯,更同他们联系不上。

东北局的同志无法给她提供任何消息,最后,林彪一声令下:"打电报到各个野战军问问!"

于是一封封电报打到了各个野战军的组织部门,打探贺敏学、贺怡的下落。贺子珍自己也给正在华东前线的昔日老战友肖劲光和肖华打了电报,请他们帮忙寻找贺敏学。这些同志都是热心人,攥着电报到处找贺敏

学,果真把他找到了!

原来,贺敏学此时正在陈毅麾下的华东野战军第四纵队十二师做师长,这时国民党正重点进攻胶东,他们正在进行激烈的战斗。贺敏学听到妹妹从莫斯科回来了,非常高兴,对妻子李立英连声说:"好!好!桂圆回来了就好!"

这些年对于贺子珍的遭遇,他时有所闻,作为兄长,相隔遥遥,虽然他无能为力,但是内心里却是对在异国他乡的妹妹时刻挂牵着。此刻听到妹妹平安回国了,他恨不得立即飞往东北兄妹相见,然而,作为师长,战事正急,他脱不了身。于是,贺敏学对妻子说:"军务在身,我不能去看桂圆,你代我马上去东北。"

此时,陈毅也听说贺子珍回国了,他现在是华东野战军司令员,遇到贺敏学夫妇时,他立即对李立英说:"贺子珍回国后非常想念亲人,你就代表贺敏学去看看妹妹吧。"

于是,李立英请假带着5岁的女儿小平前去哈尔滨。

但是,一路上,李立英忐忑不安,心里上下打鼓,因为她听人说,贺子珍有精神病,而且她脾气暴躁,容易发怒。在她的心中,贺子珍应该是个披头散发、语无伦次的疯女人。

李立英怀着惶恐之心去探看贺子珍。谁知,一到达哈尔滨,当贺子珍出现在她眼前时,李立英却愣住了!她双目秀丽,容貌端庄,皮肤白净,眉弯似月,风采不凡,哪有精神病人的影儿!等领路人介绍后,贺子珍便亲热地唤:"嫂子。"

然后,拉着她和女儿小平的手嘘寒问暖。

这时东北还是天寒地冻,气温零下三四十度,贺子珍看到母女俩有些冷,马上说:"我烧些热水给你们擦洗,暖暖身子。"

她的话说得有点生硬,舌头偶尔还打结。于是,她向嫂子解释说:"这是因为在苏联找不到人讲中国话所致,现在见到嫂子就好了,我要和你说个三天三夜。"

一下子,几个人的距离就拉近了。

贺子珍把李立英母女安顿下来后,就忍不住询问亲人们的情况。李立英把贺子珍离开井冈山后贺家的情况一一详细地说来。1934年10月,中央红军撤离根据地、开始长征后,井冈山的斗争骤然变得严酷起来,白军见人就杀,根据地陷入白色恐怖之中。由于形势严峻,贺怡把小毛托付保姆刘锡福领回老家福建抚养,并派人护送。此时,贺怡也生下了一个孩子,托于苏区总工会通讯员刘木生之妻带回会昌洛口抚育。随后,经组织安排,贺怡化装成老妪,身穿大面襟旧布衫,头扎包巾改名胡招娣,与船老大苦力工会的地下党员赖某装扮假夫妻,以遮敌耳目,携同父母乘船下赣州。他们先在龙庄上王木生家暂住了一个星期。为了不使人生疑,他们决定找个更隐蔽之处,党员何三苟把他们又安排在他的叔母李氏家。李氏为人忠厚可靠,多年随夫在九江谋生,缺儿无女,夫死归里,贺怡于是以认拜她作干娘携同父母来赣探亲为由,在李家住下来了。可是,几个月后,由于叛徒李文党在福建被捕泄密,国民党赣州当局得知贺怡隐居赣州,就在城郊到处搜捕,幸好贺怡已改名胡招娣,贺焕文已改名陈道源,才免遭大祸。为了安全着想,经党组织安排,他们又迁往离城30多里的偏僻山庄——赣县石灰山成坑,住在一栋大地主遗弃的破屋里。1936年春,贺焕文夫妇迁到湖边岗边排,因他吃斋就以作斋公为掩护,住在"三宝经堂";此时贺焕文已经66岁了,温杜秀也年近花甲,不能自食其力,河西党组织派王贤选、何三苟、钟元吉、李盛洪等供给米油菜蔬。钟元吉住在三宝经堂附近,每日为贺焕文夫妇挑生活用水。在这期间,贺怡虽然深居山坑,仍坚持革

贺子珍(前左二)与王美兰(前左一)、李立英(后中)等的合影

命斗争，做了许多统战工作，并在斗争中发展党员。在一年多的时间里，发展党员 30 多人，成立了 11 个党支部（小组），建立了中共水西区委会。贺焕文也常帮助党组织传送文件和探听消息等。

1937 年第二次国共合作，贺怡因工作需要，先行赴吉安、韶关等地参加抗日救亡工作。贺焕文夫妇年事已高，仍留住岗边排。第二年 2 月，贺老病故，享年 68 岁。贺焕文逝世时，正处在国民党反共高潮中，项英、陈毅、杨尚奎等人在信丰油山游击队，得知贺老病故噩耗，不能前去吊唁，他们凑了银洋 100 元，派人送往赣州，以作安葬费用。贺焕文之子贺敏学，当时在大余县池江任红四军办事处主任，专程来赣与地方党组织安排了殡葬事宜。贺敏学与当地党组织商定，暂不安葬，在经堂背后树下筑了一个"囤寮"，将棺木安放于内。一年后，棺木在三宝经堂后面的小山包上入土，当时只在坟堆上竖了一块无名条石作记号。1941 年 3 月清明日，才修墓立红石碑。墓碑上只刻着：

民国三十年清明日
永新县　　故处士贺焕文先生之墓
同仁共立

为了不泄露真情，落款也未署真名，只刻"同仁共立"四字。

贺焕文逝世后，他的遗孀温杜秀，此时也已改名为胡氏，通过党组织辗转到了延安，后在延安病故。

"母亲在父亲病逝后到了延安，毛主席不仅亲自照料老人家的生活，还为她送终立碑。胡宗南侵占延安后，把母亲的坟给挖了，不久毛主席率部队收复了延安，请老乡重新把母亲安葬了。"

李立英说到这，贺子珍的眼角早已是噙满了眼泪。

贺子珍极力忍着，不让泪水滚落下来，轻声地嘱咐嫂子："你讲讲你和哥哥的事吧！"

"中央红军主力长征后，敏学跟随陈毅在南方坚持游击战，担任过中央军委、中央军区科长，七十一团参谋长，湘粤赣边游击总指挥。抗战爆发后，他先在新四军赣南办事处当主任，后来又调任皖南教导队大队长、党

委书记,江南挺进纵队参谋长,华东军政学校校长,抗日军政大学第五分校副教育长兼训练部部长,新四军军部科长。1942年8月,他又调任皖南抗日联军的参谋长,在兴东泰地区带领部队与敌人周旋。43年底,他指挥联抗在苏中三分区部队的配合下对顽军进行反击,扫除了墩头、周家垛等顽据点。这一胜利使联抗北部边境暂时处于相对安定状态。44年,日伪军对兴东泰地区进行春季大扫荡,敏学指挥部队进行抗击,粉碎了敌人春季大扫荡。7月初,东台的日军一个中队、伪军一个团乘装甲汽艇10余艘突然袭击墩头镇,敏学等带领部队英勇抵抗,血战曹庄,把日伪军打得屁滚尿流。此后,他离开了联抗,担任一师特务团、七团团长,苏浙军区司令部参谋长,第三分区司令员等职。抗战胜利后,他做过华东野战军第一纵队参谋长,现在是华野第四纵队十二师师长。"

"那你和哥哥是如何结婚的呢?"贺子珍问道。

"哦,这和陈司令拉郎配有关。"李立英笑笑。

"1930年,陈毅任红六军军委书记、政委,当时红六军刚组建,急需军事指挥人员,陈毅想到了哥哥,就把他调来任支队参谋长。他们从井冈山斗争起一道共同战斗、工作,一个是老领导,一个是老部下,情谊深厚。"贺子珍说。

"我与敏学就是陈司令员做的'红娘'。"

"陈毅就喜欢做些这桩子事!"贺子珍似乎并不奇怪。

"1940年春,敏学任抗大第五分校教育长兼训练部长。陈司令员当时是新四军军长兼抗大第五分校校长。两人经常在一起商量工作,这时敏学还是一个大光棍呢!"

"当时哥哥已36岁了。"

"我在学员班学习,我是上海人,高中毕业后,上海被日寇占领,我就参加了新四军。我了解到你哥的革命经历后,对他有一种崇敬之感。他似乎对我也有意,我们俩有意无意地时常见面,随着两人接触的增多,渐渐地,两颗心靠近了。但敏学担心,我比他小16岁,怕不可能。陈司令员知道了敏学的心事,就找到他说:'年龄不是不可逾越的障碍,有情人终成眷属。你指挥打仗英勇善战,这事也要有信心嘛!'

'军长,就怕她万一不肯,委屈了她,我这教育长的脸面也没地方放

呀。'敏学说。

'银样枪头,怕啥子哟。好吧,我找李立英谈谈,给你捅破这张窗户纸,做你们的大媒人吧。'陈司令员爽快地说。一天,陈司令员叫人通知我到校长办公室,我心里嘀咕,军长叫我去有什么事?我跑到校长室,一声'报告',陈司令员就笑了,开门见山地说:'小鬼,今天叫你来,想谈个事,听说贺教育长和你谈恋爱了?'

我不明白陈军长的意思,心里有些发怵,轻声说:'我们谈得来,感觉也与其他不同,不知这是不是叫谈恋爱?'

'这就是嘛。'陈司令员笑起来,接着说,'不过贺教育长担心你嫌他年龄大,你是怎么想的?'

我红着脸说:'只要人好,双方有感情,其他我都无所谓。'

'要得,要得,这个事敲定了!我当你们的媒人。'陈司令员开怀大笑。

1941年5月,敏学就和我在抗大五分校结婚,陈司令员作为媒人和主婚人参加了我们的婚礼。就这样我们走到一起来了。两年后,就生了这个女儿哩!"

李立英讲着自己与丈夫的经历,脸上洋溢着家庭的幸福,她的神情让贺子珍非常满意。她有意地提醒嫂子说:"大哥也是个革命狂,工作狂,做起事来,不管家的。这你要多体谅啊!"

最后,贺子珍又问了贺怡的情况。当听说毛泽覃已于1935年牺牲时,黯然神伤,久久没有说话。

李立英在哈尔滨停留了一个多月,是贺子珍心情最激动的时刻。她见到了嫂子就如同见到了哥哥,她有多少话要对自己的亲人诉说啊!贺子珍与这位年轻秀气的嫂子形影不离,连晚上都睡在一张大床上。贺子珍把她的知心话都讲给嫂子听,有时,讲到兴头上,常常是彻夜不眠,从深夜谈到黎明。在哈尔滨,李立英和贺子珍相处得很好。李立英发现她生活有条理,对工作热情很高;在贺子珍的身上,她看到了一位老女共产党员的风格。到了周末,贺子珍还带她参加舞会。在舞场上,贺子珍的舞姿优美,旋转起来时,整个人像燕子一样要飞起来。东北野战军参谋长刘亚楼也是留苏回来的,据说称得上是军中舞星,他对贺子珍的舞姿也赞不绝口。看到贺子珍无忧无虑的样子,李立英心里特别开心。一次,李立英又与贺子珍谈起

了贺敏学,说:"敏学在赣南游击战争中非常艰苦。一次部队被打散,他为了寻找部队,当过长工,打过渔。在抗日战争和解放战争中,他七次负伤,至今在他的腰上和腿上,还留着子弹。"

贺子珍听了,既为哥哥的刚毅英勇感到高兴,又为哥哥的健康担忧。她回国后第一次有了要与毛泽东联系的念头,对李立英说:

"嫂子,我们马上起草一份电报,报告哥哥的健康状况,请求中央批准让他到东北进行手术治疗。这份电报就打给润之。"

她俩很快起草了电报,一起送到罗荣桓家,请秘书代为拍发。三四天后,毛泽东的回电来了,电文上写道:

现正处战争环境,不允许贺敏学离开,待以后有机会再说。

毛泽东

这是贺子珍在回国后第一次与毛泽东的音讯往来。贺子珍看着那熟悉的语气,心头涌上难言的滋味。她竭力控制住自己的感情,不去回忆痛心的往事。

不久,陈毅和贺敏学在淮海战场与蒋介石的黄维兵团进行决战。

李立英母女要回中原去了。临行前,贺子珍依依难舍。在李立英要走的前一天晚上,贺子珍从口袋里拿出一只金戒指,对李立英说:"我没有什么东西送给你,我是空着手从苏联回来的,这是我回国以后李富春送给我的一只金戒指,现在我转送给你。你在前方打仗,条件艰苦,需要的时候,把它卖掉,应付环境。"

原来,在贺子珍眼中,前方战士打仗,后方的家属仍像长征时那样紧跟在后面,并且险象环生,时刻得隐蔽分散到老百姓家中去。李立英一见,马上推辞,说道:"现在我们在后方很安全,这个戒指你还是自己留着。"

"我实在是没有别的东西,只有这只戒指才拿得出手。"贺子珍着急地说,"嫂子你一定要收下!"

听着贺子珍这番话,李立英的眼睛湿润了,她被贺子珍真挚的情谊深深地感动了。她完全知道这只戒指的分量,这是贺子珍除了娇娇之外的全部财产!她对自己的亲人真是倾其所有了。

这时,贺子珍耐心地对李立英说:"在战争环境里,随时可能发生意外,我经历过战争,对这一切也知道很多,如与队伍走散,个人陷入困境,身上有一些值钱的东西,一点儿金子,几块银元,就能派上用场,转危为安!"

李立英拗不过她,只好收下。贺子珍见她收下了戒指,高兴得不得了。

其实,李立英哪忍心收下贺子珍惟一的一件贵重之物?随后,她悄悄找到贺子珍的一位同事王美兰,把戒指交给她,委托她在自己离开哈尔滨之后,把戒指还给贺子珍。

李立英母女离开的那天,贺子珍带着娇娇到火车站去送行,王美兰也来了。贺子珍哭得眼睛都红了,火车要开动了,这时,王美兰用右手高高地举着那枚戒指,当着李立英的面,把戒指放到贺子珍的手里。贺子珍正泪眼婆娑地与亲人告别,被这突如其来的举动搞懵了,但她马上就明白这是怎么一回事。她拿着戒指,跟着火车跑起来,想追上火车,再将戒指交给李立英。然而,火车越开越快,贺子珍没法追上了。

贺子珍拿着戒指,望着远去的列车,一副伤心失望的样子。

5.娇娇得知父亲就是毛泽东

亲人的相聚总是很短暂,李立英走后,贺子珍和娇娇又恢复了平静的生活。

一个周末,娇娇跟贺子珍到机关玩,看到墙上挂着毛泽东主席的像。她忽然想起在苏联二哥毛岸青曾有一次告诉过她关于父亲的事。

那是在贺子珍被强行关进疯人院以后的事。当时,苏军开始大反攻,已经成为联共(布)党员的毛岸英被获准参战,他在坦克部队里担任连指导员。出征前,毛岸英和毛岸青来看娇娇。毛岸英把杨开慧留给他们的《革命课本》交给娇娇,让娇娇练写中国字,而且要先写好"为祖国、为国际、为

人类、为正义"12个字。他说:"我一定胜利回来!"说完,拥抱娇娇一下就大步走了。看着他远去的身影,娇娇由衷地感到岸英哥哥真英武。后来,毛岸英所在的坦克部队攻克了柏林,他受到了斯大林的接见。斯大林说:"谢廖沙(毛岸英在苏联的名字),你这位毛泽东的儿子很勇敢!"

然而,日子一天天过去,岸英哥哥嘱咐娇娇的中国字没练好,她图画却画得不错。娇娇给哥哥画了许多画,可是没法儿送。一天,她正拿着这些画发愣的时候,毛岸青又来看娇娇了。

他们在礼堂里玩着,谈笑间,岸青指着墙上挂着的领袖照片问娇娇:"娇娇,你知道他们是哪国的领袖吗?"

"知道。老师给我们讲过,有苏联的列宁、斯大林,中国的毛泽东、朱德。"娇娇回答。

"那,你说说他是谁?"岸青指着毛泽东的照片又问。

"知道。他是中国共产党的领袖毛泽东。"娇娇自然不会被岸青难倒。

"可是你知道吗?他还是我们的爸爸……"岸青挺认真地告诉娇娇。娇娇惊讶极了,他的话还没有落音,娇娇就急急忙忙地打断道:"哥哥你别瞎说。他不是我们的爸爸……"

"是。他就是我们的爸爸,是他送我们来这里学习的。"岸青肯定地说。

"不。我没有爸爸。我只有妈妈。"娇娇还是不相信,继续与岸青理论。娇娇想假如她有父亲,这么些年,怎么没人说起?怎么也没有一点音信?娇娇担心岸青弄错了,这可不是小事!

如果问问妈妈,不就清楚了吗?可是贺子珍被关在医院里,一直不让见。于是,这事儿成了娇娇心中的一个大疑团。

此刻,又看看墙上的毛泽东画像,娇娇忍不住小声向贺子珍求解:

"妈妈,岸青哥哥跟我说……他说……"

娇娇怕说错了,犹豫着。

"岸青哥哥说什么?你慢慢讲。"贺子珍和颜悦色地鼓励女儿。

"他说照片上的人是我们的爸爸。"说完,娇娇忐忑不安地看贺子珍的反应。

良久,贺子珍没说一句话,只是默默点了点头。娇娇领悟妈妈点头就是认可了:照片上的毛泽东主席就是她的爸爸,岸青哥哥说的没错!苏联

老师和中国老师常常讲的领导穷人翻身闹革命的,带领红军胜利完成两万五千里的长征、赶走日本侵略者、打败蒋介石军队的人民领袖毛泽东,就是她的爸爸!

可是,为什么这么多年来,我只有母亲,而见不到爸爸呢?父亲知道我、想我吗?他认我是他的女儿吗?娇娇心中又开始有了一个谜团:爸爸这么多年为什么不与我们母女联系呢?他是怎么想的呢?但是,她看到母亲那副痛苦的表情,没有再问母亲。

其实,娇娇早已经发现,白天,人多热闹的时间,贺子珍总是很开心,而到了晚上,她独自一个,有时候就会伤心落泪,一支烟接一支烟不停地抽。这是不是与爸爸有关呢?她不得而知。

6.姐妹久别重逢,贺子珍给毛泽东去信

1948年春天,冬天的严寒已经消除,雪已融化,风也暖和多了,褐色的花坛上已长出新绿,它一天比一天新鲜,使人觉得仿佛希望之神曾经在这里经过,留下了更加明亮的足迹。踏着春天的脚步,这时的贺子珍,带着娇娇和岸青已由哈尔滨来到沈阳,转到了东北局总工会干部处工作。

就在这时,贺怡从千里之外的党中央所在地西柏坡,带着毛泽东的嘱咐,来沈阳看望姐姐了!贺怡与贺子珍还是长征时分的手,算起来已经有十多年了。十多年来,在炮火连天的战争年代,有多少思亲情在伴随着她们。然而人生又能有几个十多年呢?贺怡在无限的感慨中来到了沈阳城。

手足情深,姐妹相见,两人紧紧拥抱在一起,任凭热泪横流。许久许久,她们才分开,手拉着手儿互相端详着对方,然后又紧紧地拥抱在一起。

对于妹妹贺怡的情况,贺子珍已经从李立英那里知道了一些大概。但是,这一次姐妹重逢,贺子珍没有诉说自己在苏联的种种遭遇,而是先对妹妹诉起了思念之情:"银圆,我们贺氏三兄妹从井冈山参加革命,离多聚

少，这些年你知道我是多么挂念你吗？"

"姐姐，我当然知道，我也思念生死不明的你啊！"贺怡也哽咽着说。

"银圆，这些年你是怎么过来的啊？受苦了吗？"

"我这些年的经历，说来话长。1934年，中央红军撤离中央根据地，我与泽覃奉命留在根据地。那时我怀有身孕，你们走后，党组织就决定我不随部队行动，去赣州坚持地下工作。陈毅为我去赣州作了周密、细致的安排，我顺利地抵达赣州并与地下党接上了头。"

在沈阳时的贺子珍

"我记得，那时陈毅是中华苏维埃共和国中央政府办事处主任。"贺子珍的记忆又一次回到了那遥远的岁月。

"是的。想不到以后与他共事多年。长征后，陈毅还任红六军军长，泽覃是军代表，陈毅常常到泽覃住处交谈，我本来与他没有交往，这样与他就接触多了。陈毅是个热心人，对同志很关心。1935年泽覃在瑞金突围时牺牲，我得到噩耗，悲痛欲绝。陈毅派人来安慰我，我受到鼓舞，含悲忍痛投入到对敌斗争中去。1937年夏的一天，陈毅因工作来到赣州，我一见陈毅不禁悲从中来，陈毅见到我也直觉鼻子发酸。他又对我安慰了一番。随后，我就与陈毅一行上了油山，到了油山后，参加了那里的游击队改编，进行为期1个月的整训，然后被分配到新四军驻吉安办事处统战部任部长，不久又改任民运部长。38年3月，经陈毅推荐，我被调往中央东南分局工作。正当我决心大干一场的时候，伤寒流行于油山一带，我躺在床上发高烧，不能动弹。几天后，我的耳朵听不到声音，接着头发全掉光了，不久眉

毛也没了,成了真正的'少林和尚'!大概是老天爷还不想要我,熬了大半年又慢慢地好了。1939年夏天,大难不死的我奉命调到干部学习班学习时,因是秃头秃眉,闹得很多熟人相识不敢相认。学习班结束后,我这个'光头和尚'又被调到广东省委妇女部工作,任妇女部长。皖南事变后,一天,我下到韶关一带发动群众,宣传抗日,结果,被一个国民党特务跟踪;在晚上,就被抓进了国民党的监狱。"

贺子珍虽然知道红军离开中央苏区,那里的斗争会很艰苦,没有想到自己走后贺怡他们也遭受到如此多的生死劫难,尤其是妹妹失夫、疾病的打击,一遭一遭的来!她不忍心打断贺怡的回忆,问道:"后来呢?"

"在狱中,国民党顽固派对我进行了审讯,我一口咬定自己是小学教员,不是什么共产党党员,因为日本鬼子占领家乡才流落到韶关的。第二天,敌人又要上刑,我怕自己挺不住,决定一死了之,保住自己共产党人的气节,趁敌人不备,把藏在袖筒里的那颗金戒指吞进肚里,霎时,我胃痛如刀绞,脸色苍白,两手紧紧摁住肚子。只觉眼前一片黑,一头栽到了地上,昏死了过去……"

"啊!"

"但是,生命出现了奇迹,我并没有死。我被抓的消息传出后,中共广东省委很重视。1940年,为了营救我和其他10名被捕同志,专门向毛泽东作了汇报。当时,毛泽东并不知道我被捕,看到报告后大为吃惊,对我吞金保节一事也很感动。他挥笔批示道:'责令恩来过问此事。事后报我。'周恩来同志接到毛泽东的批示,已是深夜,立即致电国民党第四战区司令部长官何应钦,提出交涉。这样,我和其他10位同志终于出狱,重见了天日。"

听到贺怡吞金保节的事情,贺子珍也大为感动,联想到自己身上那些和肉长在一起的弹片,她忍不住问道:"那个金戒指现在和肉长在一起了?"

"和肉长在一起,我还能活到现在?"贺怡笑了笑,继续她的故事:

"我出狱后,通过党组织的安排,辗转来到了重庆。在周恩来的安排下,从重庆乘车经宝鸡、潼关、西安,1941年5月抵达我向往已久的革命圣地——延安。到了延安,不久便见到了毛泽东。我向毛泽东汇报了自己的

情况,毛泽东关切地对我说:'贺怡,你现在身体不太好,先到中央医院找傅连暲同志检查一下,好好治病。'我来到延安中央医院,当时医院仅有一台X光透视机,经透视发现我胃内有一金属物,那就是吞下的金戒指,已经与胃粘膜结合。傅医生说:'必须尽快动手术,否则,时间长了,会引起胃大出血或胃穿孔,有生命危险!'我起初不愿意手术,只要他开了一些止痛的药吃,但是,一天突然胃部蠕动引起剧痛,昏死在中央办公厅招待所内。这样,不得不动手术取出胃中之物了。按医院规定,手术前必须有亲属签字。当时你已去了苏联,哥哥在新四军的前方战场,母亲在我到延安前去世,身边没有了亲人。这事又报告给了毛泽东,毛泽东想了想,说:'她是贺子珍的妹妹,又是泽覃弟的爱人,我也算得是她的亲属吧!'于是,提笔在我的手术报告单上写上'同意手术医治。毛泽东'几个字。结果,医院手术将我的胃切除了2/3,取出了那颗金戒指。

手术后,我人瘦得只有80来斤。在医护人员精心护理下,经过一段时间住院治疗、休养,身体才渐渐得到恢复。但是,长年住在医院,我哪受得了?身体一有好转,我就写信给党中央、毛主席,要求分配工作。1942年春,党组织安排我到了新四军军部工作,我和哥哥一起在陈毅军长的领导下,为打败日本侵略者,与英勇的抗日健儿一道驰骋在大江南北。在新四军这几年,我的工作得到了同志们的肯定。1945年党的七大召开,我被推选为候补代表,到了延安。"

贺子珍一听贺怡还当选为党的七大的候选代表,为她这些年所取得的进步感到高兴,同时,又为自己这些年留在苏联碌碌无为深感懊悔。贺怡看穿了姐姐的心思,说道:"这些年你也吃够了苦,党也不会忘记你的!"

贺子珍点点头,沉思良久,然后缓缓说道:"比起牺牲的烈士,我们又做了些什么呢!毛泽民在新疆被盛世才杀害了,毛泽覃也牺牲了!"

"他们都是真正的共产党员,死得其所!"

"毛泽覃是怎么牺牲的?详情你知道吗?"贺子珍问道。

"红军主力长征后,毛泽覃虽然是红六军军代表,主要还是担任红军独立师师长,带领独立师战斗。当时,斗争环境极其艰难,他率部转战武夷山上,曾在谢坊巧布奇兵伏击来犯之敌,取得重大胜利。1935年2月,他率部往长汀四都与福建军区队伍合编。根据当时形势,他曾建议放弃四都,将部队编成几个支部,分散袭击敌人,领导中心退到闽粤赣边界的深山中去。但是,没有被其他领导成员采纳,结果困守山头,被敌包围。经过激战,我方伤亡重大。在突围中,毛泽覃率领的部分队伍又被敌人伏击打散,仅剩下十几个人。4月25日,毛泽覃带领战士转移到瑞金县黄鳝口附近的红林大山,在一个纸槽小屋里宿营,结果又被敌人包围。为了掩护同志突围,在战斗中,他中弹身亡。毛泽覃牺牲后,敌人从他身上搜出了浸沾血迹的毛泽东和朱德的照片,还有他自己的党证,才知道他就是毛泽东的亲弟弟。毛泽东获悉毛泽覃牺牲的消息后,十分悲痛。"

毛氏三兄弟牺牲了两个,贺家五兄妹也牺牲和被害了两个,革命付出了巨大的牺牲。岁月沧桑,贺氏姐妹几十年为革命浴血奋斗,最终剩下的只是孤独一身。两个人都深深地陷入了沉思。

这时,娇娇放学回家了。

贺子珍把娇娇领到贺怡面前,说:"娇娇,这是你姨妈。是妈妈的妹妹,她与妈妈一样姓贺,叫贺怡。"

娇娇不明白"姨妈"的概念,但贺子珍说是她的妹妹,娇娇就清楚了。贺怡是个性格开朗的爽快人,马上从刚才的悲伤氛围走出来,抱着娇娇问长问短。

贺子珍回国后,与嫂子联名给毛泽东写过一封信,现在,贺怡一来,谈起往事,她仿佛又回到昔日战火纷飞的艰难岁月。井冈山的日子,转战闽西的

贺子珍与贺怡

战斗和长征路上的一切,历历在目,过去的一切像星星之火又燃起了她对毛泽东的炽热之情,她平静的心又巨澜迭起。她不知为何心里有一种给毛泽东写信的愿望,这愿望让她日思夜想,欲罢不能。

贺子珍把这个心事向贺怡透露,征求她的意见。向来快人快语的贺怡马上说:"这有什么好为难的,这是好事嘛,你早应该这样做。"

贺怡这一席话,坚定了贺子珍的决心。贺子珍在经历那么多事后,变得凡事都爱做细致的考虑了,她认真想过后,就把娇娇叫来,对她说:

"你回国一年多了,还没有给爸爸写过信,你应该给爸爸写封信才是。"

这时的娇娇已经12岁了,她很懂事,她对爸爸也已有了一些认识。她虽然在印象中从未见到过爸爸,但回国后在生活中,几乎无时无刻不感到爸爸的存在。报纸上,广播里,课本中,处处有毛泽东的名字,而且这个名字又是同革命、同胜利、同权威联系在一起的。娇娇像所有的中国人一样,对这个名字怀有崇敬与仰慕。

当她听到妈妈让她给爸爸写信,就高兴地答应了。可是,她还不会写流畅的中文,就用俄文写了一封信。她还不习惯称一个陌生人为爸爸,她像所有的中国人一样,称毛泽东为毛主席。她把信反复地修改后,就这么写道:

毛主席:
　　大家都说您是生我的爸爸,我是您的亲女儿。但是,我在苏联未见过您,也不清楚这回事。到底您是不是我的亲爸爸,我是不是您的亲生女儿,请赶快来信告诉我。

这时,贺子珍也摊开了信纸,写了一封信。她第一次像普通人一样,称呼毛泽东为主席。

在信中,她写道:

主席:
　　我已经回到中国来了。身体不大好,还在休养,并参加一些工作。我

离开中国9年,对国内现在的情况不大了解,我要通过工作来了解情况。我在苏德战争期间,生活很苦,什么都要自己做,劈柴、烧饭、洗衣服、带孩子、种地、织袜子,什么都要干,比长征还要苦。不过,这已经过去了,现在我要好好工作。我正在学习做工会工作。我很感谢您对我的妹妹和母亲的照顾,代我尽了姐姐和女儿的责任,我将终生铭记在心……

贺子珍把娇娇的信和自己的信,装在一个信封里,写上毛泽东的地址,发出去了。

贺子珍把信发出去以后,像小姑娘一样怀着激动的心情等信,她每天都要去收发室,看看有没有自己的信。此刻,她对毛泽东的感情不只是出于平常人对主席的敬仰,而是夹杂着一种十分复杂的情愫。几天以后,贺子珍仍没收到信,但却收到了一份给娇娇的电报。电报上写道:

娇娇是我的女儿,你的信我收到了。你好好学习,做一个中国的好女孩。爸爸很好。

在收到贺子珍母女的信时,毛泽东正在西柏坡召开七届二中全会。他没有给贺子珍回信。

7."我要为你把一切事情办好"

1949年,革命的形势发生了质的变化,1月10日,淮海战役历时66天,以歼敌56个师55万的辉煌胜利而结束,此时东北全境已经解放。1月14日,林彪、罗荣桓、聂荣臻攻城部队向天津发起全线总攻,经29个小时激战,全歼守敌13万余人,生俘天津警备司令陈长捷等。随着华北第二大城市天津的解放,塘沽之敌仓皇乘船逃跑,塘沽遂告解放。

天津被克,北平名符其实地变为四面无援的孤城。经过中共北平地下

党有力的工作,北平民主人士及开明人士的多方劝说,北平守将傅作义终于转变了立场,于 1 月 21 日与中共正式签署了《和平解决北平问题的协议》,将北平守军 1 个"剿总"总部、2 个兵团部、8 个军、25 个师共 25 万人开出城外,听候改编。

北平和平解放了。

1949 年 3 月 23 日,毛泽东率中共中央机关向北平进发。

3 月 25 日晚上,新华社播发了消息:中共中央、毛泽东已经进驻了北平!败军之将蒋介石在南京听到这一电讯,

少年时期的李敏

叹口气道:"我们的情报人员干什么去了!"然而,他纵使有多么强大的情报人员也阻止不了中国革命胜利进军的步伐,蒋家王朝的末日马上就来临了!

4 月中旬,毛泽东以中国人民革命军事委员会主席名义和中国人民解放军总司令朱德向全军发布《向全国进军的命令》,命令解放军"奋勇前进,坚决、彻底、干净、全部地歼灭中国境内一切敢于抵抗的国民党反动派,解放全国人民,保卫中国领土主权的独立和完整"。同时,对于凡愿停止战争、用和平方法解决问题的国民党地方政府和地方军事集团,可以按照《国内和平协定》(最后修正案)的大意,同他们签订地方性的和平协定。遵照此项命令,人民解放军第二、第三野战军早已准备就绪的渡江战役开始发动了,蒋介石的老巢南京成为人民解放军的下一个解放目标。

此时,参加和指挥了豫东、济南、淮海等重大战役的贺敏学已是人民解放军第三野战军九兵团二十七军副军长兼参谋长。在渡江战役前夕,贺

敏学提出先派一支先遣部队过江侦察以确保渡江全胜的设想,这个设想得到渡江作战总前委的肯定。随后,贺敏学又亲自参与渡江方案的制定。4月6日,他属下的二十七军先遣部队460余人先行渡过长江。4月20日子夜,渡江战役在千里战线展开,二十七军在军长聂凤智、贺敏学等人的率领下,在安徽省无为县的泥汊和狄港地段,迅速突破长江天险。该军七十九师二三五团一营三连率先登上了长江南岸。毛泽东在1953年称此举为"渡长江第一"。二野、三野的其他部队在西起江西湖口、东至江苏江阴的千里战线上,乘风破浪,分三路强渡长江。国民党长期苦心经营的长江防线顷刻瓦解。

4月23日,解放军占领国民党的统治中心南京。

蒋介石苦心经营的大陆政权垮台了。

正在这时,远在沈阳的贺氏姐妹接到毛泽东要两个孩子——毛岸青和娇娇去北平的电报。

贺子珍看到毛泽东没有给自己回信,明白了毛泽东的心,她开始收拾娇娇的几件衣服和从苏联带回来的书籍,还把岸青的东西也收拾好。娇娇不解地问贺子珍:"为什么要把我的东西收拾起来呢?"

"娇娇带上自己的东西,到北平去见爸爸呀!"贺子珍低着头说。

"妈妈也一起去吗?"见贺子珍不收拾自己的东西,娇娇又问。

"不,妈妈不去。你和岸青哥哥两个去。"

贺子珍笑着,笑得苦涩,几乎像哭。

"你妈妈现在不去,她要过些日子才去。"站在旁边的贺怡对娇娇说着,又转过脸告诉贺子珍:"我和两个孩子一块儿去。我要见主席。我要为你把一切事情办好!"

贺子珍没再说话,只是为孩子们忙碌着。

临行的前一天晚上,贺子珍把女儿拉在身边,一遍一遍地叮嘱:"娇娇,到了爸爸身边,要听爸爸的话,要好好学习,要照顾爸爸的身体,不要淘气,不要影响爸爸的工作。"

娇娇点点头答应,心里却奇怪,妈妈怎么忘了,我从小就不会淘气啊!

第二天,苏联驻中国的特命全权大使尤金和贺怡领着岸青、娇娇从沈阳坐上了火车,到北平去。

8."这是历史造成的事实"

初夏的清晨,窗外已经泛白,高高的天空飘过一阵阵鸟鸣,鸟儿飞得那么自由畅快,唱得那么热忱真实。娇娇和岸青来到了香山双清别墅。

"主席先生,我将您的公子和千金都送来了。"尤金大使对毛泽东说。

"这就是给你们发电报的毛主席,你们的爸爸。快叫爸爸呀,快叫呀!"贺怡笑着对他们说。

娇娇仔细端详着眼前这个魁梧的人——他确实跟照片中的人一样,只是显得更和蔼可亲,而且个子那么高。他身穿宽大的灰布中山装,脚踏一双平底黑布鞋,普普通通的,一点也没有板起面孔的严厉。娇娇拼命回忆,想努力找出记忆中的影子,隐隐约约,似曾相识——

父女俩第一次合影

"我的小外国人,爸爸欢迎你!"这个魁梧的人弯下腰,张开双手,笑着对娇娇说。

"爸爸!"娇娇欢欣地叫道,扑进他的怀里。

毛泽东也用同样的热情欢迎岸青的到来。他一手拉着岸青的手,一手拉着娇娇的手,高兴地说:"看到你们,爸爸很高兴。"

然后,毛泽东双手抱起娇娇,一个劲儿亲着她的脸蛋。

"娇娃,我的小娇娃……"毛泽东不住地说。娇娇乐呵呵地笑着。毛泽东不会说俄文,娇娇的中文还不是很好,但亲情的交流未必一定要借助语言,父女俩都十分高兴。

娇娇有妈妈也有爸爸了!有生以来,她第一次真真切切地享受着父爱,不禁在心里欢呼着。

贺怡把岸青和娇娇兄妹送到双清别墅后,返回北平城里,住在前门饭店。毛泽东没有让她立即离开,因为孩子还有个适应期。每隔一天,贺怡总要来这里一趟看孩子。

一对儿女来到了自己的身边,毛泽东的情绪欢乐愉快。他的脸上常常泛着兴奋的光辉,一双锐利而深邃的眼睛,因为愉快发出明朗的光亮,显得比以前更加精神抖擞了。由于心情极佳,毛泽东特地请来了好几位中央领导同志,乐滋滋地说:"我给你们带来了一个外国女儿,喏,这就是。"说着,他把自己的"洋宝贝"一一介绍给在座的几位亲密战友。

他们都喜爱这个长相酷似毛泽东的小姑娘。她那饱满的天庭,乌黑的大眼睛,两根又短又粗的小辫子,特别逗人,特别可爱。娇娇回国时间不长,汉语阅读能力很差,听写能力也很是糟糕,面对七嘴八舌、问长问短的叔叔伯伯,她费了很大劲也弄不明白他们说些什么,一着急,说了一长串俄语。

毛泽东爽朗地哈哈大笑。那笑,充满了兴奋和快乐。他的几位亲密战友们,也忍不住像孩子般放声地笑。这天,贺怡过来了,给孩子们带来很多吃的东西。娇娇却摇摇头说:"我不想吃。"接着问道:"姨妈,妈妈什么时候过来呀?"

娇娇说这话时,毛泽东已进了门。

贺怡见主席进来,马上把话扔给了他,这也是她多日想做而没有做到

的事："姐夫，娇娇在问什么时候让她妈妈过来？我想你回答娇娇最为合适。"毛泽东听贺怡这样说，不由轻轻地"哦"了一声，没有说什么。他既没有表示支持，也没有表示反对。这时贺怡便直截了当地说道："主席，我这次来，一是护送外甥女，二是给子珍争得她应当得到的地位。"毛泽东黯然无语，边听边思索。最后，毛泽东说："你让贺子珍到这里来，这是历史造成的事实，我们还是按中国的老传统办吧！"

按中国的老传统办，具体怎么办，毛泽东没有明说。贺怡认为他是要恢复同贺子珍的夫妻关系，承认历史上造成的这个事实。

贺怡于是按照毛泽东的意见，到沈阳去接姐姐上北平。

9.火车从天津南下去了上海

1949年6月，贺子珍和贺怡两姐妹收拾行囊，踏上了南下的火车，向北平而去。

与此同时，在北平，朱旦华和方志纯抱着1岁多的孩子，登上了前往上海的列车。

方志纯是方志敏的堂弟，大革命时期在中共江西省委从事地下工作，后来跟随方志敏在赣东北一带从事农民运动。1933年初，他和邵式平一起率领红十军援助中央苏区，参加中央苏区的第四次反"围剿"。在瑞金期间，和当时担任中华苏维埃共和国临时政府主席的毛泽东相识。1935年4月，在一次战斗中，方志纯因负伤和组织失去了联系，流落异地；1937年七七事变后，方志纯在报上看到了八路军南京办事处成立的消息，马上与办事处主任叶剑英联系，叶剑英寄给他50元路费，让他到了延安。在延安，他又见到了毛泽东；随后，被分配到延安中央党校十三班学习。1938年5月前往莫斯科东方大学学习，同时治病。在东方大学，他与蔡畅、阿金、贺子珍等同学，并且担任班长，1941年底离苏回国，而贺子珍却留在苏联。

方志纯离开苏联后,辗转到达迪化,结果,在新疆和毛泽民及其爱人朱旦华等人一起被盛世才关进了监狱。其中,毛泽民等人于1943年9月牺牲。1946年7月经党中央多次交涉,方志纯和朱旦华等人集体返回到延安。方志纯被安排到中央社会部二室任主任,并担任中央卫戍司令部参谋长,负责中央机构和中央首长的安全。

朱旦华又叫朱丹华。1940年在新疆同毛泽民结婚,1941年2月,生下儿子毛远新。

逃出盛世才的魔掌回到延安后,朱旦华被分配到中央妇委工作。后来,方志纯和朱旦华两人在帅孟奇大姐的撮合下结婚。

1949年5月12日,中共中央批准陈正人为中共江西省委书记,范式人、杨尚奎为副书记;同时批准邵式平为江西省人民政府主席,范式人、方志纯为副主席。方志纯接到中央人民临时政府毛泽东主席签发的委任状。5月22日南昌解放。6月3日,中共中央复电华中局,同意江西省委由10人组成,方志纯又担任了中共江西省委常委。同日,江西省委的主要领导在南京会合,准备经上海前往南昌。

在动身南下时,朱旦华发现方志纯眉目中常常流露出一种忧郁,隐隐约约地感到他遇到了一件棘手的事情。但是,方志纯却没有向她透露什么事使他如此为难。随车南下到江西工作的有60多位同志。

黑色车皮的老式火车从北京站开出,快到天津站时,方志纯拉着朱旦华的手,非常郑重地说:"这次我们南下,主席交给我们一个任务,陪同贺子珍同志一起到上海。到上海后,再根据贺子珍同志的意见,看她是留在上海或到福州哥哥家,还是和我们一起去南昌。"

贺子珍?朱旦华这个曾经的毛家媳妇却对这个名字感到十分陌生。

"贺子珍同志是土地革命时期毛主席的妻子,你到新疆以前,她去了苏联。她身体很不好,不要随便问她什么。"方志纯含含糊糊地嘱咐她。

朱旦华知道毛泽东的妻子叫江青,现在又冒出个贺子珍,她已明白这几日方志纯蹙眉头的原因了。

方志纯和朱旦华说话间,火车在天津站停了下来。

车厢上有两男两女,径直走了过来。其中一个男同志首先和方志纯握手,介绍道:"这是贺子珍同志、贺怡同志。"又侧了侧脸,向两位女同志介

绍:"这是方志纯同志、朱旦华同志。他们也去上海。"

说完,相互握手,男同志下车去了。

为什么贺子珍、贺怡去北平却转去上海了呢?

原来,她们乘坐的火车到了山海关车站时,上来两个同志,自称是组织部派来的。他们说:

"你们不能进北平,只能南下,到你们哥哥那里去,这是组织的决定。"

贺子珍一听就明白这是怎么回事了,不让进北平,这是指她,而不是贺怡。她沉默着,没有说话。贺怡一听此言,马上与来人争了起来。但这个决定是不可更改的。那两个人板着面孔,毫无商量的余地,并以开除党籍相威胁。这样,贺子珍和贺怡只得转车前往上海。

贺子珍姊妹在天津站转车,和方志纯朱旦华一起南下。

方志纯热情地请贺子珍坐了下来。这时,贺氏姐妹并没有把在山海关发生的不快表现出来。在方志纯看来,贺子珍只是有点拘谨,而贺怡爱说话爱笑,比姐姐活跃得多。红军长征后,贺怡和毛泽覃都留了下来,和方志纯同属于南方局领导。而朱旦华与贺氏姐妹,和毛泽东一家三个兄弟的种种姻缘,加上方志纯又和这三人之间有着非同寻常的战友情谊,这使得他们的旅途谈话比较融洽和随意。

贺怡坐在朱旦华对面,笑着说:"人们只知道我姐姐叫贺子珍,其实贺子珍本来叫桂圆,桂圆是1909年桂花飘香的时候生的小女孩。"

接着,贺子珍也笑了起来,说:"小女孩自己生的女孩都不小了。"然后指着贺怡对大家说:"她小时候也不叫贺怡,叫银圆。"

这时,贺怡问方志纯:"姐姐说你和她是莫斯科共产国际党校(东方大学)的同学?"方志纯点点头说:"贺子珍比我去得早。后来我们一起读的政治班。我想读军事班,任弼时同志要我到政治班里来。"

贺子珍说:"记得你当班长。"

贺怡抬眼望了望贺子珍,又问:"你们是哪一年回国的?我姐姐要是一起回来就好了。"

方志纯尴尬地摸摸头,说:"在苏联,你姐姐是同学中压力最大的,怀有孩子,头上身上又有弹片。一起毕业比较困难。贺子珍同志学习太刻苦认真,后来就病了。"

贺怡说:"是不是王明在苏联打击我姐姐、迫害她呢?"

方志纯想了一会儿,才说:"我们去苏联时没有看见王明。王明和康生都是在1937年11月底回国的。他们还参加了1937年12月的政治局会议。我不知道贺子珍同志1937年底是到了苏联还是在国内。"

这时,贺子珍也插言说:"王明在苏联的影响是慢慢肃清的。"

贺怡在车上说,她在双清别墅见到毛泽东,但没有谈毛泽东同意或不同意贺子珍去北京,只是朗朗一笑:"我们姐妹俩只有从天津南下了。"

在这种几分率直几分含蓄的谈话中,第二天下午上海站到了。

10. 贺氏兄妹久别重逢

上海是近代中国最大的城市,于1949年5月27日在陈毅、粟裕率领的第三野战军和第二野战军的会攻下解放。

贺氏姐妹一下车,就看见了前来迎接的哥哥贺敏学和嫂子李立英。贺子珍和哥哥从1934年分别后已是15年没有见面了,兄妹劫后重逢自是一番景象。但是,兄妹们简单地谈了一些别后的个人情况后,就谈起了上海解放之事。

贺敏学说:"在上海解放中,我们二十七军是三野的主力攻城部队之一。但是,上海战役,是我们所遇的一次最特殊的战役。20多万守敌,有蒋介石亲临督阵,要拼死固守6个月,以等待美军的援助。市区内外遍布3000座美式碉堡,4000个钢筋水泥永备工事,1万多野战卫星工事,2万多颗地雷,老蒋守城司令汤恩伯称这些阵地'比斯大林格勒还强固33%'。在这样的情况下要攻占上海,同时又要严格保存市区建筑、工厂、电力、交通等设施的完好,就绝非易事了。有人形容这是'瓷器店里打老鼠'。对此,总前委已确定这样一条原则:尽量将市区守敌调至外围歼灭,以避免在市区大打。然而,钓'鱼'出城,敌人又岂会乖乖就范?"

这时,贺怡兴趣来了:"那你们是怎么把汤恩伯这个大头鱼调出来的呢?"

"1949年5月12日,三野第九、第十两个兵团,向沪市外围守敌发起了攻击。13日,月浦守敌凭借坚固工事,拼死争夺,双方伤亡枕藉,中央社大吹国军胜利,然而,他们这些防御工事帮了我们的忙啊。汤恩伯自恃有本钱固守,将市区部队调来增援外围,我们于是将计就计。果然,随着我们在月浦等地步步推进、在浦东直逼高桥,汤恩伯终于沉不住气,将驻守市区的第七十五军调到浦东,然后被我们逐口吃掉了。我们在外围的钳形攻势,又迫使大量敌军缩守吴淞口两侧地区以保其出海逃生之路。"贺敏学继续说,"上海市区的国民党军大减,为攻取市区造成了有利态势。23日,各部队发起全线总攻,向市区突击,我们军也接到了陈毅打来的电话:'你们马上要攻打市区了,一定要军政全胜,一定要把人民的损失减少到最低限度!'24日午夜1时,3路猛插市区,胜利会合在跑马厅广场,苏州河以南的市区全部解决了战斗。"

贺 敏 学

"啊,报纸上不是说上海是27日解放的吗?怎么战斗就全部解决了呢?"贺子珍在哈尔滨看过报纸,记得上海解放的时间。

"解决战斗只是苏州河以南的市区,河北还在汤恩伯手里。25日上午,我们向苏州河北的突击受阻,桥头上牺牲了不少战士,有些指战员纷纷要求开炮,我们坚决制止了开炮的要求,并制定了一个较大迂回和黑夜偷渡相结合的方案。与此同时,经上海地下党组织联系,我们军开始与北岸守敌淞沪警备副司令刘昌义接触。刘表示愿意谈判。"贺敏学讲述了上海解放的过程,"25日夜晚,大雨滂沱之中,陈毅同志等人乘车由丹阳进抵南翔镇。午夜1时,陈毅答复我们与刘昌义谈判情况的报告说:接受刘昌义投诚。限刘部于26日上午4时前集中在江湾指定地点待命。刘昌义接此电

照办不误。我们就开入了苏州河以北地区。"

"战斗就结束了？"贺怡问。

"战斗还没最后解决。26日下午，固守在闸北电厂的国民党青年军二三〇师还在负隅顽抗。我们硬打怕破坏了电厂水厂，开展政治攻势，又找不到线索。陈毅在电话中问明这个师是川军，是副师长许照在指挥，说：'那好，你们查查陆军大学教授蒋子英的下落，他当过许照的教官，让他出面劝许照投降。'我们很快把蒋子英的电话号码查出。接电话的蒋子英做梦也没想到共产党人对情况如此熟悉，连声表示：'我照办！立即照办！'结果，一做工作，许照就投降了。5月27日上午9时，上海全部解放！"

"上海战役打了15天，歼敌15.3万，城市完好无损。真了不起呀！"贺氏姐妹对上海之役的杰出指挥佩服不已。

"我们还有让上海人惊讶的呢！"贺敏学笑笑，接着说，"5月27日，枪声停息后的第一个清晨，当市民们打开家门时，惊奇地发现马路两边湿漉漉的地上，睡满了身穿黄布军装的解放军战士。英勇攻取了大上海的胜利之师却睡马路，这旷古未有的景象强烈震动了上海市民群众！我们进城的第一招就赢得了民心！"

这时，贺怡高兴地告诉大家说："我们在北平的时候，听毛泽东说，我们马上就要建国了！人民共和国马上就要成立了！"

这一消息更是令人振奋！

贺氏兄妹久别重逢，万分欣喜，贺宅笑声不断。三兄妹从20年代就踏上革命道路，几十年经历了生与死、血与火的考验，终于，他们看到了胜利，看到了共和国呼之欲出的光芒。

11."陈毅还是老样子，不过好像比以前更活泼了"

在贺氏三兄妹畅谈上海解放之时，方志纯、朱旦华等人经组织安排住

在天潼旅馆。没过多久,方志纯被陈毅市长的小车接去了。

见面时,方志纯忍不住对陈毅说了:"和我同行的,有两个老同志想见见你。"

陈毅问:"谁呀?"

"贺子珍和贺怡两姐妹。"

陈毅考虑了一下说:"可以吧。明天我请你们吃顿便饭,一来见见大家,二来为你们洗尘,以尽地方之谊。"

第二天傍晚,陈毅和妻子张茜在上海大厦请客。

贺氏姐妹和方志纯及江西省党政领导陈正人、邵式平等应邀而来。

贺氏姐妹见到了久违的陈毅。令贺怡没有想到的是,她还见到了当年在赣西特委时的老领导曾山,他已是上海市的副市长了。入席前,陈毅和曾山领他们登上上海大厦的顶层,俯瞰上海全城。大上海!望不到边的房子,像东海的波浪,高低起伏着;数不清的烟筒,像西柏坡的小桦林,高高耸立。华灯初上,霓虹灯肆意地变幻着缤纷的色彩。

陈毅手指着黄浦江两岸,兴奋地说:"你们看,工厂在冒烟,商店在做买卖,这个景象哪里像是刚打过一场大仗!党中央、毛主席要我们保护上海,不要打烂上海的指示,多么英明伟大啊!"

陈毅谈兴正浓,工作人员来催吃饭了。宾主一共10余人,分两席就坐。席间,陈毅逐一敬酒。

席间陈毅把手中的筷子充作大葱,绘声绘色地连说带表演,逗得贺氏姐妹和其他人大笑。他自己却止住笑,带着怀念的神色说:"现在好了,全国都快解放了,老百姓生活好些了。可新的战斗开始了。过去我们总是攻打城市,现在我们要建设城市了。我们对城市工作还生疏得很,我们的同志经常出洋相!我给你们说个笑话。"

这时,贺怡大声地说:"陈老总有什么笑话就快点讲呀,不要卖什么关子哟!"

陈毅说:"部队进城后,有个同志想到有名的南京路去看看。想把身上的衣服洗干净点,听人家说汽油好,洗得又干净,干起来又快。就把衣服泡在汽油里搓,一看,果然洗得很干净,没多久,汽油也跑掉了,衣服也快干了,高高兴兴穿上准备进城了。"

说到这里,陈毅吸了一口烟,"这个同志跟我一样,喜欢抽烟。他左脚刚出门,烟瘾上来了,火柴一刮,轰的一声,烟没点着,倒把带汽油的衣服烧着了。结果,不仅没进得了城,还差一点烧伤了呢!"

陈毅还没说完,大家就笑得直不起腰来了。陈毅没有笑,非常认真地说道:"看样子,管理城市各方面我们都要抓紧学习哦!大老粗当外行,寸步难行。"

这餐饭后,由于人多,贺氏姐妹与故人陈毅、曾山等人没来得及细谈。在回家的路上,贺子珍对贺怡说:"陈毅还是老样子,不过好像比以前更活泼了!"

陈毅是方志纯的老领导了。1933年两人相识。陈毅当时是江西省军区司令员,方志纯来到中央根据地后,任红十一军三十一师政委,在第四次第五次反"围剿"中,三十一师都在陈毅的指挥下打仗。红军长征后,陈毅留下来领导中央分局的工作,方志纯是闽赣省第二军分区司令员兼彭湃县县委书记。两人是老上下级关系,吃过晚饭,方志纯去了陈毅家。

陈毅全家

陈毅对江西老表的感情很深。在和方志纯交谈中,他深情地说:"难忘井冈山岁月,难忘江西的老表们啊!你去江西请代我问候老表们!"

然后,他又问方志纯:"你们现在急需什么?看我能不能从上海解决。"

方志纯说:"不需要了,上海刚解放,任务还很重,我们要什么还是回南昌自己解决吧!"

但是,陈毅还是坚持送给了江西省委10部汽

车,让粟裕给供给部打招呼,给他们挑10部好车、10个可靠的司机。另外,他还送给他们一辆美国吉普。他看方志纯穿的是布鞋,说南方多雨,又送江西的同志每个人一件雨衣、一双胶鞋。临别时,陈毅还送了他两句诗:"岭梅生春会有时,犁庭扫穴庆再造。"

第二天,上海市政府送来汽车、吉普车、雨衣和胶鞋。这么多珍贵的礼物,让陈正人、方志纯等人激动和议论了半天,然后,他们登上了征程。

但是,贺子珍和贺怡两姐妹没有和方志纯朱旦华一起回江西,而是停留在上海。

1949年8月,随着大江南北的解放,原来在东北工作的政工干部,纷纷南下,开辟新区的工作。贺子珍住在上海,她本来就觉得为革命没做多少事,于是也决定去工作。此时,贺子珍在井冈山时就相识的老战友谭震林,盛情邀请她到浙江去工作,她答应了,于是乘火车南下,直奔杭州。

贺子珍来到杭州后,被谭震林安排在杭州的市妇联任副主任。

不久,贺怡被分到吉安地委工作,担任吉安地委组织部部长,贺敏学也被任命为华东军区司令员兼政委。

12.贺怡为寻找小毛意外车祸遇难

1950年春,贺子珍同兄嫂联名给毛泽东写了一封信,信中谈及她们3人的工作安排。毛泽东很快回了一封信,写道:"希望贺子珍保重身体,顾全大局,多看看社会主义建设。"

随后,贺氏姐妹双双来到了南昌。

贺子珍打算看看离别了15年的井冈山,贺怡则是到吉安地委去赴任。从南昌临行赴吉安前,方志纯以江西省副省长兼民政厅厅长的身份问贺怡:"需要给吉安人民带点什么?"

贺怡笑着说:"就把陈毅送的那辆吉普车带到吉安去慰问老区吧。"

此时吉普车是很珍贵的交通工具,就是江西省委也才一两辆。方志纯等人带着陈毅送的这辆吉普回到南昌后,一天,方志纯和朱旦华等人坐着这辆吉普车在街上,看见一位老战友在前面走,方志纯赶忙叫车停下来,下车和战友交谈。这位战友一边说话,一边羡慕地看着这辆吉普车。方志纯笑了笑,邀请战友上车。这位战友高兴地登车过过瘾,因车上人已坐不下了,结果,方志纯让这位战友坐在车上,自己则大步走在吉普车的旁边说着话。

贺怡回吉安提出要吉普车,方志纯非常慷慨,满口答应:"你要车,我能不给吗?"

贺怡兴奋地乘车而去。

贺子珍没有和她同行,她身体不太好,留在南昌。

贺怡这一次回吉安,除了赴任外还有一个任务,就是想办法找到毛泽东和贺子珍的儿子小毛。

小毛是贺子珍1932年11月在福建长汀生下的那个男孩,也是贺子珍和毛泽东的第三个孩子。长征时,毛泽东和贺子珍把小毛托付给留下打游击的毛泽覃夫妇。毛泽覃和贺怡最初把小毛安置在奶妈家。红军长征后苏区很快被敌人占领,毛泽覃害怕小毛被敌人发现,在他率领独立师向福建转移前,将小毛领了出来,安置在瑞金一个警卫员家里。后来,毛泽覃和贺怡再没有见过面。1935年4月25日,毛泽覃和那位警卫员都在战斗中牺牲了。瑞金多次惨遭国民党血洗。有人说,警卫员家里后来转移到永新山上,具体在哪里,谁也说不清楚。小毛到底在哪里,是否还在人间?成了一个难以追寻的谜!

贺怡上任中共吉安地委组织部长后,因公出差去广东。借此机会,她把寄放在广东的女儿贺海峰、儿子贺麓成找了回来,同时还接来了已经牺牲的古柏烈士的遗孤古一明,一起同行。在广东,贺怡接到江西吉安地委的电话,要她迅速赶回吉安,说是可能已打听到小毛的下落。

于是,贺怡一行乘坐吉普急忙从广东赶回,到达泰和时,天已大黑。

此时这一带土匪活动还很猖獗,土匪甚至还曾扬言要杀掉贺怡。按说贺怡她们理当在泰和借住一宿,第二天赶路;警卫员和贺海峰兄妹的养父都劝贺怡在泰和住下,待天明时再赶路。可是,为了早点找到毛毛,贺怡把

个人安危置诸脑后,毅然决定连夜驱车。

吉普车疾驰在颠簸不平的泰和至吉安的公路上。当车子沿着下坡路俯冲时,突然,对面的一个小山丘上出现了火把,贺怡机警地省悟道:"有土匪!"警卫员马上命令司机刹车。在这危急关头,驾驶员不但没刹车,反而加速,车子直冲大桥,情况十分火急。在这千钧一发之际,贺怡当机立断,把儿子贺麓成推出车外,自己则随着吉普车及车上其他人一起翻落河中。

第二天早上,遇险的吉普车被附近村庄一位老婆婆发现,她把贺怡从车里拖出来,贺怡早断了气,她的两个警卫员也牺牲了。儿子贺麓成腿部受伤,昏倒在车下。女儿贺海峰因为有警卫员的保护,被压在车下,只稍微受了一点腿伤。

贺怡出师未捷,心愿未了,却满怀遗恨地跟着先逝的丈夫毛泽覃走了。听到这个噩耗,谁的心里能平静啊?!

方志纯懊悔地说:"贺怡同志要那辆吉普车,要是舍不得给她就好了。"

贺怡之死对贺子珍是一个很大的打击和刺激。她一下子病倒了。方志纯和朱旦华去探望多次。江西省委第一书记陈正人和省长邵式平都去看望她。邵式平的妻子胡德兰从北京开刀回来后也常常坐在贺子珍的身边,"现身说法"开导再三。胡德兰比贺子珍大4岁,也是江西老表。早年是南昌省立第一女子师范的学生,五四运动时被推为学生代表,1923年和赵醒侬、袁玉冰、方志敏等人发起成立马克思主义学说研究会,是个老革命了。贺子珍对战友们的关心很是感激。但是这些劝慰与关心又怎能抚得平伤痕累累的她对于妹妹之死的悲伤呢?

贺怡的两个孩子在这次事故中受了伤,其中一个伤势还很重。贺子珍马上赶往上海贺敏学的家,带着破碎的心,悉心照料这两个受伤的孩子。

贺子珍把对妹妹的感情都补给了她的两个孩子,她在照料这两个外甥儿的时候,几乎是付出了所有的心血和爱。两个孩子在贺子珍的精心照料下,不久,伤就痊愈了。当贺怡的两个孩子伤愈以后,贺子珍不想再回到杭州去了,她希望留在上海工作,这样,她可以在这里边照顾贺怡的孩子边工作。于是,贺子珍向上海市委请求安排工作,但是,都没有结果。

贺子珍没有工作,感到痛苦甚至自责,她以为是自己在杭州干的工作不好而被上海市委拒绝给安排工作。一天,曾志来看她。

全国解放后,陶铸奉调广东工作,后任广东省委书记兼广州军区第一政委,后来,曾志调到广州任中南局工业部副部长兼广州电业局局长、党委书记。

曾志当初去广州时曾邀贺子珍同去。这次见面,贺子珍带着自责的口气说:

"我后悔,当初没和你去广州工作。"

此时,贺敏学已调甘肃,担任西北工程管理局局长。贺子珍没有工作,整日无所事事,又陷入空虚之中,她又开始彻底失眠。当她一根接一根地抽烟浇愁之时,她又开始想念以前的时光了,有时,她想着想着,就会用手狠狠地捣自己的头,喃喃地说:"一步走错,竟然步步错了。"

13. 毛泽东说:"叫子珍成个家吧"

好在还有一份亲情温暖着贺子珍,那就是她的女儿娇娇。

这时,在北京的娇娇开始上中学了。上中学后,毛泽东为她正式取了一个名字,叫李敏。李敏来到毛泽东的身边后,每到寒假,毛泽东都要打发李敏去看望她的妈妈贺子珍,让她们母女相聚。而每年暑假,他则把李敏留在身边,陪伴自己。

毛泽东得知贺怡为寻找小毛毛而牺牲的消息,甚为感动。同时又得知贺子珍因妹妹牺牲,悲伤过度而病倒,于是安排女儿李敏带上药品和两条他舍不得抽的外国名烟,来看望贺子珍。

毛泽东的问候,是治疗贺子珍的病的良药,她的病情慢慢得到了控制。

李敏要回京了,贺子珍给毛泽东捎去南方的时鲜蔬菜,这些菜都是以

李敏同父亲在一起

前他们两个人在一起时毛泽东爱吃的,一般在北方不易买到。并且,她还给毛泽东捎去一只银质的、做得很精致的耳挖子。因为毛泽东是油耳朵,经常要清除耳垢。

贺子珍给了李敏一份礼物,一件毛质衣料,并且,她还同样买一份送给毛泽东与江青的女儿李讷;给江青,她也捎去了一份礼物。

贺子珍这么做的目的很明确,那就是她真心希望江青能对毛泽东好一些。她经过长长的思考,已经甘愿处在局外人的地位了。尽管在内心深处,她仍然旧情难舍,但是,因为对毛泽东这份最纯真的爱,她宁愿自己去孤独,宁愿自己独尝爱的痛苦。

贺子珍的真情毛泽东当然能够体会到。李敏回到北京,他问:

"你妈现在是什么样子了?"

"我妈现在可胖了,腰有这么粗,像个大水桶。"李敏做了一个夸张的动作,她故意逗父亲说。

毛泽东摇摇头,忧郁地说:

"她不可能发胖,她过去身体就比较瘦弱,现在又有病,情绪也不好,怎么可能胖呢?"

李敏听了父亲的话,心里一惊,不由地想到:爸爸多么了解妈妈啊!不然,他没见到妈妈,怎么可能知道那么清楚!见父亲如此,李敏只好如实告诉毛泽东说:"爸爸说得对,妈妈的确很瘦很瘦。"

毛泽东又问起贺子珍的生活起居。李敏告诉他:"妈妈同海峰和麓成他们住在一起,只有一间屋子,很挤。"

毛泽东说:"关于你妈妈的事,你以后可以去找汪东兴叔叔,我办不了的事情,他能办到。"

于是,李敏去找汪东兴,将妈妈住房困难的情况告诉他。不久,汪东兴果然帮助解决了。陈毅听到汪东兴说的贺子珍的情况,就把他在湖南路的一栋寓所给了贺子珍,陈毅又任命贺子珍为上海市委组织部副部长。但是,此时贺子珍的身体非常差,根本无法参加工作,结果她主要是在上海原延安路120号住宅休养。不久,贺敏学又调福建省任副省长,贺子珍有时也到福州哥哥家去住一住。

一次,贺敏学到北京开会,娇娇告诉爸爸说舅舅来了。毛泽东便约见贺敏学,谈了两个多小时。毛泽东详细询问了贺敏学在井冈山和他分开后的经过。最后毛泽东说:"叫子珍成个家吧。"

贺敏学说:"主席,这个不好说,她不愿意的事谁都拗不过她。"

14.收音机一夜没关,贺子珍从此病了

1954年9月15日,第一届全国人民代表大会第一次会议开幕,毛泽东致了题为《为建设一个伟大的社会主义国家而奋斗》的开幕词。

全国人民代表大会的召开和第一部宪法的正式颁布,在中华人民共和国的发展史上,是一个重要的里程碑。毛泽东在大会开幕词中说:"我们这

次会议具有伟大的历史意义。这次会议是标志着我国人民从1949年建国以来的新胜利和新发展的里程碑，这次会议所制定的宪法将大大地促进我国的社会主义事业。……

我们的总任务是：团结全国人民，争取一切国际朋友的支援，为了建设一个伟大的社会主义国家而奋斗，为了保卫国际和平和发展人类进步事业而奋斗。……

我国人民应当努力工作，努力学习苏联和各兄弟国家的先进经验，老老实实，勤勤恳恳，互勉互助，力戒任何的虚夸和骄傲，准备在几个五年计划之内，将我们现在这样一个经济上文化上落后的国家，建设成为一个工业化的具有高度现代文化程度的伟大的国家。"

最后，他庄严宣告：

我们的事业是正义的。正义的事业是任何敌人也攻不破的。
领导我们事业的核心力量是中国共产党。
指导我们思想的理论基础是马克思列宁主义。
我们有充分的信心，克服一切艰难困苦，将我国建设成为一个伟大的社会主义强国。
我们正在前进。
我们正在做我们的前人从来没有做过的极其光荣伟大的事业。
我们的目的一定要达到。
我们的目的一定能够达到。

中央人民广播电台进行了实况转播。这一天，贺子珍正好在贺敏学家，晚上，她和李立英坐在一起收听收音机，突然，其中传来毛泽东在开幕式上的讲话录音，贺子珍一下子呆住了。这声音对她来说是多么熟悉，又是多么遥远！

"毛主席的声音真洪亮。"李立英赞叹地说。

"是呀，他的声音很洪亮，跟过去一样。"贺子珍回答得很正常。

可能是这个讲话太重要了，广播电台播放了一遍又一遍。贺子珍听了一遍又一遍，她忘了吃饭，也忘了睡觉。

贺敏学(中)、李立英(前右)夫妇和贺子珍(前左)

第二天,李立英起床后,到贺子珍的房间去,却看见她还一动不动地坐在老地方,耳朵紧贴在收音机上全神贯注地倾听着什么,便轻轻地叫了她一声。贺子珍却没回头,过了一会儿,她对李立英说:"咦,收音机怎么不响了,不广播毛主席的讲话了?"

李立英听了,忙过去,拿起收音机一看,原来收音机一夜没关,已经烧坏了。李立英正要对贺子珍说明原因时,一回头,却见她脸色煞白,嘴唇哆嗦,她心里"咯噔"一下,忙将她扶起。贺子珍从此病了,处在一种时而清醒时而糊涂的状态。毛泽东那久违的湖南口音给她的刺激太大了,她行将愈合的心灵创伤,又重新开裂、流血。

面对贺子珍的病情,贺敏学夫妇急坏了,赶紧把她送进华东医院。医生诊断为精神分裂症。可是贺子珍不肯吃药,并且拒绝治疗。贺敏学无计可想,不得不让妻子李立英给李敏写信,告诉她妈妈病重的消息。

李敏得知母亲的病情后,难过极了,她马上把这个消息告诉了父亲。毛泽东听到贺子珍生病的经过,心情十分沉重,他流下了眼泪。这是李敏第一次见到爸爸流泪,她也禁不住陪着爸爸一起流了泪。

毛泽东怕现在让李敏去看贺子珍会耽误李敏的学业,他左思右想,想出了一个办法:给贺子珍写一封信。他知道,贺子珍的病是因心事太重而

引起的,他相信心病还需心药医。这是他给贺子珍写的第二封信。在信中,他劝说贺子珍要注意身体,好好治病。并且说,苏医生是个好同志,杨医生也是好的,要听医生的话。不要抽那么多的烟,烟抽多了对身体不好。最后,他恳请贺敏学代为照顾贺子珍。殷殷之情,溢于言表。

毛泽东的信就像是一把钥匙,打开了贺子珍心门上的大锁。当亲人们告诉她,毛主席给她来信要她好好吃药,好好看病时,她的神智竟然逐渐清醒起来。她自己读信,肯吃药,也肯看病了,而且把烟也戒了。

不久,李敏放了寒假,毛泽东让她去看望母亲。在她临行前,毛泽东除了让她带去专门为贺子珍购买的药物外,还特地嘱咐李敏,代他向贺子珍问好。并且,他还说:"你告诉上海的组织,妈妈病了,请他们多多照顾,带她去治病。但不要说她是因为什么生病的。"

这次病愈后不久,贺子珍三天两头便要谈及过去和毛泽东相聚的岁月,并急切地要贺敏学带她去见毛主席。从哥哥那儿打不开缺口,竟又央求李立英去北京见毛泽东,反映她如何如何地思念,并说:"贺怡已死,只有我适合去见毛主席。"

李立英夫妇面对贺子珍这些要求,感到无所适从,是的,贺子珍确实精神有问题了,她要强的性格让她付出了高昂的代价,并为此饮恨终生。

15."我好悔!"

1958年夏天,贺子珍来到了南昌。江西省委安排她住在洪都宾馆。

不久,贺子珍提出要在江西南昌住下来。江西是她的故乡,这里的一切她那么地熟悉,又那么地留念。特别是江西省的现任领导,杨尚奎、邵式平、方志纯都是江西人,方志纯又是她苏联的同班同学,朱旦华原来是毛泽民的妻子,副书记刘俊秀还是永新的老乡,这一切使贺子珍感到非常亲切。江西省委将贺子珍的意见转呈给中央,经同意后,1958年秋在江西省

委大院附近,为贺子珍安排了一处二层楼房的小院,即南昌三纬路20号。

方志纯对贺子珍的生活考虑得很周到,给她分配了一个年轻女孩子卢泮云做身边护士。

卢泮云1958年8月刚从江西省卫校毕业,分配到江西省人民医院仅十几天,因"另有工作任务"来到江西省卫生厅人事处,通过人事处又到江西省委组织部,最后被带到副省长方志纯家里。方志纯一见卢泮云,亲热地问长问短,像自家人一样介绍朱旦华和刚从学校放学归来的一对儿女。最后他说道:"毛主席原来的夫人贺子珍,组织上安排你去照顾她,她身体和精神不太好,不喜欢不熟悉的人在身边。你以后去照顾贺子珍,好不好?"

方志纯看见卢泮云认真地点着头,又继续说道:"你在贺子珍跟前就说是我弋阳的姨侄女,不知道的不要多问,也不要对外乱讲。"

年轻的卢泮云有着胖胖的一张笑脸,对组织的信任既兴奋又紧张。

当天方志纯带着卢泮云来到洪都宾馆贺子珍住的房间,笑着说:"这次我把弋阳老家的表侄女送来照顾您,好不好?"

贺子珍一把拉着卢泮云的手问:"你多大了?家里有哪些人?"

卢泮云是万载人,和弋阳口音区别不大,贺子珍信以为真,当晚就高兴地要卢泮云和她一起睡在宾馆的"弹簧床"上。

第二天,方志纯和贺子珍还有她身边的工作人员一起来到三纬路的小院。这里很幽静,几棵高大的梧桐将庭院遮掩得疏落有致,庭院中央一座二层楼的别墅虽然陈旧,却整理得洁净。贺子珍一眼就看上了这所房子。几天后,贺子珍就和她身边的工作人员一起在三纬路20号安居下来。

在贺子珍的工作人员中,除新来乍到的卢泮云外,还有上海来的医护人员查元清、专门做饭的50多岁的"江西妈妈",专门看门的赵伯。江西妈妈和赵伯都是贺子珍从永新老家带出来的,由公家付给工资;还有一位是由江西省委组织部分派的秘书,叫刘洪经,30多岁,他不住在三纬路庭院,但经常来,担任贺子珍的秘书工作,他只向江西省主要领导同志汇报,对江西省委组织部部长都保密。

三纬路小院,据说是解放前国民党旧省长熊式辉的房子,虽有10间房间,贺子珍还是要求卢泮云和她住在一间房子里,在房里铺了两张小床。

晚上贺子珍睡眠不好,常常半夜坐起来对卢泮云说,房上有坏人要害她,有时要半夜起来打"壁虎"。卢泮云是个性格很好的姑娘,总是揉着睡眼劝慰"贺妈妈"。贺子珍比较清瘦,喜欢穿列宁装,穿戴很整洁,每天都是卢泮云帮她梳头,两条短辫用黑卡卡在脑后。贺子珍细眉长眼,嘴唇薄薄的小小的,给人一种忧郁的古朴的美。贺子珍不爱说话,在院里喂了一条小狗,有什么都先让小狗吃,没事自己才吃。

贺子珍住的小院离方志纯家不远,大概有10分钟的路程。她经常到方志纯家里来。来时静静地坐着,女公务员给她倒的茶,她从来不喝。碰见吃晚饭,朱旦华和方志纯邀请她一起吃,有时她摇摇头,表示她吃过了,有时她点点头。当她留下来吃饭时,朱旦华总是吩咐保姆再专门为她炒一个菜,可菜端上来,她开始时总是不去夹它。为了客气,朱旦华和方志纯总是先敬她,她坚决不吃,这盘菜别人动了筷子后,她才吃。开始朱旦华不知道,怪她太客气了。她望着朱旦华,认真地说,有人要害她,她恐怕菜中有毒,别人吃过后,她就放心了。

唉,茶水也是这样,贺子珍喝朱旦华喝过的茶,为她专门泡的新茶她从来不喝。贺子珍比朱旦华大两岁,参加革命也比朱旦华早,对她的这种"臆想"习惯,朱旦华不知道怎么办好,往往迁就她。她一来,总是新泡两杯茶,一杯喝了一口后,递给她。方志纯比贺子珍大4岁,认识她早一些,说话也直,总是劝说贺子珍,不会有人害她,江西上上下下对革命老同志都是很敬重的,什么事情都要看得开。方志纯说话,贺子珍总是望着他,认真地点头。可下一次再来,还是原先那个样子。贺子珍是一个很讲旧情的人,方志纯有些话说得很直,她心里明白他劝说她的好意,虽不能改,但一点也不计较,还是照样来方家坐坐。

这时候,朱旦华在江西省妇联工作,一天到晚忙不完。贺子珍因身体方面的原因,江西省妇联没有叫她和大家一起忙。有一次,江西省有关部门利用星期天举办一次工业展览,朱旦华特地邀上贺子珍两人专程前去参观。门口是开国领袖毛泽东的一座立像,挥举巨手。贺子珍一下子站在那立像前,呆住了,泪水像一粒粒珍珠滚落下来。她痴痴地望着,一动也不动。

朱旦华心酸地站在旁边,不知道怎么劝才好,内心里责怪自己,应该

先来看一下,注意有没有触动贺子珍那根筋的东西。

看到贺子珍这副模样,朱旦华轻轻地走上前扶着她的肩,说:"子珍,我们进去看展览。"

"不。我就在这里看。"贺子珍还是呆呆地注视着毛泽东的立像。好半天,好半天,才轻轻地说出三个字:"我好悔!"

结果,朱旦华劝了好久好久才劝动她离开。回来的路上,两人的心都沉甸甸的。

在那样一个激情澎湃的时代,毛泽东的画像出现的场合比较多,贺子珍一遇到就伤感,长期下去身体和头脑只会越来越差。这件事后,朱旦华再也不敢轻易陪同贺子珍在南昌各处参观了。

贺子珍
He Zizhen

第十一章 久别重逢在庐山

1. "你爸爸同意，我也同意"

这时，李敏在北京师范大学附属女子中学读书。早在上一年年底，李敏生病住进了北京医院，毛泽东的医生王鹤滨大夫去医院探视。忽然，李敏拦住了他："你看这个！"

李敏把手中收到的男同学的一封信，伸到王大夫眼皮底下。

王鹤滨明白了，这是男孩子给李敏的情书。

"你喜欢他吗？"

"这怎么说呀。"她忸怩着说。

"你们的年龄都还小。如果你喜欢他，可以相互通通信，了解了解。"王鹤滨像长者一样告诉李敏。

"怎么回信呀？"她红着脸请教王大夫，两只手不停地抚摸着双膝。

"心里怎么想的就怎么回吧。"

在王鹤滨帮助下，她写下了第一封回信。

李敏的这位意中人就是后来成为她丈夫的孔令华。

两人交往了一段时间后，李敏觉得该向父亲禀告了，征求他的意见。

"小孔的父亲是哪个呢？在哪里工作呢？"李敏讲完孔令华的情况后，毛泽东问。

"这……我没问。他也没有说过。"

李敏爱的是孔令华这个人，他的家人是谁、做什么工作，她都没去想过。他们平时无话不说，却从未打听过家里的这些情况。

"家长干什么你都不知道，怎么跟他交朋友呢？"站在父亲的立场，毛泽东考虑得更多一些。

"我是跟他交朋友,打听家长干吗呢?"李敏大惑不解。

"还是要问一问。了解了解情况嘛!"毛泽东不希望女儿马虎。

李敏一向非常尊重父亲的意见,等再次与孔令华见面的时候,就把父亲的意思跟孔令华说了。他听后乐了,李敏也乐了。然后,孔令华就把情况都跟李敏说了。

回到家里,李敏告诉毛泽东:

"爸爸,我知道了,小孔的父亲是孔从洲。"

"噢,我熟悉,熟悉。"毛泽东听了连连说,没再问下去。

"那您……您同意吗?"李敏心情忐忑,怯怯问道。

"好,好。"毛泽东点头,欣悦写在脸上。

初夏的微风和煦宜人,柳枝像孩童荡秋千般轻悠地摆着,满眼的月季,黄的、红的、橙的、淡胭脂的,芬芳吐艳,娇嫩欲滴。

这天,李敏第一次把孔令华领到家里见父亲。

见他们来了,毛泽东放下手里的书,让他们坐到身边。孔令华初次来见毛泽东,端端正正地坐着。

像所有爱女儿的父母一样,毛泽东上下端详着孔令华,仿佛要审度女

李敏和孔令华的合影

儿的终身幸福是否可托付给这年轻人。生性坦诚的孔令华本来就有点紧张,经不住毛泽东这么看,不自觉地挺直脊背,额头稍稍渗出汗来了。

一会儿,毛泽东的目光转到李敏这儿,李敏也正好朝他看,目光相视,父女俩同时默契地笑意盎然。娇娇知道父亲的意思了!父亲对孔令华挺满意,他漂亮的娇娃,给他找了个用功好学、英俊魁梧的未来女婿。"考试"完满结束,李敏人生的这道重大课题,获得通过。

1958年7月,李敏高中毕业准备升入大学的考试。孔令华为帮助她复习功课,住进了中南海毛泽东的书房。毛泽东特别关照他们:要劳逸结合,不可为了升学而搞垮身体。

升学考试过后,毛泽东提醒女儿:

"你们的事,是个大事,我同意了,还要征得你妈妈的同意。如果你妈妈没意见,你就跟小孔去见他的父母。俗话说,丑媳妇也要见公婆哩!我的娇娃不丑,更要见公婆。"

其实,寒假到上海看贺子珍时,李敏就把这事跟母亲讲了。贺子珍说:"你要跟爸爸商量,他同意,我也同意。"回到北京后,李敏也没立即把母亲的意思跟父亲说。

遵从父命。李敏和孔令华来到南昌,去见居住在此的贺子珍。他们原原本本地把父亲的话转告母亲。贺子珍还是那句话:

"你爸爸同意,我也同意。"

离开贺子珍后,他们又乘火车来到沈阳。

孔令华的父亲、李敏未来的公公原在杨虎城将军的部队,西安事变时任十七路军警备二旅旅长,兼西安城防司令。现在解放军沈阳高级炮校任校长。李敏这是第一次拜见孔令华的父母,第一次认孔家的门。两位老人像待亲女儿一样疼她、关心她。能让老人们满意、放心,李敏和孔令华也就开心了。

没有花前月下,没有时髦浪漫,他们两个相爱的人,在征得双方父母同意后,决定结婚了。

2. 曾志说:"我去看望了你的一个老相识"

1959年7月,中共中央在庐山举行政治局扩大会议和八届八中全会,历史上称之为庐山会议。

在会前,毛泽东先行来到了庐山。在庐山,他让卫士李银桥几次打电话给李敏:婚期要推迟,等爸爸返京后再举行。他还亲自写信给李敏,说他会议结束后马上返京。

毛泽东为什么要推迟李敏的婚事呢?除了他打算亲自参加外,据事后李敏说,他可能是看贺子珍是否出席李敏的婚礼。

正在这时,6月29日,广东省委第一书记陶铸的夫人曾志前来拜访毛泽东。曾志与毛泽东在井冈山时就在一起革命,这次她也是前来参加庐山会议的代表。来到庐山后,她特地来拜访了毛泽东。

见面后,曾志说:"主席,来庐山的路上,我去看望了你的一个老相识。"

毛泽东好奇地问:"谁啊?"

两人当年是十分熟悉的战友,这时,曾志直截了当地回答说:"我路过南昌的时候,特意去看望了贺子珍。"

毛泽东沉吟了一下,又关切地问道:"怎么样?她还好吧?"

曾志回答道:"我看她很正常嘛,哪有什么神经病?她对过去的事情记得很清楚啊!"

曾志与贺子珍1950年上海分别后,听到过许多关于贺子珍的传言,她半信半疑。所以这一次来庐山开会,她首先前往南昌看望了老战友。曾志的来访使贺子珍非常高兴。她一眼就认出了曾志,并热情地与她叙谈起别后的经历,晚上两人又同吃同睡。在交往之中,曾志未见贺子珍有什么不正常的地方。所以,一见到毛泽东,她就把自己了解的情形如实讲了。

毛泽东知道曾志同贺子珍是井冈山时期的好友,感情很深,此刻,听到曾志谈起贺子珍的情况,曾经的战斗岁月、患难与共的往事一起涌上心

毛泽东第一次登上闻名已久的庐山

头,他动情地说:"我们到底是十年的夫妻啊!自延安她赌气走后,我们就再也没有见过面,21年了!你去同汪东兴谈一谈看能不能安排和她见一面。"

汪东兴1933年就开始跟随毛泽东,参加过长征,做过排长、连指导员,

担任过公安部副部长,江西省副省长等职,是毛泽东一手提拔起来的干部,跟随在毛泽东身边负责警卫工作,是毛泽东信任的人之一。

汪东兴知道此事的保密性,直接去找到已是江西省委书记的方志纯。汪东兴和方志纯由于工作关系,在西柏坡就很熟。两人商量,"乘江青还没有上山以前,将贺子珍接来",因时间比较紧,当即决定了"严格保密,知道的人越少越好"的策略,初步决定曾志、朱旦华等人承担这个工作。他们考虑朱旦华和贺子珍时有接触,比较熟悉,而曾志刚刚看过贺子珍,拉她上山做伴,估计她会愿意。

由于"都不是外人",毛泽东下午请曾志、朱旦华在180号美庐二楼吃了一餐便饭。美庐原来是蒋介石与宋美龄在庐山居住的别墅,用宋美龄的名字命名为美庐,现在改称180号。毛泽东的住处就在楼上。晚餐只有4个菜。除一盘青椒炒肉丝外,毛泽东自己有一小碟炸辣椒,江西人嗜辣,毛泽东吃得还要辣。毛泽东看着朱旦华无从下筷子,笑着说:"你这个上海人也要学吃一点辣。"接着又说:"江青是怎么也不吃辣。"

毛泽东大笑,旁边的人也跟着笑起来。

这天毛泽东的心情很好,奇怪的是一直没有提到贺子珍。直至饭快吃完了,毛泽东才问:"很想和贺子珍见最后一面,怎么搞好?"

曾志没有说话,望着朱旦华。因为朱旦华曾是毛泽民的妻子。

朱旦华知道毛泽东和贺子珍都是盼望见这一面。但她也没有说话,因为她与毛泽民的儿子毛远新在北京毛泽东身边读书,江青如果知道自己介入这件事,一定会责怪她的,于是,也是回避毛泽东的目光。

毛泽东单刀直入地问:"旦华同志,你看呢?"

朱旦华表态:"我听主席的。"

毛泽东点点头。

但事情又起波澜,当晚,陶铸听曾志说起这事,说:"这件事若是让江青知道了,那还了得呀!"结果,由于陶铸的阻止,曾志没有继续介入此事。

曾志的退出,使这件事比较棘手起来。汪东兴向江西省委第一书记杨尚奎作了汇报,由此有了新的安排。

3. "不行了,脑子坏了,答非所问"

一天,江西省委第一书记杨尚奎对妻子水静说:"毛主席想见见贺子珍同志,要你同朱旦华今天下午回南昌,把贺大姐接上庐山。"

水静与贺子珍比较熟。杨尚奎常去看望老战友贺子珍,贺子珍也常来他们家。

杨尚奎继续说:"你们上山后,直接去隧洞口左边的第二栋房子,我已安排好了。主席特意交代,这事要绝对保密。"

这时从庐山到南昌的山南公路没有修,从庐山到南昌只有经山北公路先到九江,再从九江到南昌。第二天,水静就坐着吉姆车下山到南昌接贺子珍。

但是,在路上,水静感到第一个难题是:"我们以什么理由请贺大姐到庐山呢?"

贺子珍在江西断断续续住了多年,因身体的原因,在江西没有担任职务,妇女工作党务工作都不合适,以什么理由好呢?左思右想,她终于有了一个理由:贺子珍是老红军,江西省委请她上山避暑。

这时,从庐山到南昌一般行车时间是4至5个小时。但高档的吉姆车从山北公路下山,两个多小时就到达了南昌,小车开进了南昌三纬路贺子珍住的小院。

小车一进门,贺子珍正在院子里打着蒲扇,卢泮云站在她身后,亲热地为贺子珍盘头。卢泮云一看来了人惊喜得要喊人,水静摆了摆手,走进了院子。

"贺大姐——"水静亲昵地喊道。贺子珍闻言扬起脸礼貌地站了起来。贺子珍在江西,江西省的几位大姐经常来看她,水静人年轻腿也勤,和贺子珍很熟悉。她一坐下就直奔来意:"今年南昌太热,省委请你到庐山去休息几天。好不好?"

"上山要花公家的钱。"贺子珍微微地摇摇头。

448

水静有点急了,赶紧说:"大姐是老红军啊,省委很敬重大姐啊。上山现成的车子,我们都去的,又有现成的房子,公家不花钱的。"

卢泮云也在旁边劝贺子珍。贺子珍见大家都这么认为,于是问道:"今晚上山?"

"晚上上山不安全吧?我们明天下午走怎么样?"水静轻轻地问。

贺子珍点点头。

"那就说定了,明天下午3点钟来接大姐。"水静临走前与贺子珍说好了时间。

至于第二天贺子珍上山的时间,一种说法是在1959年的7月8日,而水静提供的时间是8月上旬,相差一个月。还有谁去接的贺子珍上山,水静说是和朱旦华一起去接贺子珍的,而朱旦华回忆她没有下山,是水静一个人去接的。

就这样,在一个月牙弯弯、苍木掩映的晚上,水静陪同贺子珍悄悄来到了庐山,来到牯岭涵洞左侧28号——江西省委安排的一家没有纳入庐山管理局招待所编制的"平房"。

贺子珍住进了28号临时招待所后,水静要向毛泽东和杨尚奎汇报安排的有关事情,则避开贺子珍忙乎起来。朱旦华则陪同贺子珍住在最偏的一间房间里。两人共处一室。

庐山的夜是那样宁静,阵阵山风吹刮过来,松涛起伏,听起来和当年在井冈山时有几分相似。贺子珍喃喃自语:"我好悔!"朱旦华理解地点点头,没有说话。

贺子珍住下后,水静立即向毛泽东汇报。毛泽东住在庐山的美庐。

这是一栋两层楼的建筑,楼下是会客室、副室,楼上是个大套间,外面是书房,里面是卧室。毛泽东的卫士就在楼梯口的小屋子里值勤。

毛泽东坐在书房的沙发上,听水静汇报接贺子珍上山的经过。他听完以后问:"贺子珍身体怎么样?"

水静回答说:"还可以。"

毛泽东说:"你同尚奎同志商量一下,是否这几天就由你陪着她。"

说罢,他又叮嘱说:"你一定陪着她,不要让她跑到外面来,不要离开屋子一步。"

水静答应了。

毛泽东又说:"你好好照顾她,我很快安排见她,时间可能是明天晚上,我会通知你的。"接着他又说:"江青正在北戴河,不知道这件事,我已经派人用专机给她送文件去了。我身边的人我也会安排的,把他们支开。"

毛泽东嘱咐完,看水静要走了,突然又冒了一句话:"希望她能一拍即合。"

这句话是什么意思,他没有解释,水静也不便多问。

第二天,水静接到通知:当晚9时乘杨尚奎的专车,带贺子珍去见毛泽东。通知还说到,已经打好招呼,一路不会有人截车。

第二天晚上,水静与贺子珍准时乘车来到180号。这时,平时盘查很紧的门卫,竟没有一个人上前拦阻、询问,院子里静悄悄,汽车直接开到别墅的门前。这道门也没有人守卫,门是虚掩着的。

与180号紧挨着的181号别墅,是毛泽东身边的工作人员办公、住宿的地方,此时灯火通明,窗户洞开,里面工作人员说话的声音清晰可闻。但是没有一个人探出头来看一眼这悄然而至的黑色轿车,更没有人知道从车内走出来的是谁。

推门进去,只有卫士封耀松一个人在客厅里等着。他显然已经知道他今天晚上的职责,见水静和贺子珍进来,忙把来访的两位女士领上二楼。上楼后,他让水静在他的楼梯旁的值班室里坐着,然后,他推开套间的门,让贺子珍走进去,他自己并没有走进去,而是随手带上了门,退到值班室,与水静一起坐着等候。

毛泽东与贺子珍的会见,经过周密精心的安排,在他们分别20多年后,终于实现了。

贺子珍一进屋子里,抬头一看,不觉一惊,里面坐着的是毛泽东。毛泽东见她来了,站起身,微笑着同她打招呼,请她坐下,然后拿了两个杯子,倒了两杯茶,一杯放在贺子珍面前,一杯放在自己的面前。他们就隔着一个茶几,在两把藤椅上坐下来。

贺子珍做梦也没有想到在这个时刻能够见到毛泽东。她的眼泪一下子流了出来,而且像打开了闸门的水坝,汹涌澎湃,再也关不住了。她一句话都说不出来,只是不停地哭。

毛泽东看了,温和地说:"我们见面了,你不说话,老哭,以后见不到了,又想说了。"接着,他问道:"你这几年生活得怎样?身体都好了?"

贺子珍的情绪慢慢平静下来。她仔细看了看毛泽东,说:"我好多了,你的身体不如以前了。"

毛泽东说:"忙呀,比过去更忙了。"

接着,毛泽东详细问起贺子珍在苏联的情况,贺子珍一一都说了。毛泽东听了后,轻轻地叹了口气,说:

"你当初为什么一定要走呢?"

毛泽东说这句话的时候,神色凄然。

贺子珍的眼泪又禁不住流了下来。她哽咽地说:

"都是我不好,我那时太不懂事了。"

毛泽东谈起了他这些年的情况。并说他辞去国家主席职务的事。

他们谁都没有提到江青,一句关于她的话都没有。这时贺子珍提醒毛泽东:

"当心有人害你,当心王明这样的人害你。"

毛泽东点头说:"我会注意的,你放心。"

毛泽东又告诉贺子珍:"娇娇有朋友了,你见过没有?同意不同意?"

"我见过了,我满意。他们结婚,你同意了,我也同意。"贺子珍回答说。

毛泽东还告诉她,等他这次开完会回去,就要为他们举行婚礼。

……

他们在一起谈了一个多小时。

当水静和封耀松在值班室等候了一个多小时后,毛泽东召唤他们的铃声响了。封耀松先走进了毛泽东的书房,一会儿,他搀扶着贺子珍走了出来。水静一看,只见贺子珍两眼通红,还带着泪痕。封耀松让贺子珍在值班室坐下,通知水静说:"主席请你进去。"

水静进去时,毛泽东身穿白色的长睡袍,很宽大,腰间结了一根带子。他站在那里,吸着烟,面部表情带着一丝痛苦和忧愁,脸色很不好。

"不行了,脑子坏了,答非所问。"毛泽东像是对水静说,又像自言自语。

水静看着他苍白的脸,不知说什么好。

"她很激动,你要注意她的情绪。"毛泽东夹着烟的手朝水静点了一下说,"明天你就送她下山。下山以前,你一步也不要离开她。现在她已经知道我在山上,怕她出去碰到熟人,那不好。延安时期的熟人很多呀,有些就住在你们附近。"

水静已经注意到了,在离28号不远的河南路,住了不少参加会议的领导和工作人员,康生也住在那里。她想,主席考虑问题真周到,连这样一些细枝末节都了解到了。

"主席请放心,我保证不会离开她一步。"水静说。

"还有一件事,最好回去就办。"毛泽东加重语气说,"她拿走了我三小瓶安眠药,很厉害的,吃多了会出事。你要想办法从她手里拿下来。"

贺子珍在庐山

"好,我会办妥的。"水静说。

毛泽东听了,点头说:"好的。"水静就退了出来。

但是,一出门,水静就犯了难:如何从贺子珍手里把三瓶安眠药取回来呢?

这是一件颇为棘手的事。她怎么开这个口呢?贺子珍是很敏感的,如果说话不当,引起她的怀疑,那就糟了。要是不能从她手里拿下来,后果更为严重。主席睡眠不好,有吃安眠药的习惯,他吃的安眠药是高敏的,如果服用不当,特别是在精神失常的时候,肯定出问题。否则,主席也不会这么着急呀。

从毛泽东房间出来,到陪贺子珍回住所,水静脑子不停地转,可就是想不出一点办法。

贺子珍一直处于兴奋状态,睡到床上了还一直说个不停,如果突然插

进一个毫不相干的安眠药问题,非得把事办砸不可。于是,水静只好在一旁静静地躺着,偶尔说一两个字表示她在听哩。这时贺子珍没有想到吃安眠药。两张床相隔不过两三尺,彼此的一举一动,互相都看得清清楚楚。

当贺子珍又一次提到毛泽东的生活时,水静不经意地问一声:"大姐,你觉得毛主席的变化大吗?"

"别的都和以前一样,就是老多了。"她回答说,"我看他很疲倦,烟抽得很厉害,安眠药也吃得很多。"

听她提到了安眠药,水静灵机一动,立即抓住这个话题不放。

"是呀,主席太忙,休息不好,听说要吃两次安眠药才能入睡哩。"水静紧接着说,"尚奎也是这样,工作一紧张,没有安眠药就睡不着觉。"水静像忽然想到似的说:"对了,听说大姐在主席那里拿了几瓶安眠药是吗?能不能给我看看主席吃的是哪一种,我好给尚奎搞一点。"

贺子珍待人一向很客气,而且她们之间交往很多,已经建立了感情,所以听她这么一说,马上找出那三瓶安眠药,侧过身递给水静,说:"你看嘛,就是这种。"

"这种呀,我还未见过哩。"水静接过安眠药,边看边说,然后坐了起来,侧过身去说道:"哎,大姐,这药给我好不好?我给尚奎吃吃看,不知效果好不好。"

"好嘛,你拿去就是了。"贺子珍说。

水静暗暗地嘘了一口气。

贺子珍给了水静安眠药之后,又继续谈下去,从她和毛主席在井冈山结婚,到延安的家庭风波,从在苏联的苦难生活,到回国后的种种遭遇,几乎无所不说,而且越说越兴奋,越兴奋越说,思想情绪处于高度的亢奋之中,整整地说了一夜。

第二天一早,水静给小封挂了一个电话,告诉他安眠药已经拿到了,请主席放心。傍晚时分,水静与贺子珍一起下山了。

至于这天晚上最后贺子珍到底和毛泽东谈了什么,只有毛泽东和贺子珍知道。事后,曾志问毛泽东:"久别重逢的感觉如何?"

毛泽东叹息着摇摇头说:"大失所望!看来她的精神还是不正常,我吃安眠药,她一把抢过去,说是有人放了毒,唉!"

4. 李敏成家，了却毛泽东一桩心事

贺子珍下山后，庐山会议仍在继续着。会上，彭德怀因反对"大跃进"、"浮夸风"而受到批判。

8月16日，庐山会议结束。

28日，李敏和孔令华的婚礼在中南海家中举行。

毛泽东27日晚回到北京，李敏和孔令华到车站接他回家。他一回到北京，就把李敏和孔令华叫到他的房间，商量李敏的婚期。他衡量来衡量去，觉得自己只有在28日这天能抽出时间来。他们商定请熟悉的蔡畅、邓颖超等以及毛泽东身边的工作人员、李敏最要好的同学和朋友。

"我的亲戚王季范（毛泽东的姨兄弟）夫妇在北京，一定要把他们请来。"最后，毛泽东特别嘱咐李敏。

毛泽东所以请王季范夫妇和蔡畅、邓颖超他们，是为女儿着想。他要说明女儿的婚事别人不必干涉，也不必借此做文章，这是父亲做了主的！

婚礼再简单不过了，双方家长都不主张大操大办，李敏和孔令华也不喜欢铺张和繁文缛节，就一切从简了。

新房就在中南海毛泽东的家里，是由毛泽东身边的工作人员和他们的家属帮忙收拾好的。房间的家具有：书柜、写字台、桌子、靠背椅子，还有一个衣柜和大床，这些都是从仓库里临时借用的旧物。新郎和新娘的床上摆放着两套白色被罩套起来的夹被，褥子是旧的，用白色的大床单盖着。整个新房布置得雅致大方、整洁朴素。

婚礼在午后举行，参加婚礼的有30多人。

李敏的新娘装是浅蓝色连衣裙，白色皮凉鞋；孔令华的新郎装是上身白衬衣，下身深蓝色西裤。

喜宴摆三桌，每桌有八个菜。有鸡、鸭、鱼、肉和素青菜。

毛泽东亲自为女儿主持婚礼！

毛泽东与参加李敏(前排左四)和孔令华(前排右四)婚礼的亲友及身边工作人员合影

这一天毛泽东特别高兴,他举着酒杯向李敏和孔令华祝福说:

"你们要互相学习,共同进步。"

接着,他又风趣地说:

"不用忧来不用愁,二人心意两相投。"

他的这一诙谐调侃的话语把在场的人都逗得大笑起来。

李敏和孔令华端着酒杯走到父亲面前。说些什么呢?他们俩千言万语无从说起,只是怀着感激之情深深地向父亲鞠了一躬。

毛泽东看着他们俩,眼里、心里蕴满笑意。到现在为止他的那个女娃成家了、长大了……他有说不出的高兴,频频举杯向来参加婚礼的客人致谢、劝酒。

李敏和孔令华也分别向两位父亲敬酒,向他们献上儿女的敬爱。

随后宾客共同举杯,祝福新人,祝福大家,祝福祖国!

饭后,摄影师为参加婚礼的人照集体相,然后小范围合影,留下了许多珍贵的纪念,最后,大家在中南海春藕斋看了场电影。

毛泽东大女儿李敏的婚礼就这样简单而又隆重地结束了。

李敏结婚了,成家了,毛泽东了却了一桩心事,未能参加女儿婚礼的贺子珍也了却了一桩心事。

5.李敏南昌探母

在庐山的匆匆会见匆匆分别,致使贺子珍情感大幅起落,她陷入了追忆往事的困顿之中。李敏的婚礼刚刚一结束,南昌那边就传来了消息:贺子珍颓然病倒了!

当晚,毛泽东那儿没有消息,李敏一夜未曾合眼。

第二天,还是没有消息。

到第三天,中共中央办公厅突然给李敏来了通知:马上到南昌去。

原来,毛泽东为生病的贺子珍、为心急如焚的女儿作出了安排。

李敏探母心切,立即拿上几件换洗衣服、牙膏牙刷,出门就走。谁知她一出门,迎面就看见毛泽东走过来了。他身后的一个警卫员拎着两大筐水果。

"你到南昌去,要好好照顾你妈妈。告诉她要看病,要听医生的,要记住吃药,要喝水,要吃饭。"毛泽东细细叮咛女儿。

李敏一听此话,心想父亲想得真周到!点了点头。

见女儿记清楚了,毛泽东又说:

"这两筐水果你带去,给你妈吃。她不喝水,吃点水果也能解解渴,增加点营养。"

"不知道你妈妈的病情究竟怎样,我怕你自己应付不过来、遇事处理不了,就让这位管理员同志跟你一块去。有什么事请他帮忙。"毛泽东把该嘱咐的都细细地嘱咐了。

要上汽车了,毛泽东大声说:"娇娃,要好好照顾你妈妈!"

李敏坐在车里,隔窗望着已经66岁、头发花白的父亲,觉得喉咙干

涩,说不出话来,只一个劲儿地向他摆手。

几个小时后,飞机在南昌降落了,李敏一下飞机,江西省委派来的一部汽车已经等候在那里了。李敏立即和管理员提着这两筐水果上车,奔赴贺子珍的三纬路小院。

李敏一踏进院子,就发现眼前的妈妈已经不是刚从苏联回国时那个妩媚多姿的妈妈了,也不是春节时见到的虽然头发有些花白却很健谈的妈妈了。李敏望着眼前这个形容枯槁、两眼发直、面无表情、头发脏乱的母亲,好半天都没有吱声。贺子珍对于李敏的到来更是浑然不知,她呆呆地坐着,不言不语,像泥雕木塑一般,昔日谈笑风生的样子荡然无存。

李敏望着妈妈,再也控制不住自己的感情了。她走上前去,拉住贺子珍的手,流着泪水连声地喊妈妈,还说:"妈妈呀,是爸爸让我来看您的。"

贺子珍好像没听到女儿在叫她,甚至她已经不认识李敏了,她连正眼都不瞧李敏一下。李敏拿出带来的水果,一面削皮,一面对母亲说:

"妈妈,这些水果是爸爸特地让我带来给你吃的。"

她把水果切成一条条,放到贺子珍的嘴边,想喂她吃。贺子珍别说吃,连看也不看一眼。结果,李敏再劝,她被劝急了,一把夺过女儿手中的水果随手就扔进痰盂里了。

李敏知道,母亲已经病入膏肓,连她是谁也已不知道了,她只好作罢,然后,慢慢把心平静下来,向周围的工作人员详细地了解了贺子珍发病的经过。工作人员告诉她,贺子珍在上庐山之前,情绪和精神状态都是正常的,从庐山回来后越来越不对头,不断地喃喃自语,说有人不让她见到毛主席,又说有人要害毛主席。李敏一听就明白了,原来妈妈这次生病,原因还在爸爸那里,应该说是这次刺激太大,情绪连她自己都控制不了,结果就这样了。只有把她的思想从庐山会面之事上引开来,让她多想想与此无关的事,多想想高兴的事,她的心情开朗了,不再钻牛角尖,精神上的毛病才有可能慢慢好起来。

李敏的心里有了一个谱,她不再流泪了,因为眼泪解决不了什么问题。她不再勉强妈妈吃饭喝水,而是轻声细语地同妈妈讲她的婚礼,讲有什么人参加了,都说了些什么话了,婚礼怎么热闹,等等。李敏耐心地讲着,然而,贺子珍的脸上仍然没有表情,她不但不听李敏的话,反而拿起桌

上的水果刀,把李敏带来的梨子,一片片地削到地上。

李敏对贺子珍这种做法也不制止,等贺子珍做完后,她就像哄小孩一样对妈妈说:

"妈妈,你看,这么好的梨都被你扔到地上了,多可惜呀,这样做不好。是不是你觉得这样做心里舒坦些?"

李敏注意到贺子珍看了她一眼。她发现贺子珍的头发好长时间没梳了,头发一绺一绺地粘在一起,她不动声色地找来一把梳子,替妈妈梳了头,然后又打来了洗脸水,给妈妈洗了脸,然后,她又找出干净的衣服,替妈妈换上。贺子珍此时显得特别听话,任由女儿去摆布。为贺子珍洗干净后,李敏扶她在床上躺下,坐在她的旁边,继续说自己结婚后的生活。贺子珍没有答话,但看得出她这时已经在注意地听女儿的话了。

李敏觉得此时主要是要让妈妈分散心思,从庐山会面的打击中走出来。第二天,她搀扶着母亲慢慢地走到屋外,在花园里散步,她指点着见到的草木,告诉母亲这是什么花,什么草,什么树,这些花草在苏联见过没有,在东北见过没有。她竭力想引起母亲的注意,引发她对外部世界的兴趣。

贺子珍生病多日,这么多天不吃不喝,身上已经一点力气都没有了,她的脚步是虚浮的,无力的,身子几乎全都靠在李敏的身上。开始时,她对所见的事物神情冷淡,心不在焉;李敏轻言细语地说,就像一副抚平心灵创伤的良药,慢慢地,她表现出一种饶有兴趣的样子来,注意力渐渐集中到这些事物上面了,脸上也露出了一丝笑意。当她们在花园里走了几圈,回到寓所时,突然贺子珍开口说话了,对李敏说:"替我削个水果吃。"

李敏心中一喜,趁机说道:"爸爸让我劝你多吃水果,水果有营养。"

贺子珍在听到李敏说这句话时,脸上的表情逐渐向惊喜转变。李敏这么多天为她做的还不及这一句话!贺子珍的心仍然在毛泽东那里!这时的贺子珍笑了,她此时虽然没说什么,但毛泽东对她的关爱却充满她的整个心灵,它和血液一起在血管中奔流,在心脏里跳动,遍布每根神经和身体各个部位。

在对毛泽东的关爱的感受中和女儿李敏的精心照料下,贺子珍身体开始康复了,她肯喝水了,肯进食了,人也开朗起来了。一天,她望着女儿用

水果刀削着苹果,竟高兴得甜甜地笑了起来。这时,女儿将削好的一片水果送进母亲的嘴里。

几天后,贺子珍可以四处走动了。李敏又陪她专门到家乡永新县去了一趟,以散散心。老家的山山水水,尤其是井冈山的崭新的面貌,使贺子珍的心胸豁然开阔。她说:"今后,我每年都要到各地走走,多看看社会主义建设。"

这句话是以前毛泽东让李敏来看贺子珍时,让她给妈妈捎的话,李敏没想到妈妈仍记忆犹新,并脱口而出了。

李敏的南昌之行没有白来,她终于治好了妈妈的病。得知贺子珍的病已经好了,毛泽东对李敏非常满意。压在他心坎的一块石头,终于落了地。

6.贺子珍称江青为"江青同志"

贺子珍在南昌又住了三四年。

这时候恰逢三年困难时期,江西省委对贺子珍的照顾可以说得上是无微不至的。她在级别上虽然只是厅局级,可在江西却享受省里最高的待遇,每天有2两肉的供应。毛泽东也经常叫李敏来看妈妈,中华烟、熊猫烟常常从北京带到南昌。毛泽东还派遣过叶子龙带500元钱给贺子珍。1961年过春节,李敏和孔令华一起来到贺子珍身边住了好几天。中央一些领导同志路过南昌,也去看望她。陈毅、谢觉哉、曾志、康克清等都到三纬路去看过贺子珍。

贺子珍身边的护士卢泮云印象最深刻的是全国解放后一直深居简出的林彪一家四口来过多次,林彪每次来都和贺子珍说上半个多小时的话。这时,林立果还是一个中学生,和姐姐林立衡文文静静地靠在一边,林彪的夫人叶群常穿便服列宁装。贺子珍很喜欢"有朋从远方来"。没有客人的日子里,贺子珍喜欢和卢泮云坐上人力车到郊外去看看农田,喜欢买上各

种各样的小孩衣服和学习用品送给周围家庭困难的孩子。

贺子珍月工资280多元,比较高,可她送人东西往往不节制,有时还发生"赤字"。一遇到这种情况,卢泮云就"提出警告"。

一天,朱旦华从永修检查工作回来后,贺子珍来省妇联找她。

原来,贺子珍要离开南昌到上海去居住了。

贺子珍来的时候,不少人正在江西省妇联门口劳动。春暖花开的季节,贺子珍穿的是蓝色列宁装,头发简单地盘卡着,显得比较精神。江西省妇联的同志大多听说过她,有的人也见过面,他们都很友好地对她报以微笑。可能没有想到一下子看见这么多人,贺子珍有点拘谨,她微微向大家点了点头。

一位妇女干部冬国英知道她是来找朱旦华的,主动地告诉她:"朱大姐在楼上。"

贺子珍笑着点了一下头,她没有和大家说话,径直上楼到朱旦华那去了。

在南昌居住的日子里,1960年,她又上庐山疗养了一段时间。1961年因重病贺子珍到上海住院,1962年又专程从上海去过庐山。贺子珍在言谈中,称江青为"江青同志",从来没有骂过江青,只说自己的不是。因她上庐山的次数较多,在山上疗养的时间较长,庐山一些老工作人员都与她很熟悉。贺子珍迷恋庐山,也可能是忘不了1959年在庐山和毛主席见面的那一段情。贺子珍在庐山住了半年多之后,因哥哥贺敏学之邀回上海去。

这次贺子珍亲自到朱旦华单位辞行,话虽不多,情谊却非同一般。

贺子珍于1963年离开了南昌三纬路小院。

7. 寻找在战争中遗失的孩子

时光荏苒。贺子珍回到上海后仍感到日子无聊。一天,寂寞中的贺子

珍突然萌生了一个想法：寻找自己在战争中遗失的孩子！

一天，她前往福建，来到了贺敏学的家。

贺怡出车祸身亡后，1952年，有人又在南京找到了小毛。那时正是全国搞"三反""五反"的时候。贺子珍听到这个消息后，跑到南京去看是不是小毛。她主要看两点，一是看这个孩子是否是油耳朵，二是看他有没有腋臭。她认为她生的孩子都遗传了毛泽东的这两个生理特点。她看过后，认为这就是她的小毛。谁知这时，霍步青烈士的妻子朱月倩已经认了这个孩子！朱月倩坚持说他就是自己与霍步青所生的儿子霍小青，是霍步青烈士的遗孤。结果，一个说是自己与霍步青生的，一个说是自己与毛泽东生的，双方为这件事发生了争执，朱月倩说贺子珍抢她的小孩。

最后，贺子珍和朱月倩闹到中组部，中组部经过一番调查后，作出的结论是："霍小青是革命烈士霍步青的遗孤，是朱月倩所生。"但是，贺子珍与贺敏学不同意中央的这个结论，继续与霍小青来往。

1954年，贺敏学到北京开会。毛泽东知道他来了，派了一辆车把他接到中南海，谈了两个多小时，毛泽东询问了贺敏学在福建工作的一些情况。贺敏学一一汇报了。最后谈到了小毛。贺敏学告诉毛泽东说："小毛找到了。"还拿出照片给他看。毛泽东问了小毛是怎样找到的，孩子读书如何。最后毛泽东说："这事我不好管，你来管他，照顾他，你可以找邓小平嘛。"

邓小平当时在中央书记处任总书记。

事实上，对于寻找遗散的儿女们，毛泽东一贯持不赞同的态度。

从1948年到1951年担任毛泽东警卫班班长的武象廷，有这样的回忆：

> 1949年贺怡到香山来见毛泽东，两个人谈了很长时间。我因倒茶续水，进进出出，断断续续地听到他们之间的一些谈话。贺怡说，她要去把小毛找回来，毛泽东不同意，说，农民辛辛苦苦地养活了他十几年，把他找回来，对不起农民。贺怡坚持要去找，两个人谈崩了。毛泽东动用了军纪，喊着口令：立正。贺怡只得立正，这才停止了争吵。

小毛是毛贺的第二个孩子,即1932年出生、1934年10月红军走上长征路时委托给毛泽覃夫妇后来丢失的。1970年初,"小毛"在上海结婚时,贺敏学的女儿也要结婚,贺敏学两项婚事一起办,他张罗主持了"小毛"的婚事。婚后,"小毛"有了一个女孩。"文化大革命"中,他写了一封信给贺敏学,说他病得很重,医生确诊是肝癌。贺敏学马上给他回了一封电报,让他到一家医院去找他认识的院长。但据说电报没到人已经死了。

贺子珍自认为"小毛"已找到,因此,要找的只剩下另外两个孩子,一个是在龙岩降生的女孩,即1929年5月生下20天就托给一户人家抚养,从此音讯全无的那个;另一个就是在长征路上在贵州草棚里出生的那个女孩。

贺子珍又谈起寻找女儿的事,贺敏学摇摇头说:"那个在长征路上送掉的女孩,是无法寻找的。"

"为什么?"贺子珍不甘心地问。

"你连在贵州的什么地方送走的都记不清楚,地名都说不出;送人时匆匆忙忙,任何凭证都没有。茫茫贵州这么大怎么找呢?"

顿了顿,贺敏学说:"只能试试找一找,龙岩的那个女孩子。"

为此,贺子珍又重复了当年的情形:"当年送孩子的那位大嫂的丈夫是个鞋匠,叫翁清河。1932年4月,红军再次打回龙岩,我委托毛泽民夫妇去找翁清河时,翁清河显得十分惊慌。他一口咬定女孩死了。据当地人说,翁清河在红军走后,害怕国民党报复,在孩子熟睡之际,趁着夜色把她扔在了赞风店门口。当毛泽民和钱希钧来找孩子时,翁清河自己也不知被他扔掉的孩子是否在人间,为了推卸责任,他对毛泽民撒谎说:'女婴养了4个月后,伤风夭折。'这个孩子被人捡走了,应该还活着。"

贺敏学告诉贺子珍说:"人应该活着,但是找起来,还是比较困难。1961年谢觉哉率中央代表团慰问龙岩老区人民时,他记得当年这个孩子就被寄养在此,就希望地方政府能弄清毛泽东长女的下落。从那时开始,地方政府有关领导就着手留意此事。但是这些年来,一直没有消息。"

龙岩在福建,贺敏学在福建工作过,于是贺氏兄妹开始了艰苦的寻找过程。然而,贺敏学还没有找到贺子珍的女儿,一场"文革"风暴就把他打入了牛棚。

贺敏学被造反派安的罪名是"走资派",造反派把他关了起来,还抄了他的家。李立英没办法,只好给已回上海的贺子珍和北京的李敏写信求助,贺子珍早已是闲人一个,哪有什么办法可想?她只能托人给李敏捎话,让李敏报告毛泽东。

李敏真的去找了爸爸,告诉他舅舅被抓起来的消息。毛泽东听了后,答应了一声"哦",就没有再说什么。

李敏着急地说:"舅舅的事,我管不了。"

"对,这事你是管不了,"毛泽东说:"你的舅舅是个好同志。"

然而,毛泽东这一次没有出面去保贺敏学。

1969年党的第九次代表大会在北京召开,会上,毛泽东突然重提1930年富田事变的事情。当时红军里

李敏、孔令华与父亲的合影

有一些人,打着"拥护朱(德)、彭(德怀)、黄(公略),打倒毛泽东"的口号,制造分裂。江西省政府主席曾山和特委书记陈毅都被抓起来了。在东固的贺敏学也被作为毛泽东线上的人抓了起来,被拉出示众,准备枪毙。贺敏学为毛泽东保存了6个文件箱,他怕毛泽东不了解情况,说服了看守,给毛泽东送去一张条子,报告了动乱的情形。最后,此事才得以平息。毛泽东在九大讲话时,提到了这个条子的事,还点了曾山的名,说:"曾山你当时也在。"

虽然毛泽东讲话中没有提到贺敏学的名字,但是,毛泽东对李敏说你舅舅是个好同志,说明他对贺敏学是有认识的。贺敏学送条子的事他也记忆犹新。可能由于党内斗争的复杂,他觉得自己不便多说话,对贺敏学在

"文化大革命"中被抓,他始终没有出面去保。于是,贺敏学在这场斗争中被关了80多天,最后,造反派们把他放出来时,他的官也被罢了,以后他一直处在被审查的地位。

但是,贺敏学赋闲下来后,并没有忘记为妹妹寻女之事。

1971年,在福建省城工作的老红军罗万昌被"遣送"回老家龙岩。他住在龙岩橄榄岭一所旧公寓,经常听到毛泽东的大女儿尚在龙岩的传闻。曾任福建省副省长的贺敏学是罗万昌的老上级,交情甚笃,罗向贺透露此事,贺敏学则委托他与另一位老红军张华南调查此事。

于是,罗万昌和张华南开始了调查工作。这时,补鞋匠翁清河已去世,他们只好找到翁清河的遗孀林古姑、女婿苏仁鸿,通过询问了解,证实了贺子珍女儿并非病亡而是被翁清河丢弃的实情。他们又查访已80岁的老人陈铁成及知情者陈三姑,得知丢弃在南门酱酒店。据此,他们又找到迈三仔,迈三仔的母亲翁姑是当初拾捡女婴抚养的人。但是,他们一问迈三仔才知道,翁姑拾养女孩不久,又将女孩转让于人了。据迈三仔说,翁姑把女孩先转让给了同乡傅森盛,傅又转给了一位叫张先志的山东人。迈三仔还向罗、张提供了山东汉子张先志的一些情况,并说只有傅森盛才清楚张先志的行踪。

罗万昌、张华南顺藤摸瓜,找到傅森盛,傅森盛已经年过80,他虽耄耋之年,却记忆犹新,谈了他怎么"学徒兼保姆",带着从翁姑手上转来的小女孩闯闽南之事。最后,他说:"张先志的老伴六姑去世后,又由他的母亲牵线,将5岁的小女孩转给迈四仔,最后女孩由他的妻子邱兰仔收养。"

结果,从邱兰仔那里,罗万昌与张华南查出此女孩现在龙岩县医药公司工作,并担任了第一门市部主任,名字叫杨月花。

事情终于水落石出了,罗万昌便动笔写调查报告。

因此事暂时还属机密,罗万昌不好请人代笔,怕以讹传讹,张扬出去。尽管自己文化水平不高,罗万昌还是用朴实的文字,把事情来龙去脉一一写上,形成了一个"报告"。

1973年初,罗万昌满怀喜悦之情,将调查材料送到在福建省军区的贺敏学处。贺敏学阅毕,十分高兴,忙将调查材料寄中共中央转周恩来总理。但此时周恩来身体欠佳,因此此事暂时搁了下来。

8月，贺怡的儿媳妇、贺麓成之妻周剑霞来闽走亲戚，看望她的舅舅贺敏学。

周剑霞千里迢迢来到福州，住在福州军区。贺敏学见了她，交谈之中说到了贺子珍的长女找到了一事，贺敏学要她去龙岩亲自与杨月花见见面，最后核实杨月花的身世。

周剑霞来到龙岩，先找到罗万昌了解实情，罗万昌说："现在最关键的一着是查验胎记。据贺子珍提供，女孩右腿腋有一个较大的黑痣，膝盖前有两个较小的黑痣。此胎记一定要想办法验证。"

这时，贺敏学的女婿黄永平在龙岩小洋的部队中，周剑霞邀他与罗万昌夫妇及罗的女儿罗海明一起去杨月花家。

但是，如何看到杨月花膝盖前的黑痣呢？大家却犯起了愁。大家边走边想办法，可是，到了杨家，办法还没想出来。众人只好先坐了下来，见机行事。

客人来了，杨月花很热情，泡了茶，然后与大家交谈。突然，罗万昌的女儿罗海明心生一计，她一边用手抓起自己的腿，一边大喊一声"有跳蚤"，于是，她自己先挽起裤筒，用手摸弄。大家一愣，随即都不约而同地挽起裤筒。杨月花不知是计，也高高地挽起裤筒，不知不觉，暴露了右膝的黑痣。当杨月花右膝上的两个较小的痣出现在众人面前时，他们如释重负，心里一喜：毛泽东的长女找到了！

接着，罗万昌夫妇把杨月花的身世告诉了她本人，又把周剑霞与她的关系也说了。杨月花对周剑霞来看她也很高兴，极力邀请她到家中吃饭。周剑霞来到她家后，与她的家人亲热地交谈，还塞给她的小儿子郑栋基10元，说是见面礼，并一起上龙岩虎岭山，在闽西党和闽西苏区的创建人之一郭滴人墓前与杨月花、罗万昌等合影留念。

杨月花对这晚来的亲情特别珍惜，周剑霞走时，杨月花送她到车站，并让她下次带着家人来玩。

回到福州后，周剑霞高兴地对贺敏学夫妇说："杨月花的脸盘真像毛主席，她的动作举止，酷像我的姨妈。"

1973年8月，已调在龙岩县总工会筹备组工作的杨月花，接到县革命委员会宣传组通知，调她到县电影工作站工作。

事前，县革委会组织组的军代表对电影工作站支部书记交代："杨月花身体不好，要给予适当照顾。"23日，县革委会宣传组组长杜方英到县电影工作站，宣布杨月花任该站副站长兼支部副书记，并说近期要让她去上海检查身体，治疗疾病。

说是"治病"，其实是贺敏学安排的"上海母女会见"。

几天后，杜方英带杨月花到福州，先在东街口防保站作了体检后，便送她去上海。在上海，她们没遇到原先说好的周剑霞，结果，进不了贺子珍的住所。就在杨月花在上海进退维谷之际，罗万昌的女儿罗海明赶到上海，对杨月花说："贺老交代，若在上海找不到妈妈的话，就到福州去找他。"

杨月花听了，只在上海过了一个国庆节，第二日就离开上海，第三日便到福州，她的上海认母之行就这么匆匆结束了。至于周剑霞为什么没来，贺子珍为什么没让她相见，个中缘由不得而知。

正是万家灯火之时，罗万昌带着杨月花，叩开了贺敏学家的大门。贺敏学的夫人李立英出来开门。在见到舅母之时，杨月花突然激动地哭起来。李立英慌了，赶忙安慰："月花，你是革命后代，不要伤心。别哭，来了就好。"

说着，她端出甜芋泥，抓几个梨子对她和罗万昌说："肚子饿了吧，你们先吃一些东西垫肚子，我去给你舅舅挂电话。"

不一会儿，李立英传话："贺老说杨月花不要走，晚上就住在这里，他马上就来。"

贺敏学一见到杨月花，老泪纵横："月花，找你多辛苦哦，为了找你，我从大西北调到福建，我想总有一天会找到的。"

他停顿了一下又说："你妈妈身

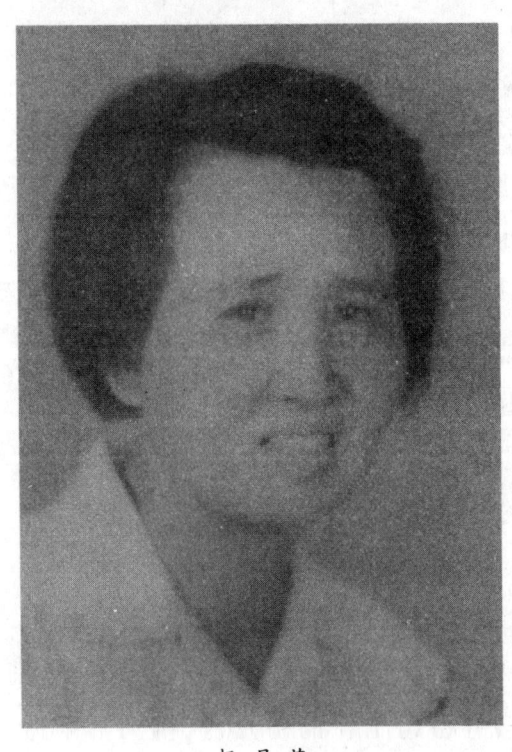

杨月花

体不好,中央对她很关心,让她治好病。眼下怕她受刺激,病情加重,则不好办。你放心吧,以后会安排你们相见的。"

杨月花连连点头,在此之前,她就听人说过贺子珍的病很严重。

贺敏学对这个外甥女很亲热,这次虽是初次见面,但贺敏学与杨月花长谈到凌晨2点。

第二天,杨月花要回去,贺敏学极力留她多住几天,但是,杨月花有工作和孩子,不能久住。在杨月花走时,贺敏学交代李立英送100元给杨月花。杨月花说什么都不收,固执的脾气与贺子珍很像。到最后,为了让她收下,李立英劝道:"月花,你不收下,舅舅会有意见的。"

杨月花只好收下。

贺敏学认下了杨月花为外甥女后,双方交往频繁。有人去福州出差,杨月花总要捎点山区特产笋干、香菇、盐酥花生或藤椅、竹床之类,并代向舅舅、舅妈问安。

因为70年代正处在"文革"末期,虽然杨月花已被证明是毛泽东之女,但是由于种种原因,杨月花不但没与贺子珍相认,甚至与贺子珍连面都没见上。

贺子珍
He Zizhen

第十二章 含笑告别人世

1. 毛泽东逝世的消息一下子击倒了她

1976年夏天,84岁的毛泽东病重,处于时而清醒时而昏迷的状态。由医生、护士组成的医疗组负责毛泽东的医疗问题。医生中,除了有负责诊断、医治的专家外,还有负责输氧、管麻醉的医生。护士有8个,分成三班轮流值班,日夜看护着毛泽东。

时间已经进入8月下旬,早已搬出北京的李敏从文件中看到毛泽东病危的通报,不顾一切,匆匆赶到北京中南海。

她眼前的毛泽东仰卧在床上,面容憔悴,气息低微。原来他已经不能进食了,只能用鼻饲,由医生配方,用管子插进鼻子里。由于每次鼻饲完毕,都要把管子抽出来,下次喂食时,再插进去,很费事,也很痛苦,喂一次要几个钟头。李敏进来时,毛泽东刚刚鼻饲完毕,显得特别疲劳。

毛泽东的双目原来是闭着的,此时微微睁开,他看到了床边站着一个人,认出是他的女儿李敏。进入晚年后,毛泽东眼睛患有老年性白内障,手术后只有一只复明。

他颤颤地,去拉李敏的手,李敏会意了,赶忙把自己的手放到毛泽东的手中。毛泽东的手仍然是温暖的,柔软的,他很想像过去那样,把李敏的手紧紧握住,但是已经没有力气了。

李敏看到爸爸病成这个样子,眼泪又要流下来了,她竭力忍住,不让泪水流出来,她轻轻地叫了一声:"爸爸。"

"娇娇,你来看我了?"毛泽东的声音很微弱,但神智是十分清醒的,他仍然习惯叫李敏的小名娇娇。李敏点了点头。

"你为什么不常来看我呢?"毛泽东望着李敏,目光中充满着怜爱。

李敏的眼泪又要涌出来了。结婚后,她与江青关系不好,然后就搬出了中南海,现在她能告诉她的爸爸她进不了这里的门槛的委屈吗?她记得,1972年陈毅同志去世那年,毛泽东出席了陈毅的追悼会,当时他就生病了。李敏知道爸爸生病后,就去看望他,那次毛泽东也是这样拉着她的手,眷恋地说:"娇娇,你为什么不常来看我呢?你要常来看我啊。"

李敏知道,步入晚年后,爸爸的心是很孤独、很寂寞的,他也像普通人一样,希望得到家人的爱,享受到天伦之乐。

"你今年多大了?"毛泽东接着问李敏。

"39了。"

"不,你是37年出生的,今年38。"

毛泽东重病在身,还清楚地记得女儿出生的年份、女儿的年龄,父女之情又一次深深地打动李敏。眼泪再次涌上了她的眼眶。

接着,毛泽东艰难地打起了手势,他用右手的拇指和食指连成一个圆圈,说了一句话。

毛泽东的声音很轻,李敏听不清。她用眼睛询问站在旁边的服务员:"爸爸说什么?"

服务员摇了摇头,表示他也没有听清。

李敏猜想父亲是不是问孔令华的情况,但又吃不准,于是没有回答。

毛泽东看到李敏没有明白自己的意思,没有回答,不再说话,无力地闭上了眼睛,他拉着李敏的手也松弛下来。李敏知道父亲累了,于是轻轻地退了出来。

这是李敏同父亲生前最后一次会见。她一直猜不出、想不透父亲最后的一个手势和最后一句话是什么意思。这个问题在她的心中始终是个谜。

直到多年以后,有一次,李敏同一个挚友谈起这个往事,这个朋友若有所悟地说:

"你爸爸会不会是询问你妈妈贺子珍的情况,或是嘱咐你要照顾好你的妈妈呢?他用手势比了个圆圈,这个圆圈是不是合上你妈妈原来的名字桂圆的圆字呢?"

这个解释有一定的道理。一直以来,毛泽东与贺子珍之间的联系只是通过李敏进行,每次父女相见,两个人都会谈及贺子珍的一些情况。此时,

李敏与孔令华在天安门毛泽东追悼大会会场前

毛泽东的身体已极其虚弱,他可能意识到自己未来的日子不久了,因此,询问贺子珍的情况,表达他对贺子珍的最后的问候。遗憾的是,李敏并没有理解父亲的意思,对于他的话语也不懂。

李敏看望父亲后,又过了几天,中办突然来了一个电话,让她去看父亲。中办派来汽车,直接把她接进中南海毛泽东的住处前。她以为是父亲已经转危为安,想见女儿了。然而,她一下车见到的却是每个人脸上万分悲伤的样子,急忙快步朝父亲的房子奔去,一进门,没想到见到的是已经去世的爸爸,输氧的罩子也已经撤掉了,李敏不由得失声痛哭起来。

这一天是1976年的9月9日。工作人员告诉她,毛泽东是零时10分与世长辞的。

全国人民沉浸在失去领袖的哀痛之中。党中央、国务院决定在人民大会堂设灵,祭奠毛泽东。

江青以夫人的身份一面把自己放在追悼活动的中心,一面加紧制造舆

论,为自己上台当女皇开辟道路。江青没有一点悲痛的表现,只让李敏为毛泽东守了一次灵。

父亲逝世后,李敏知道妈妈也会马上获知这个噩耗,怕贺子珍承受不住,马上让孔令华赶去上海,自己则留在北京参加毛泽东的丧礼。孔令华带上已经3岁的小女儿东梅匆匆赶去上海。

毛泽东去世的消息传来,贺子珍先是一呆,随后就被击倒了,她一直挂念着毛泽东的身体,惊闻噩耗,一连哭了好几天,不吃不喝,伤心欲绝,情绪极其低沉。孔令华劝慰她,她一面哭一面说:

"你们的爸爸走了,他临终时连儿女都不在身旁送送他,好可怜啊!"

孔令华明白贺子珍还是按照传统的家庭养老送终的模式来设想毛泽东的去世,劝岳母说:"作为一国的领袖,父亲的送终不仅仅是他亲人的事,而是全中国人们都牵挂的事情啊!"

"这也不行啊!"贺子珍开始号啕大哭。

这时的贺子珍又开始自我埋怨了,她后悔当初自己没有让李敏嘱咐毛泽东多保重身体,她又开始埋怨李敏和孔令华,不该搬出中南海,没能很好地照顾爸爸,她埋怨孔令华说:"你们作儿女的,只顾自己,不想想老年人多么希望见到女儿在身旁啊。"

孔令华听了默不作声。因为当初他和李敏搬出中南海,其实并非自己的本意。

像往常一样,有关部门没有安排贺子珍到北京去为毛泽东最后送别。哭过之后,贺子珍说:"我也要祭奠润之。"

于是,她流着眼泪,把黑纱披在毛泽东的像上,向毛泽东的遗像深深地三鞠躬,然后,含着眼泪祝祷:

"润之,请安息吧!"

最后,贺子珍又把自己的侄女儿、外甥和外甥女儿叫来,安排他们去北京奔丧。

一代伟人毛泽东永远地走了,把无尽的思念留给了他的亲人们!

李敏在北京安葬完父亲之后,也赶往了上海,母亲对她只说了一句话:

"对你爸爸最好的纪念,就是继承你爸爸的遗志,为人民好好工作。"

李敏抬头凝视母亲时,却突然发现母亲头上的白发骤添了很多,几乎是一夜之间,她变成了电影中的"白毛女"。

2.没有对江青倒台做什么评论

1976年10月,在毛泽东去世一个月后,一个惊人的消息传来:江青等于10月6日被抓起来了!"四人帮"被打倒了。

江青一抓,笼罩在贺子珍心头的阴霾一扫而光。但是,她还没对江青的垮台做什么评论,只是对李敏说:"我可以干点工作了,哪怕是写写回忆。"

此时的贺子珍,已经是满头白发,她的身体非常衰弱,但是她那颗要为人民做一点事的壮志雄心,依然未减当年。

屈指算来,她已经闲散了20多年了,她无所事事,虚度了几十年最好的年华。过着这样无聊的日子,并非她所愿,而是环境所迫。现在,江青倒台了,阻挡她工作的这块大石头已经搬去,她觉得,是到了让她恢复工作的时候了。她完全忘了,此时自己已经是个67岁的老人了,早已过了离休的年龄,应该在家里安度晚年了。

在1977年春天来临的时候,贺子珍兴冲冲地去了一次福建,看望了刚得到解放的哥哥贺敏学。

在福建,她和哥哥共同回忆起了十几岁闹革命的日子,一同回忆当年与毛泽东在井冈山的往事。兄妹俩互相激励着,准备为党和国家再贡献力量。然而,贺子珍从福建到上海后,正当她满怀希望向往着未来之时,新的不幸又降临到她的头上。一天上午她一觉醒来时,发现左手抬不起来,左腿也不听使唤了。最后,医生诊断为中风,她的左半身偏瘫了。贺子珍很快就被送进了对她来说再熟悉不过的华东医院,从此再也没能站立起来。

接着,医生又检查出了她患有糖尿病。

贺子珍又重新陷入了异常的痛苦之中。

面对这接踵而来的不幸,贺子珍万分痛苦,她并不是为自己忍受不了身体的病痛而痛苦,而是为不能为国家和人民再去工作而痛苦!

3.当选全国政协委员,一下子成为新闻人物

"四人帮"打倒了,共和国新生了,人民并没有忘记曾为共和国的诞生出生入死、浴血奋战过的人们。

1979年6月1日,全国政协第五届二次会议在北京召开。

10日,新华社播发了贺子珍被增补为全国政协委员的消息,第二天,全国的各大报纸都刊登了这条新闻和贺子珍的照片。照片上的贺子珍,满头银发,面颊丰腴,坐在轮椅上,正同她的外孙女孔东梅一起看画报,神态沉静安详。

原来,在会议期间,贺子珍的老战友们,向党中央和全国政协提出建议:鉴于贺子珍是妇女界中参加革命最早,是曾参加井冈山武装斗争的女红军战士,又曾是毛泽东的妻子,很有代表性和影响性,建议增补她为全国政协委员。

全国政协第五届二次会议采纳了这个建议,决定增补贺子珍为全国政协委员。

那天,上海市委书记王一平到医院来看望贺子珍,报告她这个可喜的消息:她被全国政协五届二次会议增补为政协委员。贺子珍高兴地对市委领导们说:"我的心情太激动了,感谢党和国家,没想到组织上还记得我!"

贺子珍听到这振奋人心的消息,高兴得像个孩子一样热泪盈眶。贺子珍在上海居住了近30年,上海市委从来没有负责人来看望她,在毛泽东去世以后,上海市委也只派了一个小干事来通知了一声。市委领导来看望,这是第一次。

市委招待处派人给她献上了鲜花,表示祝贺。

五颜六色的鲜花插在贺子珍床边五斗橱上的花瓶里,顿时给病房增添了热烈喜悦的气氛,鲜花散发着郁郁清香,贺子珍那白净微带红润的脸上,露出了兴奋的微笑。

王一平还对她说:"贺大姐,一会儿上级就要派人来为你拍照了,照片要同这个消息一起刊登。"

送走了王一平书记后,护士卢泮云见贺子珍难得那么高兴,便说:

"姨妈,我们陪你到花园里看看好吗?"

"好!好!"她高兴极了,

于是小卢扶她坐在轮椅上,沿着医院南楼旁边的水泥小道绕到后花园里转了几圈。贺子珍饶有兴趣地观赏着竞相开放的花儿,心情格外振奋,多少年了,她还从来没有这么用心地看这么美的花儿呢。以前,她感到自己生活在阴影中,外界的一切对她没一点吸引力,现在,她太高兴了,于是她招呼大家说:

"我们拍几张照片吧!"

贺子珍与大家在花园中照了两张像。在风烛残年的岁月,党和人民给予她这样的荣誉,对于在沉默中生活了几十年的贺子珍来说,无疑是一件快慰的事。

这份迟到的殊荣,犹如春风细雨,滋润了贺子珍已经干涸的心田。贺子珍意识到,生活中并不只有哀愁,仍然存在着希望,她不能在哀愁中沉沦,而应该抓住希望,让希望照亮她的生活。她又一次从痛苦中解脱出来,正视自己的疾病,同病魔展开了顽强的搏斗,同命运展开了顽强的搏斗。

她对身边的医护人员说:

"我还要工作,要为四个现代化出力。你们要帮助我恢复健康,我也要同你们一起努力把身体搞好。"

贺子珍在医院里,是医生、护士公认的最听话的病人,她服从治疗,积极配合医生的每一项医疗措施。要使瘫痪的肢体恢复功能,除了按摩以外,还要进行针灸和理疗;这样,每天的治疗时间就要拖得很长,贺子珍也毫不犹豫地同意了。虽然她每天被折腾得很苦,但无怨无悔。

医生还告诉她,为了使瘫痪的左腿恢复功能,需要进行适当的活动,

她欣然同意了。每天吃中饭、晚饭之前,她都由护士们搀扶着,在病室里走上几圈。由于左腿不听使唤,她的步履艰难,常常全身冒汗,但她总是坚持着,一定要走完该走的路。

在这一期间,贺子珍增补为全国政协委员的消息在《人民日报》等各大报刊和中央人民广播电台报道以后,贺子珍还活着、还在人间的消息传遍大江南北。这位消失了40年的贺子珍,一下子成了新闻人物,许多人都为贺子珍当选为全国政协委员而高兴。许多记者对她进行跟踪采访并作了报道,写了不少文章,外国通讯社也迅速转发了此类消息。

4.坐着轮椅到毛主席纪念堂

贺子珍当选为全国政协委员之后,她第一次向党组织提出了一个要求:"我想去北京,我想瞻仰主席的遗容,我想去看看天安门。"

去北京是贺子珍藏在心中已经整整30年的愿望。她提出这一愿望时吐字艰难,一个字一个字地说出来。有关部门马上把贺子珍的这一愿望汇报到了北京,到了党中央。

1979年9月3日,这一天的上海机场秋高气爽,万里无云。贺子珍在上海市委的欢送下登上了党中央专门派来接她去北京的专机。在飞机上,她支撑着身子,看着窗外祖国的大好河山,心潮如天空中的云朵不断涌动、翻滚……悠悠岁月,难忘的往事再次袭上心头。

贺子珍一下飞机,就被接到了301医院。

原来在上海负责她的医疗的医生、两名护士、两名服务员,也跟随她一起来到北京,全力保证她此次来京的健康。

这是贺子珍60多年来第一次进北京城!

这时正好是新中国成立30周年。贺子珍第一次来到她为之浴血奋战的人民共和国的首都,那是几十年间多少回她只能在图片、电视里瞩目的

地方。

她终于来到了北京!

但是,来到北京后,贺子珍的心情反而不能平静下来,在301医院一安顿下来,她就迫不及待地提出,要去毛主席纪念堂,瞻仰毛泽东的遗容。她的要求马上得到了答复:同意!然而,为了安排她的这次活动,上海和北京的医务人员却煞费苦心。因为从医疗的角度看,贺子珍是不能到毛主席纪念堂去的。她的神经经受不住过强的刺激,过分强烈的刺激会造成她精神的崩溃。建国初期骤然听到广播里毛泽东的声音,1958年与毛泽东庐山的会见,都使她的神经受到严重的刺激,现在她的身体比过去更差,半身偏瘫,还患有糖尿病,如果出现上两次大发作的状况,后果不堪设想!

但是,贺子珍这次到北京来,不正是为了瞻仰毛泽东的遗容吗?不去的方案是行不通的。只能够缩短停留的时间,设法控制她的情绪,不使她陷于过度的悲痛之中。

9月18日,李敏、孔令华带着孔宁宁、孔东梅一起陪同贺子珍去毛泽东纪念堂。

临行前,护士卢泮云在仓促之间给她塞上了一块粉红色的手绢,贺子珍看了一眼,就从兜里掏了出来,摇摇头,说:"这块颜色不好,不能用。"

卢泮云明白了她的意思,立即给她揣了一块色调素雅庄重的,贺子珍这才满意地收起来。

上午9时,一辆红旗轿车沐浴着金色的秋阳,把贺子珍送到了天安门前。李敏和孔令华推着轮椅上的贺子珍,走过天安门广场、人民大会堂,瞻仰了人民英雄纪念碑,然后进入毛主席纪念堂大厅。贺子珍是坐在轮椅上从毛主席纪念堂正门进入的,映入她眼帘的是神态安详的毛泽东的大理石雕像,此时,她的眼泪就像泉水般涌出来。李敏、孔令华,还有她的外孙孔宁宁、外孙女儿孔东梅,把事先准备好的一个花圈,敬献在毛泽东的坐像前。这是一个一米五高的桃形绢花编成的花圈,缎带上写着"永远继承您的遗志"、"战友贺子珍率女儿李敏、女婿孔令华敬献"。

贺子珍默默地在像前,久久不愿离去。但是,这一次贺子珍没有痛哭。随后,李敏和孔令华推着贺子珍来到了毛泽东遗体陈列室。贺子珍坐在轮椅上轻轻地绕着毛泽东的水晶棺灵柩慢慢地转了两圈,专注地凝视着安

李敏、孔令华同贺子珍在毛主席纪念堂前合影

详长眠的老战友,久久地望着毛泽东的遗容,她的神情十分悲伤。眼泪涌上来,她又咽下肚去,刚一咽下去,眼泪又涌上来,但是贺子珍竭力保持平静,然而,最后她还是控制不住自己的感情,眼泪像串串珍珠缓缓地在脸上流淌……

医护人员看到贺子珍这个样子,怕她因此再受到刺激引起她的病来,忙把她推进了休息室。

来到休息室,贺子珍擦干泪水,她抬头望着墙上毛泽东手书的七律《长征》诗,好半天一句话都没有说,记忆的大门又打开了,贺子珍怎么能忘记毛泽东写这首诗时的情景:

那是44年前的事了,1935年6月,红军翻越岷山,毛泽东立于岷山之

上举目远眺,起伏的群山,宛如弹丸,被红军踩在脚下。此时红日高照,岷山红装素裹,远处旌旗点点,跨越万水千山的红军仍在前进,胜利在向这支钢铁般的队伍召唤……毛泽东顿觉一股豪情充溢胸间,如湍流汹涌,如万马奔腾,一时诗情涌动,神思飞扬,吟出了这首气势磅礴的《七律·长征》,后又斟字酌句,于10月完成。

毛泽东对这首诗,自己也很满意和喜爱,多次将诗句读给贺子珍听。

44年后的今天,贺子珍站在镶嵌了这首诗的墙旁,感到一种异样的亲切,仿佛当年站在毛泽东身旁,听他吟诵诗句……她简直看得痴呆了。突然贺子珍觉得心中有个声音响起来了,那是毛泽东的声音,不,是她自己的声音,不,是她和毛泽东的声音,他们正在齐吟:

> 红军不怕远征难,
> 万水千山只等闲。
> 五岭逶迤腾细浪,
> 乌蒙磅礴走泥丸。
> 金沙水拍云崖暖,
> 大渡桥横铁索寒。
> 更喜岷山千里雪,
> 三军过后尽开颜。

贺子珍就在心里吟诵着这首诗离开了休息室。

贺子珍从毛主席纪念堂回去后,在301医院里,她仍时常回忆起这段日子。在她心里,并不是她参观了毛主席纪念堂,而是和毛泽东本人见了一面,就像当年在庐山。此后,她又去参观人民大会堂,她先看了宴会厅、大会场和上海、北京、江西、湖南厅。之后,她又来到一间小房间,里面摆着卧具和办公用品。当她得知这就是毛泽东的休息室时,顿时百感交集,斜靠在毛泽东当年坐过的藤椅上,双手掩住脸面,大滴大滴的泪水从她的指缝间无声地涌了出来。

这以后,贺子珍就在北京住下来,从1979年9月到1981年5月,住了近两年的时间。在北京住的期间,许多中央领导同志如邓颖超、康克清、曾

志、刘英、彭儒、朱仲丽等老战友来医院看望她。老战友和她一起回忆难忘的战争年月，畅谈粉碎"四人帮"后国家生机勃勃的新气象，这使她感到分外亲切和愉悦。

尽管组织上在各个方面给贺子珍提供了最好的条件，但由于她长期生活在南方，刚到北京时，气候、饮食诸方面存在许多不适，健康又出现了反复，她的糖尿病曾一度加重。贺子珍是一个怀旧的人，时间一长，她又怀念起上海来了，她向中央提出要回上海。中央领导同志告诉她：北京和上海她可任来任去、常来常往。

不久，在上海的哥哥贺敏学来信，说上海有个气功师治偏瘫有奇效，某某经治疗后竟能行走如常了。这终于促成了贺子珍的南下。

1981年5月，贺子珍心满意足地从北京回到了上海。

5. 饱经风霜的老人终于去了

时光飞逝。1984年4月初，贺子珍就断断续续出现体温升高的现象，到了中旬，突然变成高烧，而且便血，结果，又住进了华东医院。在医院，医生们用很多药都没能把体温降下来。

4月15日，孔令华正在辅导孩子们写作业，突然，电话急剧地响了，孔令华一接电话，原来是中办来了个电话，说：贺子珍病重，已经准备好去上海的飞机票，请李敏全家马上到上海去。

李敏听到这消息，知道母亲的病情已是十分严重了，马上对丈夫说："母亲病重了，我们马上去上海！"

孔令华简单地收拾了一下行李，这时接他们去机场的汽车已经来了。孔令华搀扶着李敏上了汽车。

李敏早几年就患了心脏病和淋巴结肿大，此时也正在病中，听到妈妈病重的消息更是紧张，上了飞机，心仍咚咚咚地跳着，脸色苍白，她为了减轻心中的痛苦,用手捂住胸口,竭力使自己镇定下来。孔令华马上给她服了治心脏病的药,安慰她不要过于担心,女儿东梅懂事地说:"我姥姥会好起来的。"

飞机到达上海后,一部小汽车已经等候在机场,他们被直接送到了华东医院。

李敏来不及听医生介绍母亲的病情,直奔病床前。这时,贺子珍呼吸急促,两颊通红,消瘦憔悴,非常虚弱,眼睛微微闭着。

李敏俯下身子,刚想叫声"妈妈"时,贺子珍睁开了眼睛。当她看到女儿和孩子们都来了时,脸上的肌肉动了一下,似乎在微笑。她的嘴唇动了一下,似乎在说:"你们来了。"

李敏俯身靠近母亲,轻轻地说:"妈妈,你好吗?我们看您来了。"

贺子珍好像听到了女儿的声音,她看着女儿深深地点了点头。她嘴唇动了几下,还用眼睛示意:站在李敏身旁的医生,就是为她看病的医生。贺子珍自从偏瘫后,说话就不太清楚,现在在高烧中,没有力气,说话更轻。李敏听不清楚妈妈说什么,但她明白她的意思,这是母亲在向她介绍给自己治病的医生,告诉她:自己生病住院了,医生们在照顾。李敏向医生说了声"谢谢"后,问母亲:

"妈妈,您哪里不舒服?"

"我肚子痛。"贺子珍的神智非常清楚,只是衰弱得很。

这时,贺敏学一家也从福建赶到了。他们接到居住在上海的女儿贺小平打来的电话,知道贺子珍病重,怕有什么不测,也马上赶来。贺敏学一来,听说贺子珍高烧不退,立即建议服用

病中的贺子珍

安宫牛黄丸,这是危重病人退烧的良药。贺子珍服了药后,体温降下来了,并沉沉地睡着了。李敏这才放下心来,离开病房让母亲休息。

在以后两天,贺敏学一家和李敏一家天天去看望贺子珍。

贺子珍退烧后,神智清楚了,她看着身边的亲人说:"你们是不是怕我不行了,都来了。"她还让护士给外孙女儿东梅弄点好吃的。大家一颗心放了下来,以为病情好转了,谁知这是回光返照。18日晚上,贺子珍的病情突然加重,体温两次升高,人又陷入昏迷的状态。医生们进行紧急抢救,李敏、孔令华等人通宵守候在外间。到19日下午,贺子珍的心脏跳动越来越微弱,心电图再也没有显示了。

贺子珍这位饱经风霜的老人终于去了,享年75岁。

6. 不同寻常的遗体告别仪式

贺子珍逝世后,对于她的后事怎样办、骨灰安葬在哪里,中共上海市委不敢自作主张,请示中办,中办也有些为难,又请示了邓小平。

邓小平说:"我们中央的领导人都要送花圈,贺子珍的骨灰放一室。"

一室是八宝山革命公墓存放中央领导同志骨灰的地方。邓小平的话给贺子珍葬礼的规格定了调子。

1984年4月25日,向贺子珍同志遗体告别仪式在上海市龙华革命公墓的大厅举行。

胡耀邦、邓小平、陈云、邓颖超、聂荣臻、习仲勋、杨尚昆、杨得志、宋任穷、陈丕显、胡启立、乔石、郝建秀、王首道、蔡畅、康克清等党和国家领导人送了花圈。白栋材、王芳、陈国栋、胡立教、杨堤、汪道涵、阮崇武、李坚真、曾志、陈琮英、刘英、彭儒、钱希钧、孔从洲等也送了花圈。中共中央办公厅,中共中央组织部,全国政协办公厅,上海市、江西省、湖南省、福建省、浙江省、陕西省、贵州省、江西吉安地区、永新县的党政机关送了花圈,并且发来了唁电。

贺子珍的遗体安放在大厅中央,遗体上覆盖着中国共产党党旗,四周簇拥着常青树和鲜花,遗体前摆着她的亲属贺敏学、李立英、李敏、孔令华献的花圈。

中共中央书记处候补书记郝建秀,中共上海市委第一书记陈国栋,第二书记胡立教,书记杨堤、汪道涵、阮崇武,以及贺子珍的亲属生前好友数百人,参加了遗体告别仪式。人们怀着敬仰的心情,在贺子珍的遗体前默哀,鞠躬,缓缓地绕遗体一周,向这位长征老干部告别。

4月25日下午,贺子珍的遗体火化。随后,中央派了一架专机,把她的骨灰运到北京。贺敏学、李敏、孔令华,以及他们的子女,护送骨灰回到北京,安放到八宝山革命公墓。

贺子珍的骨灰被运到八宝山后,一些未能去上海参加遗体告别仪式的老大姐,都自动去八宝山革命公墓参加贺子珍的骨灰安放仪式。一些当年曾经在苏联国际儿童院学习过的革命子弟,以及认识贺子珍的一些人,和不少不认识的人也来了,向这位女红军战士表示了最后的敬意。

贺子珍的家人与她生前的战友参加贺子珍骨灰安放仪式

安放仪式非常简单。李敏把捧着的骨灰盒放在院子里的桌子上,大家围着鞠躬,致敬,然后由李敏把它送进了一室。

第二天,也就是4月26日早上的新闻节目中,中央人民广播电台广播了贺子珍逝世的消息。当天,北京及全国各大报纸都刊载了新华社向全国播发的贺子珍逝世的电讯,并刊登了她的照片,介绍了她的革命简历,最后做了历史公正的评价:

贺子珍同志是坚强的共产主义战士,中国共产党优秀党员,她的一生是革命的一生,艰苦奋斗的一生。

贺子珍,这位平凡而伟大的女性,这位最早上井冈山的女共产党员终于走完了她坎坷不平的人生之路,含着微笑离开了人世。她的一生中有慷慨激昂、英勇悲壮的战斗岁月,有遭受磨难与不幸的艰难时光,更多的是心里流着血、眼里流着泪的沉默的悲苦日子。但是,人们不会忘记她,因为她为中国革命献出了自己的青春,她——一位平凡的女性,为中国革命几乎流尽了身上最后一滴血……是她,伴随毛泽东一起度过了中国革命历史上最艰难的阶段,也是她,在革命胜利之后,为了大局默默忍受个人的悲苦,过着孤寂的生活。然而,中国革命的历史丰碑上却镌刻着一个不朽的名字:它就是——贺子珍!

　　书中有些图片在出版过程中没有联系到版权持有人,望见到书后联系出版社,我们会酌情支付图片使用费。